Bound Together

How Traders, Preachers, Adventurers, and Warriors Shaped Globalization

全球化的故事

商人、傳教士、探險家與戰士如何形塑今日世界

NAYAN CHANDA

納揚・昌達｜著 —————— 劉波｜譯

Introduction
導言

當年，我與妻子遷到康乃狄克州的紐哈芬居住。數天之後，一位水電工上門來修理一些壞掉的插座。傑瑞是位和善的中年人，他問我在耶魯大學從事何職。當我提到就職於耶魯大學全球化研究中心時，他吃了一驚，彷彿聽到了某個哥倫比亞販毒集團的老大自報家門。「哦！願上帝拯救你！」他囁嚅道。我迷惑不解，細究根柢，才發現傑瑞之所以如此訝異，是因為他以為遇到了一個用工作來支持全球化的人。「難道不是全球化毀滅了雨林嗎？」他解釋道。我明白地表示，在我冒險犯難的經歷中最接近亞馬遜[①]的一回，不過就是訂了幾本書而已；但這並未改善我在他心目中的形象。

① 【編註】：亞馬遜公司（Amazon.com Inc），是一家總部位於美國西雅圖的跨國電子商務企業，業務起始於線上書店，不久之後商品走向多元化。目前是全球最大的網際網路線上零售商之一。

不過，傑瑞的反應倒是引發了一些重要的問題：究竟什麼是全球化？為什麼人們指責全球化破壞了雨林？全球化似乎突然間冒了出來，現在卻已無處不在。幾乎所有的問題，甚至一些異常的變化，都被歸咎於這種名為「全球化」的現象。人們最清楚的，可能就是全球化在雨林遭受破壞的過程中所扮演的角色。砍伐林木的主要目的是為世界增長的人口提供耕地，而國際貿易的增長、對建材和家具要求的增多，也使得商人和伐木者大行其道。我想，若要回答傑瑞的擔憂，重點在於應當理解誰是「全球化者」（globalizer）？他們在做什麼？為什麼要這麼做？做了又有多久？

從「全球化」這個詞最早出現在字典裡到現在，其涵義已發生了巨大變化。這個詞有幾十個定義，單看兩個就足以說明人們在理解這個現象時會出現什麼樣的問題。在《大英百科全書》中，美國人類學家詹姆斯．L．華生（James L. Watson）從文化角度將全球化定義為「日常生活的經驗，經由物品與理念的傳播，最終在全世界形成標準文化表達方式的過程」。毫不奇怪，世界銀行（World Bank）對「全球化」的官方定義則是用純經濟學詞彙來表示——「個人和公司與其他國家居民根據自己的意願，展開經濟交易的自由與能力」。[1] 馬克思當年發現資本主義「狼人般的饑渴」遍及世界四角，今天的左翼批評家則與其遙相呼應，認為全球化就是擴張性、剝削性資本主義的同義詞。透過商業和經濟的棱鏡來透視全球化，的確有助於理解我們所居住的這個由網際網路、手機和有線電視連接起來的世界，但這並不能解釋，為何遠在資本主義形成之前，甚至遠在電發明之前，人類的生活就已經全球化了。

近來有許多書都解釋了流動的資本、貿易與投資如何形成了當今緊密、互賴的世界，其中尤以湯馬斯．佛里曼（Thomas Friedman）的《世界是平的》（*The World Is Flat*）為代表。凱文．歐洛克（Kevin O'Rourke）和約翰．威廉姆森（John Williamson）等經濟史學家已經說明十九世紀後期的交通革命如何激發了大規模的貿易與移民，為今天的全球化時代打下根基。實際上，在他們看來，當大規模的貿易使全球商品價格趨同之時，全球化也於焉誕生。但「從嚴格的經濟學角度來定義全球化」的做法，卻無法解釋為何早在汽船發明之前很久，就已經出現了許多全球聯繫、甚至全球趨同的狀況。

「全球化」這一術語之所以出現，是因為我們生活中全球性聯繫的態勢已非常明顯，恰好需要這樣一個詞來加以總結。但對我們的日常生活狀態再做更深入的探究，人們就可以發現：從古老的時代以來，我們就和遙遠的地方有著千絲萬縷的聯繫。如不回溯歷史，人們怎能解釋，為何幾乎一切事物——從人體細胞到日常生活用品——都帶有一場遙遠航程的印記？為何最初的人類會離開非洲，成為一個遍布全球的物種？為何我們今天的飲食與用具，大都來自於另一個地方，而不是生產於本地？幾乎所有我們認為與某個國家有關的東西，或者是我們引以為豪的事物，其實都和世界其他地方存在聯繫——不論多麼遙遠。今日的資本主義商業模式或可解釋，為何全球化符號之一的星巴克咖啡館，會在世界各地擁有成千上萬家分店，也能夠解釋日本的佳能相機何以成為一個全球性的著名品牌。但有許多問題是經濟定義所不能解釋的。例如，最早僅在衣索比亞種植的咖啡豆，如何在遊歷了爪哇島和哥倫比亞後，來到了我們的杯子裡？在中文裡譯為「觀音」、在日文裡唸成「*Kwanon*」的「*Avalokitesvar*」，如何激發了人們的靈感，成為日本相機的品牌「Canon」？

還有無數問題足以說明，有更深層次的進程在發揮影響。生活在相距千山萬水的不同大陸上的三個人，他們身上的基因為何會發生同樣的突變？肇始於阿拉伯半島沙漠中的伊斯蘭教，如何在全世界贏得十多億皈依者？歐洲人如何學會了用蒙古馬馬鬃製作的弓弦來彈奏小提琴？又或者，以九世紀阿拉伯數學家花拉子米（Mohammed ibn Musa al-Khwarizmi）之名命名的運算法則，如何在今天主導了資訊世界？在地中海東部發展起來的、使用奴隸勞工種植甘蔗的經濟模式，如何傳到了加勒比海？在哥倫布（Christopher Columbus）於新大陸發現辣椒之前，韓國為何沒有辣泡菜？美國貨幣的名稱為何來源於德國一個開採銀礦的小鎮？在加利福尼亞州釀造的第一桶葡萄酒，其所用葡萄的母株為何有「使命葡萄樹」（mission grape）之名？中國的造紙術如何傳到西方，最終為你正在閱讀的本書提供了紙張？諸如此類的問題紛繁複雜，也貼切地說明了全球性的相互聯繫有多麼無所不在。全球化的經濟學定義無法解釋紐哈芬的一位電工為何會關心巴西的雨林，以及此類事情為何會引起全世界的關注。我們將在第八章中讀到，「全球化」一詞的出現與世界融合日益緊密的現象密切相關。「全球化」一詞反映了人們對這種全球聯繫的認識，而這個詞本身就來自於全球化的過程——這個過程悄悄地發生了幾千年，之前卻從未有人為其命名。

本書試圖展示，除了一些因素外，全球化根植於人類尋求更美好、更充實的生活的基本欲望。有許多角色推進了這一過程，為簡化起見，可將他們分為商人、傳教士、探險家和戰士四類。這些「全球化者」為尋求更豐富的生活或滿足個人野心而離開故土，在此過程中，他們不僅將產品、理念和科技傳播到域外，而且隨著世界各地聯繫的加強，他們還創造了一種新局面，用社會學家羅蘭．羅伯森（Roland Robertson）的話說，即「強烈意識到世界是個整體」。[2] 雖說水電工傑瑞討厭「全球化」，但他關心地球的健康，這就足以說明他是位有全球意識的人，而這樣的人本身就是世界聯繫日益緊密的產物。當然，在斐迪南．麥哲倫（Ferdinand Magellan）於一五一九年環球航行之前，人們的確無法談論這樣的全球聯繫。但是，如果從更廣泛的意義上將全球化理解為拓展「已知世界」（希臘人稱之為 *oikouménê*）以及「使天各一方的人群命運相連」，那麼全球化趨勢自有人類以來便存在了。同樣的力量至今仍在發生作用，將世界以更迅速、緊密的方式連接起來——這些力量往往有不同的稱呼。幾千年前開始的融合過程，今天正在由跨國公司、非政府組織、社會活動家、移民和遊客繼續推動。

之所以撰寫本書，其實是我個人想深入瞭解（說不上是解答）一些簡單的問題：誰是「全球化者」？我們該如何解釋，為何周遭一切事物都有全球性的根源？就諸如此類的許多問題尋找答案的過程，改變了我對全球化的理解。而我今天對全球化的認識，也已經與動筆之初不同了。藉由研究物品與觀念的全球旅程，我努力去理解那些離開故地、在全世界流動的產品與理念，理解它們的源頭何在以及如何演變。為了理解推動各種全球旅行的力量，我選擇了一些商品和理念作為例子，藉以見微知著。我試圖找到主要的角色和他們的動機。為了探尋商人、傳教士、探險家與戰士等角色的行進路線，以及他們所帶物品、所持理念的傳播軌跡，我觀察了千萬年裡的變化。我講述的這個全球化故事始於約五萬年前，解剖學意義上的現代人在當時走出非洲，這些人為了生存的需要而成為最早的探險家。經過一代代跋涉，他們佔據了地球上的宜居地帶，沿著不同的路線遷徙，最後定居下來，又開始與散布各地的人群重新聯繫。我摒棄了傳統的線形敘述方式，不去展示某個特定民族或地域的歷史，而是努力去探尋全世界的聯繫與相互依存，是如何在這四類角色的推動下增強與深化；在本書末有四類角色所起作用的簡明年代表。

一些全球史研究先驅，諸如威廉·麥克尼爾（William McNeil）、年鑑學派歷史學者費爾南·

布勞岱爾（Fernand Braudel）、「世界體系」（world system）歷史學者伊曼紐・華勒斯坦（Immanuel Wallerstein）和文化史學家布魯斯・麥茲黑希（Bruce Mazlish）、菲利浦・D・科汀（Philip D. Curtin）和傑瑞・本特利（Jerry Bentley），他們的著作對我幫助甚多。其他學者的作品，如賈德・戴蒙（Jared Diamond）的《槍炮、病菌與鋼鐵》（*Guns, Germs and Steel*）、羅伯特・P・克拉克（Robert P. Clark）的《全球化背景下人類遷徙的歷史》（*Global Imperative: An Interpretive History of the Spread of Humankind*），也都幫助我從長遠角度理解全球意識的出現過程，此外還有許多其他書籍與文章助我寫成此書。為了寫作本書，我花了六年多的時間從事研究，可謂一段令人愉快的探索旅程。我相信，從長遠的時間跨度來研究全球化實現的過程，不僅滿足了我自己的好奇心，也有助於其他人理解現階段全球化的推進力量。推動商人勇往直前、渡海遠行的是人類追尋更美好、更安穩生活的願望；推動戰士到異國開疆拓土的是政治野心；推動傳教士走上旅途、教化他人皈依己方良善理念的是一種渴望；推動探險家尋找新土地、新機會的是一種動力。今天，正是同樣的願望、野心、渴望與動力在推動著世界，讓世界愈來愈小。現在也有許多新人加入這一行列：移民和遊客取代了昔日的探險家，宣導人權、環保和其他事業的非政府組織加入了傳統傳教士的行列。隨著消費者人數的飛速增長，他們也崛起為一種新的「全球化者」。從某種意義上而言，我們每個人都以不同的方式投入、促進了這一過程。但仍有三分之一的世界人口是重大的例外，他們極其渴望作為商人、移民和遊客加入全球化的網路，卻為世界規則以及自身所處的環境所阻礙。早期全球化與當今全球化的主要區別在於：物品與理念的傳輸「速度」、消費者和產品不斷提升的「規模」與「多樣性」，以及最終整個過程「明顯程度」的增強。正是由於全球化過程愈來愈明顯，它的種種缺陷也一覽無遺，但我這麼說並不是要否認全球化帶來的全新局面。這是史上第一次，人們能在不同大陸同時生產和更新產品，同時提供服務，這為準備充分的人帶來空前的機會，也為措手不及的人帶來空前的挑戰。

如果我們承認，推動世界日趨融合的力量在本質上是連續不斷的，那麼我們也勢必會得出這樣的結論：全球化是個無法停止的進程。歷史記錄了緊密融合帶來的許多災難，例如黑死病的肆虐，以及所謂的「第一次全球化」（一八七〇年至一九一四年）過程在第一次世界大戰的浩劫中傾覆。雖說這些災難暫時打斷了全球化進程，但還沒有什麼事件或災難能終結全球化。若是充分研究長久以來推動全球化的力量，也許有助於我們預防重大災難，並盡可能引導未來的走向。

第一章〈非洲的起源〉追溯了人類最初的全球化。在冰河時代後期，有一小群人類祖先為尋找更好的食物與更安全的環境而走出非洲。在五萬年的時間裡，他們沿著海岸遊蕩、在中亞各地追逐獵物，最終定居到所有大陸。他們的膚色與面部特徵在這一過程中發生了變化，形成了不同的語言與文化。冰河時代結束時，人類又重新開始匯聚。在黎凡特（Levant）、印度和中國出現了城市文明，來自這些地方的商人、傳教士、戰士和探險家開始相互聯繫，啟動了全球化進程。

第二章〈從駱駝商旅到電子商務〉追溯了貿易活動從人類文明的黎明至今的成長情況。本章講述貿易如何通過一張商業之網，不斷將更廣闊的世界連接在一起。隨著貿易的增長與商品的增加，運輸方式也在不斷革新——從駱駝商隊到季風吹動的帆船，從汽船到集裝箱貨輪，再到線上購物。一度向全世界提供紡織品的印度手搖紡織工，在工業革命的衝擊下徹底消亡。今天，印度的客服系統與軟體工程師繼承了其先輩在世界經濟秩序中的地位。這些新秀通過光纖電纜這種更快速、緊密的方式聯繫世界。

第三章〈內建全世界〉深入探究了三種常見物品。它們都從世界貿易中嶄露頭角，也各自蘊藏著一段全球交流的故事。最早在印度種植的棉花傳到世界各地，最後被美洲棉花取代；咖啡一度僅在阿拉伯世界飲用，而現在已經征服了全球，為無數人提供了工作——雖說這些人的祖先從未見過一顆咖啡豆；微晶片是今日全球化最強大的工具，它曾為資訊革命提供動力，現在也驅動著幾乎所有工業產品，而其最初的來源，則是數學與物理觀念在三個大陸上為期千年的演變。

第四章〈傳教士的世界〉探究了傳教士在擴展聯繫、與其他人群交流的過程中所發揮的作用。他們熱情傳教的結果，就是讓世界受到三大宗教所主宰：佛教朝聖者和傳教士將信仰帶到遙遠的角落，並在這一過程中改變了世界的藝術、文化和社會；基督教和伊斯蘭教的傳教士則使異國土地上的千百萬人皈依——過程往往以刀劍為後盾；在現代，一類新的世俗傳教士也加入進來，將世界連接得更加緊密，他們追求的事業多種多樣，如環保、賑濟饑民、阻止侵犯人權行為等。

第五章〈流動的世界〉講述了探險家的故事。他們以極大的好奇心去探究一個又一個的山嶽與島嶼。地理上相互隔絕的世界最終能聯繫在一起，他們功莫大焉。迦太基將領漢諾（Hanno）在西元前五〇〇年便沿非洲西海岸航行。此外，從漢諾到十四世紀的摩洛哥旅行家伊本·巴杜達（Ibn Battuta），從馬可·波羅（Marco Polo）到麥哲倫，無數的探險家擴展了人們的視野，催生了今天交融的世界。數以百萬計的移民為改善生活離開故土，與此同時，無數的熱情遊客也借助現代交通工具的力量，建構了日益強大的紐帶，將世界連接在一起。

第六章〈帝國之網〉探究了野心勃勃的統治者所起的作用。普世理想、對權力與榮耀的追求將這些戰士帶到遙遠的地域。從亞歷山大大帝到成吉思汗，野心勃勃的人們征服了土地與人口，建立了種族混雜的基因庫，並傳播各種文化。從羅馬帝國到不列顛帝國，帝國統治者建立的政治成就促進了法律與語言的統一，以及動植物品種在全球的交流。

第七章〈奴隸、細菌與特洛伊木馬〉探究了在全球聯繫的擴展之下潛藏的陰暗面。隨著愈來愈多的商人、傳教士、戰士和探險家走向世界各地，他們也帶來了嚴重的問題。從一開始，他們就將從其他土地抓獲的士兵與民眾擄為奴隸，歐洲人發現新大陸一事使奴隸制更加登峰造極，在美洲的許多地方創造了多族群社會。從「絲綢之路」上商人攜帶的瘟疫病原體，到西班牙征服者攜帶的天花與流感病毒，再到跟隨遊客在全世界橫行的SARS病毒，全球交流也得為一些災難負責。近年來，寫電腦病毒的人也在利用高速光纖網路干擾全球各地的電腦運行，或使其陷於崩潰。

第八章〈全球化：從流行用語化為詛咒〉要探討的是：隨著人們對全球聯繫認識的加深，「全球化」於一九六一年羞怯地出現在英文詞彙表中之後，如何演變成一個流行詞彙。對二十世紀七〇年代以來電子資料庫的一項研究表明，在二十世紀九〇年代，當管制的放鬆與科技的進步推動全世界的貿易與投資時，該詞的使用頻率也在快速增加。隨著全球化過程引發了一些經濟問題，該詞的意涵和用法也發生了變化。「外包」——一個更引人聯想和擔憂的詞也正在逐漸取代「全球化」，這說明人們對全球化價值判斷的改變。

第九章〈誰在害怕全球化？〉欲探究的問題是：更快的經濟融合帶來了經濟增長與繁榮，但為何還有一些人開始將「全球化」一詞視為眼中釘？在西雅圖、坎昆（Cancún）、熱那亞和香港，世界貿易組織（World Trade Organization, ＷＴＯ）和八大工業國組織（Group of Eight）的會議都會引來大群抗議者，他們紛紛指責不民主的機制與不公平的政策。貿易與通訊的加速發展為中國和印度的大批民眾提供了工作，但也使經濟學家和政治家擔憂全球化對工業國家經濟的未來影響。

最後一章〈前路〉總結了全球化進程，並預期了其坎坷的未來。全球化建立了一個水乳交融的世界，使許多人得以脫離貧困，但全球化的加速也讓近三分之一的世界人口邊緣化。設法使邊緣人口融入全球化，鼓勵中、印等發展中大國繼續對外開放，同時遏制西方已開發國家民族主義與保護主義風潮的興起，將是未來全球性的挑戰。

從數萬年前走出非洲的探險旅程開始便不斷加速的全球融合趨勢，將難以停下腳步。然而，由於我們的命運已如此緊密地交織在一起，即便是一時的出軌都將付出巨大代價。在「大蕭條」之前世人就曾做此嘗試，結果無需贅言，而在一個高度聯繫的世界，這樣做的風險更是有增無減。

01 African Beginning
非洲的起源

「看，他們正在歸來，帶回一些珍奇的物品。有清香四溢、新鮮可植的佳木。有烏木、珍貴的象牙、狒狒、猴子、狗、無數的豹皮，還有奴隸與孩童。埃及國王從未目睹過如此盛況。」

——刻於哈特謝普蘇特（Hatshepsut）①女王廟牆壁上的銘文，歡慶埃及人遠赴非洲龐特（Punt）地區探險的凱旋。

在講述歷史時，虛構的故事有時能揭示更真實的蘊意。想要瞭解全球化的故事，也許最恰當的開場白，就是童話故事裡常見的開頭——「很久、很久以前」。而接下來即將講述的這個故事，

①【編註】古埃及第十八王朝法老，在位期間約為西元前一四七九年至一四五八年。

半屬想像、半屬真實。

很久、很久以前，在一個叫杜尼亞（Duniya）的地方，有一處村莊。村莊緊挨著森林，在那裡，陽光照在茂密的草叢和起伏的山嶺之上。人們生活很艱苦，但在那裡可以挖到足夠的根莖，採集到足夠的堅果，獵獲到足夠的瞪羚和野兔。那裡有洞穴和突出的岩石，可供遮風蔽雨。但後來村莊周圍的環境開始改變，陽光熾熱，空氣乾燥。動物因乾旱死亡或遠奔他處尋找水源，食物因此愈來愈少。村民也選擇跟隨動物遷移，以便獲取食物。在艱難的跋涉中，他們分成了不同的群體。一些人跟隨動物向北前進，另一些人則朝海洋行進。他們彼此之間的距離愈來愈遠，零星四散。那是一段無盡的旅程。在旅程中，一些人在看來豐饒的土地上定居下來，另一些人為尋求食物和安全而繼續前進，就這樣過去了千萬年。

當這些村民們在冰封的荒原、疾風怒號的草原和積雪覆蓋的山嶺裡長年累月地艱難跋涉時，他們黝黑的外表發生了改變。慢慢的，他們的頭髮和眼睛變了顏色，後來連面孔和體形也改變了。經過了兩千代人的流浪之後，沒有人能記得起杜尼亞村的所在。在巨大的陸地上，人們散居在不同的地點，崇山峻嶺和沙漠將他們彼此分隔，上升的海平面也淹沒了原先的陸橋。他們操著不同的口音，穿著各式各樣的服裝，吃著各種各樣的食物。然後有一天，一位商人翻過山嶺，發現了另一個人類定居點，那裡的人們說著另一種語言，使用一些新奇的工具，各個村莊之間的貿易開始了。在遍布杜尼亞的許多村莊裡，又有一個村莊的一位傳教士，想向其他人宣講他信奉的神。在另一個村莊裡，一位野心勃勃的首領集結了一支小型的軍隊，要把他的控制範圍擴展到其他村莊，藉此建立一個帝國。還有一些無畏的村民想知道，在他們村莊所憑依的崇山峻嶺之外，或是在海的那一邊，還有什麼樣的天地。於是他們出發去遠方探尋，又把遙遠海岸上那些奇花異草、奇珍異獸的故事帶回故鄉。

成千上萬年、甚至成千上萬代人的時間過去了。一些村莊已經不再是村莊，而是熱鬧的小鎮或城市。人們發明了各種工具，可使他們在各個村莊之間來往，其速度要快於馬匹。他們建造了船舶，裝載大量的商品在杜尼亞各地之間往來。在三千代人的時間之前，只有幾百人離開了爆發旱災的那個小村莊，而今已經發展到了幾十億人。人們現在到處旅行，為尋找工作而遷移，在廣闊的地域裡做貿易，沒有人記得他們最初來自的那個村莊叫什麼名字，也沒有人記得祖先的生活。但日復一日，他們都會對其他村莊和城鎮有多一些瞭解——現在這樣的村莊和城鎮已經遍布杜尼亞。他們能夠品嚐不同的食品，聽到新奇的音樂，借助家中的一個魔法盒，他們甚至能看到在杜尼亞的其他地方所發生的事情。這是「杜尼亞化」（duniyalization），他們總結道。許多人喜歡這樣的新生活，但也有一些人在瞭解到杜尼亞其他地方的人的生活要舒適得多時，會覺得悶悶不樂。還有些人抱怨說，一些來自遠方、長相不同、語言奇異的村民正來到他們的村莊，奪走工作機會。外地的廉價產品正湧上他們商店的貨架，當地的工廠瀕臨倒閉。他們說，如果這就是「杜尼亞化」，那麼我們寧願不要。但沒有人知道如何控制這種湧動的交流浪潮，這一潮流將千萬年前一個村莊的所有後代聯繫在一起，而且還繼續拉近他們的距離。這些人不知道，他們原本是來自同一個村莊。

這不是天方夜譚。將故事中的村莊稱為「非洲」，用阿拉伯語、印地語（Hindi）或豪薩語（Hausa）中的「世界」一詞來代替「杜尼亞」，你就會得到一個袖珍版的全球化故事。當然，在人類定居下來、種植和收穫莊稼之前，是沒有村莊的。但把非洲大陸比作一個村莊，也並非不合情理。非洲是一塊廣闊的土地，今天有近十億人口生活在那裡，但很久以前走出非洲的人類祖先，其數目可能只有兩千人，相當於一個小村子的人口數。一項估計認為，走出非洲的移民人數不到一百五十人，這是一個「狩獵者─採集者」群體通常的規模。[1] 或許這些早期的探險家有旅行的癖好，但他們冒險離開熟悉的居住地的主要原因，應該還是生存需要。留在非洲的那些人遷移到了這塊大陸上更適於居住的地方，也存活了下來。在今天的杜尼亞——非洲——之外的五十億居民，都是那些走出非洲的村民的後裔。他們日益相互聯繫，而且不論是福是禍，他們也更加相互依賴。「智人」(Homo sapiens)，即起源於非洲的解剖學意義上的現代人，是第一種主動散布到地球各個角落，並開啟我們現今稱之為「全球化進程」的哺乳類動物。從最早的走出非洲之旅到今天的六萬年間，人類已經分化了。在這段因地理、氣候、自然選擇等因素導致的大分化期間，人類內部出現了形體上的差別，而我們所講的「種族」正是基於這種差別。我們將會看到，從非洲出走的人類及其散布在地球各地的大規模的、多姿多采的群落，各自組成了獨特的社群，然後就開始翻山越嶺、遠渡重洋，與失散多年的親人重新聯繫。

由探險家、商人、傳教士和戰士所推動的重新聯繫進程，每一年都會變得愈加緊密和快捷，使世界的融合達到前所未有的程度。但在二十一世紀初，「走出非洲」的探險卻出現了諷刺的輪迴。成千上萬貧困、沒有工作的非洲人再次走上移民的道路。為了在歐洲和中東得到更好的生活，他們孤注一擲，跋涉在大沙漠的生命禁區裡，捨命踏上危險的航程。和我們六萬年前的祖先不同，今天的非洲人並不是沿著葉門海岸前進，或是向北穿越尼羅河與約旦河河谷，進入未知的地中海地區以及更遠的地方。相反，他們從塞內加爾和茅利塔尼亞(Mauritania)的大西洋海岸出發，登上漁船，擠進狹窄的船艙，期盼能在九百英里的航行之後得到更好的生活。他們先來到加那利群島，那裡是去往歐盟的中轉站。但是，「非洲人再次為尋找更好的生活而離開非洲」，這還不是唯一的相似之處。更諷刺的是，當全身包得嚴實的非洲移民涉水走上加那利群島的海灘時，通常映入他們眼簾的，卻是奉行「天體主義」的歐洲人正在曬日光浴，他們一絲不掛，恰似我們祖先剛離開非洲時的樣子。

還有一些人來自人類的搖籃——衣索比亞和索馬利亞——他們不顧一切渡海遠行，希望能到達葉門或更遠的地方。全球化還在繼續。在本章中我們將看到，尋找更安全、更美好生活的渴望如何使一些人類祖先變成探險者，並推動他們踏上了一段標誌人類全球化第一步的旅程。還要再經過四萬多年的時間，人類才開始定居下來，不同的定居者才開始彼此聯繫。但在今天推動我們日益融合的動力，打從人類開始組成定居社群的那天起，就一直伴隨著我們。

隱秘的旅行故事

我們怎麼知道自己起源於非洲？這一點在二十年前還純屬猜測。查爾斯·達爾文（Charles Darwin）在關於人類進化的著作《人類的由來及性選擇》（*The Descent of Man, and Selection in Relation to Sex*, 1871）中提示說，鑒於非洲是最接近人類的大猩猩與黑猩猩的居住地，「似乎可以說，與其他地方相比，我們的遠祖更有可能是住在非洲大陸」。[2]儘管在此言發表之後，人們搜集的大量生物學和古人類學證據都支持了地球生命進化史理論，但達爾文關於非洲的這一洞見還是經歷了漫長的等待，才最終得以證實。隨著我們有能力深入研究自身的細胞，解讀細胞裡書寫的歷史，新的機會出現了。第一步的邁出是在一九五三年，不列顛科學家法蘭西斯．克里克（Francis Crick）和美國科學家詹姆斯．華生（James Watson）發現了「去氧核糖核酸」（Deoxyribonucleic Acid, DNA）的結構。克里克自豪地說：「我們發現了生命的秘密。」——他也有充分的理由自豪。[3]DNA是一組能將遺傳信息代代相傳的複雜細胞，在發現了DNA的雙螺旋結構之後，我們就有了最強大的武器來探尋自己的遺傳歷史，正如華生寫道：「我們發現，在每個人的DNA序列裡，都分別寫有各自先輩的旅行記錄。」[4]而現在排列DNA序列也要比過去容易得多，也更迅速、便宜。在考古學家、氣候學家和語言學家的幫助下，遺傳學家和古人類學家已能再現不同人群的歷史——在短短二十多年前，這還是不可想像的事情。

由於在印尼和中國發現了直立人（Homo erectus）化石（即所謂的「爪哇人」和「北京人」），這意味著智人——即解剖學意義上的現代人——的祖先遠在約兩百萬年前就開始在亞洲和舊大陸旅行、居住了。二十世紀五〇年代的古人類學家利基夫婦（Louis and Mary Leaky）以及其後三十年間的一批研究者所做的勤奮工作，已證明現代人類的祖先居住在東非大裂谷。[5]在以色列出土了一塊幾十萬年前的智人遺骨，但其所代表的種群後來在生物學上滅絕了，很可能是被當時居住在該地、體格更強健的尼安德塔人（Neanderthals）所阻遏。令人驚奇的是，到目前為止，其他僅存可追溯到四點六萬年前的現代人遺骨，都只發現於澳洲。這些智人到底是源自不同地方，還是只是由非洲的一個單獨種群進化而來？人們已經知道，在非洲出土的那些化石不僅是最早的人類，而且是我們的直系祖先。有趣的是，最早的證據並非來自一些古老的化石，而是依據現代女性身體細胞中隱含的歷史。這一驚人發現的基礎，則是先前DNA結構的發現。遺傳學家通過分析世界各地活人的DNA，就能復原他們祖先的活動軌跡，探尋史前人類在世界上的居住狀況。

我們現在知道，大約六萬年前，一小群人從今天的東非開始出發，其人數可能在一百五十人至兩千人之間。[6]在之後約五萬年裡，他們繼續遷移，逐漸佔據了肥沃月彎（Fertile Crescent）②、亞洲、澳洲和歐洲，並最終通過白令陸橋（Beringia land bridge）進入美洲大陸。冰河時代末期，海水的上升將美洲與亞洲大陸分開。直到一四九二年，哥倫布在聖薩爾瓦多（San Salvador）的海灘上遇到阿拉瓦克人（Arawak）的時候，從非洲起源卻長久分散的人類兄弟才得以重逢。[7]此事我們稍後詳述。讓我們先來看看，我們的祖先是如何成功地使人類成為第一支真正的全球性物種。

非洲母親

「所有人類都來自於一對共同的父母」，這是一九八七年的發現。在加州大學柏克萊分校，紐西蘭生物化學家艾倫·威爾遜（Allan Wilson）和他的美國同行蕾貝卡·卡恩（Rebecca Cann）通過研究之前被忽略的一部分人類ＤＮＡ，得出了這一結論。威爾遜和卡恩的團隊從世界各地醫院捐獻的嬰兒胎盤上收集了一百四十七個「粒線體ＤＮＡ」（mitochondrial DNA, mtDNA）樣本。一般的ＤＮＡ都是在遺傳過程中重組，但mtDNA有一些微小部分能在遺傳過程中基本保持完整，只在偶然情況下才會因發生突變而變化，從而成為「基因標記」。mtDNA是通過母親遺傳的，只能通過母親傳遞給子女，並只能通過女兒繼續傳遞。mtDNA能將女兒遺傳自其母系祖先的所有突變保持完整，故而人們可以據此來探尋最初的突變。因為突變的頻率大致穩定，通過突變的

② 【編註】指近東一帶從埃及尼羅河流域、勒凡特地區、亞述地區，以及美索不達米亞地區底格里斯河（Tigris）和幼發拉底河所形成的月彎型農業地區。

變化水準，我們就可以計算出，由代代相傳的mtDNA所創造的族譜，經歷了多長的時間。威爾遜和卡恩的研究成果轟動世界。沿著五個不同地區人群的族譜往前追尋，他們最終發現五個族譜都源自「一位婦女，可推斷她生活於大約二十萬年以前，可能是在非洲」。[8] 媒體隨即稱她為「非洲夏娃」——也許這個名字是有誤導性的。如華生所說，她實際上是「我們所有人的曾曾曾……祖母」，生活在大約二十萬年前的非洲。[9] 她當然不是當時活著的唯一婦女，而不過是最幸運的一個，因為她的後代存活了下來，遍布全世界，而其他婦女的子嗣都斷絕了。[10] 用家譜學的術語來說，她們的血脈都遭遇了「家譜崩潰」（pedigree collapse）。[11] ③存活下來的三支母系血脈可以根據mtDNA標記簡寫為Ｌ１、Ｌ２和Ｌ３，她們的後代就是現在的世界人口。前兩支基本上是非洲的女性人口，而世界其他地方的女性，其身體細胞中都包含有Ｌ３這一支的兩個女性後代Ｍ與Ｎ的遺傳物質。一位科學家給這兩支分別起名為「Manju」和「Nasrin」，因為據認為，發生這兩次突變的地點大致是在印度和中東。

我們最近的共同祖母可能是位非洲人，但祖父是誰呢？近來對父系Y染色體的解釋有了重大進展，也填補了這一研究的空白。義大利遺傳學家路易吉・路卡・卡瓦利—斯福札（Luigi Luca Cavalli-Sforza）和他的同事彼得・恩德希（Peter Underhill）發現，決定男性身分的Y染色體也有一個非洲的源頭。[12] 正如mtDNA只由母親傳遞給子女一樣，Y染色體是從父親傳給兒子，而且也不會發生其他染色體會出現的重組情況。但正如mtDNA一樣，Y染色體也會突變。其結果是，在男子的身上永久保留了其男性先祖的歷史。在那些離開非洲的人類祖先中，男子的細胞裡都帶有「非洲亞當」的Y染色體——它被輕描淡寫地標記為M168，而女性細胞裡都帶有「非洲夏娃」某個女兒的mtDNA。現在，遺傳學家在對世界人群做了廣泛研究後表示，我們所有人最近的共同祖先，是在五萬年前才離開非洲的。[13]

當然，威爾遜和卡恩的「人類源頭在於非洲」的假說，也遭到了一些人類學家和遺傳學家的質疑。信奉現代人多地區進化說的學派拒絕承認智人有晚近的或獨一無二的起源。這派研究者認為，在中國和東亞其他地區發現的大量直立人化石（如「北京人」和「爪哇人」）證明了一種連續性。在這些研究者看來，智人是在不同大陸人口的基因交流過程中產生的，這一點很明顯，因為更早的種族直立人早在約一百萬年前就走出了非洲。除此之外他們還認為，考古證據並不支持「走出非洲」假說，至少可以說這一結論還不成熟。[14]人們多少認為，就中國的批評者而言，他們對非洲起源說的拒絕與在中國古老文明上寄託的民族自豪感有關。但是，隨著對人類基因組遷移的研究，支持非洲起源說的證據愈來愈多，科學界的輿論也逐漸朝「走出非洲說」傾斜。以一個由中國和國際遺傳學家收集的大規模DNA資料庫為基礎所做的大量新研究，已經反駁了一些中國人的反對意見。一九九八年，在中國國家自然科學基金委員會的資助下，來自中美兩國的七個主要研究團體組成聯合研究小組，對二十八個中國官方人口群體做了DNA分析所得到的結論是，「今日東亞基因庫有大部分是由起源於非洲的現代人類所組成」。[15]其後也有其他一些研究者——包括中國研究者——在對中國各地的大量人口採樣後，得出了相同的結論。[16]有趣的是，對mtDNA和Y染色體的研究都表明，即便非洲自身也是很早就由源於非洲的那個原始群體所佔據。留在東非未走的那些人後來為求生存，也深入了非洲內陸。實際上，南非一個很有影響力的

③【編註】按照常理，一個人會有一對父母，兩對祖父母，四對曾祖父母。但若按照這種常理回推數十代人，家譜中的人數就會呈指數成長，甚至超過當時的地球總人口。顯然，在一代代人結合的過程中，可能會出現實際上具有親屬關係（遠近不論）的人結為連理的現象。這種導致家族樹中祖先的數量減少的現象，就是「家譜崩潰」。

學派就認為，布希曼人（Bushmen）也可能和我們有共同的祖先，而成為我們祖先的早期人類是從南往北擴展的。不論他們的行走方向如何，在布希曼人、喀拉哈里沙漠裡的科伊桑人（Khoisan）和中部非洲雨林的一些俾格米（pygmy）部落民的ＤＮＡ裡，都留下了他們的印記。[17]

基因小組研究的革命性突破和「非洲夏娃」的發現，再次激發了人們的「尋根」熱情。《紐約時報》（*New York Times*）專欄作家、黑頭髮的紀思道（Nicholas Kristof）原本以為知道自己是誰。紀思道的父親從歐洲遷居美國，因此他自認是個標準的歐洲裔美國人。但他還想知道，除了膚色之外，他到底是誰。他想瞭解更多關於自身起源的事情，於是他將自己的ＤＮＡ樣本送去做分析。結果讓他大吃一驚。他僅在兩千代人之前的高祖母就是位非洲人，可能來自衣索比亞或肯亞。有著白皮膚和高加索人特徵的紀思道驚呼：「我是一名非裔美國人。」他將此事發表在專欄後，電子郵件紛至沓來。其中一封尤為滑稽的是：「歡迎加入這個俱樂部。但在紐澤西開車時最好小心點。」但紀思道並不只和非洲大陸有關，其ＤＮＡ中的基因標記表明，他和今天居住在芬蘭、波蘭、亞美尼亞、荷蘭、蘇格蘭、以色列、德國和挪威的一些人都有血緣關係。紀思道對我說：「ＤＮＡ的分布狀況清楚說明了我們都是混血兒。」[18]

人類社會有一種特徵，使我們可以探尋基因的旅程。人類喜歡在條件適宜的地方定居下來，但他們同樣願意為尋找更好的生活而遷移。結果就是，在人類的旅程中，不斷在各地定居下來的人，形成了一條地理上的線性分布狀態。人類大都奉行一種「妻隨夫住」的做法，即女性在婚後會到丈夫家住，這樣就可將Ｙ染色體和特定的地域聯繫起來。遺傳學家在考察了我的ＤＮＡ後會告訴我，我來自印度次大陸。從我的 M52-Y 染色體就能看出來——很多印度人都有這種染色體。

這就使遺傳學家和人類學家得以勾勒一幅更清晰的圖畫，以說明「非洲夏娃」的後裔在何時以及如何離開舊大陸，並最終來到了目前的居住地。DNA顯示，這一遷移過程連綿不斷地持續了四到五萬年，大部分時間都是緩慢流動，時而也有大量遷徙的情形。威爾遜的團隊發現，在他們所研究的所有世界人口中，除非洲人外，都是來自多個源頭，這似乎說明，每個地區的歷史中都不斷有新族群遷入。

通往澳洲的流浪者快車

因為缺乏考古證據，我們無法確知我們的祖先為何離開非洲。很有可能是因為「冰河時代」晚期的乾旱導致森林減少，導致為「狩獵者—採集者」群體提供獵物的稀樹草原變乾。當一小群人邁出重要的一步，穿越紅海來到阿拉伯半島的南海岸時，整個世界就豁然打開。一些人類跟隨獵物群進入中東，另一些則沿著富產貝類的阿拉伯半島海岸進入印度，從此人類就開始了一段最終使其遍布全球的旅程。

最引人注目的旅程之一，就是在短短七百代人的時間裡，來自非洲的古人類就到達了澳洲。一些人稱此為通往澳洲的「快車」。當然，那些古人不知道他們是在前往澳洲，他們只是沿途覓食，但一代代人沿著印度和東南亞的海岸東進，最終來到了一塊與東非的起點相距一點二萬英里的大陸。

一組國際遺傳學家和人類學家在二〇〇六年五月的《科學》（*Science*）雜誌上發表的一系列

論文表明，通過研究父系遺傳的Y染色體而得出的這段人類旅行的時間，與此前威爾遜通過研究 mtDNA 得出的結論大致吻合。這些論文將基因研究與人類學證據相結合，證明在非洲和中東之外發現的兩處最古老的人類遺骨，即澳大利亞東南部蒙哥湖（Lake Mungo）發現的距今四點六萬年的化石，與婆羅洲一處山洞裡發現的、早一千年的化石，都是在沿印度洋海岸遷移後到達那裡的。安達曼群島（Andaman Islands）的土著居民長期與世隔絕，研究者在他們身上發現的一些 mtDNA 類型，與已知的距今六點五萬年的非洲起始族群的 mtDNA 類型吻合。令人驚奇的是，安達曼群島的土著還有些獨一無二的、未見於南亞和東南亞人身上的基因標記，這或許說明，自從五萬年至七萬年前解剖學意義上的現代人最早離開非洲，向著印度洋的南部海岸地區逐漸擴展時開始，他們就一直處於與世隔絕狀態。[19] 馬來西亞的原住民也是長期與世隔絕，對他們的研究也發現了類似可以追溯到非洲的 DNA 痕跡。

雖然現已發現了 M130 標記的後代沿海岸遷移的路線，但人類從非洲到達澳洲用了多長時間，仍是未解之謎。不過，基因學家文森．麥考利（Vincent Macaulay）及其同事分析了從印度到澳洲大片地域內 mtDNA 樣本的分子遺傳時間，從而測算出人口擴展的速度。據估計，如沿海岸行進，從印度到澳洲南部約有七千五百英里的行程，這是在大約一百五十代人的時間裡完成的。也許海灘上的生活比較舒適，使人口迅速增加，從而又令一部分人不得不繼續為尋找食物而遷移——他們速度驚人，每年行進兩英里。麥考利說，與通往澳洲的快車相比，「冰河時代」結束後人類重返歐洲的擴張速度就要慢得多，每年只行進零點四英里。[20]

紅海之濱的大餐

由於「冰河時代」之後海平面的上升淹沒了所有此次海岸之行的考古學證據，古生物學家長久以來都不抱什麼能找到證據的希望，這時卻幸運地有了突破。一九九九年，在厄利垂亞臨紅海的阿布杜村（Abdur）附近，以羅伯特・沃爾特（Robert Walter）為首的一組海洋生物學家、古生物學家、考古學家和地理學家發掘出了驚人的證據，證明這裡曾有人類居住。一場地震推高了一處石灰質珊瑚礁，使埋藏其下的、十二萬五千年前的古老寶藏重見天日，這真是科學之幸。在地震中暴露出來的這塊岩石，為人們首次提供了有關人類祖先如何在海洋新環境中生存的具體證據。科學家猜測，極端乾旱的環境和冰川時代導致食物來源缺乏，迫使人類轉移到海岸地區以求生存。在海岸流浪期間，人類不僅活了下來，而且吃得不錯——這一點有食物殘渣的化石為證。除了享用牡蠣、貽貝、螃蟹等各種海味之外，他們還有肉吃。在同一地區發現了象、犀牛等大型動物留有刮痕的骨頭，說明這的確是一場極具異國風情的「海陸大餐」。

沃爾特等人在《自然》（*Nature*）雜誌的一篇論文中興奮地總結道：「除了在南非發現的類似但時間上仍為暫定的證據外，這是第一次發現時間明確的人類適應沿海環境的證據。實現這種適應後，從非洲的一頭到另一頭，人類行為的範圍和複雜程度都出現了擴展。」[21]這一發現的年代表明，在該遺址發現的石器所處的時期，與非洲的古智人向解剖學意義上的現代智人過渡的時期重疊。更重要的是，在阿布杜珊瑚礁發現的石器表明，遠在一群人類開動其最終抵達澳洲的「海灘流浪者快車」之前，人類就已普遍存在於沿海地帶了。[22]

前一次冰河期的低海平面，使得一些古人類群體得以走過紅海上一條剛剛浮出水面的陸橋，抵達葉門的阿拉伯海海岸。[23]約四點八萬年之後，古埃及海軍的一次遠征則是沿相反路徑行進，可能抵達了紅海沿岸的同一地點。那是埃及人初次與龐特地區接觸。龐特是他們對非洲這一地區的稱呼。五萬年前北半球冰原的擴張使海平面下降了約三百呎，海床因此露出，縮短了今天非洲、印度和東南亞之間的距離。遺傳學家史賓賽·韋爾斯（Spencer Wells）估計，這可能使印度西海岸之外一百二十五英里長的陸地浮出水面，使得印度與斯里蘭卡之間有了一條陸橋連接。[24]我們可以猜測，當人類祖先抵達印度的熱帶海岸時，石器的發展和一些新植物、新樹木的出現，都加快了他們沿海岸行進的速度。大量的椰子樹尤其算得上是天賜恩惠。椰肉提供了營養，椰汁也可放心飲用，椰樹葉可用來修建棚子，遮風避雨；椰核可用以製繩；椰樹幹可用來製造木筏和獨木舟。印度南部一向有將圓木捆綁起來製作木筏的習慣。泰米爾人對它的稱呼「*kattumaran*」，後來演變成了英文中的「長筏」（catamaran）一詞。不論如何，較低的海平面必定使人們可以更容易地越過爪哇海的淺水進入印尼。不斷進入東南亞的人類可能划船渡過帝汶海的淺水，抵達了澳洲。[25]第一批抵達澳洲的人類將史前的澳洲野狗帶入了這塊大陸，這說明他們應是坐船過去的。[26]

我的非洲高祖父

在短短五千年時間裡，一列移民「快車」從非洲開到了澳洲，這樣的新聞讓我著迷。我的祖先是否曾在那列古老的快車上？他們是否因某種原因在印度下車？幸運的是，我能通過「基因地理計劃」（Genographic Project）來找到答案。該計劃是二〇〇五年由《國家地理雜誌》（*National Geographic*）與ＩＢＭ共同發起的。德克薩斯州出生的韋爾斯主導這項雄心勃勃的項目，致力於描繪人類的基因旅行歷史：我們來自何處？又如何抵達今天的所在？在研究中，該項目的領導人鼓勵人們送來他們的DNA樣本，並提供關於自己祖先的資訊。

我訂購了受試者用品，遵囑從臉頰上擦下了DNA，裝在幾個小瓶中寄出，瓶上只有一個序號。迫不及待地等待了幾週後，我得到了結果，結果在網上公布；對做分析的實驗室而言，我只不過是個序號。但當我在《國家地理雜誌》的網站上打開報告、輸入我的序號登錄後，它就直接告訴我，我來自印度。我的報告上說，「這個家系是最早進入印度的史前移民之一，而且今天在印度之外已經很少有這個家系的人了」。我所在的基因群體都帶有三個特定的Y染色體標記，於是突然之間，今天在中東和中歐的數百萬人以及在印度的數億人，就都成了我的遠系血親。在我的基因中留存的Y染色體印記表明，我最早的高祖父擁有Y染色體標記M168。今天生活在衣索比亞的一些人也同樣保留這種Y染色體標記。報告中的這段話使我渾身一顫：「廣泛分布的M168標記均可追溯到一位生活於約三點一萬至七點九萬年之前的非洲男性，他是當今每位非洲以外居民的共同祖先。他的後代走出非洲，並成為在非洲這個人類發源地之外唯一存活下來的家系。」剎那間，我理解了在印度從小到大一直聽的寓言集《五卷書》（*Panchatantra*）第一卷中的一句箴言：「*Vasudhaiva Kutumbakam*」（世界本一家）。

最有意思的是，我的Y染色體標記的排列順序：M168—M89—M201—M52。我就像是發現了一本家族護照，我的祖先每經過一個國家，就會在上面蓋上一個印章，直到抵達最後目的地。正如某位醫學研究者所說的，「你遇到過的人和看到過的地方，都在你的基因組裡」。[27]與世界上所有非洲之外的人一樣，這場旅程的第一站是在今天衣索比亞的某處。DNA的故事說明，在

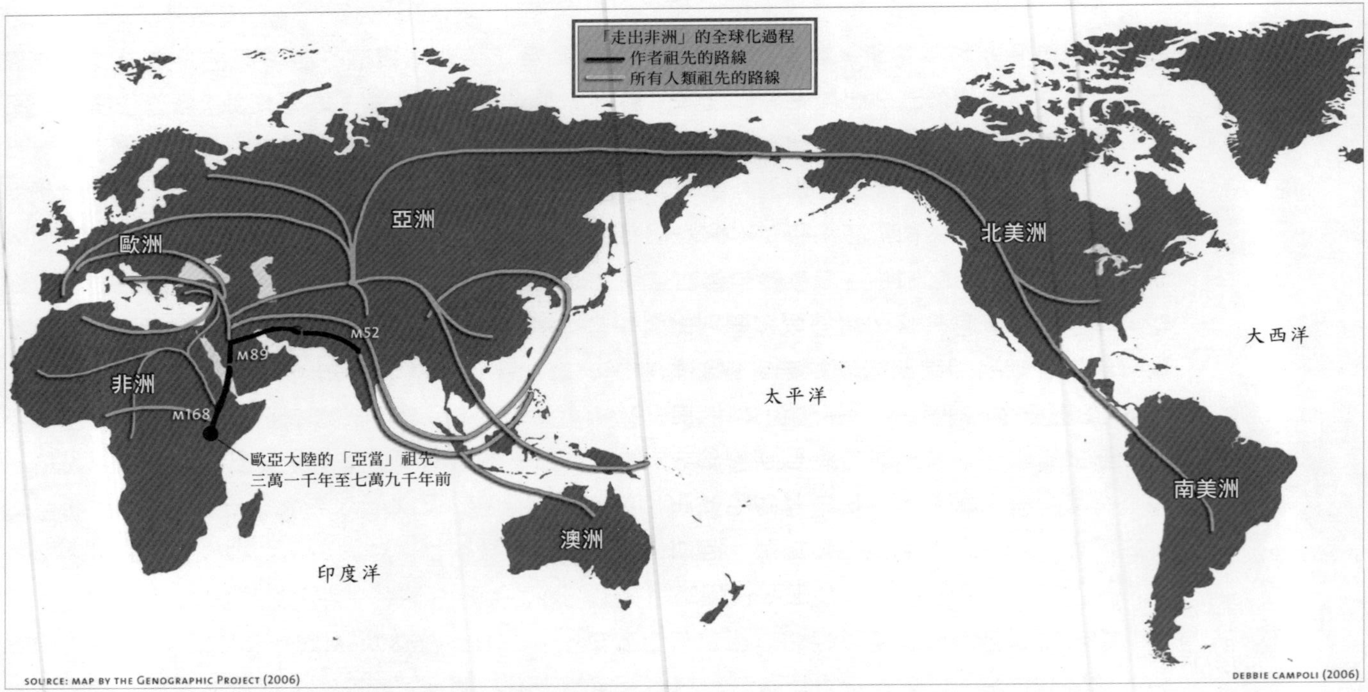
「走出非洲」的全球化過程
作者祖先的路線
所有人類祖先的路線
歐洲
亞洲
非洲
M52
M89
M168
歐亞大陸的「亞當」祖先
三萬一千年至七萬九千年前
北美洲
大西洋
太平洋
南美洲
澳洲
印度洋
SOURCE: MAP BY THE GENOGRAPHIC PROJECT (2006)
DEBBIE CAMPOLI (2006)

距今三點一萬年和距今七點九萬年的某個時點，M168（我們稱之為「祖父標記」）的後代向東北方移動了。這可能是因為平原上愈來愈擁擠，他們要出發去尋找新的獵場。我的報告上猜測說：當時，一段濕潤宜人的短期氣候使獵物的分布範圍擴大，這些遊牧民可能不過是去追尋他們的食物來源。下一個父系標記、我們稱之為「黎凡特標記」的M89顯示，我的祖先是四點五萬年前生活在北非和中東的一群人中的一員，他所在的狩獵者族群往內陸大規模遷移，跟隨不斷擴展的草原和豐盛的獵物來到中東——當時的中東要比現在青翠很多。基因中的這個標記讓我有些失望了。我的祖先沒有登上通往澳洲的「快車」，那上面的人都帶有所謂的「澳洲標記」M130，即從「祖父標記」M168分離出來的那支基礎人群的特有標記。[28]

其他遺傳研究表明，「黎凡特標記」的後代中有一小群人從中東向北移動，抵達安納托利亞和巴爾幹半島——離開熟悉的草原，轉奔森林和高地。M89家系的許多人都留在了中東，但我的祖先卻越過紅海進入阿拉伯半島，其渡海處可能是海面最窄的曼德海峽（Bab-al-Mandab），意即「憂傷之門」。一些人繼續他們的遷移，追逐著草地，從伊朗一直抵達了中亞的大草原。驅使他們探索新草地的動力，可能是大群的水牛、羚羊、多毛的猛獁象和其他獵物。在那個年代，地球上的水多半都冰凍在巨大的冰原裡，而巨大的草原從法國東部一直延展到朝鮮。M89家系的草地狩獵者在這個大草原上向東西兩個方向移動，最終擴展到了歐亞大陸的大部分地區。

我的基因報告表明，我的祖先當時是在那個較大的群體裡，他們轉向東方行進，穿越了今天的伊朗和阿富汗。但之後我的祖先又得到了一個新的、甚為少見的M201家系標記。報告稱，M201「作為M89家系的分支，最早出現在印度北部的印度河谷，隨後在距今一至二萬年的時間裡逐步擴散」。似乎我的一些祖先又向西移動，抵達安納托利亞和中歐，因為在那裡的居民中也發現了M201家系的成員。[29]但鑒於我的祖先是朝南移動，可以推斷，他們可能參與了印度最古老的哈拉帕文明（Harappan civilization）的誕生。該文明於五千年前出現於印度河谷。人們可以揣度，西元前第三千年在肥沃月彎的蘇美文明和印度河谷之間發展起來的貿易，究竟是新興的活動，還是延續了更早的一段聯繫。而我們將要看到，在印度河谷與幼發拉底—底格里斯河谷之間誕生的貿易現象，最終會將全世界連為一體。我的Y染色體中最後一個標記M52，是在我祖先抵達印度西部時得到的。似乎我的祖先喜歡他們在印度發現的環境，因為除了東南亞的一些為數很少的沿海人口帶有這一標記外，並沒有多少證據表明M52標記的後代曾遷移得更遠。在過去二萬至五萬年間，M52標記擴展到了全印度，幾乎成為一種民族性的標記。絕大多數印度人都帶有這一「印度標記」，尤其是在南部和東部。[30]源自非洲的另一群加入印度基因庫的「時間旅行者」，是先到中亞後才轉到印度的。他們帶有另一種歐亞人的標記M20，這也許有助於解釋，為何印度北方人和南方人的外形有著顯著差異。

黃帝的黑色母親

為何有一群移民未跟隨其他人東去，而是留在了中亞呢？遺傳學家韋爾斯解釋說，早期的人類移民並非有意識地遷移。他們在連綿不絕的歐亞大草原上遷移，很可能只是為了尋找獵物而愈走愈遠。約四萬年後，也許是在伊朗和中亞南部的平原上，黎凡特家系中出現了一個新標記M9。這一家系的後代（韋爾斯稱為「歐亞氏族」〔Eurasian clan〕的人群），在其後的三萬年裡遍布了地球上的天涯海角。他們很快就遭遇了前所未見的巨大山脈。當時，冰河時代末期的嚴寒籠罩著世界，興都庫什山脈、喜馬拉雅山脈和天山山脈成為M9氏族無法穿越的障礙。就在那時，在今天塔吉克的某處，這群移民分成了兩支，一支北進，一支南下。南下的一支帶有另一種標記M20，他們最終到達印度，形成了一種獨特的印度遺傳基礎。北進的人則帶有M45標記。他們獵殺多毛的猛獁象，成功穿越了冰冷的西伯利亞地帶，成為中亞的壓倒性人口。韋爾斯寫道：「對我們的祖先而言，歐亞大陸的腹地是個相當殘酷的訓練營。在大草原上流浪期間，現代人發明了一些極為專業的工具，包括骨針。他們能憑藉骨針將動物毛皮縫製成衣。衣物既能在嚴寒之中保暖，又不妨礙他們靈活運動，成功獵殺馴鹿、猛獁象等動物。」[31]

經歷了冰天雪地的洗禮之後，M45氏族的一些成員或許來到了西伯利亞，並即將穿越白雪皚皚的白令地區抵達阿拉斯加。但在到達西伯利亞之前，在「歐亞—中亞氏族」的一些成員中產生了另一個家系M175，他們從西伯利亞南部走向中國西部。大約三點五萬年前，M175標記及其分支標記的後裔大體佔據了朝鮮和北中國。

中國的少數民族中，除了維吾爾人、哈薩克人、吉爾吉斯人、撒拉人等少數有阿拉伯、伊朗和中亞血統者外，大都帶有M175標記及其變種。[32]他們得為百分之六十至九十的東亞染色體負責。但歐亞人在中國出現之前，最早的「澳洲快車」裡那些在東南亞的島嶼上「中途下車」的人，他們的後代也開始移動了。

東南亞群體和其他遺傳群體是如何融入中國的？關於這個故事，我們求助於遺傳學家金力及其學生的研究，他們希望一勞永逸地解決有關中國人起源的爭議。中國人真是從史前的「北京人」

在本地進化的嗎？中國人認為自己是傳說中黃帝的後代，他在西元前三千年統一中國各部。金力和她的學生從各地收集了一萬名男性的DNA樣本。所有的Y染色體都未出現一個例外。「我們都檢查了，」金力後來說：「沒有問題。現代人起源於非洲。」[33]這或許是說，即便有過一位黃帝，他也是萬古之前一位非洲母親的後人。金力所收集的東南亞、大洋洲、東亞、西伯利亞和中亞各地一百六十三個人群的資料，也證明了同一個結論。每個人都帶有原初的「祖父標記」M168和「澳洲快車標記」M130。[34]

在二〇〇〇年，金力又提供了決定性的證據，證明中國人起源於東南亞。據她推測，現代人最早進入東亞南部是在約一點八萬年至六萬年之前。對東南亞樣本Y染色體和mtDNA的分析都顯示，東南亞M130家系後代身體上七種主要的「單倍型」（haplotypes）——即基因類別——也均可見於中國。遺傳學家仔細分析現今中國人口的基因標記後發現，「在今日中國人的血液中仍能看到分成兩支居住的古老證據」。[35]居住時間較久的南方人，其遺傳變異的程度要高於北方人。人類學家懷疑，今天北方人和南方人的外形差異，可能要歸因於後來發生的基因混合。中國北方人一般膚色較白，身材較高，眼睛較小，單眼皮特徵更明顯。中國南方人一般膚色較黑，體形較寬，更像東南亞人。[36]

金力及其同事發現，除向北到達中國和西伯利亞外，東南亞人還向兩個方向移動。一支似乎越過一系列島嶼到達了太平洋島群，包括玻里尼西亞（Polynesia）和密克羅尼西亞（Micronesia），另一支移向臺灣。[37]此後，「祖父染色體」的這些後裔就一直在澳洲和太平洋地區與世隔絕地生活了成千上萬年，直到詹姆斯．庫克船長（Captain James Cook）的高桅帆船抵達那裡。新來者所描繪的土著看起來就像是另一星球的生靈。

中國和東南亞後來成為往日本遷移的中轉區兼發射台。在一點二萬年至二萬年前的某時，隨著較低的海平面將日本與亞洲大陸相連，中亞的「狩獵者—採集者」遷移到了日本北部。約有三千人從西藏和中國西北的阿爾泰山脈走向日本，後來發展出了繩紋文化。此後海平面的上升使日本與亞洲大陸相隔近一萬年，在此期間，東南亞和中國南部的河谷居民發展出了農業。水稻種植傳到了朝鮮半島，適應寒冷地區的水稻品種也出現了。約兩千三百年後，一些與東南亞人和朝鮮人帶有相同基因標記的人航行到了日本南部列島。[38]這些農業移民帶來的水稻耕作方式後來擴展到全日本，並成為日本的身分象徵。到了二十世紀，日本甚至以日本稻米獨一無二為由，拒絕開放稻米市場！

繼東非和黎凡特之後，人類基因變遷的另一個重要地點，就是中亞的崇山峻嶺與廣闊平原。約於三萬年前，在中亞的 M45 基因標記中產生了另一個家系 M173，他們改變了此前朝向東北的行進方向，開始折向西方，穿越大草原走向歐洲。這些遷移者後來構成了現今歐洲人的主體。從化石證據和法國的洞穴繪畫可以判斷，現今只在冰冷苔原上生活的馴鹿，在當時的德國，甚至在法國的大草原都相當普遍。當時經歷過中亞酷寒冬天洗禮的歐亞人遷往歐洲，並在幾千年時間裡廣泛居住。當時在歐洲和西亞還有一支古人種尼安德塔人，他們帶有現代人的一些粒線體基因組，但後來逐漸被現代人取代。

迄今為止，尚無任何跡象表明，移居此地的歐亞人曾與尼安德塔人雜交，也無跡象表明尼安德塔人遭到有系統地殺戮。[39]據信，現代人是因語言、工具、智力和合作狩獵技巧方面的優勢而在自然選擇過程中勝出的。[40]也有人指出，在歐洲的很多地區，尼安德塔人滅絕的時間，可能恰好是氣候條件突然轉為寒冷、乾燥的時間。假設如現有證據所顯示的那樣，新的解剖學意義上的現代人在科技上和文化上更能適應嚴峻的冰川期環境，那麼正如研究者保羅．梅拉爾斯（Paul Mellars）所說的，這似乎就是尼安德塔人遭到致命一擊的原因。[41]到了大約二點五萬年前，尼安德塔人就完全消失了，只留下我們的祖先在世界上遊蕩。恰如印度人的M52、中亞人的M45、東亞人的M175一樣，M173後來成為歐洲人的決定性標記。

來到美洲

帶有中亞標記人群的旅行並未結束。在這一支的後代中，那些為尋找馴鹿和猛獁象而到達西伯利亞的人們，又將靜悄悄地潛入最後一個完全杳無人煙、甚至沒有靈長類動物的大陸。北美的第一批定居者是來自西伯利亞，對於這一點大致已無異議，但他們最早抵達是在何時，卻仍是一個爭論激烈的話題。一九三二年，在新墨西哥州的克洛維斯（Clovis）出土的一具猛獁象骨骼裡，嵌有一把一點一萬年前的有刻痕的石刃。自從這個發現以來，人類學家就一直在爭論，克洛維斯人是否就是最早一支來自亞洲的美洲人。在賓夕法尼亞州的梅多克羅夫特岩棚（Meadowcroft Rockshelter）和智利的蒙特沃德（Monteverde）發現了更為古老的人類居住遺址後，這個說法就被推翻了。對美洲土著DNA的詳盡分析表示，超過百分之九十的印第安人都擁有同一個男子的Y染色體，他遂得名「美洲原住民亞當」。[42]他生活於約二點二五萬年前，其出身的家系曾居住在西伯利亞和中亞的阿爾泰山區。即便是西伯利亞那些久經風霜的堅強人類，也得到約一點五萬年前、冰河期開始退卻的時候，才得以進入北美的平原地帶。古氣候學家認為，當時在洛磯山脈以東毗連加拿大平原地帶的地方，新出現了一條冰雪已消融的走廊地帶。[43]

對mtDNA的分析發現，在穿越阿拉斯加的冰雪來到這一走廊的那些追捕大型獵物的獵人和定居者中，母系家系為數很少。其中的女性都有密切的血緣關係。[44]但一旦來到了北美大平原，那裡的土地和動物就隨他們取用了。不僅他們的人口出現了爆炸性增長，而且又有連續不斷的移民前往美洲大陸，並很快朝四面擴展。到了約一點四萬年前，隨著美洲土著抵達智利的南端，萬古之前開始於衣索比亞的人類旅行，就最終完成了對地球的征服。與太平洋島民一樣，美洲原住民在歐洲人駛到他們的海灘之前，也處於完全與世隔絕的狀態。我們將要看到，由於長期隔絕於舊大陸的基因流之外，他們對許多常見疾病沒有免疫力，在接觸歐洲人之後遂遭遇了大災難。但奇怪的是，一些典型的基因標記，也就是稱為「X單倍群」（haplogroup X）的標記，早在哥倫布之前便到達美洲了。遺傳學家驚訝地發現，義大利人和芬蘭人與一些美洲原住民擁有共同的基因聯繫。從這一基因標記的變異程度判斷，它至少已有了一萬年的歷史，因此不可能是在哥倫布之後到達的歐洲人帶來的。歐洲的基因標記如何到了美洲？由於北大西洋上冰川林立、冰原廣闊，人類似乎不可能從北路進入美洲。這個謎還需要未來的遺傳學家來解決。[45]

隨著冰河時代的終結和海水的上升，西伯利亞與阿拉斯加、日本與中國、歐洲大陸與不列顛、印尼群島與東南亞大陸之間的陸橋都沒入水下了。自冰河期結束以來，海水平均上升了約四百呎。過去為冰原覆蓋的陸地也上升到水面上一百呎之高。此前五萬年，以非洲開始的離心運動為起點的人類多樣化進程，隨著大片有人居住的大陸在地理上的相互分離而達到頂點。正如歷史學者大衛・克里斯蒂安（David Christian）所說的，「由於人類已分布到了全世界，古代交流活動所遭遇的這種斷裂，便預示了人類將分化成許多擁有各自歷史的獨立人群」。[46] 其後出現的是四個世界區：歐亞非世界區、澳洲—新幾內亞世界區、美洲世界區和太平洋世界區。之後，各個世界區居民從其已知的世界出發，強化彼此間的聯繫，並創造出多種「微型全球化」的局面，直到哥倫布時代的到來打破了大洋的障礙。從舊大陸視野裡消失的美洲大陸，在一四九二年隨著一聲「陸地！陸地！」的歡呼重現於世。當時，哥倫布船隊中「聖瑪利亞號」（*Santa Maria*）的值夜者在蒼白的月光下依稀看到了聖薩爾瓦多的輪廓。

這場全球旅行的一個最令人稱奇之處是，它幾乎完全由步行完成，只是偶爾在渡水時使用了木筏和獨木舟。馬直到距今六千年時才被馴化，而駱駝的馴化則是距今三千年的時候，人類祖先走出非洲和抵達南美洲的南端，都是在那之前很久的事情。[47] 一小群男女為尋求更好的生活而離開故地。他們的兩千代後裔一直在遷移，直到發現某個地方定居下來。一些人繼續過著遊牧生活——即使在今天全世界仍有約三、四千萬遊牧民——而另一些人則定居下來，過著務農或漁獵的生活。人類的祖先在四、五萬年的時間裡遍行世界各地，經歷「冰河時代」末期難以想像的嚴酷天氣，這段歷程塑造了我們的身體，改變了我們的面貌和膚色。人類在全球的這場擴展就是第一次全球化，結果產生了一個表面上千差萬別的人類物種。

變色

在離開非洲稀樹草原後，經歷兩千代的繁衍，遍布地球各地的人類後代現在外表各異、語言無法互通。但在這五萬年旅程中，我們的身體發生的最表面的變化——膚色等體表特徵的改變——卻似乎成了最讓我們人類分化的因素，成了「種族」形成的重要因素。儘管就遺傳而言，所有人類都是百分之九十九點九類似的，只是ＤＮＡ中的微小差異造成了膚色的顯著不同，但這卻給人類物種的全球化過程製造了麻煩。儘管在基因組的三十億核苷酸裡，這樣的差異微乎其微，但無論如何，它們通常都與特定地域有關。遺傳學家法蘭西斯・柯林斯（Francis Collins）說，只要某些個人都來自世界同一地方，就可以利用基因變異來對特定個人的地理起源做出相當正確的預測。[48]

正如遺傳學家卡瓦利—斯福札所說，非洲人向世界其他地方的遷移使他們遇到了多種多樣的環境：既有他們已經適應的濕熱或乾熱的環境，也有溫和的環境、寒冷的環境，以及西伯利亞這種世界上最冷的地方。卡瓦利—斯福札寫道：「可以說每個種族都在居住環境的影響下發生了基因調整。」[49]

走出非洲的人類祖先可能大都類似今天的衣索比亞人，皮膚黝黑，身材高挑。非洲人的膚色是因黑色素而形成的。皮膚細胞分泌這種色素來防止太陽紫外線的傷害，愈在靠近赤道的地方愈顯著。黑色素具備有效的防曬作用，可保護黑皮膚的人免受日光灼傷，免患皮膚癌。[50]太陽的輻射會破壞一種重要的、與生育力有關的營養物質——葉酸——從而減少繁衍後代，影響進化。但人類身體也需要日光來合成維生素Ｄ，那是身體得以吸收鈣質、強化骨骼的重要因素，因此當人類向北半球移動時便遭遇了另一種壓力。在那裡，由於日光減弱和晴朗天氣的減少，「自然選擇過程」便青睞那些膚色較淺的人。缺乏黑色素的人可以吸收更多的日光來合成維生素Ｄ。在所有人群內部，女性的膚色都要比男性淺百分之三至四，據信其原因便是母親需要更多的維生素D。[51]同樣的理由也解釋了為何遷往南非的桑人（San people）膚色較淺，因為那個緯度的紫外線強度與地中海地區相當。但又該如何解釋因紐特人（Inuit）較黑的皮膚？他們可是生活在日光稀少的北極地區，而且重衣蔽體。答案似乎是，他們基本上以富含維生素D的魚類為食，從而補充了維生素D。[52]

氣候的塑造之手

體形也會根據環境而調整。在炎熱的氣候中通過流汗來保持涼快，以及在寒冷氣候中保暖，成為決定體形的兩種關鍵功能。在熱帶雨林這樣的濕熱氣候中，低矮者適應得更好。一是因為和身體的體積相比，低矮者的體表面積較大，更有利於汗水蒸發；二是因為他們體重較輕，在狩獵時產生的體熱較少。例如，俾格米人捲曲的頭髮能使汗水留在頭皮上的時間更久，帶來更好的涼爽效果。東非人高挑的身材也能達到相同效果，因為他們的「體表－體積」比例可由此實現最大化，從而在熱帶的驕陽下降低體溫。[53]他們頭部較小，肩膀削瘦，正午時刻在強光照射之下受光面積較小，而那正是捕獵乘涼動物的最佳時機。

上次冰河期間人類在中亞遭遇的嚴寒也留下了印記。據信，扁平臉、短鼻、深陷的眼框等「蒙古人種」（Mongoloid）特徵，就是我們的祖先經過中亞和西伯利亞期間留下來的。卡瓦利－斯福札指出，蒙古人種的整個身體，尤其是頭部傾向於圓形，從而增加身體體積。皮膚蒸發面積與身體體積比例的降低意味著熱量流失的減少。較小的鼻子不易凍壞，而狹窄的鼻孔會在空氣進入肺部之前使其變暖。肥厚的皮膚褶皺可在西伯利亞的寒冷空氣中保護眼睛，也能像眼罩一樣遮擋冰雪的反射光。如前所述，在穿越中亞的冰天雪地後存活下來、帶有M175標記的人群在約三點五萬年前遷移到了中國和朝鮮。當然，正如達爾文所猜測的，其他因素如個人在「性選擇」（sex selection）中的特殊喜好，也可能發揮了作用。卡瓦利—斯福札指出，眼睛的顏色、形狀等特徵就經歷了「性選擇」。在東亞很普遍的杏眼可能就是進化選擇的結果。可能是因一些群體認為這種眼形比較迷人，從而使其流行開來。[54]卡瓦利—斯福札發現，南部非洲的布希曼人和其他非洲人群也有單眼皮這一特徵。無獨有偶，眼形可能也是通過「性選擇」過程從東北亞擴展到了暖濕的東南亞。但在探究人類中出現的形體差異時，也須謹記卡瓦利—斯福札的警語：「我們始終都得認識到，因氣候而改變的基因所影響的是外部特徵。要適應環境，身體大都需要改變，因為我們是通過身體與外部世界接觸。**正因種族差異是外在的，才會使我們對它的印象非常深刻，使我們不經思索地以為——在我們的外表之下，其他的遺傳組成也有同樣巨大的差異。但事實並非如此：我們遺傳組成的其他方面基本沒有差別。**」[55]

全球旅行雖然改變了人類的外貌，但非洲人的後裔在細胞裡都隱藏著各種突變，它們將在數百年甚至數千年後引發疾病。保羅．珀洛茨（Paul Plotz）任職於馬里蘭州貝塞斯達（Bethesda）的國立衛生研究院（National Institutes of Health），專門研究罕見肌肉疾病。他發現了一個很有意思的現象：在一些雖無血緣關係、但其基因組卻出現類似突變的非洲裔美國人身上，發現了一種罕見的疾病。他與一位歷史學者合作探尋這一突變的起源，最後得出的結論是：它是於約一千年前，在奈及利亞的豪薩部落中出現的。通過與今天迦納所在地的阿散蒂人（Ashanti）的貿易關係——當然其間也涉及基因交換——這種變異傳到了阿散蒂人之中。所有出現這一變異的美國病人，其祖先都可追溯到以奴隸身分被帶到美洲的阿散蒂人。還有報導說，在一位巴基斯坦男子身上也發現了相同的病變，這或許說明了南亞與非洲之間也曾存在過的販奴關係。[56]

在一萬年前，人類就到達了除南極洲之外的所有大陸，並昭示著一個新時代的開啟，由此開始的進程使各個人類群體最終走上重新聯繫之路。西元前二萬年，全球變暖開始後不久，在經歷了許多波動以及極端寒冷與乾旱的短期回潮之後，冰河時代才真正在西元前一萬年畫下句點。隨著冰川的消融，地球各地農業都得以發展，農夫組成的定居社群也得以產生，這些社區支撐了專業的手工業者、教士和首領的形成，彷彿注定一般。那些仍進行狩獵和採集的人類走上了遊牧生活的道路，並發展成為定居社群之間的移動性紐帶。隨著農業收成的富餘，城鎮、新工藝和商品生產也得以出現。遠古的非正式交流發展成為貿易網路。狩獵、採集生活中常見的戰爭現象，也隨著國家的出現而更具組織性。從本質上說，推動人類與他人聯繫的基本動力，包括以貿易尋求利潤的渴望、傳布宗教信仰的欲望、探索新土地的心願和以武力控制他人的野心，到西元前六千年時都已聚合起來，開啟了現在我們稱之為全球化的進程。

無花果樹之根

氣候變化使大地變得青翠，撒哈拉沙漠裡長出了樹木，森林在寒冷的大草原上擴展。氣候的逐漸濕潤及河湖的出現使沿水地帶得以出現更大的人類居住區，因此也須要在這些地方種植出更多的糧食。[57] 此時人類思維發生了重大轉變。正如哈佛大學考古學家歐佛．巴爾—約瑟夫（Ofer Bar-Yosef）所說：「人類決定干預自然來為自己提供食物，而不是依賴神靈的恩賜。」[58] 從幼發拉底河的兩岸到長江河谷的兩岸，農業社區如雨後春筍般出現。狩獵者的遊牧生活之所以變得較難維繫，原因之一正在於此時的人類已不再像千年東進之旅中的海灘流浪者那樣，擁有各種選擇。當一個地區的食物供給減少時，流浪者就轉向另一處海灘。但到了一點二萬年後，單單轉移地點已不再可能，因為那將使遷移者與生活在其他地區的人爆發衝突。學習如何改良野草的種子以種植莊稼、馴化動物，以及打漁，都成為成本較小的選項。儘管有些證據顯示，一些農作物的種子曾發生過長距離移動，但農業也是在世界的不同地方同時興起的。在地中海東岸的肥沃月彎，最早的定居人類學會了如何利用野生動植物。這一地區最先種植了小麥、大麥、黑麥、鷹嘴豆和扁豆，馴化了綿羊、山羊和豬，之後它們才擴展到舊大陸的其他地方。最先在今天土耳其所在地種植的小麥，在四千至六千年前傳到了印度河谷和中國。[59]中國的長江流域在約一點一五萬年前出現了水稻種植，之後此法就向南擴展。[60]農業移民源源不斷地湧入東南亞的各個河谷，開闢稻田，最終直達印尼。這一古老旅程仍在今天的人口中留下了遺傳印記。

農業社會興起後，一直為尋找可食的根莖、水果和堅果，以及為尋找獵物而漂浮無定的人類群體，終於第一次有了牢固的身分認同。近來的考古證據表明，人類是在種植無花果園時才紮下根基的。根據發現，無花果是人類最早以人工種植的植物，這為探尋「地域忠誠」、「鄉土認同」觀念的起源提供了誘人的線索。考古學家在發掘位於耶利哥（Jericho）以北、下約旦河谷的一處古老遺址時，意外發現了焚燒過的無花果樹。分析顯示，這些將近一點二萬年前的無花果樹，是人工種植作物的最早實例。

基因突變似乎產生了許多類型的無花果，其果實雖不豐美，卻更便於種植，因為其插枝要比其他任何果樹的插枝更容易生根。研究者說，出土的無花果是與野生大麥、野生燕麥、橡實等其他糧食儲存在一起的，這或許說明了新石器時代早期農夫的生存技巧是既利用野生植物，也開始無花果的種植。[61]由於無花果樹和橄欖、椰棗等後來的作物，都要種植數年才能結果，因而可以推斷，種植果園是選擇定居生活的人類最早的身分標誌。[62]其後又出現了小麥和大麥的種植田。如果沒有其他發現能將作物種植的時間再往前推，那麼這些無花果樹的種植就可認為是人類進化到農業社會的開始。農業要求人類安營紮寨，這才終於停止了在地球上不斷擴展的過程。直到五千年後人類才學會種植橄欖樹，而這種作物現已成為中東地區眷戀故土觀念與地區身分觀念的象徵。[63]

一開始，人類會培植、栽種一些產於居住地的物種，如無花果。隨著時間的推移，一些其他植物也融入了他們的生活，後來還包括一些動物。到西元前一萬年，以莊稼種植和動物飼養為基礎的定居文化已經在肥沃月彎的巨大弧形地帶成形。不論是在近東地區、印度河谷還是長江流域，以特定地域為特徵的人類定居群體的興起，都是文明、國家與帝國興起的第一步。已知最早從事定居農業的人是在約旦河谷，被稱為納圖夫人（Natufians）。在其後的一千年裡，又出現了其他一些族群，佔據了肥沃月彎的不同地區，包括蘇美人、阿卡德人（Akkadians）、亞述人、西臺人（Hittites）、斯基泰人（Scythians）、迦南人、非利士人（Philistines）、腓尼基人、希伯來人等等。[64]對特定土地的佔領與佔領該地的族群漸漸聯繫在了一起，而為爭奪土地，戰火連綿不斷。「縱一錐之地，吾等亦不願不戰而棄」，約西元前五百年的印度史詩《摩訶婆羅多》（*Mahabharata*）中記載的這條最後通牒說明，對土地的佔有與聯繫如何與個人的身分與榮譽密切相關——該通牒標誌著災難性戰爭的開始。社群興起後，又演變為公國和王國，並與其他社群產生聯繫，或是交換產品，或是發動軍事攻擊，佔領他國土地。這個過程一直持續到現代政治結構的出現為止。

新的移民

農業產生了強化聯繫的四種主要動力：移民、貿易、宗教和國家的征服力。作物的種植保障了食物供應，人口隨之增長，由此使人得以攜帶工具與種子遷居他處。後農業時代的移民動力與最早走出非洲時不同，不像當時只是為了求生。如同一位人類學家所解釋的，後來的移民「通常是由特定的子群落（經常是家族群落）進行的，有明確目標和既定的目的地，常會經由熟悉的路線」。[65]那是有目的之遷移，是要尋找可供人們以舊有工具和種植技術定居下來的新土地。此類尋找可耕地的早期遷移，經常會與其他定居社群相遇。

推動遷移的力量，除了故鄉經濟緊張帶來的「壓力」和他鄉吸引人的「動力」之外，還有文化和意識型態因素的作用。人類學家大衛．安東尼（David Anthony）指出：「在一些社會中，男性的地位與角色主要由贏得戰爭來決定，因此年輕男性會積極對外尋釁。追求榮耀的侵襲持續不斷，其累積的效果便可能引發大規模的對外遷移。」[66]不管是通過和平同化還是暴力佔領，已知世界都會擴展，人們的交流也會加強。移民的運動就像一條溪流奪路而出，歷經千迴百轉，終要抵達目標。林間小徑最終成為通衢大道，帶來更多的移民和貿易。我們將會看到，這些敢於涉險的先行者和移民，亦即本書歸類為探險家的人群，將成為全球化的一個關鍵角色。最初因當地資源不斷出現短缺而引發的短距離遷移，很快就發展為長途遷移。

儘管許多遷移潮的起因仍存爭議，但其效果仍然明顯，創造出了一面交流網。例如，許多語言學家認為，所謂的「原始印歐語」(Proto-Indo-European language)之所以能在歐洲、中亞和南亞廣泛傳布，農業生活方式從安納托利亞的擴展功莫大焉。根據一種廣為接受、並得到遺傳學和語言學分析支持的假說，約在西元前七千年，尋找新土地的早期農民從土耳其和小亞細亞遷移到了東南歐，他們傳播的原始印歐語後來成為八十七種語言的源頭，包括梵語、希臘語、拉丁語、波斯語等，並最終產生了英語、法語、俄語、德語等現代語。[67]除了這種對印歐語傳播的「農業派」解釋之外，還有一派用刀劍的力量來解釋。其主張是，印歐語是由出身於今天烏克蘭所在地的墳塚文化(Kurgan culture)④入侵者所傳播，他們騎在馬上，揮舞著戰斧入侵別國。[68]根據這一理論，一支來自窩瓦河下游地區的養馬半遊牧群落在歐洲到中亞間的巨大草原上遷移，並向南遷移到今天的土耳其和希臘；而當時的氣候正在暖化，恰好有利於他們的遊牧經濟。在這一過程中，他們或與其有關的其他族群取得了政治控制權，最終傳播了他們的印歐語和文化。[69]

人們仍在爭論著語言傳播的原因，但毋庸置疑的是，西元前四千年窩瓦河—聶伯河下游地區的人對馬的馴服，促進了分散人群之間的聯繫。但直到兩千年後，馬才成為一種拖動輪車的役畜。在後來的歷史上，馬成為蒙古帝國擴張的發動機，而且一直到現代都是一種運輸工具。直到十九世紀末期，馬車還在紐約城的街道上提供服務。安東尼及其同事在馬齒化石上發現的馬嚼鐵痕跡，證明馬很早即得到了馴化。正如這些研究者在《科學人》(*Scientific American*)雜誌上所說的，馬的馴化產生了顯著的直接影響：

> 馬的出現給草原部落生活的所有方面都帶來了革命。在一天的時間裡，騎馬要比步

行快兩、三倍，行程也遠兩、三倍。原先鞭長莫及的資源、敵人、盟友和市場，突然變得觸手可及了。在乾燥的草原上維生，對徒步狩獵者而言是動盪而危險的，但有了馬就變得有效而可預測。對定居務農的村民而言，河谷裡的居住地已經成為人口和經濟生產力的中心，但他們很難抵禦馬上敵人的閃電侵襲，無法予以追擊和懲罰。[70]

馬幫助往返各地的商人、士兵與遙遠的農業定居點建立聯繫，這在過去還是不可想像的。我們將要看到，拜馬匹之賜，歐亞大陸上的大草原變成了一個巨大的傳輸帶，傳送人、商品與理念。

貿易聯繫

農耕社區還催生了全球化的第二個角色——商人。在遊動覓食的社區裡，已經出現了產品交換、婚禮社交儀式以及其他禮尚往來的傳統。農業的發展使交換具有重大意義，因為此時，某地的居民便可經常性地種植糧食或其他作物，與他人互通有無。加泰土丘（Çatal Höyük）的考古發現說明了農業如何促發了早期的貿易。該遺址是世界上最早的城市居住點之一，位於今天的土耳其。靠近兩座活火山的加泰土丘實際上壟斷了東地中海和黎凡特的黑曜岩貿易。[71]黑曜岩是一種鋒利的火山石，可用來製成鐮刀，是收割莊稼的重要工具。許多代人之前，紅海之濱的海灘流浪者定居點就使用黑曜岩來撬開牡蠣。後來，在歐洲其他地方，隨著食物的富餘，一些專業手工技

④【編註】墳塚文化是考古學家瑪利亞．金布塔斯（Marija Gimbutas）提出的假設，她根據考古發現，推測印歐語族的發源地為東歐草原。

術得以產生，如利用開採來的燧石製作斧頭和其他工具。[72]於是通過交換，定居點得到了許多來自紅海和地中海的貝殼，以及石頭或各種原料，工匠可以利用這些原料製作工具、儀式用品或者織物。[73]在連接非洲和地中海地區的交通要道沿線的不同人群之間，農產品貿易發展起來，並可能催生了耶利哥等古老城鎮。蘆葦和獸皮製成的船隻行駛在幼發拉底河與尼羅河的水面，到西元前四千年時出現了帆船。在西元前四千年和西元前三千年，在幼發拉底河和底格里斯河的下游河谷誕生了兩河文明，其誕生的基礎便是與鄰近的敘利亞和安納托利亞地區的貿易，人們以此來獲得金屬、優質木材、石料等新奇物品。不久之後，貿易網路擴展到了波斯灣和印度西部。[74]兩河流域的大麥養育了阿拉伯灣的人口，他們則向兩河流域提供可製作武器和工具的銅。奢侈品和禮品的交換也成為社群交流的重要途徑，並在首領之間形成了聯盟關係。[75]為尋找乳香、沒藥、烏木和其他奇珍，埃及法老開始向龐特地區派出貿易探險隊，龐特可能就是今天的厄利垂亞（埃及人的祖先就是從那裡走出非洲的）。為與當地首領進行交換，他們帶了項鍊、斧、匕首、手鐲、葡萄酒和啤酒。探險隊帶回了長頸鹿皮、豹皮，可能還有最早的非洲奴隸，即一些充作王室舞伎的俾格米人。發生在西元前三千年中期的這起事件，是離開非洲的人類與留在那裡的人類第一次有史為據的接觸，這似乎為此後的千萬年裡非洲與外界不斷增多的接觸奠定了基調。諷刺的是，在千百年後，阿拉伯人和歐洲人拿了幾乎完全相同的物品從非洲購買奴隸。[76]

對龐特地區的探險使用了大帆船和驢車隊，這已經是貿易的巨大進步了。隨著經濟的發展，商人和長途貿易的作用提高了。猶如濕紙上幾滴墨汁的擴散效果一樣，從兩河流域到埃及，貿易聯繫的範圍不斷擴大。我們將在之後的章節中看到，使用驢車隊的貿易網路在加泰土丘初次登場，然後從兩河流域擴展到印度河谷和撒哈拉以南的非洲，並不斷繼續擴張。到西元前一世紀，從中國、印度和東南亞擴散過來的痕跡開始重疊、相互融合，理念和文化也在此過程中傳播開來。貿易將改造社會，一個貿易階層即將興起，對國家權力構成挑戰。隨著遠距離交換的增多，又出現了貿易移民，使不同社群之間的聯繫更為緊密。[77]在商人——以交換商品和服務為生的人，用現代話說即生意人——的推動下，商業網絡不斷變得更為廣闊、深厚，發展速度也愈來愈快，最終將全球都罩在一張不斷加強的羅網之中。

帝國的推動

農耕社會的興起還促進了國家的出現，而一些國家的帝國野心也成為連接各國的第三種主要動力，從連接歐亞非世界區的諸國開始，最終擴展到其他三個世界區。一開始在加泰土丘等城鎮周圍出現的一些孤立農耕社區，後來擴展到包括肥沃月彎、埃及和蘇丹新生草原等巨大地域。在印度的印度河谷、恒河平原和中國的黃河流域，農耕社群都在增加，並開始結合。或許是因為強人領袖的強加，又或許是出於管理漸趨複雜的社會之需要，基本的國家權力開始出現了。[78]約五千年前，先在幼發拉底河谷，後在尼羅河谷，都出現了小型的城邦。在印度河平原農業的滋養下，城市文明在摩亨佐—達羅（Mohenjo-Daro）和哈拉帕形成。幼發拉底河和底格里斯河之間的兩河流域見證了第一個國家的興起，一支來自今日敘利亞所在地的沙漠部落以薩爾貢一世（Sargon I）為首，建立了阿卡德帝國（Empire of Akkad）。薩爾貢征服了地中海到波斯灣的廣大地區，囊括了除埃及之外幾乎所有的黎凡特定居社區，這使阿卡德帝國成為世界上第一個這樣的帝國，試圖將一些擁有不同種族、宗教和文化的邦國鍛造為一件由一人掌握的政治武器。[79]帝國干預的另一個關鍵動力是控制資源。例如，薩爾貢發動戰爭是為了獲取木材，這種生活必需品在兩河流域和埃及相當缺乏。[80]他的帝國是最早擁有常備軍、行政部門和組織性貿易的國家，薩爾貢誇口說，他使遠自狄勒蒙（Dilmun，今天的巴林）、馬干（Magan，位於波斯灣）和麥魯哈（Meluhha，即哈拉帕）的航船都駛到了帝國的新都阿加德城（Agade，可能在幼發拉底河和底格里斯河交匯處），這也許是把廣開商路視為帝國榮耀的最早事例。[81]薩爾貢擊敗了敵對的城邦，他沒有按常規向敗方民眾索取贖金，而是將他們納入自己的帝國。誠如歷史學者尚—雅克．格拉斯奈（Jean-Jacques Glassner）所寫，阿卡德的帝國主義展現了一種新的戰爭態度，在統治範圍之外的戰爭變成了一種有定例可循的經濟活動，其目標是獲取戰利品和服勞役、兵役等形式的納貢。[82]

在此後的歷史上，一直都有野心勃勃的統治者以這種方式擴張領土和人口基礎，進而使更廣闊範圍內的分散人群聯繫在一起。在薩爾貢時代，人們就必須收集情報，以瞭解潛在的威脅或如何對外結盟，這就召喚了外交的產生。西元前一三〇年，中國漢朝皇帝的一位特使抵達波斯的邊境，他的任務是尋找盟友來對付不時威脅中國的遊牧部落，這是遠距離外交的最早例子之一。[83]

西元前二十世紀初期，在古巴比倫出現了第一個擁有成文法典的「現代」國家。《漢摩拉比法典》（Code of Hammurabi）中的二百八十二條法律涉及了私人與公共生活的許多方面，包括貨幣和貿易。此法所創立的框架將啟發後來的羅馬法，並助其擴展到羅馬帝國的眾多臣民之中。[84]從其中的一條法律可明顯看出國家對貿易介入的強化——這樣的做法後來會成為常例。這條法律是：「若商人向某代理商交付穀物、羊毛、油或任何用以交換的商品，該代理商應寫明其價值，並（將金錢）交付於商人；對於交付商人的金錢，代理商應得到蓋章的收據。」[85]組織和管理貿易也成為這些新興國家在和平時期的重要功能。由此便產生了一個覆蓋整個歐亞地區的遠距離交易網路，對諸多的社會和文化產生了深遠影響。

隨著馬、戰車等更迅速的交通工具出現，以及穩固經濟基礎的增長，帝國的疆域和帝國軍隊的規模不斷擴大。政治學家雷因．塔格佩拉（Rein Taagepera）計算了各個帝國控制的地域，薩爾貢的阿卡德帝國是六萬平方公里，印度的孔雀王朝是三十萬平方公里，羅馬帝國是四十萬平方公里，中國漢朝是六十萬平方公里，登峰造極的是蒙古人的歐亞大陸帝國，達到兩百五十萬平方公里。[86]人類跨洋航行技術的提高和十六世紀的探險時代又催生了一些未曾有過的「日不落帝國」。這些歐洲帝國的經濟開放、政治控制和大規模移民推動了世界融合過程。過程雖然時而會受干擾，但其前進趨勢不減。我們將看到，帝國的推動力（在本書中體現為戰士），對於形成今天相互聯繫的世界發揮了重要作用。

傳教

宗教是為人類存在賦予意義的一組特定象徵性儀式和行為，始終是人類生活的一部分。在農業初興的千萬年時間裡，對所有生育力的來源「母神」（Mother Goddess）的崇拜就在各個農耕社會中獨立發展起來。她的名字在蘇美爾是伊南納（Inana），在巴比倫是伊絲塔（Ishtar），在迦南是阿納特（Anat），在埃及是伊西斯（Isis），在希臘是阿芙蘿黛蒂（Aphrodite）。我們不知道她在印度的名字，但在印度河谷已發現了一些「母神」的小型陶製雕像。隨著農耕文明的繁榮和國家力量的增長，人們賦予國家愈來愈多的神性。國家的勝利被歸因於神的祝福。統治者具有了神性，對神靈住所的想像激發人們建造神塔，如巴比倫的金字形神塔。隨著生活變得日漸複雜，人們又創造了許多新神，神話也於焉誕生了。但在早期的農耕社會裡，宗教多是地區性的，人們呼喚神靈之名來保護當地的部落或城市。帝國的出現和貿易網路的擴展帶來了不同信仰、不同神靈並存的局面，遂使普世宗教的概念得以產生。誠如歷史學者大衛．克里斯蒂安所言，普世宗教大都出現於兩河流域和印度北部之間的樞紐地帶。到西元前一〇〇〇年，人們的物質進步似乎帶來一種新情況——「極端貶斥凡人與社會，憧憬唯一真實、無上寶貴的另一個現實王國」。[87] 對於西元前六世紀的佛陀而言，就連宮廷生活都不過是無休止的痛苦迴圈，唯有過著有道德的生活方能解脫。佛教是一種具有使命性的信仰，五百年後出現的基督教和一千年後出現的伊斯蘭教亦是如此。佛陀得道成佛後，決定不沉浸於自己的喜樂之中，而是繼續向世人講解他的道法。在四十五年的餘生裡，他遍行各地，廣為布道，虔誠的國王和僧侶後來繼承了這種要將信仰傳到天涯海角的精神。耶穌交給其門徒的任務也大同小異：「所以，你們要去，使萬民作我的門徒，奉父、子、聖靈的名給他們施洗，凡我所吩咐你們的，都教訓他們遵守，我就常與你們同在，直到世界的末了。」（《馬太福音》28:19-20）。在七世紀的阿拉伯半島，針對貿易帶來的腐化和享樂，一神論的伊斯蘭教得以興起，它也以一種救世的熱忱來教化他人。我們將看到，在其後千百年裡，這些普世宗教的傳教精神將成為第四種動力，將世界各地的分散民眾連接起來，拉近其距離，塑造其生活。傳教活動的背後，是一種對人類處境做出普世關懷的精神，這種精神後來也為世俗組織所吸收。宣導環保和人權的人士把幫助全人類當成自己的工作信念，使我們的世界更緊密地聯繫在一起。

至此，本書還說不上總結了人類走出非洲、走向世界的旅程，只是對這場大規模運動的所有要點做了一個相當概略的描述，並努力抓住主要脈絡，指出是哪些力量推動世界走向更緊密的交融。接下來本書將通過一定的事例來具體探討：對安全以及對更美好、更充實的生活之追求如何驅使人類遷移、做貿易、遠赴他鄉、努力向他人傳布自己的宗教，名垂千古的野心又是如何激發一代代統治者入侵遙遠的土地，將更廣大的人口納入帝國的卵翼之下。我相信同樣的基本動力也在推動著今日的全球化，我曾將貿易聯繫比作濕紙上的墨蹟，也可將其比作石塊擲到平靜水面上時激起的陣陣漣漪；從不同人類居住地擴展開來的多種交流活動，在相互之間溝通融合，直到形成一個全世界範圍的交流模式。隨著時間的推移，漣漪變成了波浪。一場新的「走出非洲」運動正在發生，人們孤注一擲的情緒恰如我們古老的祖先，他們不顧一切地登上穿越大西洋和地中海的航船；與此同時，其他大陸也有數千萬移民為尋找心目中更美好的生活而繼續流動；新興的觀光客群取代了昔日的探險家；用集裝箱貨輪運輸產品的跨國公司取代了昔日的大篷車貿易；今天推動全球化的另一個新角色是消費者，他們對物美價廉的商品與服務的需求正在推動全球商業更加興旺；諸如國際特赦組織（Amnesty International）、人權觀察（Human Right Watch）等機構拓展了傳統傳教士的布道領域，向遙遠的土地傳播其價值理念，拓展民主與人權的政治雄心取代了昔日的帝國野心；多國部隊遍布世界各地，努力制伏「民主的敵人」，並維持敵對國家之間的和平。這一切的結果就是使全世界人的生活愈加緊密地交織在一起，散居各地的人類社群於一萬多年之前開始了重新聯繫的過程，現在，這個過程已經空前強大，而且拜科技之賜，還在持續加速，使我們愈加骨肉相連。

02 From Camel Commerce to E-Commerce 從駱駝商旅到電子商務

「天朝物產豐盈，無所不有，原不藉外夷貨物以通有無，特因天朝所產茶葉、瓷器、絲斤為西洋各國及爾國必須之物，是以加恩體恤，在廣州開設洋行，俾得日用有資，並沾餘潤。」

——一七九三年乾隆皇帝致大不列顛喬治三世國王書

二〇〇四年春天，我想送給兒子阿蒂什（Ateesh）一個合適的大學畢業禮物，最終選定了iPod。既然我知道自己要買什麼，就不用再去購物中心選購，而是直接上蘋果電腦的網站，在線上訂購這臺外表光鮮亮麗的隨身聽，把上千首音樂交到我兒子的手裡。網站甚至還提供服務，讓我指定把兒子的名字刻在 iPod 閃亮亮的金屬背蓋上。

我選了免運費的選項。蘋果電腦的總部在加州，而我住在東岸，因此我估計iPod會在幾天後送到，但隨後發生的事情卻讓我大吃一驚。下訂單幾分鐘之後，我就收到了一封確認郵件，上面說明了iPod的序號，以便我追蹤運送進度。我順手在承運人聯邦快遞公司的網站上查詢它的狀態，結果讓我嚇了一跳，iPod不是從加利福尼亞州，而是正從中國上海送過來。此後的一天半時間裡，我入迷地盯著電腦螢幕，看著我的iPod橫跨太平洋；就像我們DNA中的基因標記在講述一段人類旅行的故事一樣，iPod包裹上一個可供掃描和追蹤的條碼，也在講述著世界已變得多麼小。

接到訂單幾小時後，蘋果的中國員工就將阿蒂什的名字刻上了iPod，將其與所有配件一起放入一個小盒。在上海時間的下午一點五十二分——恰好是我收到確認信的六小時四十五分鐘之後——這個專為我準備的iPod就離開了蘋果公司的工廠，由聯邦快遞的貨車運往分類中心。八小時又九分鐘之後，包裹已經在一架即將飛往阿拉斯加州安克拉治的飛機上。我看著iPod飛過太平洋，來到印第安那州印第安納波利斯機場的聯邦快遞中心，這時大約是我送出訂單第二天的午夜。接著，阿蒂什的ipod在迷宮一樣的傳輸帶和坡道上曲折盤旋，經掃描器檢查後由機械手臂送進標有郵遞區號的貨櫃，然後登上貨車和飛機，最終抵達我們在紐哈芬的家門，此時距離我按下「購買」圖示僅僅四十個小時。這個小玩意在不到兩天時間裡旅行了八千英里，現在擺在了我家的餐桌上，而人類的祖先從亞洲大陸到達北美卻用了成千上萬年的時間。

這個白色的金屬盒有煙盒那麼大，閃閃發亮，背面刻著一行字：「加州蘋果公司設計—中國組裝」。然而，一家美國快遞公司把一個加州設計、中國組裝的多媒體播放器送到我的家門——這不過只是故事的一部分。單從那個「製造」的標記，還無法完全瞭解有多少國家的工人參與了這個 iPod 的製造過程。它的「心臟」微型硬碟是日本日立公司製造的；控制晶片是韓國製造；使用的索尼電池在中國組裝；立體聲數位類比轉換器由蘇格蘭愛丁堡的一家公司製造；快取記憶體晶片來自日本；讓用戶能搜索、播放一萬首歌曲的某個晶片，其軟體則是由印度 PortalPlayer 公司的程式工程師所設計。和全世界的無數消費者一樣，原本以為在購買一件「美國」產品的我，卻成了全球化不自覺的參與者。在這個事件中，對全球化出力最大者當屬美國的青年才俊、蘋果電腦創始人史蒂夫・賈伯斯（Steve Jobs）。本書要談的是推動全球化的四個主要群體，賈伯斯所屬的群體就是其中之一。

人們對賈伯斯有許多稱呼，但幾乎沒有人會叫他「交易商」。現在人們只會稱呼那些坐在電腦主機前、在虛擬世界裡買賣各種東西、賺錢無數的焦躁男女為「交易商」。但企業家賈伯斯和他的蘋果電腦公司也可歸入本書中寬泛的、作為全球化推動者之一的「商人」行列。我所說的「商人」，指的是對全球消費者從事生產、傳播產品與服務、並在這一過程中使世界各地相互聯繫的人。你也許很難想像，賈伯斯這位高科技領域的明星，竟然會是西元初年在絲路上運輸貨物的駝隊商旅，以及從東南亞運輸丁香的荷蘭商販的現代翻版。但如細察其工作的本質——即通過生產商品及跨國運輸來獲利，那麼賈伯斯無疑是他們中的一員。蘋果電腦也是一個很好的例子，說明不論商人如何改變經營策略，其工作的本質都沒有變化，都是將人與人聯繫起來。蘋果公司不僅沒有運輸船隊，而且連製造工廠都沒有。由賈伯斯及其工程師在加州庫比蒂諾（Cupertino）設計的音樂播放器，結合了許多臺灣、韓國和印度工程師的創新與勞動，在中國組裝，在網路上銷售，最後通過一家美國快遞公司送到我的家門。但推動蘋果公司擴展市場的動力，卻與千萬年來無數商人的動力並無區別，都是追求利潤，而蘋果公司的利潤還讓其在全世界的數百萬股東獲益。

在本章中，我們將仔細觀察經濟學家亞當・斯密（Adam Smith）所說的、人類這種為利潤而「運輸和貿易」的基本天性；這種天性從文明曙光乍現之際便開始發展，不斷以商業之網連接更廣闊的世界。從最早定居於肥沃月彎時起，人類就不曾停止過對各式各樣更好的食物、日用品與工具原物料的追求。為滿足這種社會需要，並通過「低價買進高價賣出」來獲利，「商人」這個新的階層出現了。為獲取交易收益而不懼危險長途奔波、遠涉異域的商人和金融家一躍而起，成為最重要的社會交流中間人。商品的運輸方式不斷進步，從驢、駱駝、帆船、汽船，發展到裝貨櫃的貨輪、飛機和光纖電纜。支付方式從實物交換、貝殼、金屬錢幣和紙幣發展到信用卡、電子轉帳和像 PayPal 這樣的線上支付系統。這些發展使大量貨物得以迅速運輸，消費者以及商人、企業家的人數也增多了。跨國企業取代了個體戶與合夥商人——其最早的前身之一就是一六〇〇年建立的英格蘭東印度公司（English East India Company）。根據聯合國的一項統計，在二〇〇三年，世界上共有六點三萬間跨國公司。[1] 如計算一下它們的股東，你會發現也許有數億人在推動全球範圍內的貿易。昔日的「駱駝商旅」使用駱駝篷車，今天的電子商務能將蘋果公司的 iPod 送到我的家門口，它們之間的區別僅在於交易的規模和速度。毫無疑問，在大眾的想像裡，「對外貿易」已經變成了全球化的同義詞。

但正如上一章所述的，自肥沃月彎出現定居生活之初，人類便開始與陌生人做貿易。當時各個社群之間交易最多的商品是一種黑曜岩刀，這種火山石刃可用作切肉刀或收割穀物的鐮刀。證明這一貿易存在過的實物史料就是當年拿來交換的石器和海貝，散落在中東和西亞各地。然而，對貿易最早的書面記錄是在西元前第二個千年期初才出現的。

人類從事貿易一方面是出於需要，另一方面則是出於對奇珍異寶的喜好。隨著農業的發展和食物的富餘，有一些人或為獲利前景所吸引、或為追求探險的刺激而成為商旅階層，四處尋找能用金銀購得或用實物換得的商品與珍奇。正如我們已在古代兩河流域看到的，商人的活動經常會得到統治者的贊許，且須繳納稅收。但統治者自己也經常接管貿易，以通過商業交換來保障利潤及奢侈品的供應。

我們何時能有間更大的房子？

肥沃的底格里斯—幼發拉底河谷出產了足夠的糧食和用以織布的羊毛，卻完全沒有製造青銅武器所需的礦產資源，因此必須進行交換，從而催生了商人。兩河流域出土的四千年前的泥板上記載了這件事情。考古學家已解讀了這些楔形文字記錄，上面鉅細靡遺地記錄了商業交換和商隊貿易的細節，從而使我們得以與本書裡的第一群「全球化者」——貿易商及其出資者——做親密接觸。我們可以見到阿蘇爾—伊迪（Assur-idi）、蘇—庫布姆（Su-Kubum）、撒利姆—阿烏姆（Salim-ahum）、布蘇—肯（Pusu-ken）等商人，他們在亞述都城與轉口城市卡尼斯（Kanis）之間經營財源滾滾的駝隊貿易。卡尼斯是今日土耳其安納托利亞地區的貨物集散中心。長長的車隊有時達到三百頭驢之多，馱著穀物和羊毛走過這段八百英里的旅程。在旅程的終點，人們會將大部分驢子出賣，只留少部分載著礦石和金銀回到亞述。驢車隊每日平均行進將近二十英里。平均一隻驢可載重兩百磅，限制了可交換商品的類型與數量，對於地形也有一定的要求。[2]

一些亞述商人或其代表在卡尼斯住了下來，遠離妻子與家人，並經常納妾。他們似乎是最

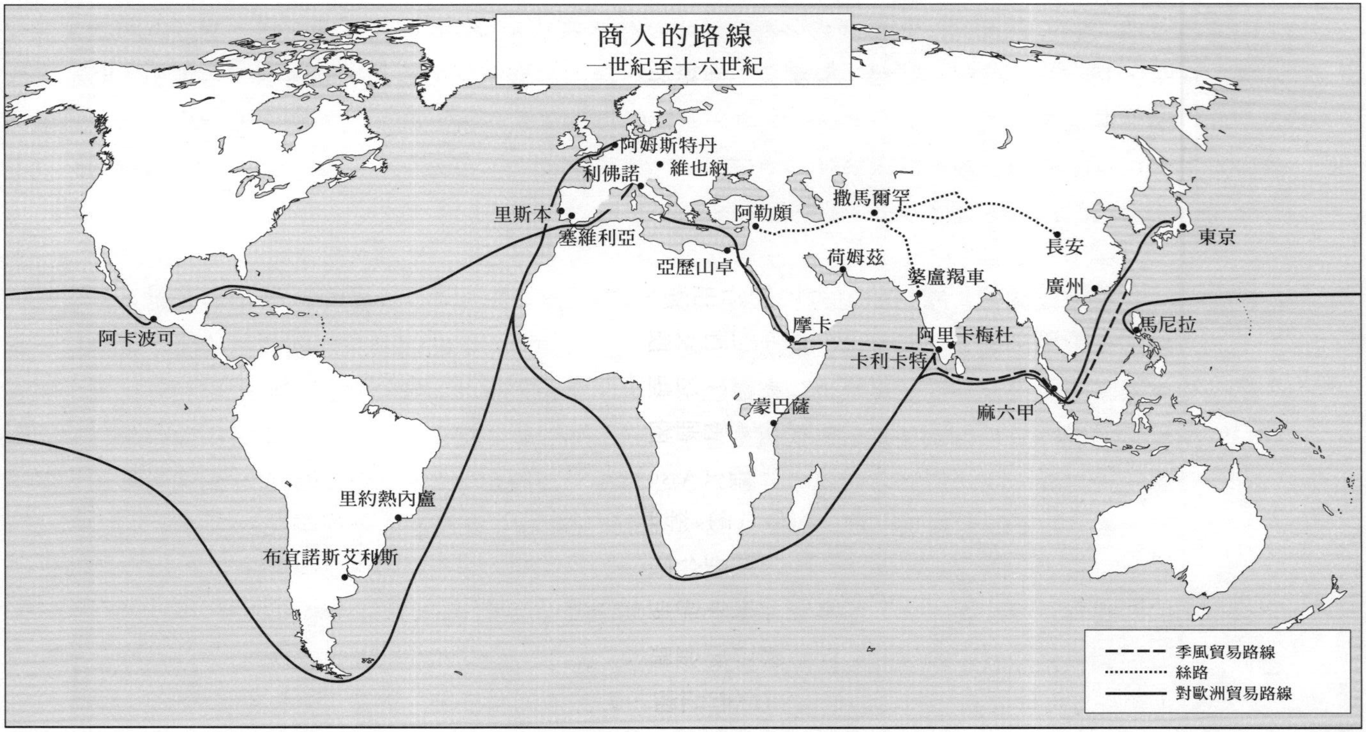
商人的路線
一世紀至十六世紀
阿姆斯特丹
維也納
利佛諾
里斯本
塞維利亞
阿勒頗
撒馬爾罕
長安
東京
荷姆茲
亞歷山卓
婆盧羯車
廣州
馬尼拉
阿卡波可
摩卡
阿里卡梅杜
卡利卡特
麻六甲
蒙巴薩
里約熱內盧
布宜諾斯艾利斯
季風貿易路線
絲路
對歐洲貿易路線

早的貿易移民。據估計，錫貿易的利潤率約為百分之百，紡織品貿易約為百分之兩百。成功的商人收入豐厚，可以修建大房子，擁有從阿富汗進口的昂貴青金石。商人布蘇—肯的妻子拉瑪西（Lamassi）帶著女兒在家勞動，縫製羊毛衣物供出口卡尼斯之用。拉瑪西在一塊泥板上寫信給丈夫，她問：「你走了以後，撒利姆—阿烏姆（另一位商人）已經修了座兩倍大的房子。我們何時也能有間更大的房子？」[3]也許是為了賺錢修建更大的房子，也許是想逃避高昂的關稅，布蘇—肯開始販賣違禁品，結果被發現並投入監獄。但又有一封信提到，在向卡尼斯的王儲奉送了一份不知為何物的「禮品」後，他又獲得了釋放。[4]

亞述貿易中的關鍵角色是「*ummeānum*」，即有錢的大商人，他們提供了必要的資本和商品，如同歷史學者路易．勞倫斯．俄林（Louis Lawrence Orlin）所說：「他致力於為國內富餘的產品找到銷路，為此他向往來奔波的職員提供商品，或是對安納托利亞當地的消費者進行直銷，或是將商品運送給他在外國的代理商或地區代表。」[5]這些早期的風險投資家不是在線上，而是在泥板上下訂單，而且這樣的泥板必須儘量保持輕小，以便於長途旅行。從當時亞述人的書信往來可看出他們對距離的關注。送給布蘇—肯的這封泥板書是一種典型的商業通信：

> 錫與織物各帶一半，你要負責幫助我把銷售所得換成銀子，然後讓伊納亞（Inaja）的商隊把銀子帶給我。切勿令我憂心！
>
> 如果你沒法幫上我的忙，帶不了錫和織物的話，那就將其變現，或者轉為長期或短期的債權，總之要以最有利於我的方式行事。[6]

亞述與卡尼斯之間的驢車貿易途經崇山峻嶺和茫茫沙漠，路上常有麻煩。商人時常會遭到土匪襲擊，損失牲畜。長久以來，長途貿易就不斷遭遇這種危險。從那時起，商人們就對運輸速度與延誤運送的成本甚為擔憂。即便在今天，勞埃德保險社（Lloyd's）也對往返於東南亞海盜肆虐水域的船舶課以較高的保險費。為增加貿易的次數、提高運送的貨物數量，商人們始終不斷在尋找更便捷的路途和更迅速的運輸方式。

沙漠之舟

基督紀元開始以前，人們的需求就催生了更高效的運輸方式。雖說駱駝早在西元前三千年至西元前兩千年間便在「非洲之角」（Horn of Africa）①得到馴化，但直到西元前五百年至西元前兩百年之間的某一刻，隨著「北阿拉伯駝鞍」（North Arabian saddle）的發明，阿拉伯半島的商人才得以利用駱駝的能力，使之成為「沙漠之舟」。[7] 駱駝在大約六小時裡能前進約二十英里，載重約五百五十磅，是馬匹或騾子的兩倍。由於他們是沿路覓食，因而歷史學者威廉·麥克尼爾寫道：「中東各地大都有大片雨水稀少的荒地，在這些地方，駱駝商隊就如同帆船航海一樣，可以得到免費的能源。因此，駱駝商隊在與船舶的競爭中經常不相上下。從中東地區發展出成熟穩固的駱駝管理技術起，再到西元後的千百年時間裡，駝隊都一直能與船舶競爭。要到西元一三〇〇年之後，船舶設計和航海技術的進步方才改變了競爭格局。」[8]

①【編註】指非洲東北部的半島，位於亞丁灣南岸，半島延伸入阿拉伯海，是聯絡印度洋、紅海、地中海的要地。

駱駝的使用開闢了新的貿易視野。穿越中亞沙漠地帶的駝隊第一次在中國、印度和地中海東部之間建立了直接聯繫。一系列的新商路出現了，將大草原上、塔克拉瑪干沙漠邊緣和中亞山谷中的綠洲與人類居住點聯繫起來。也許在三、四萬年前，走出非洲的人類也是非常自然地沿著這些路徑，追逐著獵物逐漸向東遷移的。到西元前一世紀，已有外國商人出現在塔克拉瑪干沙漠周邊的小型綠洲城鎮上，將絲綢和漆器運往羅馬帝國，將毛織品、亞麻織品、玻璃、珊瑚、琥珀和珍珠運往中國。因為中國絲綢是當時這段商路上最貴重的商品，十九世紀的德國地理學家斐迪南．馮．李希霍芬男爵（Baron Ferdinand von Richthofen）遂給這段商路取了個浪漫的名字——「絲綢之路」（Die Seidenstrassen），也就是今天人們口中的「絲路」。

在一千多年間，這條不斷變遷的商路網成為連接亞洲大陸、歐洲和下撒哈拉非洲（sub-Saharan Africa）[③]的重要紐帶。在這些商路上，商人所運送的不僅僅是歐洲和亞洲社會上層渴望的奢侈品，對印度、中國以及其他沒有養馬草原的國家的統治者而言，中亞的馬匹也成為「絲綢之路」上貴重的出口產品。在當時，馬匹不僅像賓士車一樣是種奢侈品，而且是建立強大騎兵部隊之必需。中國唐代的記載顯示，政府用將近每年七分之一的綢緞收入來進口十萬匹馬。[9]在十一世紀，控制從中亞到中國主要商路的藏族部落靠著用中國茶葉交換中亞馬匹而獲利豐厚，他們有時一年能交易二點二萬匹馬。當然，絲路不僅傳遞了商品，在一千多年的時間裡，這個橫跨三大洲的商路也成為一條巨大的傳輸帶，交流著宗教、藝術、哲學、語言、科技、細菌和基因。[10]

十三世紀，隨著蒙古帝國主宰了整段絲路，其貿易也達到頂峰。貨物由雙峰的巴克特里亞駱駝（Bactrian camel）運載，雖然通常要走一年時間才能從阿富汗抵達大都（今天的北京），但貨物總能平安運到。[11]蒙古人在商路沿線設置的烽侯和要塞維持了和平的環境，加上他們沿路維持的大型商旅驛站，使貨流量得以增加。商人將中國人製作的小麥麵條和絲綢的工藝帶到伊朗和義大利，使這兩個地方也建立了利潤豐厚的絲綢行業。中國的造紙術傳到歐洲，為活版印刷和文藝復興奠定了基礎。[12]借助伊朗商人帶來的鈷藍，明朝的陶瓷工廠生產出了專供伊斯蘭市場的青花瓷器。[13]

在二世紀至五世紀間，由商人帶領的駝隊在此前不為人知的下撒哈拉非洲開創了新的人類居住點。到四世紀時，人們已在用下撒哈拉非洲的黃金來交換北非的銅和海棗。海棗在撒哈拉沙漠的周邊綠洲上大量生長，以此來交換黃金是很賺錢的。後來，這種商隊貿易的聯繫發展成一座文化橋樑，來自北非的熱忱穆斯林商人將伊斯蘭教傳到奈及利亞、迦納、塞內加爾以及更遠的地方。在塞內加爾語中，「穆斯林」一詞成了「商人」的同義語。[14]

在七世紀和八世紀，中國唐朝的都城長安（即今天的西安）是絲路的東端。該城有一百萬居民，不僅是世界上最大的城市，而且由於聚集了許多國際商人和傳教士，也成為了最國際化的都市。絲路和長安也在佛教的傳播中發揮了作用，這一點我們將在後文中詳述。這裡或許有必要指出，長安城是商人連接世界文化的經典例證。在歷史學者芮樂偉．韓森（Valerie Hansen）筆下，長安城西市的外國人居住區是一個世界文化交流的喧鬧場所：「外國居民為其故土的宗教修建了宗教場所。操波斯語的商人依然遵守他們從伊朗帶來的宗教，拜謁兩種不同的神廟。來自敘利亞

②【編註】指撒哈拉沙漠以南的非洲地區。

的旅行者則尊奉他們信仰的基督教聶斯托里教派（Nestorianism）。」[15]

一點甜酒、無花果乾和一位辯士

船舶這種交通工具大大開拓了遠途聯繫的境界。在兩河流域乾旱的沖積平原上，人們因修建宮殿、寺廟和製造家具而需要大量的木材，而地中海東部海岸和印度都有出產木材。到西元前第二千年期的中期，腓尼基商人已經使用蘆葦舟，沿幼發拉底河由北往南，向兩河流域的下游運送雪松，並從印度西部帶來硬木、礦石和寶石。[16]在印度次大陸上以河運貿易為基礎的摩亨佐—達羅文明和哈拉帕文明裡，工匠們修造木船，用寶石、金銀和象牙製作飾物，並用棉花織布，它們也崛起為兩河流域最大的交易夥伴。[17]我們在前面讀到，阿卡德的統治者薩爾貢誇口說，「來自麥魯哈和其他土地的航船都停靠在幼發拉底河畔王國都城的碼頭」，這裡的麥魯哈就是蘇美人對南亞的稱呼。[18]印度出口的不只是奢侈品，就連那裡的小猴子都成為兩河流域富人中流行的寵物！

在地中海東岸、今天黎巴嫩的賽達（Sidon）和泰爾（Tyre）兩地居住的腓尼基人是史上最早的商業專家。高超的航海技術使他們的貿易網路遍布波斯灣和地中海。賽普勒斯的銅和黎巴嫩的雪松在整個黎凡特地區流通。為了與各種不同的族群交流，腓尼基人發明了字母表，取代了複雜的象形文字和楔形文字。本土的人口壓力和開拓市場的需求，使腓尼基人在北非海岸、西西里島、薩丁尼亞島和西班牙沿岸一些地方建立了殖民地，從而擴展了已知世界的範圍。

西元前第一個千年期，希臘商人又步腓尼基人後塵，他們修建的定居點遍布地中海東部和黑海海岸。義大利南部和西西里島為希臘人殖民化的程度如此之深，以至於這些地方得名「Magna Graecia」，即「大希臘」。[19] 地中海和印度之間的貿易在西元前三世紀發展至此，以至於印度國王賓頭娑羅王（Bindusara）請求希臘國王安條克（Antiochus）③送給他「一點甜酒、無花果乾和一位辯士」。[20]

印度洋上的順風車

西元前一世紀，羅馬帝國的疆域擴展到紅海，通往印度這個久受覬覦的奇珍異寶之地的貿易大門終於完全打開。我們雖不知道任何商人的名字，但西元一世紀中期一位不知名作者所寫的傑出航海與貿易指南，卻已對已知世界的擴張做了細緻的描繪。在《厄立特里亞海航行記》（*Periplus of the Erythraean Sea*）一書中，作者見多識廣，講述了一段航程：順非洲海岸南下，再沿印度洋海岸線一直到孟加拉，從那裡繼續前行即可到達中國。

他還提到，一位希臘或埃及海員希帕洛斯（Hippalos）很高興地「發現」了西南風。在這股風的推動下，夏季從紅海出海口出發的船隻幾乎可以直達印度的馬拉巴爾海岸（Malabar Coast），而到冬季風向逆轉時又可揚帆回航。這股風後來得名「季風」（monsoon），該詞源自阿拉伯語中意指「季節」（mausim）一詞。普林尼（Pliny）④後來寫道，這一發現「與尋求收益

③【編註】此指塞流卡斯帝國（Seleucid Empire）「天神」安條克二世（Antiochus II Theos, 286-246BC）。
④【編註】此指古羅馬作家、博物學家與自然哲學家蓋烏斯·普林尼烏斯·塞孔杜斯（Gaius Plinius Secundus, c. AD 23-79），又稱大普林尼（Pliny the Elder）。

的渴望一道，再次拉近了印度與我們的距離」。[21] 現在順著風向與洋流航行，位於羅馬帝國東部邊境的埃及與印度之間的航行時間大大縮短，往返所需時間從三十個月下降到三個月。[22] 正如一位歷史學者所指出，由於在印度洋上有可以預測的回程風向，這裡已成為世界上最適合長途航行的地區。[23] 這樣的貨物運輸速度在一千七百年裡都保持穩定，直到一七八〇年使用汽船為止。

季風成功縮短了往印度約三千海浬的航行時間，加強了兩地的聯繫，也使貿易量不斷攀升。古希臘史地學者斯特拉波（Strabo）寫道：「過去只有不到二十艘船隻敢於……探出［巴布－埃爾－曼德］海峽，但現在人們可派出龐大的艦隊駛往遙遠的印度，以及衣索比亞的遠端。」[24] 在這個發現之前，每年從埃及駛往印度的船舶只有不到二十艘，但現在一到季風期，幾乎每天都有一艘商船載著錫、鉛、葡萄酒、珊瑚、玻璃、金幣和銀幣駛出埃及。航行時間的縮短和造船業的進步——例如打造出適合在大洋航行的、有堅固船殼的船隻——剛好也與羅馬城興起為「世界經濟」中心同步。[25] 羅馬社會上層積累了大量的財富，使他們可以縱情追求異國的珍玩，並樂意投資於海外貿易，為風險重重的遠海航行提供資金。遙遠外邦的奢華物品成為羅馬帝國權勢的象徵，羅馬城也興起為一座無與倫比的、高雅時尚的、國際性的消費大都市。正如古典學者格蘭特．派克（Grant Parker）所言：「對於羅馬帝國的消費者而言，如此遙遠又極少有知名人物親身拜訪的這個地方，其現實的存在遠沒有其所激發的想像來得重要。」[26] 羅馬城建立了一個專門的香料市場，城裡最繁華的街道也得名為「香料街」（Via Piperatica）。對奢侈品的追求將羅馬的貿易擴展到遙遠的地方。越南某港口出土的羅馬製品中，有一枚刻有西元一五二年羅馬皇帝安敦寧．畢尤（Antoninus Pius）頭像的金質徽章，這正表明了羅馬和亞洲的貿易交流之深。[27]

也許是對奢侈品的需索無度吸乾了羅馬的國庫——羅馬一向是從西班牙獲取黃金的。這使皇帝提貝里烏斯（Tiberius）對元老院抱怨說：「我們應如何改革服飾的品味？我們應如何對付那些用來滿足女人虛榮的奇特物品，尤其是那麼多的珠寶和新奇的首飾？它們吸乾了帝國的財富，使羅馬世界的金錢流向外邦，甚至流向羅馬的敵人，卻只不過換來了一些華而不實的玩意。」[28]然而歷史學者卻質疑提貝里烏斯這種道德說教——用現代話來說就是保護主義式的指責——是否站得住腳，因為羅馬國庫對所有進口貨物徵收百分之二十五的關稅。但不論如何，這樣的抱怨反映了亞洲貿易對於羅馬經濟的重要性。

清涼芬芳的義大利葡萄酒

情況確實如此。印度南部發現的大量羅馬帝國時代的錢幣，以及證明印度商人在紅海港口存在過的出土物，都見證了羅馬與印度貿易的增長。一方面，羅馬帝國的菁英消費著愈來愈多的印度香料，如黑胡椒、薑，以及象牙和絲綢，另一方面，一罐罐義大利和希臘的葡萄酒、橄欖油和魚醬也來到了印度，供移居當地的希臘和羅馬以及印度貴族飲食。有一份當時寫於紙草上的航行記錄表明，僅僅運送一船的象牙、織物和香料所換得的金錢，就足以在埃及購買兩千四百英畝最肥沃的農田。[29]在西元初期，印度航往羅馬最重要的貿易港是南部沿海的阿里卡曼陀港（Arikamedu），該港也換得了大量羅馬金幣以及希臘和義大利的葡萄酒。一首坦米爾（Tamil）古詩描寫了這樣的歡娛場景，人們「贈予女子閃亮的手鐲，從中大得喜樂；她們手中每日都捧著飾有黃金的器皿，在漂亮的碗裡啜飲亞瓦納（yavanas，意為西方人）帶來的清涼芬芳的葡萄酒」。[30]考古學家已經發現，希臘科斯島（Kos）上出產的美酒已經如此有名，以至於義大利人用同樣的希臘雙耳罐裝上義大利酒向印度大量出口，這就是伊麗莎白·威爾（Elizabeth Will）所稱的「義大利人製作的冒牌科斯酒」。[31]這些罐子出現在西元前二世紀至一世紀間，想必這是全球貿易導致假冒產品出現的最早例證。

全球貿易引發的一些更嚴重的禍害，也是從最早的時候便露出端倪。奴隸貿易始於西元前第三個千年期，販賣婦女的情況最晚也在西元初期出現。例如，《厄立特里亞海航行記》一書說道，在運給印度婆盧羯車（Barygazza，即今日的布羅奇［Broach］）國王的貨物中，就有「備王室後宮之選的美女」。[32]據傳，十四世紀孟加拉各地君王的後宮中就有來自中國和「羅馬」（即歐洲）的姬妾。[33]據估計，由於原始的小船在浩瀚大洋上乘風破浪的能力有限，這種販賣人口的活動或許規模較小。一直要到大型的商隊和大洋航行開始後，在中歐和非洲才出現了大規模的販奴、販賣婦女的活動。[34]

季風貿易幾乎把印度洋變成了一個大湖，港口和貨物集散中心也在印度西部沿海、紅海海濱和非洲東部沿海大量出現。尋求利潤的印度商人還轉向東方，前往在東南亞島嶼地帶的未知水域航行，尋找黃金和香木。一位印度古代作家清楚點出了其中的風險與利益：「爪哇是個有去無回之地。但如有人能僥倖回來，他帶回的錢便能養育這個家族的七代後裔。」[35]季風貿易的發展促進了阿拉伯半島周邊的近海交通，降低了運費，也影響到了內陸的商隊貿易。這使商隊貿易發生調整，一些商隊被淘汰，最後則由阿拉伯部族古萊什（Quraysh）把持了全部的貨運貿易，並於約四〇〇年時在麥加谷地建立了一個永久居留地。兩百年後，一位古萊什商人將成為先知穆罕默德，把這個從事貿易的部落初步改造為一個國家，並為其發展成伊斯蘭帝國打下根基。[36]

索法拉（Sofala）、基爾瓦（Kilwa）、摩加迪休（Mogadishu）與馬林迪（Malindi）在未來的幾百年裡興起成為繁榮的口岸，這些地方聚集了愈來愈多的阿拉伯和印度商人，印度洋貿易增長帶來的影響在此也清晰可見。奴隸、黃金、象牙、香木、松香和其他珍奇——在埃及文明初興之際，這些東西曾吸引哈特謝普蘇特女王派遣探險隊前往紅海，而今不單地中海地區的富人享有，甚至還遠達印度和中國的社會上層。在東非沿海的摩加迪休、基爾瓦與馬菲亞群島（Mafia Islands），已發現了八世紀和九世紀的中國錢幣。菲利浦・D・科汀表示，早在七世紀的中國史料中就提到了來自津芝（Zenj）的奴隸。津芝位於下撒哈拉非洲，據說到十二世紀初期，廣州的富人大都擁有非洲奴隸。也曾有成千上萬的奴隸被送到波斯的硝石礦中勞動，或被送到伊拉克去清理沼澤。[37]

阿拔斯（Abbasid）王朝的首都巴格達是東方貿易的起訖點，經底格里斯河與波斯灣相連，一躍成為財富與奢華的中心。一位阿拔斯王朝君王曾宣稱：「這是底格里斯河；我們和中國之間已無障礙；海上的一切都能通過這條河運達這裡。」[38]確實，到九世紀中期，阿拉伯水手已經在中國和印度之間定期出航。船舶從波斯灣和紅海出發，往返中國共用一年時間。九世紀巴格達的一份記載顯示，來自東西方各地，包括「印度、信德（Sind）、中國、西藏以及突厥人、戴拉米特人（Dailamites）、可薩人（Khazars）和阿比西尼亞人（Abyssinians）居住地」的貨物，都在不停流動。來自中國的絲綢、肉桂、紙、墨和瓷器，來自印度的檀香木、烏木和椰子，來自埃及的光滑織物和紙草，來自撒馬爾罕的紙，來自穆斯林世界各地的成熟水果和堅果，都在全球各地流通。[39]

波斯灣的另一個城鎮西羅夫（Siraf）則是在與非洲、印度和中國的季風貿易中得到了空前的繁榮。貿易推動了一些新職業的發展，如造船工人、織工、金屬匠、珠寶商和陶工。正如歷史學者傑瑞．本特利所說：「在九世紀，西羅夫的居民修建了一座宏偉的清真寺和一處市集，還在家裡的餐桌擺上了從中國運來的瓷器。」[40]

中國口岸廣州逐漸形成了一個大型的阿拉伯人、歐洲和猶太商人的居住區，阿拉伯人稱之為廣府（Khanfu）。當時有一段記載說，當向西吹的回程季風初起之時，巨大的阿拉伯船滿載著絲綢、織物、樟腦、麝香和香料駛離廣州，「帶走來自亞洲各地成百上千、各式各樣的手工藝品」。[41]根據七、八世紀的中國史料，這些船舶的船主有波斯人、印度人和馬來西亞人。

到了十至十一世紀，阿拉伯商人和印度工匠已經建立了一個簡單的象牙供應鏈生產體系。印度和東南亞出產的象牙比非洲象牙貴，材質也較硬。非洲沿海各地的阿拉伯商人將大量象牙出口到印度，由印度的工匠將其雕琢成珠寶、飾物和宗教聖像，再出口到中國和地中海地區。[42]印度吸引外國商人的地方，除了傳統上最受歡迎的貨物香料外，還有印度工匠的技術，他們能製作寶石念珠、編織和印染棉花織品，以及鍛造青銅器具和鋼製刀劍。印度之所以能在出口方面先拔頭籌，要得益於其象牙雕刻工、金匠、銀匠和其他種手藝工人所組織的行會，以及一套由專業人士構建起來的複雜融資和行銷體系。

由於旅途過於漫長，貿易移民幾乎在遠途貿易開始之初便出現了，例如我們之前看到的在安納托利亞以及在印度本地治理（Pondicherry）附近的阿里卡曼陀的貿易移民。隨著貿易量的增長，商人為了等待季風吹起，也必須在貿易中途等候數個月，這也成為外國商人定居印度馬拉巴爾海濱的另一個原因。[43]阿拉伯、波斯、亞美尼亞和猶太商人，佔卡利卡特（Calicut）、克朗格努爾（Cranganore，羅馬時代稱其為穆茲里斯〔Muziris〕）、奎隆（Quilon）等地相當大的人口比例。人們將外國商人看作繁榮的先兆，非常歡迎他們，甚至稱之為「*Mapilla*」，意即女婿。到葡萄牙探險家瓦斯科．達伽馬（Vasco da Gama）於一四九八年在卡利卡特登陸時，「*Mapilla*」的意思已經演變為專指穆斯林商人，即九世紀阿拉伯和波斯商人的後裔。[44]商人不單使貨物跨越重洋，互通有無，顯然還豐富了東道國的遺傳基因！

阿拉伯三角帆與中國舵

等到長年累月的十字軍戰爭最終結束，伊斯蘭重奪耶路撒冷控制權的時候，遠途貿易又獲得了新動力。加入十字軍前往黎凡特與穆斯林作戰的西歐人，回國之後對香料和其他亞洲奢侈品產生了新的喜好，創造了新的進口需求。商人努力尋找更好的辦法來滿足這種需求，熱那亞、威尼斯等繁榮的貿易城市也隨之吸收了世界各地的科技，推動了一場航海技術的變革，使全天候的穩定航行有了可能。一一〇四年，威尼斯建立了該城首個公共造船廠，名為「軍械庫」（Arsenal），廠裡的造船匠打造了一支由巨大的划槳戰艦組成的艦隊，使貿易成長到新的高度。在此之前，印度洋上的船舶主要是沿著季風的風向、靠觀察星象來航行，而歐洲船舶的航行則大受限制，尤其是在北海多霧的水面上。但此時，歐洲人採用了阿拉伯的三角帆，這種船帆以一個可移動的帆杠固定在桅杆上，使船隻的航行速度得以接近風速。他們還採用了中國人的船尾舵，從而能夠將船隻安全地引入港口。借助產自歐洲北部的豐富硬木，造船匠建造了配備橫帆、三角帆和支索帆，足以在大洋上航行的三桅航船。[45]中國雖然至少從九世紀始就會使用羅盤，但學者仍不能確定這些船隻使用的羅盤是否來自中國；不論其來源如何，十三世紀末期傳入歐洲的羅盤使航海變得更為安全，也使當時的船隻能在一年之內兩度從地中海沿岸港口往返英吉利海峽和黎凡特地區，貿易量也有了雙倍成長。[46]

中國的造船工也取得了令人驚歎的進步。到了一二九二年，馬可·波羅從中國駛往印度時，中國人已經能造出載重一千五百二十至一千八百六十噸的大船，船上有多層甲板和私人船艙。兩百年後，當大將軍鄭和率領艦隊在印度洋上航行時，造船科技已經進步到能造出他那艘九桅的「寶船」，每艘船全長四百呎，可搭載千名船員。然而，中國航海科技的這些巨大進步並未給中國出口帶來多大幫助，因為在鄭和遠航印度洋後不久，一道皇帝的詔命就使中國轉向閉關政策。儘管如此，航海技術的進步與歐洲不斷增加的香料需求，都加快了航海的速度，擴大了貿易聯繫。科學史研究者詹姆斯·柏克（James Burke）描述了這些創新對歐洲商業產生了何種影響：

大量使用三角帆最直接的效果就是增加了航行次數，駕船者不再須要等待風向吹向外海之際才能離港。貿易的速度加快，這也導致船舶的體積增大，因為既然有愈來愈多的貨物要運往愈來愈多的港口，那麼讓一艘船來做兩艘船的工作便是合理的做法。這不僅節省了金錢，還提高了利潤……舵使得駕船者可以對大船做縱向的控制，商人也因此更有信心……在配備了三角帆、橫帆和船尾舵之後，羅盤的使用幾乎對航行日程產生了立竿見影的效果……在羅盤的幫助下，船舶可以在不見天日的情況下晝夜前行。航行次數增長了一倍，船員也得到穩定的僱傭關係。這一切鼓勵著投資者，航行的次數也就進一步增加了。47

馬拉巴爾的一位猶太商人

在開羅，一處猶太會堂裡保存了一些西元十二、十三世紀的文件，這讓我們能夠對貿易量的增長和商人的廣泛分布做點有趣的觀察。由於猶太教風俗禁止褻瀆寫有「神」字樣的紙張，因此猶太商人的數十萬頁商業書信得以保存在會堂中某間特別的房間——稱為廢書庫（Geniza）——這對於歷史學者而言簡直就是座寶庫。我們能夠認識一些駛往遠東、印度與葉門、埃及、巴勒斯坦與敘利亞、突尼斯和摩洛哥等遙遠海岸的商人，還真的是蒙神恩寵。他們所寫的書信既包括商業事務，也涉及私人事務。從書信中，我們還可以得知，他們販賣織物、金屬、亞麻布、藥用植物和配方、香料和芳香劑、香水和熏香。

我們在廢書庫書信中遇到了亞伯拉罕・易尤（Abraham Yiju），這位來自突尼斯的猶太商人在印度的馬拉巴爾海岸經營一家青銅器製造廠。在那裡，他的印度僱員以銅、錫以及來自亞丁、西班牙的舊青銅器皿為原料，來打造新的器皿。他還從印度運出其他貨物，如鐵、各種香料、織物等。

儘管大型船隻會定期航行，但危險仍無時不在，因而也就需要上帝的協助。易尤在寫給一位客戶的信中告訴了他一些壞消息：

您，我的主人，願神永保您的尊榮。您寫道，您已大度出售了那些絲綢，還送來了用以出售的貨物。您寫道，您是用拉什米特（Rashmit）的船送出的。然而據我所知，拉什米特的兩艘船已消失無蹤了。願主保佑，使您我得補償。我的主人，請別問我您貨物的損失使我受到何等的影響。但造物主將會很快補償您的。

您托阿布·阿里（Abu'Ali）送來的所有的「銅」（nakas，指器皿）都已抵達，那些「餐桌碗」也送到了。這正合我意——願神大大地賜恩於您，保障您的損失得到補償（因為唯有神才能成就此事）。48

易尤的這封信和其餘約一千兩百封信，一同描繪了一幅全球化世界的景象，商人在這個世界裡冒著巨大風險追求利潤。儘管這些商人獲利豐厚，但長途貿易也影響到了不同大陸上人們的私生活。亞伯拉罕在印度盤桓了至少十七年，他贖買了一名印度年輕的女奴阿蘇（Ashu），並娶她為妻。後來他帶著唯一活下來的女兒回到阿拉伯半島，並將女兒許配給自己的侄子。

易尤人在印度時，諾曼人入侵突尼斯，他的兄弟也因此成了顛沛流離的難民。令易尤欣慰的是，他在印度經商期間積累的財富現在可以用來幫助家人了。一一四九年，他在給兄弟的信中寫道：

這封信是要通知你，我的兄弟，我已從印度返回，並平安抵達亞丁，蒙神護佑，我的財產、生命和子女俱都安好。我的感謝歸於神。但願人因耶和華的慈愛和祂向人所行的奇事讚美祂。

現在我想讓你知道，我已有足夠的資財供我們生活下去。願尊貴的神使這筆錢能夠維持我和子女的生活，並與你分享。[49]

亞伯拉罕．易尤是許多幸運的外國商人中的一個，他們積累的資財足夠維持家庭的生活，與此同時又促進了世界的融合。拜絲路與繁榮的印度洋貿易之賜，國際貿易經濟體得以形成，從歐洲北部一直延展到中國，過程中也產生了空前的財富。一二九三年，熱那亞的海上貿易額是同年法蘭克王國歲入的三倍。[50]當然，由於貿易中的貨物大多是供上層階級享用的奢侈品，因而不像今天的全球化那樣，並不代表一種緊密的相互依賴狀態。然而，這些國家也有部分的經濟活動開始日益依賴對外貿易。陸海商路將某些貿易城市連接為一個網路，內陸則生產出口用的商品。貿易為某些人帶來了難以置信的繁榮，但對其他人來說，貿易也帶來了剝削和痛苦。

麻六甲扼住了威尼斯的咽喉

隨著航海事業的擴展，丁香、肉豆蔻等尤為貴重的香料開始將阿拉伯商人吸引到東南亞，因為這些香料只在印尼群島的一些島嶼上生長。胡椒的種植從馬拉巴爾海岸傳到了東南亞，其廣泛種植也吸引了來自印度洋周邊各地和中國的商人。到十四世紀，阿拉伯和古吉拉特（Gujarati）穆斯林的貿易點星羅棋布於蘇門答臘島和爪哇島的北岸。[51]富有、虔誠的商人也成功地使當地人皈依了伊斯蘭教。

一四〇九年，一位馬來王子拜里米蘇拉（Parameswara）在麻六甲海峽的一個漁村修建了麻六甲城，以便從該地區貿易交流的擴展中獲益。由於當地的主要人口是穆斯林商人，於是他皈依了伊斯蘭教，並引導臣民一道遵從。但他也認識到，麻六甲當地的商人來自多個國家、信奉多種宗教，所以他在統治中也嚴格保持中立。由於他採取對商人友好的明智政策，實行較低的稅收，麻六甲因此成了東南亞最興旺的國際性都市之一。麻六甲位於「季風的終點」：西南季風能將商人從西面帶來，而東北季風能帶來日本和中國的商人，這使麻六甲成為最受歡迎的貨物集散地。毫不奇怪的是，在達伽馬抵達印度洋之後不到二十年，麻六甲就在葡萄牙人的炮艦攻擊之下淪陷了。一五一二年，一位從藥劑師轉行的葡萄牙商人兼外交官托梅．皮萊資（Tomé Pires），在《東方志》（*Soma Oriental*）一書中栩栩如生地記載了這個完全與世界貿易融為一體的地區。皮萊資估計，麻六甲的人口在四萬至五萬之間，與六十一個「國家」有貿易關係，大約有八十四種語言流通在這個港口的居民之間。他對載運貨物往返波斯灣和亞洲的外國商人所賺得的巨大利潤深為羨慕，並寫道：「麻六甲是一個專為商旅而設的城市，世界上絕無其他城市比它更當得起這個稱號；它是某些季風的盡頭與另一些季風的起點。諸國環拱，是四方輻輳之地。周邊各國之間的貿易與商業，但凡單程距離在一千里格（league）⑤以上的，無不要經過麻六甲……誰控制了麻六甲，誰就扼住了威尼斯的咽喉。」[52]

麻六甲日益強大繁榮。這不僅是因為它的地理位置——印度與中國之間的停靠站——全世界對胡椒需求的增長也是原因之一。在葡萄牙、西班牙、荷蘭、不列顛的商人到來後的一百年裡，國際商業與居民的信仰轉變也改變了盛產胡椒的東南亞。正如歷史學者安東尼．瑞德（Anthony Reid）所言：「新的城市與國家繁榮起來，大多數東南亞人被帶入了《聖經》和普世信仰之下，同時有很大比例的人口開始依賴國際貿易來維持生計，獲得衣服和日用品，甚至食物。」[53]這種依賴很快帶來了巨大的悲劇與傷痛，成千上萬的胡椒種植園的主人遭到殺戮，或者淪為奴隸。在歐洲人征服世界和商業帝國崛起的歲月裡，這些人的悲劇還將在全世界重演，本書第七章還會深入研究貿易帶來的不幸結果。在此，我們就按下不提，先去看看渴求香料這一現象的源頭——正是這種渴求使西歐人最終控制了亞洲。我們已經知道，在羅馬帝國時期，對香料的渴求引發了廣泛的貿易。四〇八年，西哥德人（Visigoths）要求羅馬人奉上金銀和胡椒，以作為對羅馬城解圍的交換條件。等到帝國土崩瓦解後，貿易活動也隨著經濟與政治陷入普遍混亂的局面，逐漸凋零。曾經讓羅馬帝國的黃金大筆流出的香料，變得更加昂貴了。之後，伊斯蘭教的崛起又對貿易帶來了沉重打擊，包括亞歷山卓的陷落——將亞洲香料從紅海運往地中海的航程中，該港是重要的貨物集散地。在香料普遍缺乏、價格上漲的情況下，威尼斯商人與穆斯林達成了一項協定，從而成為歐洲幾乎唯一的香料經銷商。即便在十一世紀末期到十三世紀的十字軍東征期間，歐洲人從穆斯林手中重奪聖地的企圖使貿易遭到破壞時，義大利的各城邦也都一直在扮演經銷商的角色。向來寶貴的香料後來更是成了社會上普遍認為的奢侈品。一一九四年，蘇格蘭國王拜訪英格蘭國王理查一世期間，其待遇就包括每天兩磅的胡椒和四磅的肉桂，以顯英王的待客之道。[54]

見鬼，什麼風把你們吹到了這裡？

歐洲對亞洲香料消費的需求在增長，各個基督教君主國也不顧一切地想要繞過中東的穆斯林

⑤【編註】長度單位，根據不同地區、時代而有所差異。「里格」一詞原指一個人在一小時內能夠走到的距離。

商人，找到一條通往香料產地的路，這就激發了在非洲周邊探索新航路的活動，並促使人們建造能夠歷經千難萬險、遠渡重洋的船舶。長途貿易向來需要勇氣和熱情。十五世紀時，在繞過非洲前往亞洲的新航路的探索中，葡萄牙親王「領航者亨利」（Prince Henry the Navigator）⑥成為先驅。當年威尼斯「軍械庫」造船廠為提高海上航程而設計船舶、研發航海工具的事業，也為亨利所繼承。一四九七年，葡萄牙國王曼努埃爾一世（Manuel I）諭准達伽馬遠航印度「尋找香料」。當達伽馬的第一位信使登上卡利卡特海灘時，一位來自突尼斯的穆斯林商人用西班牙語向他發問：「見鬼，什麼風把你們吹到了這裡？」信使的回答很簡潔：「我們來尋找基督徒和香料。」[55]

這個問題沒什麼不對，因為海上航行的確危險重重。科廷估計，在一五〇〇年至一六三四年間，從葡萄牙駛往印度的船隻有百分之二十八會在海上沉沒。在最初幾次向亞洲的航行中，達伽馬和卡布拉爾（Cabral）⑦損失了一半船員和多半船隻。但高利潤的誘惑還是推動著更多的船隻來到亞洲。[56]在葡萄牙的鄰國西班牙，加泰隆尼亞王室資助哥倫布去尋找一條穿越大西洋直達印度的航線，結果卻讓人們的視野豁然開朗。在哥倫布偶然發現新大陸的二十年後，麥哲倫的船員還航世界（其中只有一成的人得以生還），這是史上第一次真正的全球連接。世界範圍的貿易開始興起，商人、探險家、傳教士和征服者之間一向模糊的界限，變得更加迷亂不清。此後，人們對資源和奴隸的爭奪，以及為國內產品搶佔新市場的行動，也將世界更緊密地聯結起來。各個大陸之間首次能通過直航聯繫起來，而不再是通過船舶、騾隊、駱駝商隊等百轉千迴的媒介。

十六世紀時，葡萄牙人在印度的果阿、馬來西亞的麻六甲和中國的澳門所建的據點，無疑構成了一個全球貿易的框架。有了通往東方的定期航行後，專業化也興起了——從中國瓷器到印度鑽石皆然。不列顛文人薩繆爾·詹森（Samuel Johnson）諷刺說，在葡萄牙商人帶著精美的中國瓷器從亞洲返回後，葡萄牙國王及其朝臣成為歐洲最早「罹患中國熱」的人。到了一五八〇年，光是里斯本的梅爾卡多斯新路（Rua Nova dos Mercadores）上，就有六間專門賣中國瓷器的店。[57] 為了滿足這種瘋狂的喜好，西歐商人在十七、十八世紀至少進口了七千萬件瓷器。[58]

我們在各個歐洲港口所留下的大量貿易商往來書信中，找到了一位成功的猶太鑽石商，住在義大利的港口利佛諾（Livorno）。伊加斯－塞爾維拉商行（Ergas-Silvera）的以撒·伊加斯（Isaac Ergas）接受消費者的訂單，提供印度著名的戈爾康達（Golconda）礦脈出產的鑽石。研究十八世紀利佛諾猶太商人的義大利學者法蘭西斯卡·特里維拉托（Francesca Trivellato）表示，消費者會下特別訂單。義大利消費者如想要鑽石，就會去找伊加斯並交付現金，就和我從蘋果公司訂購 iPod 差不多。由於印度的鑽石供應商對義大利里拉不感興趣，伊加斯－塞爾維拉商行會把地中海產的珊瑚珠子運過去。一些幸運的消費者能及時下訂單，從而趕上每年通往印度的季風之航，而珊瑚則用不列顛或荷蘭的船隻運往里斯本。隨後會有人將珊瑚轉到巨大的大帆船上，得航行一年才能到達果阿。果阿的印度商行將評估珊瑚的市場價值，然後據此送回大小不同、品質各異的鑽石。倘若諸事順利，船舶也未遭遇風暴而沉沒，消費者會在一兩年後收到鑽石。[59]

⑥【編註】指葡萄牙恩里克親王維塞烏公爵（Infante Henrique of Portugal, Duke of Viseu, 1394-1460）。他雖然不是王位繼承人，卻大力推動葡萄牙的航海事業，在薩格里什（Sagres）建立航海學校、實驗室、造船廠等設施，為未來葡萄牙海上帝國打下基礎。

⑦【編註】指佩德羅·阿爾瓦雷斯·卡布拉爾（Pedro Álvares Cabral, c. 1467-c.1520），葡萄牙航海家。他在一五〇〇年率領船隊前往印度卡利卡特，途中偶然發現巴西。

葡萄牙和荷蘭商人抵達阿拉伯海，這就為另一種專業貿易——咖啡貿易——開闢了新天地。十八世紀初，法國商人尚．德拉侯克（Jean de la Roque）首次駕駛法國船隻繞過好望角，抵達亞丁和摩卡。他之所以要進行這場為期一年之久的艱苦航行，就是為了繞過要價極高的土耳其、荷蘭、不列顛中間商，直接從原產地得到咖啡豆。他總共用了兩年半時間完成整個航行，但六百噸咖啡豆帶來的利潤完全值得上這趟辛苦。更重要的，或許是他後來所撰寫的書《航向葉門》（*Voyage de l'Arabie heureuse*, 1716）。該書首次對這種產於衣索比亞和葉門，後來擴展到全世界的產品做了詳細描述。等到德拉侯克遠航摩卡的二十年後，另一位法國船長則將咖啡樹帶到了加勒比海。

連接各大洲的運輸革命，也為第一家跨國貿易公司的崛起創造了條件，這絲毫不讓人意外。西元前三千多年時，亞述商人從安納托利亞經營的產業已被稱為世界最早的跨國公司。[60]我們在本章曾提到過布蘇—肯經營的企業，如果將跨國公司定義為進行相當規模的對外直接投資並參與國際貿易活動的企業，那麼布蘇—肯的企業至少可說是跨國公司的雛形。但十七世紀初期政府特許的貿易壟斷公司——例如英屬和荷屬東印度公司的出現，卻標誌了新時代的到來，預示著全球性大公司的興起。十七世紀末，世界上只有約五百家跨國公司，現在已經超過了六點三萬，消費者人數也急遽上升。

探險事業的後起之秀荷蘭人，對跨洋貿易的突飛猛進帶來極大的貢獻。截至十六世紀晚期，荷蘭人已經發展出了一種成本低廉、用途廣泛的貨船，稱為福祿特帆船（fluyt），意即「快速平底船」。船隻若要在海盜肆虐的洋面上航行，常須裝備炮座和裝甲板，但福祿特帆船捨棄了這些設施，其重量只有兩百至三百噸，更為輕便、空間更大，不僅可以裝載更多貨物，而且節省了船員數量。福祿特帆船一般在安全水面上航行，或者由軍艦護送。一艘裝備齊全的福祿特帆船能用八個月時間完成歐洲與亞洲之間的往返航行。[61]為了在海運方面趕超更勝一籌的荷蘭人，不列顛政府出資鼓勵天文學與地磁學研究。這一投資取得了許多創新成果，尤其是最早發明了精準的航海用天文鐘，在遠洋上的航海者可用它來判斷船隻位置。

在十八世紀末之前，還有一些較小的創新縮短了航行時間，提高了航行的安全程度；但另一次速度上的飛躍，則是蒸汽動力的使用所致。要是少了蒸汽動力，即便是十九世紀中期不列顛最快的航船，也要用一百一十天才能完成與廣州之間的往返航行，而儒勒·凡爾納（Jules Verne）環遊世界八十天的幻想更是遙不可及。[62]⑧但隨著一八〇七年羅伯特·富爾頓（Robert Fulton）發明了汽船，一切就都迎刃而解。運輸成本大大下降，主要國家之間的商品交易量也快速上升，從一八四〇年的兩千萬噸提高到十九世紀七〇年代的約八千八百萬噸。與此同時，世界上工業化程度最高的經濟體和最偏僻、落後地區之間的貿易額增長了五倍。[63]

由於船舶體積增加，蒸氣船返航時間縮短，不列顛人的遠洋運費從一八四〇年到一九一〇年直線下降了約百分之七十。[64]而與此同時，世界各地航道的通行速度卻大大提高了。[65]一八六九年蘇伊士運河竣工，掃除了紅海與地中海間僅有的陸地障礙，縮減了多達三分之二的航行時間。[66]一八七七年法國工程師斐迪南·加列（Ferdinand Carré）設計的世界第一艘冷藏貨船巴拉圭號下水，為遠途貿易開闢了一個全新的時代——新鮮食物貿易。阿根廷牛肉和澳大利亞羊腿肉擺

⑧【編註】凡爾納正是小說《環遊世界八十天》（*Le tour du monde en quatre-vingt jours*）一書的作者。

上了歐洲的晚餐桌。正如歷史學者彭慕蘭（Kenneth Pomeranz）所寫：

> 鐵路和汽船提高了運輸貿易的速度和貨運量，也大大削減了成本，為時間、空間與商品化過程帶來一場概念上的革命。有了蒸汽之後，大西洋和太平洋變成了池塘，大洲變成了王侯的封邑……全球超級市場於十九世紀開始成形。長途貿易的主要產品不再是奢侈品。阿根廷、烏拉圭、美國的牛羊肉以及澳大利亞、美國和印度的小麥養活了饑餓的歐洲人；日本的紡織廠使用著美國、印度和中國的棉花。[67]

四十五年後，巴拿馬運河的開通將太平洋與西歐進一步拉近，紐約到舊金山的航程縮短了百分之六十，到香港的航程則縮短百分之三十。此後直到空運出現之前，蘇伊士運河和巴拿馬運河對縮小世界的貢獻可說是無與倫比。

甚至早在巴拿馬運河開通之前，人們就從賓夕法尼亞州偶然發現的石油中找到了另一種推動航行的辦法。從古代起，就有人使用泥土中頁岩裡滲出的油來點亮火炬和油燈，在黑夜裡照明。一六九四年，不列顛王室首先將專利授予三名子民，他們「找到方法從一種岩石中提煉、製造大量瀝青、焦油和石油」，將這種自然的恩典提煉出來用做他途。埃德溫．勞倫廷．德瑞克（Edwin Laurentine Drake）在一八九五年發現了可提煉為石油的重油，當時他研發的鑽井技術在賓夕法尼亞州挖出了重油。半世紀後，內燃機發明。到了二十世紀七〇年代，柴油驅動的巨大油輪開始降低原油以及所有貨物的運輸成本。

運輸成本的進一步降低，則是北卡羅來納州貨車運輸企業家麥孔·麥克連（Malcolm McLean）的功勞。他把滿載貨物的貨車斗放在汽船上的想法，催生了世界上第一艘貨輪 Ideal-X 號。一九五六年四月二十六日，五十八個貨櫃用了不過八個小時就裝上了 Ideal-X 號，這讓運費降低了百分之九十七之多，每噸只有十五點八美分。這開闢了船運的新時代，之後運費更是不斷降低。人們戲稱為「怪獸船」的最大貨輪，其載貨量相當於二十英里長的貨車隊，[68]花不到五百美元的運費就能將一輛小汽車運到世界上的任何地方。儘管貨輪的速度幾乎無法達到二十海浬以上，但它在許多方面都降低了運費：單船載貨量巨大；貨櫃裝船和卸船的速度快，並可快速將貨櫃毫髮無傷地從船上轉移到卡車或貨車上。現在，從港口沿公路將一個貨櫃送往一百英里外卸貨地點的花費，往往就超過走海路將貨櫃從上海運到鹿特丹的資費。

各種運輸方式中，對速度效率帶來最大提升的當然是空運。二十世紀五〇至八〇年代，空運成本大大降低。其中最重要的是一九七〇年代問世的「巨無霸」（Jumbo Jet）波音 747 廣體客機，載貨的「巨無霸」也很快地投入使用。然而，成本的節省不僅在於運費，也在於時間的縮短。裝船和卸船的時間愈短，船舶要繳納的港務費和逾期費就愈低，進口貨物的最終價格也會愈低。據經濟學家估計，一九五〇年至一九九八年間，運輸速度加快所帶來的成本節省效果，相當於將美國製造業產品關稅從百分之三十二降低到百分之九。[69]

從金幣到 PayPal

愈來愈大的船隻和飛機並非是讓貨運速度加快的唯一因素。交易媒介的變遷——從實物交換到貝殼、從貴金屬到以金銀擔保的票據，再到塑膠製的信用卡——更是讓交易得以簡化、一致化，促進了貿易發展。儘管人們用金屬做貨幣已有兩千多年的歷史，但直到西元前七世紀，地中海沿岸各國發行的金幣才成為整個地中海地區和印度次大陸的商人普遍接受的貨幣。古代的雅典銀幣一面是女神雅典娜的頭像，另一面是其象徵——貓頭鷹——的圖像。對當時的商人而言，它就相當於今天的VISA卡和萬事達卡。後來到了羅馬帝國時期，由於商人遠渡印度洋前往東南亞和中國，帝國發行的金幣和銀幣使用範圍更加擴大。賣出香料和織物的亞洲人幾乎不需要地中海地區的物產，也不需要後來歐洲地區的產品。亞洲人願意按羅馬人的特定要求製作織物，但總是希望後者用金銀來支付。

直到十三世紀中期，義大利各個城邦開始鑄造自己的金幣之前，拜占庭帝國和埃及鑄造的金幣一直是人們接受的交易媒介。[70]然而，羅馬帝國的覆亡導致羅馬貨幣的稀缺，這對世界貿易也產生了不利影響。其後果之一，就是在遙遠的印度，那些依靠外貿的城鎮也陷於衰敗。[71]印度商人遂把視線轉向東南亞，為他們的織物尋找新市場。幾個世紀之後，由於印度與出產香料的印尼島嶼間貿易聯繫日趨緊密，阿拉伯和歐洲商人便將印度港口作為香料進口的中繼站，並用香料來交換印度出產的織物。從印度進口貨物時，歐洲人有時會用玻璃珠和毛織品做交換，但他們仍然需要貴金屬才能做生意。買方承諾推遲付款的信用票據也在印度次大陸和中東發展起來。然而，非正式的信用體系只存在於一些基督徒、猶太人或印度人的貿易家族之間，在陌生人之間並不存在。[72]

十三世紀晚期，熱那亞、佛羅倫斯、威尼斯等城市重新開始使用金幣。恢復鑄幣一事為國際貿易帶來新的推動力。[73]但瘟疫引發的災難卻又給貿易當頭一擊。隨著十四世紀黑死病的肆虐逐漸過去，長途貿易又因中歐發現了更多的白銀而獲得新的動力。十五世紀中期的科技創新——包括豎井的開鑿和以化學方法分離銀的技術——帶來採銀業的繁榮。日本的銀礦也為荷蘭商人提供了這種貴金屬，以開展其在亞洲的業務。

隨著白銀——尤其是來自日耳曼的白銀——增多，威尼斯商人也能購買更多的敘利亞棉花提供給日耳曼的紡織工廠，並出售更多的亞洲香料以供應歐洲人的消費。[74]甚至到了幾百年之後，人們仍能感受到這些日耳曼銀幣的高度重要性。美國貨幣「美元」（dollar）的名字，正是源於日耳曼銀幣「*Joachimstaler*」的俗稱，「thaler」。

哥倫布因為未能發現馬可．波羅描述的日本黃金國（Cipangu）金頂屋，而在失望中死去，儘管如此，人們很快就在墨西哥和秘魯發現了大量的貴金屬。一位歷史學者描述說，這「簡直就是從天上掉下來的錢」。[75]奴隸勞工在墨西哥和秘魯開採出來的銀條迅速流向亞洲，歐洲商人得以用過去不可想像的巨大數量的貴金屬購買奢侈品。整個十七世紀上半葉，每年約有兩百六十八噸銀運往歐洲，其中大多數很快又流入了波羅的海地區、黎凡特和亞洲，換成了商品。一個世紀後，每年從新大陸運往歐洲的白銀增加到了五百噸，其中的一半多用於進口香料、絲綢、瓷器和其他奢侈品。[76]一六二一年，一位葡萄牙商人寫道：「白銀在寰宇之內四處流動，最終皆集於中國，就如同江河入海一般，一去不返。」[77]

白銀—織物—香料的三角循環

葡萄牙人先在非洲、後在巴西所開採出來的黃金，也投入到了世界貿易中。一七一二年至一七五五年間，每年有約十噸的黃金運往里斯本，旋即流入亞洲，用來支付進口的異國產品。[78]抵達香料群島的歐洲商人驚訝地發現，當地土著可以向他們提供丁香、小豆蔻、肉豆蔻和肉桂，卻對白銀幾乎絲毫不感興趣，只想要棉布。接下來很快就出現了三角形的貿易關係：不列顛人和荷蘭人用金銀購買印度人手工製作的棉布，然後在東南亞用這些棉布交換本國市場所需的香料。有位歷史學者指出，歐洲人現在「通過地中海和大西洋沿岸的市場，把墨西哥和秘魯的金銀礦與遙遠東南亞的香料園和香木樹林連接在了一起」。[79]

在促進國際貿易方面，威尼斯的貢獻不僅在於航海技術的創新，還有一些制度上的創新也鞏固了威尼斯在貿易方面的成功，如銀行業的發展，以及會計、外匯和信用市場，都讓威尼斯有他人難以望其項背的地位。匯票、可轉讓票據等信用票據在十五世紀的發展，以及不列顛和荷蘭兩國的法律允許收取貸款利息，這些措施都加速了貿易。例如，英格蘭與荷蘭兩國的東印度公司開始從事類似銀行的業務，吸納其海外僱員存入各自在私人生意所獲利的金銀，並承諾在母國償付其存入金銀的本息。兩家公司因此有了即時可用的現金，不必再等待銀條從倫敦、里斯本或阿姆斯特丹經歷一年的危險航行運來，而是直接可以購買和發送貨物。[80]但隨著白銀供應的減少，以及十八世紀末、十九世紀初囤積貴金屬的重商主義考量，母國政府發行的紙幣和銀行發行的鈔票變得更加常用。紙幣使商務交易進一步簡化，只有在戰爭爆發時才會出問題。如十八世紀末、十九世紀初，在拿破崙統治的法國與歐洲其他國家之間的戰爭期間，法國政府便不再承認以黃金為擔保的鈔票。

推動國際貿易的另一輪動力則來自新大陸，具體而言是加利福尼亞，人們在當地發現了相當大的黃金礦床。繼加利福尼亞之後，澳大利亞很快也發現了金礦，這麼一來，就有了足夠的貴金屬來投入世界市場，促進貿易。當時的世界實行金本位⑨，例如一美元大約相當於二十三點二二格令（grain）⑩的純金，黃金也因此相當於單一全球貨幣。金本位於第一次世界大戰期間終結，所以人們把戰爭之前的歲月視為全球化的「黃金時代」也毫不奇怪——這裡的「黃金」是個雙關語。隨著一戰的爆發，歐洲各地以及大西洋上的敵對行動破壞了貿易，各國政府也停止支付黃金。金本位在二十世紀二〇年代短暫恢復，但在一九二九年股票市場崩潰之後的大蕭條歲月裡又遭到捨棄。當時的世界已經由貿易和金融紐帶緊密地連接起來，肇始於華爾街的不幸事件也因此迅速蔓延到了美國的所有經濟夥伴國。

到了一九四五年，當世界從二戰的浩劫中走出時，一種新的經濟秩序也正在紮根。與黃金掛鉤的美元得以復興，成為新的世界貨幣。世界貿易開始以美元計價，所有國家都將其貨幣與美元掛鉤。二十世紀二〇年代，人們發明了信用卡，鼓勵有銀行帳戶者直接購物、給汽車加油、住飯店，無須攜帶現金，讓生活獲得更大的便利性。繁榮的美國經濟自然鼓勵了這種方便的消費主義做法。一張什麼都能買的萬用卡片——這個點子，是銀行家法蘭克·X·麥克納馬拉（Frank X.

⑨【編註】金本位制，指一國每單位的貨幣價值與若干重量黃金可等值交換（稱為貨幣含金量）。當不同國家都使用金本位制時，貨幣間的匯率就是各自貨幣含金量的比值。

⑩【編註】重量的最小單位，等於六十四點七九八毫克。

McNamara）在一次生意聚會上出糗時漸漸浮上其腦海的。他人在紐約一座時髦的飯店裡，要付帳的時候才意識到忘了帶錢包。招待生意上的客戶是種重要花費，人們得為此攜帶現金，於是在一九五〇年，麥克納馬拉發行了第一張通用信用卡「用餐俱樂部卡」（Diner's Club card，又名大來信用卡）。八年後，美國運通公司也緊跟著效仿。二十世紀七〇年代電話網出現之後，即便是跨洲的商務往來，也就只是一瞬間的事情。金銀早就不是通貨了，帶有同樣金屬光澤的塑膠卡取而代之，在世界交易中發揮潤滑作用。

從泥板到網際網路

通訊困難是長距離買賣的主要問題之一。商人如何能與其交易夥伴保持聯繫，及時瞭解買進和賣出的情況？西元前五千年生活在今天伊拉克的蘇美人找到了解決辦法，他們發明了文字。商人可以使用一塊小泥板和一支前端分叉的樹枝，寫下賣出牲畜的頭數。另一端的交易夥伴可以打碎陶罐、閱讀泥板，以核對送來的牲畜數量。我們先前看到的亞述商人布蘇—肯就用這種泥板與其出資人和妻子溝通。從那之後，我們的祖先使用了紙草、羊皮紙、竹簡和紙來進行商業交易。在蒙古人統治中國和中亞的極盛時期，帝國沿絲路設置了驛站，讓情報能跨洲傳播，商業契約也能在大陸的兩端履行。到十二世紀末，成吉思汗已經建立了一套郵政體系，從歐洲一直延伸到他的都城烏蘭巴托，還運用信鴿來傳遞消息。一些貿易移民，諸如開羅和印度馬拉巴爾海岸的猶太商人則利用貨船來傳遞信件，其保存至今的文本已在開羅的廢書庫中發現。到了十八世紀，法國人還發展出一種依靠高塔和轉臂、遠距離傳遞視覺信號的系統。

但是，從羅馬時代直到成吉思汗和拿破崙，長距離通訊通常是統治者才能獨享的禁臠，用以維持對遼闊領土的控制，或者指揮軍事行動。直到電報發明之前，有將近七千年的時間，商業資訊傳遞的速度都侷限於當時既有的載人或載貨工具的最高速度。我們在前文讀到過十八世紀利佛諾的珊瑚和鑽石商人伊加斯，他向里斯本、倫敦和果阿的商業夥伴寫了很多信，但卻不得不等待一年甚至更久的時間，才能知道他送去的珊瑚在當地市場上賣出了怎樣的價錢。

這一切的等待，都隨著一八四四年第一條電報線路鋪設而一去不復返了（「*telegraph*」字面上的意思，就是「遠方的字跡」），由畫家轉行的發明家薩繆爾．摩斯（Samuel Morse），在一條從巴爾的摩到華盛頓特區的線路上拍出了第一條測試電報：「神創造了何等奇跡？」這種由一塊電磁石和一根銅線製成、通過摩斯電碼的點劃來傳遞資訊的精妙裝置，開啟了一場資訊革命，這場革命到今天仍在拉近世界的距離。《倫敦時報》寫道：「自從哥倫布發現新大陸以來，從未有任何事情、在任何程度上足以與（電報）拓展人類活動範圍的巨大程度相比擬。」[81] 最先鋪設大西洋海底電纜的塞魯斯．菲爾德（Cyrus Field）說，電報電纜「就是散居各地的人類大家庭成員之間一條鮮活的紐帶」。[82]

與許多發明一樣，電報也很快用於商業活動。早在十九世紀四〇年代，歐洲企業家保羅．尤里烏斯．馮．路透（Paul Julius von Reuter）就經營一家服務商人的新聞機構，通過信鴿在不同城市收集關於股票收盤價的資訊，然後加以傳播。[83] 商用電報出現後，電纜傳遞的絕大多數都是商業資訊，尤其是股價與貨物價格。礦產、穀物、棉花等大宗貨物在歷史上第一次有了即時價格。資訊傳播加上便捷的鐵路與汽船運輸，使真正的全球市場得以成形。芝加哥交易所是在一八四八年電報線鋪設到該城時成立的。一八六七年，隨著證券報價機的發明，貿易資訊的傳播得到了進一步的推動。紐約一位電報接線員卡拉漢（E. A. Callahan）設計了一種電報機，可以在一張連續的紙張上自動記錄股票價格的變動。五年之後，西聯電報公司啟用了電匯系統，進一步拉近了消費者和商人之間的距離。

在美國和歐洲，一向主要用於運送旅客的汽船，現在又有了一項新任務。汽船載著由防水的古塔膠（Gutta-percha）包裹著的大卷銅線，將其一路鋪設過大西洋的海底。科幻小說作家亞瑟·C·克拉克（Arthur C. Clarke）稱之為維多利亞時代的「阿波羅太空計劃」。[84]古塔膠來自於不列顛的殖民地馬來亞。一八六六年跨大西洋電纜的鋪設加快了商業交易的速度，大幅降低了交易成本。市場上的套匯商此前只能根據汽船帶來的情報下達指令，那已經是十天前的資訊，而這樣的指令還須等待十天才能執行。現在有了即時價格，大西洋兩岸的交易商就能在一天內執行完買進和賣出的指令。對此，學者凱文·歐洛克說：「結果就是，在這兩個城市之間，相同資產的絕對價差馬上下降了百分之六十九。」[85]從中東到印度，再到亞洲遙遠角落的地方，很快就都有了電報連接。一八七〇年，不列顛印度海底電報公司（British Indian Submarine Telegraph Company）鋪設了倫敦和孟買之間的第一條電報線路。一年之後，這條線路就延伸到了遙遠的香港。到一戰爆發時，歐洲和遠東之間有九條線路連接，其中一些因為途經敵對地域的線路而被切斷。

在電訊和運輸革命給貿易帶來巨大推動的同時，傳統的關稅壁壘也開始逐漸降低。隨著不列顛在一八四六年廢止《穀物法》（Corn Law），在一八四九年廢止限制外國航運競爭的《航海法》（Navigation Acts），自由貿易的新時代也隨之誕生，並一直延續到十九世紀七〇年代。一八六〇年，不列顛與法國等其他歐洲國家簽訂了一系列提高貿易自由度的協定。因為協定中均包含最惠國待遇條款，故而所有國家都能從雙邊貿易自由化中獲益。但後來面對美洲穀物生產者的競爭，歐洲開始提高關稅壁壘，貿易保護主義隨之持續提升，直到一戰和大蕭條的到來，才結束了十九世紀的全球化進程。

從痲六甲到孟菲斯

繼電報革命之後，亞歷山大・格拉漢姆・貝爾（Alexander Graham Bell）又在一八七六年發明了一種狀似漏斗的裝置——「電話」（telephone），這個詞的字面意思就是「遠端聲音」。但和電報不同的是，海底電話線要等到八十年之後才得以鋪設。當時已有無線電可從紐約呼叫倫敦，但通話三分鐘的花費就相當於今天的四百五十八美元。

美國電話與電報公司（American Telephone and Telegraph Company, AT&T）於一九五六年建立了第一個跨大西洋電話系統。一年後，日本和香港之間也有了一條太平洋海底電纜。一九八九年又鋪設了一條連接北美和南非的跨大西洋電纜，將五萬年前人類開始旅行的大陸與新大陸連通起來。雖然科技有了不小的進步，但直到一九八三年，也只有四千兩百人能夠隨時在紐約和倫敦之間打電話。他們首先得預訂通話時間，接著要等待數小時才能接通，通話價格也很昂貴。一九六六年，全錄公司（Xerox）發明的傳真機促進了貿易的加速。這臺名為「Magnafax Telecopier」的傳真機是個重達三十七磅的大塊頭，約六分鐘能傳送一頁紙。有了傳真，不論是發票還是設計圖，所有的文字通訊均可在短短幾分鐘內傳到世界各地，加速了商業交易和生產過程。現在，紐約麥迪遜大街（Madison Avenue）的一位時裝設計師可以信手畫出一件服裝的款式，接著馬上把生產說明送到中國深圳一家服裝廠的經理手中。同樣是在一九六六年，美國國家標準協會（American Standards Association）制定了美國資訊交換標準碼（American Standard Code for Information Interchange, ASCII），這種代碼很快就在世界各地得到應用，使文字與數字能以閃電般的速度在電話線上傳輸。

電子革命席捲了世界。二十世紀六〇年代中期，耶魯大學學生弗雷德・史密斯（Fred Smith）寫了一篇論文，主題是關於如何利用電腦的力量在一夜之間遞送包裹。一九七〇年，史密斯將這一想法付諸實施，開辦了一家名為「聯邦快遞」（Federal Express）的公司。這家公司使用電腦化包裹追蹤技術，擁有一小隊噴射機，開始在美國各個城市開展業務。第一夜，公司只遞送了一百八十六件包裹，而今這家公司的業務已遍及全球，每天平均遞送三百萬件各式各樣的包裹，包括我訂的那臺小小的iPod、汽車發動機，甚至是用於移植的人體器官。

FedEx（這是聯邦快遞在電話簿和商標上的名字）的總部設在田納西州的孟菲斯（Memphis），這個佔地廣闊的總部就像是現代版的麻六甲——全世界各地貨物的中轉口岸。我們已經讀到，在十五世紀的麻六甲，攜帶各種貨物的商人花費幾個月的時間進行採買或交換，最後借助回程季風揚帆歸國。當地的蘇丹還提供大象，把一袋袋的香料和其他貨物從各個商人的倉庫運往港口。現代版麻六甲已然不同了。一天晚上，我在聯邦快遞總部孟菲斯看著成千上萬來自世界各地的包裹，如滾滾洪流在傳輸帶上運行，再由機械手臂送入各自的目標箱。凌晨兩點零七分是魔法降臨的時刻。每晚的此時此刻，一陣寂靜就降臨在聯邦快遞總部空蕩蕩的中央大廳。每天的這個時刻，三百萬件包裹全部揀選、登記、處理完畢，準備登上一百五十架整裝待發的飛機。然後，聯邦快遞的這支噴射機隊就全體從跑道上呼嘯升天，消失在田納西漆黑的夜空裡。

在孟菲斯的那個晚上，我看到自動條碼掃描器分門別類地揀選數百萬件的包裹，每個包裹上都有一個看似不起眼的長方形框，裡面印著一條條的垂直黑線，那就是條碼，或稱「通用產品碼」——一九七四年六月二十六日，這種低調的新科技產品首次在美國各地的雜貨店裡不露聲色地出現。今天，總共有五百萬種以上帶有條碼的產品在世界各地掃描和出售。[86] 安放於商店貨架上的感測器現在可以掃描鞋盒、襯衫、洗髮精上的條碼，並在存貨減少時自動提醒供應商。如此一來，店主便不再須要以高昂的成本保持庫存，就能及時補充商品。

在電報問世之後，貿易領域最為戲劇性的變化就是電子革命的發生，尤其是個人電腦和全球資訊網（World Wide Web, WWW）的出現。一九七六年，一名年僅二十一歲、天資聰穎、夢想成為百萬富翁的大學輟學生賈伯斯，用一些工具組裝出了第一臺個人電腦。一年後，蘋果電腦公司成立，開啟了個人電腦革命。二十世紀八〇年代，IBM接過大旗，將這種過去只有電子迷才玩的機器，轉變成幫助無數人提高生產效率的強大工具。二十世紀九〇年代出現了網際網路，將世界各地的個人電腦連接在一起。自從人類的祖先離開歐洲、散居各地以來，人類內部的聯繫未曾如此之緊密。

記錄商業交易的方法從蘇美人的泥板開始，其間經過了鵝毛筆、羊皮紙、印表機和電腦鍵盤，進化到了平板電腦。文書處理、電子製表、資料庫管理等無數種套裝軟體發展起來，簡化、加速了商業生活的所有方面。個人電腦的處理能力不斷增強，隨著二十世紀八〇年代中期金融管制的放鬆，其價格也逐漸下降，這都為世界商業提供了空前的動力。世界各地數以百萬計的電腦現在都可以通過電話網絡聯繫起來。但它們如何相互通話？不列顛物理學家提姆．柏納—李（Tim Berners-Lee）找到了解決辦法。柏納—李在著名的歐洲核子研究組織（CERN）擔任諮詢工作，期間他編出了一套程式，以用來記住該實驗室中不同人員、電腦和計劃之間的關係。他回憶當時的想法：

> 我當時想，假設所有地方的電腦上儲存的所有資訊都相互連接。**假設我可以在我的電腦上通過程式設計來創造一個空間，在這個空間裡任何一點都可以連接起來。**如此一來，CERN以及地球上的每一台電腦裡所有位元的資訊，都可為我所用，也可為任何其他人所用。這樣就會出現一個單一的全球資訊空間。
>
> 一旦給這個空間裡的任一位元資訊標上位址，我就能命令我的電腦得到這個資訊。一旦一台電腦能夠以同樣的方便程度來查閱所有資訊，它就可以將一些看似毫無關聯、實際卻在某種意義上具有一定聯繫的東西相互連接起來。這就能形成一張資訊之網。[87]

他所提出的「連接一切」的解決方案是：不論以何種語言程式設計的任何電腦都可以理解的一種語言——「超文件標示語言」（hypertext markup language, HTML）——以及一個可以絕對精確地從其他地方的電腦上讀取、寫入及傳輸文字、圖像和聲音的瀏覽器。在首度揣摩「連接一切」

這個想法的十年之後，柏納—李寫出了一份用戶端程式——一種「即選即點」的瀏覽編輯器，並稱之為「全球資訊網」。這成就了一段歷史。其他科學家則發明了一種在不同電腦間傳送電子郵件的方法。到二〇〇六年，網際網路用戶已接近十億人，即全球人口的六分之一。二〇〇一年，已經成為百萬富翁的賈伯斯再次登上媒體頭條。這次他在市場推出一種口袋大小的音樂播放機iPod。iPod 迅速風靡世界，二〇〇五年的銷售數量達到了驚人的三千兩百萬臺。世界各地的 iPod 使用者通過線上音樂下載，暢聽數百萬首歌曲。要是沒有 iPod 的科技，他們根本不知道這些歌曲，更不可能收聽。我為我兒子訂購的 iPod 也為中國、日本、韓國、馬來西亞等國家的工廠工人創造了工作機會。他們生產的各種部件構成了 iPod 的五臟六腑。

新的季風

網際網路的興起與光纖通訊的發展攜手並進。精密的單向光束「鐳射」的出現，以及能夠通過光波傳遞資訊的光纖電纜的成功研製，都使通訊發生了革命性變化。雷射光束通過玻璃纖維編成的細線，能夠將聲音和圖像以光速傳遞到世界的遙遠角落，從而帶來了一個價格低廉的瞬間通訊新時代。十九世紀中期的電報員每秒只能傳遞四、五個摩斯電碼的點劃，但在二十世紀晚期，快速處理器與光纖電纜的傳送速率可達每秒十億位元的1與0，整本《大英百科全書》的內容可在一瞬間傳輸完畢。

一九八八年，第一條跨大西洋光纖電纜鋪設之後，人們就可以同時進行約三點七八萬個通話。後來在二十世紀九〇年代中期鋪設的一些新電纜，其資訊傳輸容量更超過了之前所有海底電纜的總和。[88]一九九六年，歐洲和北美之間可以同時進行一百三十萬次通話，與亞洲的通話可達一百萬次。不僅如此，從二十世紀六〇年代中期以來發射的一百五十多個通訊衛星，也使通話能力更為提高，讓我們有能力和另外一百萬名通話者聯繫。

企業界毫不猶豫地抓住了這些新機會。芝加哥股票交易所在一九九九年開放了盤後交易，創造了二十四小時開放的市場。[89]現在坐在由電話線或高速電纜聯繫的電腦終端後面，人們就可以從世界上任何地方買賣股票和債券。除了貨物貿易之外，還出現了外匯貿易。從一九八三年至一九九二年，貨幣交易總額上升了六倍，達到一千六百億美元。[90]在其後的十年間，憑藉高速的網路，外匯交易額又快速增長到每天一兆美元。這筆錢若用一百美元面額的鈔票堆起來，可達一百二十英里高，超越了珠穆朗瑪峰。[91]

網際網路的興起催生了新型態的商人，其代表人物就是印度領先的軟體企業印孚瑟斯資訊系統技術公司（Infosys Technologies）創立人之一Ｎ．Ｒ．那羅延．默西（N. R. Narayana Murthy）。身材矮小、戴眼睛的默西是一位聰明的軟體工程師。出身貧寒的默西對大學畢業後的第一份工作非常不滿，不願編寫千篇一律的程式，於是便在一九八一年與六位同為程式工程師的朋友創立了資訊系統技術公司。他回憶道：「我們擠在孟買的一個小房間裡，希望為自己、為印度社會、甚至還夢想著為世界創造一個更美好的未來。」[92]印孚瑟斯資訊系統技術公司向客戶提供服務，編寫客戶訂製的軟體程式。面對官僚體系的障礙以及二十世紀八〇年代印度電腦網路普及率不高的局面，默西開發出了一種「上門服務」的模式。他與同事前往外國客戶的辦公地點寫程式，然後帶著現金回家。

與許多企業家一樣，默西既是全球化的產物，也是全球化的推動者。默西告訴我，儘管遭遇了來自官僚們的嚴重阻力，也遇到了基礎設施缺乏等物質方面的限制，但他意識到全球化已經打破了舊有的格局，有了高速的網路連接就不再須要「上門服務」，而且不用離開電腦終端就可以提供服務。他說，他眼中的全球化就是「從最廉價的地方獲取資本，從最優質的地方獲取人才，在最高效的地方從事生產，在不受國家邊界限制的市場進行銷售」。二十世紀九〇年代，印度的自由主義經濟改革將電信部門對外開放，取消了限制，通訊成本也降低了。西元一世紀發現的季風曾將愈來愈多的商人帶到印度的香料海岸，電腦和通訊革命也一樣為服務業外包和國際電子支付模式的發展開闢了道路。在二十世紀九〇年代後期的網路經濟繁榮期間，大量的海底光纖電纜鋪設，加上其後網路經濟陷於蕭條，都使通訊成本直線下降。陷於破產的光纖網路運營商紛紛折價甩賣，印度和新加坡的公司成為過程中最大的獲益者之一。最後，這些亞洲公司能夠以百分之九十五、甚至更好的折扣購買到幾乎全新的光纖資訊公路。[93]印度的電信巨頭VSNL（Videsh Sanchar Nigam, Ltd）花了區區一點三億美元，就從破產的泰科公司（Tyco）手中購得了原先美國電話電報公司的海底光纖電纜系統。而泰科公司在這條電纜上已花費了三十億美元。[94]

我拜訪了印孚瑟斯資訊系統技術公司設於班加羅爾（Bangalore）佔地廣闊的廠區，親身感受了這種新的「光纖季風」帶給商業的影響。在這樣的遠端服務貿易中，距離已化為無形。在一個可供兩百人入座的大廳裡，一面如牆壁般大小的電視螢幕讓世界各個角落的客戶與工程師齊聚一堂，進行面對面的交流，討論印度資訊系統技術公司可以提供的各種產品。在林木蔥郁的廠區另一邊的一處空調大廳裡，有幾十位程式工程師坐在電腦終端前工作，這些終端與遠在法蘭克福、倫敦和紐約的公司客戶的主機相聯繫。他們正在調整為遠隔萬里的外國客戶開發的、價值數百億美元的應用軟體。主要的「財星世界五百大」（Fortune 500 global）公司都已經是印孚瑟斯資訊系統技術公司的客戶。這個在一九八一年以兩百五十美元資本成立的公司，在二○○六年初的市值已達約兩百二十億美元。

光纖電纜和廉價的網路電話（Voice over Internet Protocol, VoIP）已經在諸如塞內加爾這樣的國家催生了新的企業家，並在歐洲和非洲大陸之間建立了全新的交流。不久前，塞內加爾的主要出口產品還是花生，現在該國教育良好的年輕人在網路上提供的服務已經成為新的出口產品。在達喀爾（Dakar）的國際快捷聯絡中心（Premium contact Center International, PCCI）鋪著藍色地毯的辦公室裡，年輕的男女坐在一排排閃光的電腦螢幕前，對著電話輕聲低語。電話另一頭的法國來電者並未意識到接聽電話的地點是兩千五百英里外的另一塊大陸。這些為法國公司服務的塞內加爾員工要做很多工作，諸如銷售洗衣機、進行消費者調查以及回答有關網路的詢問等。該公司首席執行長、聲音柔和的阿布杜亞爾．薩里（Abdoulaye Sarre）坐在他寬闊的空調辦公室裡如是說：「我們開展的業務所要求的價格，要比在法國便宜百分之二十至四十。」該聯絡中心不僅節省了法國消費者的開支，而且為塞內加爾員工提供了客戶諮詢這種全新的職業，賺到高於該國平均工資的收入。

打從人類開始交換黑曜岩和衣物以來，在將近五千年的時間裡，商人的數量和他們跨國運輸的貨物種類一直在增長，其速度之快堪稱壯觀。從亞述人布蘇—肯到猶太人亞伯拉罕．易尤，從托梅．皮萊資到尚．德拉侯克，再從賈伯斯到默西，商人們一直在增加貨品、開拓市場、連接世界，對利潤的渴望使他們尋找速度更快、效率更高的運輸方式，以及快速、準確的支付方法。處理能力愈來愈強的個人電腦不斷湧現，加上光纖通訊令人難以置信的速度，倏然之間就有效地消除了距離，為一種不再受到地理因素影響的新型商業與產業打下了根基。從亞馬遜到 Travelocity.com，成千上萬的電子商務網站如雨後春筍般產生，為的則是滿足消費者的需要，讓他們坐在舒適的家中便可購買書籍、電子產品甚至訂購假日旅遊行程。一九九五年 eBay 的成立，標誌著貿易這種堪稱「古老」的活動又萌發新芽——全球網路的「跳蚤市場」出現了。和昔日市集裡的商販一樣，今天的普通人可以在一個全球性聯結的社群中，把用過的器具、老電影的海報和小飾物賣給出價最高者。線上支付系統 PayPal 成為銀行和賣家間的媒介。這代表當你準備扔掉一本舊書或一臺相機時，世界任何地方的任何人只要擁有一個銀行或信用卡帳號，就可以出價購買。

我能輕鬆地購到一個 iPod——由產自多國的部件組裝而成，並在不到四十八小時裡就由聯邦快遞送到我在紐哈芬的家門——這不過是個小小的例子，說明全球市場經歷千萬年的演進已經發展到了何等高度。正如社會學者馬丁・肯尼（Martin Kenney）所言，我們今天購買的大多數人工產品，都是「一場構思精妙、動盪曲折、千迴百轉的跨國冒險之行的成果」。[95]同時，一個萬無一失的跨國支付和結帳系統出現（我能用自己的信用卡為 iPod 買單就是拜它之賜），也使從羅馬時代到不列顛、荷蘭東印度公司時代之間一直影響商人的障礙消彌於無形。當人們送出我新買的貨物時，也再不用跑去尋找一位舵手、一位荷蘭福祿特帆船的船東，或是等待季風的來臨；而我要拿到遠在千萬里之外製造的產品，也不再須要借助這些東西。這是因為我有一臺個人電腦、網路連線和一張信用卡，接下來，我就可以坐等一輛負責免費遞送的聯邦快遞白色貨車開到我的家門口。

03 The World Inside 內建全世界

「凡屬人類創造之物，無論源自何處，一經吾人理解與欣賞，俱與吾人融合為一。」

——泰戈爾致安德魯斯書，一九二七年三月十三日

自從約一百五十年前西雅圖建城以來，這座翡翠城（Emerald City）①的街頭還未曾發生過如同一九九九年十一月那樣的暴亂場面。自從位於太平洋深藍海水之濱的這座城市獲選為WTO第一次峰會舉辦地的那一刻起，會議籌備人員就知道會出事。自那一刻起，從工會成員到學生，從農業保護主義者到環境保護主義者，世界各地形形色色的抗議者就準備聚集到西雅圖，發起一場抵抗全球化的活動。他們想讓驕傲的會議東道主——柯林頓政府——明白，以自由貿易推動的全球化會傷害世人。毫不留情地向發展中國家施壓、要求其開放市場——這除了讓資金雄厚的跨國公司得益外，別無其他好處。已開發國家的工人會失去工作，這些工作最終都流到了中國、印

尼等國家的血汗工廠裡；在公司利潤的推動下，世界上的雨林正在消失；貪得無饜的公司在海洋中捕撈各種生物，使海龜瀕臨滅絕。還有什麼地方比西雅圖更適合展示抗議者的憤怒？這裡是美國幾家最龐大的全球公司的總部，包括波音、微軟和星巴克。

西雅圖當局和聯邦政府官員理解到，抗議人士正在籌劃一場五萬人的「反全球化大動員」，準備「封鎖海城」(Shut Down Sea-Town)①。於是官方集中了數千名執法人員，以防止抗議人士衝進世界各國領導人和WTO官員即將開會的大廳，但他們萬萬沒有想到峰會開始前夜會面對的情景。

當時發生的騷亂讓西雅圖陷於癱瘓，會議被迫取消。但這場混亂中最令人記憶深刻的場景，並不是發生在華盛頓州立會議與貿易中心(Washington State Convention and Trade Center)的入口。打扮得如同《星際大戰》裡黑武士一般的員警早已用催淚彈和辣椒噴霧清了場。那個場景發生在西雅圖的商業區，無數的電視觀眾都在螢幕上看到了下面這一幕：一名年輕人撿起一隻垃圾罐，用力扔在星巴克咖啡屋的玻璃門上，一位路過的老婦責罵他：「住手。別讓我們的國家和城市丟臉。」「這叫自衛！」那位抗議者吼回去。老婦則詫異地喊：「你要對抗什麼來自衛？對抗窗子嗎？」

① 【編註】西雅圖的別稱。由於西雅圖周圍地區仍保有大片綠地，一九八一年時，西雅圖觀光局(Convention and Visitors Bureau)舉辦活動票選西雅圖別名，一九八二年出爐的結果就是翡翠城。

在西雅圖變成戰場的那一天，全國的電視臺在黃金時段播放了這起肆意破壞的行為，讓成千上萬嚴肅批評全球化的人士大感尷尬。儘管如此，這起導致WTO會議被迫取消的大規模抗議活動，也使全世界注意到全球化的一些影響——也就是示威者認為難以忍受的不公現象。「全球交流」（Global Exchange）等參加西雅圖抗議活動的組織，曾經力勸星巴克和其他大型咖啡批發商以公平貿易應有的價格向小生產者購買咖啡，但未能如願。他們建議的公平貿易價格是每磅一點五美元，但這些公司實際收購的咖啡豆是每磅五十美分。抗議人士認為，大公司藉此得到骯髒的利潤，卻讓小生產者陷於貧困的深淵。

WTO西雅圖峰會留給人們的記憶，就是星巴克咖啡店和其他跨國公司商店遭受的破壞。但是，參與示威活動的抗議者來自各行各業，有工人、農民、學生和自由職業者，他們帶著各種各樣的不滿。既有來自鋼鐵廠、紡織工廠等企業的美國工人抗議低成本生產者的「傾銷」，也有環境和人權組織前來反對污染行為和外國工人遭到的剝削，例如亞洲和拉美咖啡種植者的遭遇。

事實上，西雅圖的抗議活動突顯了全球化的雙面特質。數百年來，日用品的長距離貿易將世界緊緊地綁在一起。一個地方種植的棉花在另一個地方紡織成衣；肯亞咖啡豆採摘者汗流浹背地勞動，為紐約和倫敦的咖啡零售商創造了豐厚的利潤。同情收入微薄的工人和窮鄉僻壤的小生產者是人之常情，這也進一步拉近了世界的距離。偏遠島嶼上咖啡種植者的不幸，也會讓他人心有戚戚焉；把美國的工作機會「偷竊」到發展中國家「血汗工廠」的公司，也會激發人們的怒火。美國紡織業最大的工會UNITE也傾盡全力投入了在西雅圖的活動，抗議WTO引發工作外流。當然，有了通訊革命，西雅圖騷動的鮮活畫面才會顯示在世界各地無數的電視螢幕上；全世界都因此認識了反全球化運動的聲勢，而這場運動本身卻又是全球化的產物。在本章中，我們將細查一些日常使用的東西，例如穿的衣服、喝的咖啡，以及無所不在、推動資訊時代的微晶片，是如何在數千年的貿易交流、軍事征服和地理探險等導致世界聯繫日益緊密的過程中成長起來。隨著棉花、咖啡和微晶片的擴展，世界的相互依賴和相互聯繫也增加了。今天，人們在西雅圖抗議美國棉紡織業工作的流失；十七世紀，憤怒和絕望的不列顛紡織工人襲擊東印度公司的辦公室；十八世紀，工業革命和不列顛實施的關稅導致許多印度紡織工人無以為繼，在沉默中死去。這些事件從各方面來看都存在著連續性。無獨有偶，隨著咖啡從原產地「非洲之角」向外傳播，這種黑色佳釀不僅給飲用者帶來激情，也點燃了批評者的怒火——從伊斯蘭教的教法權威、基督教的牧師、蘇丹，一直到對丈夫整日流連咖啡館、不入家門深惡痛絕的家庭主婦皆然。當然，他們各自憤怒的原因，與那些在西雅圖肆意襲擊星巴克連鎖店的野蠻分子並不相同。但在十六世紀時，奧斯曼衛隊洗劫伊斯坦堡咖啡店的舉動，並沒有像西雅圖的抗議活動那樣，通過衛星電視和網路為全球大眾所知悉。西雅圖的反全球化抗議後來之所以能成為一種世界性現象，微晶片這種存在於任何電子用品裡的小小矽片，也是罪魁禍首之一。但微晶片本身也是數千年來人類探索活動和世界交流的產物，兩位美國人發明的微晶片，其實是一種「全球製造」。我們將要看到，諸如棉花、咖啡、微晶片這樣的日常用品，無不蘊藏著一段歷史，講述全球化的推動者如何促進了世界的相互聯結。借用無所不在的英特爾公司標誌上的口號「內建英特爾」（Intel Inside），我們也可以說，棉花、咖啡和微晶片通通「內建全世界」。

棉花比金錢好用

我們的祖先嘗試過用動物毛皮、樹皮、編織的野草和各種植物纖維來遮蔽身體，但最終棉花脫穎而出。植物學家認為，棉花屬植物是在舊大陸和新大陸各自獨立發展起來的——而今，棉花已提供幾乎所有我們生活所用的紡織品，從襯衫到鞋帶都是。但直到哥倫布遠航之前，我們現在所用的這種棉花都未曾見於北美之外的地方。此後它傳遍全球，現在佔世界棉花產量的百分之九十。但在舊大陸人類歷史的頭四千年裡，棉花也是一種有價值的商品，主要與印度和埃及有關。

西元前二三〇〇年至西元前一七六〇年間，印度次大陸上印度河河谷的人類將野生棉花轉為人工種植（cotton 這個字源於阿拉伯語的 *qoton*）。附近的居民很快發現，印度人擁有編織棉布和不褪色印染的技術，於是開始派出船隊和駱駝商隊，以金銀和寶石購買棉布。在西元一世紀季風發現後，除了商隊貿易外，遠洋船舶也加入了與印度做貿易的行列。

儘管中國人在西元前一世紀時已經認識了幾種棉花，但在中國，滿足大眾需要的傳統紡織產業仍以麻纖維為基礎。直到西元十世紀，通過東南亞從印度傳來的棉花才在中國成為一種重要的經濟作物。[2]在中國，大規模的棉布生產始於十四至十五世紀，棉花種植也從黃河流域傳入了朝鮮和日本。[3]儘管如此，在中國皇室上層中使用的絲綢仍然是中國的主要出口產品。相反的，印度人開發出了一些技術來生產適於出口的棉織品，如不褪色的植物性染料，或是用木版來製作印花花紋等。他們還學會了軋棉（將種籽從棉纖維清理出去）、編織棉線，以及用竹子、木材製作手搖紡織機來編織棉布的技術。不過，在棉纖維得到使用和基本的技術傳播開來後，又有其他力量參與進來，進一步發展了棉業。印度的手紡車因為在反殖民抗爭期間被甘地推崇為印度自力更生的象徵而甚為有名，但有人指出，手紡車可能是在十三世紀時由波斯傳入的，印地語的手紡車（*Charkha*）一詞便源自波斯語。[4]

與棉花的種植一樣，棉紡織技術也是從印度傳出去的。研究中國科技史的伊懋可（Mark Elvin）寫道：「軋棉機迅速隨著棉花一塊傳入中國——可能是來自印度，但中國人旋即發明了多紡錘、以腳踏板驅動的手紡車。」[5]到宋朝時，棉織技術已有相當發展，中國船隻已在使用結實的布帆。[6]十七、十八世紀時，棉織業興起為中國規模最大的產業。成千上萬的農戶每日從市場上購買棉花原料加以紡織，換取日常所需的現金，這些現金通常則用於繳稅。

早在西元六〇〇年，棉就從印度傳到了伊拉克，從那裡又傳播到敘利亞、賽普勒斯、西西里島、突尼斯、摩洛哥和西班牙，最終傳入埃及。[7]到十世紀時，阿拉伯人將棉花種植傳到更西方的葡萄牙。儘管棉花已經在西元第一個千年期間傳到廣闊的地域，人們織布的目的主要仍是用於家庭消費，或者取得輔助性的現金收入。高品質的棉布仍然仰賴進口。當伊斯蘭信徒前往麥加朝覲時，吉達（Jidda）和麥加會舉辦一年一度的大型布市，那裡出售的紡織品多半仍產自埃及和印度。[8]直到工業革命之前，印度生產的紡織品一直是世界最大宗的製造業出口產品。一七〇〇年，印度之所以能佔據世界國內生產總值總量將近百分之二十五，主要就是依靠棉紡織品的推動，後來這頂王冠就轉到了中國頭上。但紡織品進口市場仍一直近乎為印度所壟斷，直到二十世紀，隨著中國可以利用豐富的勞動力在紡織廠裡生產大量的棉布，局面才發生改變。

儘管從古羅馬時代以來，印度的棉紡織品在紅海、阿拉伯海和印度洋的貿易中就是令人垂涎的貨物，但歐洲人要到達伽馬於一四九八年開闢通往亞洲的航運貿易路線後，才發現了印度棉花的價值。可就連在當時，葡萄牙人也是對孟加拉產的精緻繡花棉被更感興趣，而不是想用棉花來製衣。葡萄牙的亨利國王②送給摩洛哥蘇丹的禮物中，就有「孟加拉的繡花床單」。[9]但前往亞洲購買香料的荷蘭人和不列顛人，很快就意識到可以用印度的棉紡織品來交換香料。荷蘭人還把印度的靛染藍色格子布出口到非洲，以購買奴隸並送往新世界。當時奴隸所穿的藍色印度棉布，後來得名為「哀傷之布」（cloth of sorrow）。[10]

數百年來，全身都包裹在亞麻布和羊毛衣之內的歐洲人（穿絲綢的富人除外），終究還是發現了棉布的價值。經久不褪的光亮色澤，利於漂洗又輕便的印花棉布風行開來。印度的棉製造業也隨之繁榮，但是其紡織技術基本上仍沿襲數百年來的做法，其繁榮不過是在需求的推動下，有愈來愈多的工人投入到了種棉和織布之中。一定程度的專業化出現了，但僅限於織物的種類和款式。在古加拉特邦和烏木海岸（Coromandel Coast），不乏有整個村莊都專門從事紡織品生產的情況。買方向工人提供原料並墊付現金，使之在規定的時間裡提供一定數量的布匹。農家裡一架架手紡車上紡好的棉花，則由閹牛拉的大車商隊運往沿海城鎮和港口的工廠，經過成百上千的手搖紡織車的紡織，製成的紡織品再繼續出口到歐洲。印度布除了品質優良之外，最大的吸引力在於其鮮豔的色彩和圖案。印度人已經掌握了製造光亮的、不因漂洗而褪色的植物性染料工藝。看到需求的節節攀升，印度生產者很快就適應了歐洲人和亞洲人對圖案與色彩的口味。[11]印尼、奈及利亞等地的外國買家會按當地流行的圖形和格調提供範本，再由商人拿給印度鄉村裡的織工，讓他們在下一季時交貨。[12]

脫下異教徒的衣服

由歐洲衣商提供羊毛，再由僱傭印度農民加工和編織——印度發展起來的這種生產體系已有資本主義雛形，也與歐洲發展起來的「外包」制度甚為相似，而且印度的生產體系還可隨著需求的增長而成比例擴大。由於對印度紡織品的需求非常大，不列顛出現了經常性的貿易赤字，這跟大約一千七百年前，羅馬歷史學者普林尼抱怨的情況相當類似。[13]一七一〇年至一七五九年間，東印度公司進口的貨物主要為棉製品，價值為九百萬英鎊，卻花費了價值兩千六百萬鎊的金條和銀條。[14]一六九五年拜訪印度的義大利旅行家格梅里．卡勒里（Gemelli Careri）表示，世界上流通的所有金銀最終都會在蒙兀兒帝國（Mogul Empire）停下腳步。十六世紀時，新大陸流出的金銀估計有一點七萬噸，其中有六千噸最終都因為用來支付歐洲所進口的貨物而留在了印度。[15]在十八世紀早期貿易的鼎盛時期，印度每年向世界出口的細布與粗布總長度為三千萬呎。[16]印度人對紡織業的主宰激起不列顛絲織工和毛織工的警覺。在羅馬時代，人們常援引道德理由來主張禁止絲綢的進口，例如認為女士穿著纖薄而又性感的衣物是傷風敗俗的。幾百年後，有些不列顛人同樣發現，要禁止棉布的輸入，宗教虔誠也是個不錯的理由。在《英格蘭得自外貿的財富》（*England Treasure by Forraign Trade*, 1664）一書中，作家湯馬斯．慕恩（Thomas Mun）勸誡虔誠的基督徒不要穿異教徒製作的棉布。[17]抗議活動和工人的暴動最終使不列顛在一七〇一年實施了《棉織品法》（Calico Act），對進口及穿著印度紡織品的行為施加部分限制。但抗議活動並未平息。在抵制印

② 指葡萄牙國王恩里克（Henrique, 1512-1580）。他本非王位繼承人，而是樞機主教，在他的姪子、葡萄牙國王塞巴斯提安（Sebastião）戰死後還俗擔任國王。

度棉布蔓延的風潮中，斯皮塔弗德（Spitalfields）是中心點之一。許多胡格諾派信徒（Huguenot）為躲避法國迫害新教徒的風潮而流落至此，他們已經在當地從事絲織生產。有段史料是這麼寫的：

> 印度印花棉布與亞麻布穿著日漸流行，實為一七一九年嚴重騷亂起因。六月十三日，約四千名斯皮塔弗德紡織工糾合一處，於本市大街上橫衝直撞，凡身著印度印花棉布或亞麻布的女性被他們看見，無不遭遇墨水、硝酸等液體的強行淋灑。後市長大人獲民兵團協助，鎮壓暴亂者。其中兩人為擲彈騎兵所獲，旋因於王室內務法庭監獄（Marshalsea Prison）。然衛兵一旦離去，暴民又重新集結。織工一旦遇有身著印花棉布大衣者，即予以強行撕裂。[18]

一七二一年，不列顛通過第二道《棉織品法》，禁止所有種類的棉紡織品，但卻只是刺激了走私的猖獗。很明顯，要對付印度印花棉布風行國內的情況，最好的辦法是開始在本地生產同樣的產品，但人們後來發現有實行上的困難。因為歐洲人的工資比印度人高六倍，歐洲製造的棉布無法與進口自印度的棉布競爭。為降低勞工需求而尋找新技術的努力，引發了一連串的發明，最後在一七七一年，一座水力棉紡工廠在克羅姆弗德（Cromford）開工，工業革命時代於焉降臨。柴郡（Cheshire）因為擁有「黑暗邪惡的紡織廠」，成為新的工業時代象徵，而銷售重鎮曼徹斯特也成為了「『棉都』，第一座全球性工業城市，而它所代表的那個工業體系，其觸角已經遍布了世界各地」。[19] 工廠主仍然得僱用許多工人來操作機器，但隨著生產速度和規模的提高，印度此前一直享有的廉價勞動力優勢一去不復返了。在短短的十四年間（一八一四年至一八二八年），印度對不列顛的棉布匹出口下降了三分之二，而在關稅政策的支持下，不列顛對印度出口的量產紡織品增長了五倍多。[20]印度民眾的衣服開始從外國進口，這是印度史上前所未有之事。一向從事紡織業的數萬個印度村莊失去了生活來源。如同一八三五年印度總督威廉・本廷克（William Bentinck）在一份秘密報告中所寫的：「在商業史上，如此的慘景實在是曠世罕見。棉織工人的骸骨鋪滿了印度平原。」[21]

棉花王和他的奴隸

工業革命對美國棉農的影響正好相反，因為他們根本就沒有能力向不列顛紡織廠供應足夠多的棉花。手工從原棉纖維中紮除棉籽的工作費時費力，限制了可用於出口的棉花數量。一七九三年春天，在喬治亞州的一個棉花種植園，一位耶魯大學畢業生在度假時的偶然發明解決了這個問題。伊萊・惠特尼（Eli Whitney）發明的手動軋棉機，代表一個工人每天便能生產五十磅棉絨。在伊萊・惠特尼發明後的第二年，加快的工作流程使美國棉花出口劇增了九倍。其後的二十年間，棉花出口從一百六十萬磅增加到三千五百萬磅。軋棉機促使對棉花的需求不斷增長，這使棉花成為顯學。棉花的種植不斷擴大，最後幾乎徹底擠走了其他作物。非洲奴隸的人數也因此增多了，其中有個重要的原因是——女奴現在更受歡迎，據說她們手更巧，更適合採摘棉花。一八〇〇年至一八一〇年間，美國的奴隸人數增長了三分之一，其後的十年間又增長了三分之一。性別比例的變化使美國成為西半球奴隸人口最多的國家。[22]當數十年後要求廢奴的呼聲高漲時，一位堅定的奴隸制支持者、參議員詹姆斯・H・哈蒙德（James H. Hammond）於一八五八年三月四日在美國參議院發表了一段著名的言辭：「你們沒有膽量對棉花開戰！世界上沒有什麼力量敢對棉花開戰。棉花就是國王！」

這位參議員說錯了一件事：不久之後，美國內戰確實結束了奴隸制。但戰爭導致的棉花短缺又推動了「棉花王」向全球其他地方進軍。紡織工廠主轉而尋找其他棉花來源，這使印度棉花又有了市場，也使美國「陸地棉」（Upland Cotton）傳到了埃及和巴西。美國內戰成為埃及歷史上的標誌性事件，因為在戰爭期間，下埃及百分之四十的豐饒土地都改種了棉花。但在內戰結束後，隨著棉花價格的下跌，原本漁翁得利的新種植者很快就陷入悲慘境地，根據估計，在巴西等地，由於自然災害加上棉價危機，總共導致五十萬人死於饑餓或疾病。儘管歷史學者對於「世界市場價格的下降對種植者造成了多大影響」仍有爭議，但研究棉業的歷史學者斯文．貝克特（Sven Beckert）指出：「我們至少可以說，世界市場的統一加劇了世界偏僻角落居民所面臨的經濟不穩定性。他們的收入，甚至是他們的生存，都開始與全球價格的波動聯繫在一起，但他們對於這樣的波動卻幾乎毫無控制能力。」[23]出現於西雅圖的抗議者表明，在一百五十年後，棉花的全球化對美國的影響又發生了何種變化：現在美國的棉農坐在家裡領取豐厚的政府津貼，而美國紡織工卻走上街頭，抗議進口對他們工作的威脅，但卻沒有西非馬利的抗議者來到西雅圖，對得到高額補貼的美國棉花出口提出反對。

這些傳統種植者的故事已經過去，最初由歐洲殖民統治者帶去的棉花，今天已經成為非洲國家主要的經濟作物之一。在西非和中非的一些國家，棉花出口貢獻了約百分之三十的出口收入，當地約有一千萬農民仰賴種棉為生。我們將會看到，美國棉花補貼威脅了他們的生計，後來導致了反全球化情緒的高漲，甚至達到足以破壞貿易談判的程度。在回到棉花種植者的故事之前，讓我們先來看看，棉花推動的工業革命是如何將世界連接起來的。

美國棉花生產的增長也預示著不列顛紡織業霸權衰落的開始。十八世紀末，阿克萊特（Arkwright）水力紡織廠的學徒薩繆爾·斯萊特（Samuel Slater）無視不列顛政府禁止技術出口的命令，把該廠的技術細節默記於心，然後渡海來到美國。一七九三年，斯萊特在羅德島州的波塔基特（Pawtucket）成功修建了美國第一座棉紡廠。由於有豐富的棉花供應、一系列的新發明以及傑出的管理技術，美國很快就拿下了世界紡織品製造業的桂冠。在棉布生產實現機械化後，裁縫業和製衣業也完成了機械化。一七五五年，不列顛政府第一次將專利授予一種可用於機械縫紉的針頭。但直到一百年後，美國企業家以撒·辛格（Isaac Singer）才首次將縫紉機商業化。他使用的科技是由埃利亞斯·浩威（Elias Howe）所研發，後者已於一八四六年申請專利。之前還有一位法國人想為縫紉機申請專利，但卻遭遇了麻煩。其發明者法國裁縫巴特勒米·迪莫尼耶（Barthélemy Thimonnier）險些被一群憤怒的暴民殺害。這些暴民也都是裁縫，因為害怕失去自己的工作，縱火焚燒了巴特勒米·迪莫尼耶的製衣廠。[24]火災使迪莫尼耶一貧如洗，而美國的發明家卻平步青雲，辛格和浩威都成為了百萬富翁。到十九世紀中期，成衣業也隨著水手制服的製造開始起步了。[25]

美國從使用水力、煤炭等自然能源逐漸發展到使用更高效的加工能源——即內燃機和電力——結果是紡紗、織布等工作製程大大加速，但服飾製造業使用的技術基本上沒有改變。採用手搖柄和腳踏板的縫紉機雖然被擁有多種縫紉功能的電動縫紉機取代，但單件衣物仍須手工縫製。服裝製造業也因此成為現代經濟中僱工人數最多的產業之一，這絲毫不足為奇。新興經濟體獲得機會，得以成為世界產業鏈的一環，投入從紡紗到縫製紐扣的不同生產環節。二〇〇〇年，中國紡織和服裝業的就業人口是六百萬人，印度以一百五十萬人排名第二，美國以八十萬人排名第三。[26]

為了尋求更廉價的勞動力，美國紡織業一直在向「南」轉移——從新英格蘭到北卡羅來納，再到加勒比海地區，最後越過太平洋來到饑餓的新興經濟國家。紡織工人的工資高低不同，從美國的每小時十美元到中國和越南的二十美分。工資縱使如此低廉，但也為中國或泰國的極端貧困農村人口開闢了新天地。但西方的人權和勞工組織以及西雅圖的示威者仍然指責說，公司路線的全球化正在把「血汗工廠」的產品擺上美國商場的貨架。

供應鏈和血汗工廠

從二十世紀六〇年代以來，紡織品生產和成衣製造業的工作的確不斷流向中國、印度、孟加拉、斯里蘭卡等發展中國家。從二十世紀七〇年代早期到九〇年代中期，發展中國家佔世界服裝出口的比例成長了一倍，從百分之三十增加到百分之六十。[27]一九七四年，為了保護已開發國家的成衣業免遭低工資國家的競爭，各國制定了《多種纖維協定》（Multi Fibre Arrangement, MFA），為五十多個國家規定了一套複雜的配額體系，其成果在於限制傳統出口大國，讓較小的國家得以進入全球市場——這也不經意間促進了全球經濟成長。配額體系迫使服裝生產商將其供貨來源多樣化，催生出一個更大、更為複雜的全球供應鏈。總部設於香港的利豐公司是「分散製造」領域的先驅之一。比方說，這家公司會從韓國購紗，在臺灣機織和印染，接著運往擁有所需配額的任何國家（無論是斯里蘭卡、柬埔寨還是菲律賓）去縫製衣服，最後配上一家日本公司製造的拉鍊。做好的長褲上可能標有「柬埔寨製造」的標籤，但卻稱得上是一件全球性產品。[28]配額體系的另一個效果是，由於各國分擔了紡織品供應鏈上的不同製成，產品收益也得以分散到許多國家。截至二〇〇四年底，價值三千五百億美元的服裝貿易已觸及世界各地約四千萬人口，大都是發展中國家居民。孟加拉曾以出產世界上最精緻的平紋細布而聞名，但若無配額體系，這些國家就有被世界市場排擠之虞。不過拜配額體系之賜，孟加拉的服裝出口佔總出口的配額，從一九八三年至一九八四年大約百分之四，提升到一九九九年至二〇〇〇年的大約百分之七十六。其服裝出口為一百五十萬工人創造了工作機會，且大多為女性。

這不是說配額體系沒有嚴重的問題。在此體系裡，產地標籤成為主要商品，也讓敢於冒險的出口商得以施展無數詭計。太平洋上的一個小島美屬薩摩亞，就因為能夠標記價值不菲的「美國製造」標籤，成為紡織品出口商的聚集地。其中之一大宇薩公司（Daewoosa）就使用廉價勞力，為傑西潘尼（J. C. Penney）、西爾斯（Sears）、MV Sport 等公司縫製服裝。後來，有些越南女工逃離該工廠，講出了她們的故事後，種種涉及體罰工人、拖欠工資、居住條件與飲食惡劣不堪的情狀方才大白於天下。[29]世界銀行和國際貨幣基金組織（International Monetary Fund，IMF）的經濟學家估計，對紡織品和服裝貿易設置的壁壘已經使發展中國家損失了四百億美元的出口收入和兩千七百萬個工作機會——相當於為富國的每一個工人保全了三十五個工作機會。

不過，二〇〇五年一月配額體系的終結，不僅使受到保護的已開發國家工人遭遇威脅，也使窮國通過「配額規避」獲得的小小收益煙消雲散。中國巨大的紡織品生產能力早就超過了那點微不足道的配額，這迫使中國出口商轉到其他留有配額的國家開展業務。隨著配額體系的終結，成百上千的現代紡織廠在中國拔地而起，以利用中國廉價的勞動力、不斷提高的技術以及世界一流的交通與通訊基礎設施。有些人擔心，中國可能從目前約為百分之十至十五的基本盤出發，最終搶走多達百分之五十的美國市場。印度也是長期為配額體系所掣肘，隨著配額終結，印度在世界紡織品市場上的份額也可望從二〇〇二年的百分之四提升到百分之十七。[30]其他國家擔心，世界進口商通通轉向中國，將會導致其國內成千上萬的工人失業。一項令人擔憂的預測認為，全世界可能會有約三千萬份工作受到威脅。[31]

不過，配額體系的終結也預言了消費品價格的降低。之前因為進口遭到配額的限制，消費者被迫支付較高的價格。正如《金融時報》(*Financial Times*)所報導：「這對美國消費者每年造成的損失估計為七百億美元，由於低收入戶穿衣花費佔收入的份額較高，貧困的家庭因而受到最大的影響。據估計，配額為美國產業保住的每一個工作崗位，平均會給消費者帶來十七萬美元的損失。」[32]也許美國納稅人情願支付這筆成本來保住美國僅存的二點五萬個服裝工人的工作。無論如何，那些前往西雅圖抗議的工人可絲毫不願理會這樣的說法。儘管配額終結給窮國的影響並未如所預估的那麼嚴重，但從二〇〇五年一月開始，中國向美歐出口大幅增加，使當地的產業界和勞工界再次發出抗議的悲鳴。美國和歐盟利用WTO的一項保護條款，得以在三年內限制中國的出口。全球化的進軍腳步暫停下來，西雅圖抗議者的不滿再次得到紓解。但根據美國農業部一位分析師的預測，如果美國紡織品和服裝產業當前的工作機會流失速度繼續下去，到了二〇一四年，美國紡織業就會消失。[33]

癲狂的山羊

對於在西雅圖向星巴克店扔垃圾的示威者而言，六年之後的一則新聞可能會讓他們高興不已——這個令人憎惡的連鎖店無法將它的觸角伸到咖啡的故鄉衣索比亞。阿迪斯阿貝巴（Addis Ababa）倒是新開了一家仿冒星巴克裝飾風格的咖啡館，員工穿著星巴克式的綠圍裙，但其拿鐵咖啡的價格只有星巴克在國際上一般價格的五分之一。[34]這間咖啡店名叫卡爾迪（Kaldi），以紀念一位傳說中的牧羊人，據說是他在一種不知名的紅色豆子裡發現了咖啡因的力量。其實，咖啡在走出衣索比亞的丘陵、遊歷世界的過程中曾經有過許多種形象，飽受惡評的全球化象徵星巴克，只不過是其中最新的一個。

儘管咖啡樹的學名「小果咖啡」（Coffea arabica，亦稱阿拉比卡種）會讓人產生誤會，但咖啡這種灌木最初其實是生長在衣索比亞的丘陵地區，直到十五世紀時葉門開始人工種植時，咖啡才廣為人知。根據傳說，衣索比亞西南部卡法（kaffa）省的牧羊人卡爾迪在很久以前發現了咖啡。一天午後，當卡爾迪去趕他的山羊群時，卻發現羊兒都處於異常興奮的狀態，四處跳躍，以頭相撞，不願歸圈。卡爾迪嚐了一口山羊吃的紅色漿果，就知道為什麼了。這種漿果入口之後，一種歡快的感覺就從舌尖傳遍全身。[35]有些學者認為，咖啡這個名字來自於發現咖啡的卡法省之名。[36]也有人說那個牧羊人是在其他地方發現咖啡豆。美國作家海因里希．愛德華多．雅各（Heinrich Eduard Jacob）在《咖啡：一件商品的史詩》（*Coffee: The Epic of a Commodity*）中講了另一個版本的山羊故事——咖啡的發現和葉門的伊斯蘭教有關。葉門沙赫迪修院（Shehodet Monastery）的伊瑪目

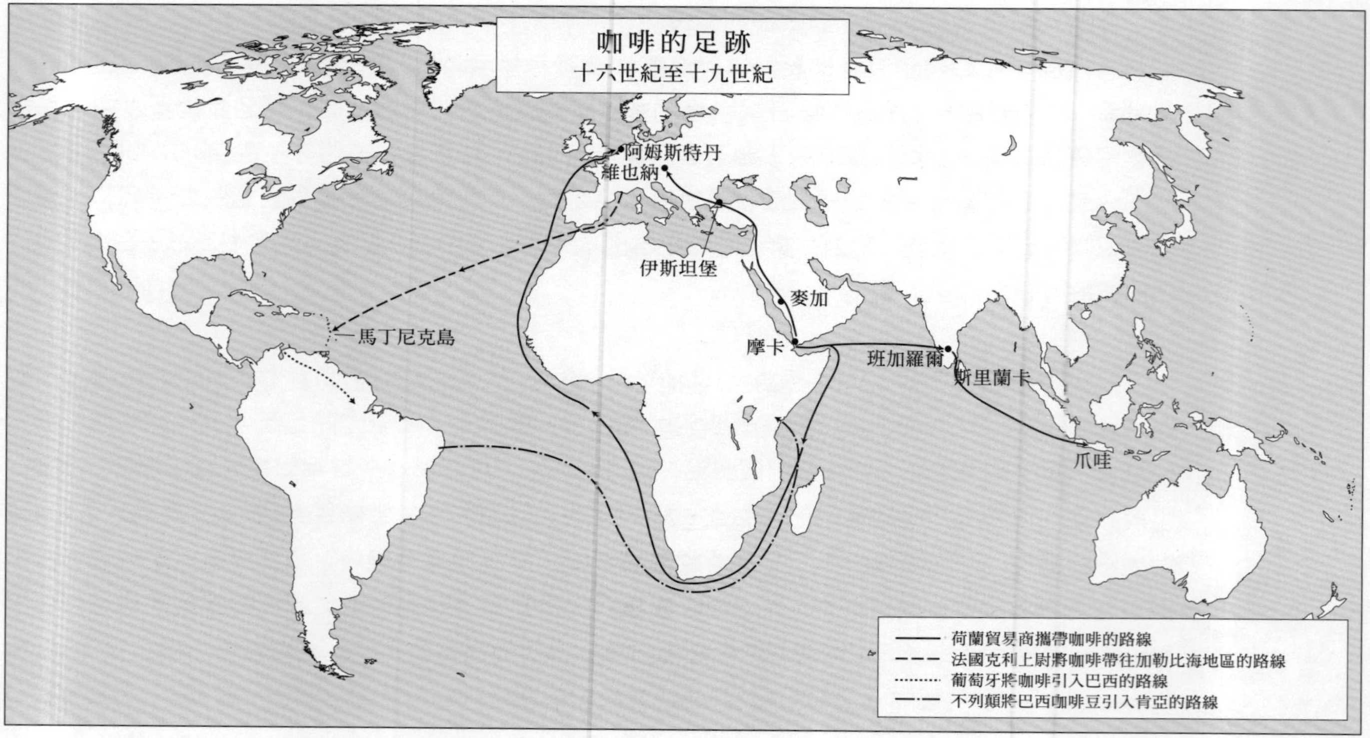
咖啡的足跡
十六世紀至十九世紀
阿姆斯特丹
維也納
伊斯坦堡
麥加
摩卡
班加羅爾
斯里蘭卡
爪哇
馬丁尼克島
荷蘭貿易商攜帶咖啡的路線
法國克利上尉將咖啡帶往加勒比海地區的路線
葡萄牙將咖啡引入巴西的路線
不列顛將巴西咖啡豆引入肯亞的路線

（imam）③前去調查牧羊人所陳述的山羊的奇怪行為。牧羊人說奇怪的漿果「蠱惑」了山羊，伊瑪目便烘烤了漿果果仁，然後泡在熱水中飲用。雅各寫道：「頃刻間，沙赫迪修院的伊瑪目似乎中了魔咒。他進入一種陶醉狀態，這樣的陶醉是他的族人之前從未經歷過的。作為一位虔敬的穆斯林，伊瑪目從未有過醉酒的經驗……現在……儘管他幾乎已經全身麻木，但他的意識卻處於異常活躍、快樂和興奮的狀態中。他的思考已經不僅僅是思考，而是變成堅實可見的形象了。」很快，伊瑪目就將這種黑色的苦味飲料給予午夜禱告前的虔誠蘇非派信徒（Sufis）飲用。[37]遠航葉門購買咖啡的法國商人尚·德拉侯克也講述了人們在漫漫長夜的祈禱前飲用咖啡的儀式：「咖啡盛於一個紅色的陶罐中，由伊瑪目親自將咖啡倒入他們（苦修僧）的杯中，他們則從教長手中極盡謙恭地領受。」[38]

他們心懷感激，將咖啡稱為「k'hawah」——振奮精神的飲品。[39]這種黑色飲料似乎使蘇非派信徒想起了葡萄酒，於是就用阿拉伯語中的「葡萄酒」一詞來稱呼它。土耳其人稱之為「*qahveh*」，而這個詞最終的發音變成了「*kauve*」或「*cauve*」。從這兩個發音中又演進出了法語裡的「*café*」和英語裡的「*coffee*」。不到六百年的時間裡，這種用於祈禱時的提神飲品就發展成為一項價值數十億美元的產業，為五十個國家的兩千萬個家庭提供工作，使億萬人體驗到濃郁與興奮的感覺。光是一九七一年成立的星巴克一家公司，便在二〇〇六年經營或授權三十多個國家裡的一萬多間咖啡店。在一些美國大學校園裡，星巴克公司就把咖啡廳建在緊靠圖書館的地方，幫助學生在埋頭苦讀之際保持清醒——恰似當年葉門沙赫迪修院的苦修僧們。

③【譯註】指在清真寺主持禮拜的穆斯林。

發現咖啡的準確時間雖然已不可考，但可以確定的是，到十三世紀時，名為「*kaveh kanes*」的阿拉伯咖啡館就已經很流行了——連在聖城麥加也不例外。但也許是「伊斯蘭酒」這個名稱給咖啡帶來了麻煩，一位滿懷宗教熱情的年輕總督便以咖啡對社會產生邪惡影響為由，關閉了所有咖啡館。嗜飲咖啡的人於是奏樂喧嘩直到深夜，甚至在遭勒令禁飲時掀起騷亂。雅各寫道：「據記載，有許多婦女嫉妒讓丈夫拋棄了自己的咖啡，當丈夫沉迷於快樂逍遙的長夜之飲時，就不再想與妻同枕共眠。」[40]但慣飲咖啡的開羅蘇丹卻勸他的下屬麥加總督收回成命。畢竟咖啡為虔誠的穆斯林所喜愛，因為「在漫漫長夜的潛心禱告中，咖啡能使人保持必要的清醒」。[41]咖啡的敵人在麥加失敗了，這個消息由回鄉的朝聖者帶到了伊斯蘭世界的每一個角落。[42]據記載，一位伊斯蘭教的聖者說過這樣的話：「體內留有Kahwa（咖啡）而死的人將不會墮入地獄之火。」另一則對信眾的訓言則是：「只要正心誠意、胸懷宗教熱忱，飲用咖啡就能引導人欣賞不露山水的奧秘。」[43]

飲用咖啡之風傳遍伊斯蘭世界，而咖啡在奧斯曼帝國的成功，更是使它在歐洲人心目中的形象永遠與東方的奢華與奧妙聯繫在一起。儘管咖啡是一種刺激性飲料，但卻不像伊斯蘭信仰禁飲的酒那樣，不會對社會帶來負面影響。咖啡豆運輸方便、經久不壞。更重要的是，咖啡提供了一種全天候的社交機會，這是其他東西所不能提供的。但由於咖啡的名稱令人聯想起酒，而且與伊斯蘭教也有關係，這往往導致咖啡和基督教、伊斯蘭教的宗教當局之間產生齟齬。

撒旦的美酒

咖啡的全球之旅，始於十六世紀奧斯曼帝國對葉門的征服行動，這使帝國開始接觸這種新飲品。一五五四年，一位來自阿勒頗（Aleppo）的商人與另一位大馬士革商人合夥開了伊斯坦堡的第一家咖啡館。喝咖啡的風氣很快就以燎原之勢風靡起來。很快，有閑的紳士、想要消愁解悶的男子、教授和詩人都齊聚咖啡屋。他們在那裡讀書、玩雙陸棋（backgammon）、朗誦詩歌，但拜謁清真寺的次數就少了。人們半開玩笑地稱他們為知識學派（*mekteb-i-irfan*）。拉爾夫·哈托克斯（Ralph Hattox）在他所寫的咖啡史中說道——咖啡館不僅提供了娛樂，也向穆斯林社會注入了一些全新的東西。咖啡館使任何人都有機會在任何時間「走出家門」，創造了一些之前不可能的新的社會習慣。[44]飲用咖啡的習慣在帝國前往征服歐洲之後，又傳播到了世界各地的許多社會中。

義大利人對這種苦味飲料的癡迷，造成虔誠基督徒的憂慮。一五九二年，由於教士們對基督徒愈來愈嗜飲「伊斯蘭酒」的情況各執一詞，遂請求教皇克雷芒八世（Pope Clement VIII）排解爭端。未等做出裁斷，教皇先不慌不忙地小啜一口咖啡，然後驚叫道：「啊呀，這種撒旦的酒如此美味，若由異教徒專享之，實為莫大遺憾。我們應當瞞過撒旦，與之施洗。」[45]剛好，在當時的歐洲最常見的（也是問題最少的）飲料是葡萄酒和啤酒，咖啡的提神作用自然不能等閒視之。儘管教皇予以肯定，但十七世紀的衣索比亞教會還是禁止基督徒飲用咖啡和吸菸（吸菸之風乃是從新大陸傳來），因為這兩樣東西據信與穆斯林和異教徒有關。[46]不過飲用咖啡之風還是在歐洲傳開了。

儘管咖啡頂住了開羅的伊斯蘭教士一開始的挑戰，但始終未能完全脫離險境。每過一段時間，都會有狂熱的伊斯蘭教法學者怒斥這種引人尋歡、遠離祈禱的邪惡飲品。十七世紀早期，穆斯林法理學家和宗教學者指責伊斯坦堡的咖啡館之惡更甚於酒肆，遂促請年輕的蘇丹穆拉德四世（Murad IV）將其全部關閉。該城的咖啡館數以千計，不僅是人們放蕩笑言、朗讀詩歌和賭博的場所，而且也是反政府密談與陰謀的集中地。穆拉德四世微服出訪了伊斯坦堡的咖啡館，對所見所聞甚是不快。一六四〇年，該城的咖啡館全遭拆毀，店主也遭監禁。[47] 但此一禁令延續時間不長。後來不僅煙霧繚繞的咖啡館捲土重來，而且飲用土耳其格調的咖啡也在歐洲風靡一時。

一六五〇年，一位來自土耳其的猶太人雅各（Jacob）在牛津開辦了基督教歐洲的第一家咖啡館。咖啡能來到歐洲有其偶然因素，起因是不列顛與荷蘭東印度公司的商人在波斯遭遇了一些麻煩。與伊斯坦堡情況類似，伊朗的伊斯蘭教長們擔心男子不去拜謁清真寺，而是在咖啡館裡講下流故事消磨時間，在他們的建議下，伊朗國王關閉了國內生意興隆的咖啡館。為挽救自己的投資，荷蘭和不列顛商人將未賣出的咖啡存貨轉送英格蘭，於是一股新的火熱潮流便以雅各的牛津咖啡屋為首，風行起來。由於時常有學生、教授和知識分子光顧，咖啡館得到了「便士大學」（penny university）的綽號，只消幾便士的咖啡錢，就能在那裡學到知識。咖啡的飲用方式依然是伊斯蘭式的——一種加糖的、味道濃烈的黑色飲料。在哥倫布將糖傳到加勒比海地區後，蓄奴殖民地生產的糖產量就不斷增加，於是糖就不再僅是富人才能享用的奢侈品。乳糖耐受度高（Lactose-tolerance）的歐洲人很快就想到方法，將有營養的牛奶加入咖啡。[48] 發明把咖啡跟牛奶混在一起的喝法，得歸功於維也納人。一六八三年，土耳其軍隊圍攻維也納不果，在撤軍時丟棄了大量咖啡。維也納人遂用繳獲的咖啡開辦了該城的第一家咖啡館「藍瓶」（Blue Bottle）。傳說是維也納一位名為馬可・德阿維亞諾（Marco d'Aviano）的嘉布遣修會（Capuchin）托缽僧，想出了往咖啡中加入奶油和蜂蜜，以減輕其苦味的方法。製成的褐色飲品恰好與僧袍顏色相仿，心懷感激的維也納人遂為其取名為「卡布其諾」（cappuccino）。

在法國，「太陽王」路易十四早已借助荷蘭人贈送的一株咖啡樹來調製他自己的咖啡。他的咖啡來自於歐洲最早的溫室——凡爾賽宮的「植物園」（Jardin des plantes）。但咖啡風靡一時，則是在一六六九年奧斯曼大使抵達後才開始的，蘇萊曼・阿加（Suleiman Aga）大使也成為一位「咖啡特使」。根據後來一八五一年一項英語記載，阿加以他的咖啡、優雅與異國風情令巴黎女子讚歎不已：

倘使一位法國男子欲以此博取女士的歡心，向她呈上黑濁而苦澀的烈酒，必然甚為可笑。然而，呈上飲品的是一位土耳其人——一位英武的土耳其人，僅此一點已顯無上榮光。不僅如此，在朱唇輕啟之先，目光已為四周的精巧與雅致眩迷。盛裝佳飲的精美瓷杯熠熠生輝，還要用黃金鑲邊的絲巾托送至女士的玉手，加之以室中別樣的裝飾、衣冠與異國的風俗。賓主坐於瓷磚地面之上，彼此談話須由譯者代勞，這又平添一絲奇趣。諸如此類，不一而足。有此佳事，法蘭西的女子能為之頻頻回首，亦應毫不足怪。[49]

咖啡及伴隨其而來的文化風靡一時。巴黎的上流社會開始爭相仿效土耳其人，戴頭巾，穿波浪狀、繫腰帶的長袖衣服，慵懶地靠在枕墊之上。咖啡已經不只是一種飲品，而是一種生活方式。從時髦的沙龍到知識分子聚集的咖啡館，葉門蘇非派信徒的飲料已經跨越時空，成為歐洲文化的一部分。無論是從喝的咖啡種類，還是從經常光顧的咖啡館，都能判斷出一個人的身分。一六八六年，第一家咖啡館「普羅可布」（Le Procope）在巴黎出現，咖啡文化隨之興起，巴黎的知識生活從此便與這種飲品聯繫在一起。伏爾泰就以常常光顧普羅可布咖啡館而聞名，每天在那裡暢飲八十杯咖啡。[50] 普羅可布咖啡館位於巴黎塞納河左岸，是法國哲學家尚－保羅．沙特（Jean-Paul Sartre）等知識巨人經常蒞臨的咖啡館，早已成為一棟標誌性建築。

咖啡館在歐洲迅速擴展，咖啡這種時髦飲品的需求也迅速增加，單靠從葉門摩卡港運來的量已經不能滿足了。像其他擁有珍貴出口貨物的國家一樣，葉門的蘇丹也發布了禁令。他規定咖啡豆必須在經過熬煮或烘烤後才能出口。癡迷咖啡的歐洲人就找到了一個規避的辦法，他們前往一些雨水豐富的地方殖民。已知最早的成功走私咖啡的活動是巴巴．布丹（Baba Budan）的所作所為。十七世紀初，身為一名到麥加朝聖的印度人，巴巴．布丹設法帶出了一些沒有煮過的咖啡豆，隨後在印度南部開闢了一片種植園。荷蘭商人迅速效法他，在錫蘭和印尼的爪哇島種起了咖啡。

咖啡在法國成為一種廣為流行的飲料，這使商人尚．德拉侯克的「印度公司」（Company of the Indies）財源滾滾。該公司享有法國與葉門咖啡貿易的壟斷權，因此，一聽說加勒比海上的馬丁尼克島（Martinique）的法國殖民當局，密謀向葉門派出一名間諜偷走咖啡樹種，公司就加強了警戒。但對方很快找到了一個辦法。

咖啡豆與愛情

咖啡的加勒比海之旅，則是一段可歌可泣的英雄事蹟與犧牲壯舉。一七二三年，法國陸軍上尉加布里埃爾·馬蒂厄·德·克利（Gabriel Mathieu de Clieu）受命將一株咖啡樹帶到馬丁尼克島。那株咖啡樹與當年荷蘭人送給路易十四的屬於同一品種。馬丁尼克島至今還流傳著他的故事，歷史學者也認為其有可信之處。故事是說，當克利搭的船在橫渡大西洋的痛苦航程中遭遇困境時，他用自己分到的、少得可憐的飲用水來澆灌那株咖啡樹，以免其乾枯。[51]那株小樹就成了咖啡傳到新大陸的標誌。不到十年之後，兩百萬株咖啡樹就綠遍了馬丁尼克島的山坡。到了一七三二年，印度公司做出妥協，同意加勒比海咖啡運抵法國港口，但條件是只能用於再出口，不能在國內銷售。

縱使到了南美屬地，法國人和荷蘭人也都沿襲了葉門人的做法，禁止咖啡活種出口。葡萄牙人長期以來都為了得不到這種「黃金樹種」而沮喪，但他們終究在一七二七年覓得良機。當時，法屬圭亞那和荷屬圭亞那的總督發生邊界糾紛，遂邀請一位中立的葡萄牙駐巴西官員前往調停。法蘭西斯科·德·梅洛·帕列塔（Francisco de Mello Palheta）很快就答應了，但他真正關心的與其說是裁決一樁領土爭議，還不如說是找到方法把咖啡種偷走。法國總督的妻子與帕列塔發生了一段短暫卻火熱的戀情，這給了他天賜良機。根據海因里希·雅各的記載，在一次宴會上，就在那位毫無戒心的總督注視之下，他的妻子拿給帕列塔一個巨大的花束。花束裡藏有一些成熟的咖啡漿果。等到帕列塔帶著他的寶貝駛離時，巴西就走上了一條成為世界上最大的咖啡生產國的道路。到了一七五〇年，曾經令葉門伊斯蘭蘇非派信徒如癡如醉的咖啡就完成了環球航行，在五大洲生長。到了一八九三年，來自巴西的咖啡種子傳到了不列顛殖民地肯亞和坦尚尼亞，將近一千年之前，那位著名的牧羊人就是在距此不遠的地方發現咖啡豆的，這真是歷史的極大諷刺。[52]

巴西的咖啡源於一段法國人和葡萄牙人的情緣——這樣的浪漫故事可能是杜撰的，但巴西咖啡似乎的確是從鄰近的法屬圭亞那引進的，之後咖啡就崛起為巴西最重要的出口產品，也引發了一段巴西歷史上最野蠻的篇章。據報導，由於真菌寄生病對錫蘭和爪哇的咖啡種植帶來沉重打擊，於是巴西咖啡得到了興起的良機。因為巴西需要愈來愈多的勞工來採礦以及種植甘蔗、可可與煙草，於是葡萄牙人從十六世紀開始就一直在進行跨大西洋的奴隸貿易。諷刺的是，恰巧就在咖啡傳到巴西的時間前後，巴西殖民政府已經屈從於不列顛的壓力，宣布廢除奴隸制。然而清理土地、種植、培育和收穫咖啡所需要的勞動力急劇增加，奴隸貿易反而出現了前所未有的增長。十九世紀三〇年代末，駐里約熱內盧的不列顛公使報告說，巴西的奴隸輸入達到了「令人恐懼和震驚」的程度。歐洲的經濟繁榮以及對咖啡、糖和可可需求的增長，使得咖啡在巴西的種植面積不斷擴大。當時流行的一句話是「巴西就是咖啡」（*O Brasil é o café*），而咖啡就意味著奴隸制。當時，由於非法販奴的緣故，因此每年都有超過四點五萬名非洲奴隸抵達巴西。[53]咖啡種植園也使奴隸貿易的人口構成發生變化。與成年奴隸相比，買進奴隸的咖啡種植園主更想要年輕奴隸，可能是因為他們能在咖啡樹叢間更敏捷地移動，採摘成熟的漿果。在咖啡種植園工作的奴隸有三分之二至四分之三是男童。等到奴隸制終於在一八七〇廢除時，巴西已有一百五十萬奴隸，大多數都在咖啡種植園勞動。[54]奴隸的解放又給來自歐洲的移民帶來了新刺激。義大利人、葡萄牙人、西班牙人、德國人、俄國人甚至日本人都紛紛來到巴西，前往咖啡種植園工作，不過單單義大利人和葡萄牙人就佔了移民總數約百分之六十至七十。[55]

咖啡也給亞洲帶來災難。利潤豐厚的咖啡貿易推動了東南亞的殖民擴張。殖民者開始強迫勞工生產這種黃金作物。荷蘭商人於一七〇七年將咖啡傳到爪哇西部，當地的貴族也滿懷熱情地加入到種植咖啡的熱潮中來。他們種植咖啡並供應給荷蘭商人，這使印尼興起為世界上的主要咖啡生產國之一。結果跟以前的摩卡一樣，「爪哇」也成為一款著名的咖啡。到一七二五年，歐洲咖啡業的繁榮達到頂峰，而咖啡價格也下降到了一定的程度，逐漸將個人種植者排擠出市場。儘管世界咖啡價格下降的原因是生產的飽和，但歐洲公司不願接受利潤的減少。在武力的配合下，荷屬東印度公司開始強迫當地人提供咖啡和其他產品（這一做法後來為不列顛效仿）。當地統治者利用其臣民提供的勞役來完成荷蘭人分配的任務。世界市場上咖啡價格的波動也波及種植者，改變他們的命運。在價格較高時，荷蘭人強迫種植者擴大咖啡的種植，而每當價格下跌，又要求其減少種植，這樣的做法給農民帶來了災難性的影響，最終引發了一八一〇年至一八一一年的爪哇戰爭（Java War）④，可將其視為歷史上第一次反全球化的戰爭。[56]

饑餓殺手

人們在十九世紀見證咖啡從菁英階級專屬飲品轉變為尋常百姓的飲料。到十九世紀末，巴黎街角常有婦女出售兩分錢一罐的加奶咖啡。一段當時的記載說，工人「發現這種食品要比任何其他東西更經濟實惠、更能補充身體所需，也更有滋味。於是他們大喝特喝，還說這讓他們從早到

④【編註】指一八一〇年至一八一一年間，不列顛入侵爪哇一事。當時荷蘭已被併入拿破崙帝國，爪哇也因此成為法國殖民地。不列顛入侵爪哇可視為拿破崙戰爭的一環。

晚精力充沛」。[57]在資本主義興起的過程中，有些人將咖啡視為一種剝削工人的工具，這一點都不奇怪。美國人類學家文思理（Sidney Mintz）將咖啡、糖、茶、巧克力等軟性藥物稱為「無產階級的餓餓殺手」，他寫道：「隨著愈來愈多失去生存基礎的農民聚集到歐洲的城市和工業生產的『田地』裡，茶和糖開始讓饑餓中的人們感到些許滿足。糖的熱量大受歡迎，熱飲則能給冰涼的食物一些溫暖，刺激品能讓病人、食不果腹者、過度勞累者、孩童和老人振奮起來。」[58]

航運成本的降低、歐美收入水準的提高和城市化的擴張，使咖啡在開發中的西方成為一種常見飲料。由於需求增長，咖啡種植園也擴展了，隨之也不可避免地帶來繁榮與蕭條交替的局面。

國際咖啡產業繁榮曾經帶來的一些陰暗面，如奴隸制、強迫勞動等，現在多半已經不存在了；但在今天的世界上，仍然有約兩千萬咖啡農因為惡劣天候、蟲害、過量生產而導致的價格波動，不得不忍受動盪不安的生活。目前世界各地的咖啡大多是由小農所種植；而在與他們相距遙遠的地方，諸如紐約的「咖啡交易所」（Coffee Exchange），交易商則要決定是將手中的咖啡豆買個好價錢，還是不得不以低於成本的價格售出。如果有預報說，世界最大生產國巴西的天氣將保持晴朗，全世界的咖啡價格都會下跌；而當巴西的壞天氣推動價格上漲時，其他地方的農夫則會歡欣不已，因為綠色的咖啡豆無法久存，囤積咖啡對應付價格波動沒有幫助。回頭看一九三八年，瑞士雀巢公司應巴西政府的請求尋找解決咖啡豆生產過量問題的出路時，他們研發出了一種冷凍乾燥工藝。這種方法可以保存磨碎的咖啡，而且在加入熱水後，可將咖啡粉變成飲品。

然而，自二十世紀六〇年代以來，人均咖啡消費量一直在下降，而價格下跌的壓力一如既往，都落到了農民的頭上（與荷屬東印度公司時代相當類似）。種植者所得的平均收購價已從一九九八年每磅約一點二美元的高點，降到了不足五十美分。[59] 巴西和越南的科技創新使兩國的產量從一九九七年以來翻了一倍，使市場飽和，隨即導致咖啡價格下跌。二〇〇二年，根據世界銀行的計算，由於咖啡種植園削減勞動力或陷於破產，單單中美洲就損失了六十萬份工作。也許咖啡的原產地衣索比亞發生的情況，最能說明全球化對普通人命運的影響之鉅。約一千五百萬衣索比亞人對咖啡經濟有一定的依賴，咖啡也為該國帶來約三分之二的出口收益。二〇〇〇年至二〇〇一年，不斷下跌的價格造成了近三億美元的出口收入損失，相當於該國年出口總收入的一半。[60]

烘焙和零售的四大巨頭——寶僑公司（Procter & Gamble, P&G）、卡夫食品（Kraft Foods）、莎莉公司（Sara Lee）和雀巢公司——已從價格的下跌中獲益，它們控制了世界咖啡的百分之四十，也的確將低價收購的效益傳遞給了消費者，但自己也得到了豐厚的利潤。付給種植者的收購價從一九九七年以來劇降了百分之八十以上，但美國城市裡烘培咖啡豆的平均零售價只下降了百分之二十七至三十七。[61] 星巴克等主打流行的零售商在這段低迷時期裡經營良好，每杯咖啡向消費者收取多達五美元的售價，而這筆錢幾乎沒有一個子兒會落到農民手中。

一個設於荷蘭的非政府組織聯盟採取了行動來阻止這種露骨的剝削行為——向產業界施壓，要求他們向貧困的農民提供救急援助措施。該聯盟得到了不列顛援助組織樂施會（Oxfam）的支持，後者一直都在參與幫助第三世界生產者的公平貿易運動。一九九七年，包括樂施會在內的相關非政府組織組成的鬆散聯盟，共同成立了「國際公平貿易標籤組織」（Fairtrade Labelling Organizations International）。如果主流咖啡烘焙商和零售商能向貧窮的種植者及其合作社支付每磅一點二六美元的最低收購價，該組織就向其頒發證明。

與此同時，設於美國的「全球交流」組織也在採取行動，向主要的零售商施壓，以使其咖啡豆能有一定比例購自經公平貿易組織認證的種植者。儘管專營咖啡零售商星巴克的購買量只佔世界咖啡供應的百分之一，但由於星巴克擁有國際品牌形象，也因此成為西雅圖等地抗議活動的矛頭所指。自從三位咖啡愛好者在一九七一年成立星巴克公司以來，星巴克已經發展成為一個國際性的符號，即便在世界上最大的飲茶國家中國，星巴克在此也有一百多家分店。星巴克已經成功地將喝咖啡轉變成一種新生活主張，無意間重演了當年土耳其大使蘇萊曼·阿加在巴黎舉辦新奇咖啡聚會的一幕。憑藉市場嗅覺，星巴克已經將一種普通的飲料轉變成生活體驗，一種全世界無數的年輕人都覺得「酷」的東西，同時在此過程中積累了數十億美元的收益。這間公司用炫目的飲料名稱來賣各式各樣咖啡，像可口可樂、麥當勞和耐克（NIKE）等品牌一樣，崛起為美國主宰全球化的標誌之一。它的成功也讓咖啡種植者的貧困與遭受的剝削暴露在鎂光燈下。如果說昔日咖啡遭遇的反對是與飲用者及其尋求刺激的行為有關，那麼今天的批評者針對的則是咖啡種植者得到的微薄回報。二〇〇一年，在遊說團體的壓力下，星巴克承諾在十八個月裡購買一百萬磅的公平貿易咖啡——只佔其總購買量的百分之一。福爵咖啡（Folgers）的生產商寶僑公司起先雖然抵制這樣的壓力，但後來也同意購買經公平貿易組織認證的咖啡。

但公平貿易取得的這些小小勝利，並不能掩蓋全球生產過剩帶來的嚴重危機。按照公平貿易價格出售的咖啡數量實在是太少了，無法帶來全面性的變化。咖啡種植國的政府很難使農民減少咖啡生產、轉向其他作物。在秘魯、哥倫比亞等國，許多農民轉而種植古柯等毒品作物，但其他國家的農民則仍繼續種植祖先們一直在種的唯一作物——咖啡。電視轉播的西雅圖抗議者對星巴克的「自衛」之舉，也許使聚光燈照到了一場全球性危機之上，但其實並無多大實效。

咖啡加晶片

西雅圖事件過後僅一年，星巴克在二〇〇〇年出奇制勝，把它的品牌帶到了一個特別的國家。該國為全世界提供了另一種引人上癮、含有興奮成分的熱飲——茶。在民族主義情緒強烈的中國人抗議聲中，一家星巴克咖啡館肆無忌憚地出現在北京紫禁城的心臟部位——那可是一座有著五百年歷史的宮殿。這間咖啡館坐落在一個外觀平凡的小屋裡，與一般的星巴克大不相同。但這間美國公司來到歷史上代表中國權力的宮廷，其政治上的象徵意義不可小覷。一家中國雜誌嚴詞譴責：「這無異於給十二億中國人和五千年傳統文化打了一記耳光。」但星巴克的進軍難以阻擋。[62] 二〇〇三年秋天，我看到一群美國遊客徘徊在星巴克的櫃檯周圍，盡情享受與家鄉風味毫無二致的拿鐵。在場的中國消費者並不多。三美元一杯的價格對大多數中國人而言意味著一天的工資。即便他們想在烏龍茶之外換換口味，那也不太划算。

不過，回到美國本土，星巴克已經開啟了另一項吸引顧客的策略，那就是咖啡加無線網路（Wi-Fi）。二〇〇二年八月，該公司開始實施一項計劃，向消費者提供無線網路，希望能讓星巴克咖啡館成為辦公室與家庭之間的銜接地帶。四年之後，這種以生活風格來吸引顧客的策略也擴展到了音樂和視訊上。顧客可以一邊啜飲著星冰樂，一邊將星巴克歌單上的歌曲下載到他們的MP3，或是購買他們最喜愛的DVD。其他同行似乎也在仿效星巴克的點子。現在世界各地的許多咖啡館，顧客都能一邊用筆記型電腦上網，一邊飲用店員奉上的熱茶。將咖啡、消費性電子產品和網際網路這幾種世界上最為全球化的產品融為一體，可謂絕佳的市場組合。

這三種全球化產品的重大區別在於它們的起源，以及它們擴展到全世界的過程。咖啡樹在衣索比亞和葉門的丘陵地帶生長了幾百年，人類才發現其用途，最終將咖啡的生產和消費拓展到全世界。如今星巴克顧客享受的電子設備，諸如電腦、iPod、PDA、照相機、錄影機等，無不深藏著一種或許是最為普遍的全球化產物——微晶片。不僅是電腦和消費電子產品，我們今天使用的幾乎任何機器，都植入了由邏輯晶片或記憶晶片所承載的智慧。一九五九年，傑克．基爾比（Jack Kilby）和羅伯特．諾伊斯（Robert Noyce）兩位美國人的發明將一枚矽片轉變為一臺計算機，使地球上的生活發生了革命性變化。不到五十年，晶片——也叫半導體——使生活的所有方面都加速了，人類歷史上從未有任何其他東西發揮過類似作用。在我們所稱的全球化，也就是世界長期而緩慢發展的相互交流過程中，駱駝和馬的馴化、對季風的掌握以及蒸汽機、內燃機和電報的發明，都是階段性的事件。但今天全球交流能達到令人頭暈目眩的速度，還是要歸功於這一項發明，為此基爾比也在二〇〇〇年獲得了諾貝爾獎。（諾伊斯於一九九〇年逝世。）諾貝爾委員會表彰了基爾比將電晶體嵌入矽片中的天才之舉。現代世界的相互聯繫的情況，與過去的全球化有四種主要的差別——傳輸的速度、規模、多樣性與能見度，這都得歸功於基爾比和諾伊斯發明的微晶片。

不過，微晶片產生的過程也和任何其他發明一樣，是世界不同地方的理念與實驗在一千年裡逐漸融合為一股潮流，最終才釋放出了電子所蘊涵的邏輯推導與計算的巨大能量。它既是理念全球化的產物，也是推動全球交流的強大工具。一臺電腦裡有數百個零件，但其核心只是一條寬約一英吋的蝕刻矽片——中央處理器（central processing unit, CPU）。它安靜地躺在一塊綠色的主機板裡。一開機，它就能執行計算，遵循其邏輯程序，讓我能寫下這段文字、瀏覽網頁、線上下載音樂，或是以幾十年前的人無法想像的省油程度來驅動我的汽車。一九六九年七月二十日，太空人尼爾．阿姆斯壯（Neil Armstrong）踏上月球表面，被視為人類的一大步。但這一步背後也有無名英雄的功勞：若沒有低耗電的高速微晶片進行數十億次計算，阿波羅火箭就無法抵達月球。從那時起，晶片的計算速度就一直在成倍數增長。就拿現在許多個人電腦使用的英特爾 Pentium 4 處理器為例。如果你的腳步跟它一樣快，你就能在不到一秒鐘內來回月球。[63] 數學的進步是如何實現的？用來控制電流以執行計算、指示其他機器的電力與電子材料是如何發明的？這些進展又如何使人們創造了微晶片？本書只是本簡史，無法全面描述這整個過程，但我們可以稍微勾勒一下世界各地的科學家、數學家與思想家的長期努力——把他們歸到探險家一類。昔日的探險家拓展地理知識，而今日的新探險家則走出了既有知識的窠臼，以這種速度超快的全球化工具將世界連接起來。英特爾公司有個口號是「內建英特爾」，表示其處理器無處不在。我們可以借用這個意思，說英特爾或任何其他製造商的微處理器裡，都承載了世界各地科學探險家的想法與做法。它們的確「內建了全世界」。

微晶片或微處理器就像棉花與咖啡一樣，既是全球化的產物，也是其推動者。不同的是，今日機器裡的這種「微電腦」是看不到的。即便拆開一台電腦或 iPod，也只能找到一個密封的設備，裡面包著一片產自美國、日本、臺灣或韓國的精密蝕刻矽晶片。這只能告訴你它是在哪裡設計的，或是在哪個製造廠裡從一片矽晶圓上切割下來的。它沒法告訴你，在這個小小電腦之腦的背後，隱藏了數千年來世界各地無數人的多少思考與發明。

零的探索

計算財產的數量——例如牛的頭數或穀物的籃數——始終是人類原初的衝動。計算是人類最早進行的活動之一，這一點可見於兩河流域出土的泥板。在兩河流域發展起來的計數方式是以六十為單位，而「零」在數字中的位置由刻在未經烤製的黏土上的兩個楔形符號來標記，但人們並未將「零」看作是一個數字。燦爛的希臘文明發明了用於測量的幾何學，並在思考數字「零」的方面下了很大工夫。托勒密在大約寫於一三〇年的《天文學大成》（*Almagest*）一書中，利用了巴比倫人六十進位的數字體系，並首次使用「零」的符號，可以佔據一位數字。但對於虛無的抽象思考，則是由印度天文學家所推動（他們曾跟希臘人學習）。他們將「虛無」稱作「*sunya*」。印度古書《梨俱吠陀》（*Gargi Sambita*）的一位作者寫道：「亞瓦納人（Yavanas，指希臘人）是野蠻人，但天文學是由他們創制的，僅此一點就足以將其奉若神明。」這種尊崇表現在七世紀印度天文學家兼數學家婆羅摩笈多（Brahmagupta）的著作裡，他繼承了希臘人的衣缽。他使用了「零」這個符號，並努力解答「將『零』視為一個數字」而非僅僅一個預留位置時會出現的諸多問題。將「零」視為數字的概念經翻譯為阿拉伯語後，傳到了巴格達的科學家那裡——當時是巴格達執中東知識界的牛耳。[64] 兩百年後，巴格達的一位波斯數學家花拉子米利用他所稱的「印度數字」來運算兩邊相等的方程式，即今天所稱的代數學。[65] 他還發明了快速乘除數位的方法，即後來的「運算法則」（algorithms 一詞源於 al-Khwarizmi 的拉丁文誤譯 Algoritmi）。花拉子米稱「零」為「sifr」，這是對梵語裡「sunya」一詞的字面翻譯，英語裡的「密碼」（*cipher*）一詞就是源於「sifr」。而花拉子米在九世紀發展的代數學（algebra，該詞源於其名著《代數學》〔*Al-Jabr wa-al-Muqabilah*〕的書名），一直要到摩爾人統治西班牙後，方為西方人知曉。科學史學者雅各．布倫諾斯基（Jacob Bronowski）將當時的西班牙文明稱為「知識的市集」。[66] 但「零」在很長的時間裡都沒有得到廣泛使用。十三世紀早期，義大利數學家斐波那契（Fibonacci）在他的《算盤書》（*Liber Abaci*）裡普及了花拉子米發明的概念。斐波那契是一位徹底受阿拉伯人影響的商人，曾在北非學習會計方法。接下來一位使用「零」的大數學家是法國哲學家笛卡爾（René Descartes）——「笛卡爾座標系」（Cartesian coordinate system）的發明人。儘管歐洲人已經習慣使用「零」，但直到十七世紀，英格蘭物理學家以撒．牛頓爵士（Sir Isaac Newton）和日耳曼哲學家萊布尼茨（Gottfried Wilhelm Leibniz）才完成了理解「零」的最後一步。對「零」的認識催生了微積分，若沒有這一學科，就不會出現現代物理學、工程學和微晶片，以及與此相關的經濟學與財政學。還有一位人物的著作對發展後來驅動微晶片的邏輯學貢獻巨大，那就是不列顛數學家喬治．布爾（George Boole）。在一八五四年的《思維規則研究》（*Investigation into the Laws of Thought*）一書中，布爾發明了新的數理邏輯學，後稱「布爾邏輯」。在該體系中，所有結果都可簡化為「是否」和「對錯」判斷。後來，輔以電晶體的開關交替，這種二進位邏輯成為執行邏輯操作的絕佳工具。

泰勒斯的琥珀

隨著數學的進步，人們對物質世界及其規律的理解不斷加深，知識的傳播也隨著印刷機的發明而加速。西元前六〇〇年的希臘哲學家兼希臘科學思想創始人之一的米利都的泰勒斯（Thales of Miletus），是發現靜電現象的第一人。他發現，若用毛皮來摩擦琥珀，琥珀就會帶電，吸引毛髮等較小的物體。幾百年後，中國人也在沒有外來知識的影響下，在某些種類的石頭中發現了磁力，並製作了一種供水手使用的原始羅盤。過了幾百年時間，羅盤才傳到歐洲。這種工具使不列顛得以擴充海軍、征服異域，也激發了英格蘭科學家威廉．吉伯特（William Gilbert）的極大興趣，驅使他用琥珀與其他天然磁石來做實驗。極區裡是否有座磁山，會吸出駛近船隻上的所有釘子？是否如許多人以為的，有大蒜在側，羅盤就會故障？吉伯特在一篇以磁力為題的論文中回答了這些問題，並根據希臘語裡的「琥珀」創造了「電」（electricity）這個單詞。下一個重大進展則是發展出產生電荷的方法，由於這種方法是萊頓大學的荷蘭物理學家彼得．范．穆森布魯克（Pieter van Musschenbroek）在一七四五年所發明，故稱為「萊頓瓶」（Leyden jar）。電池的概念出現了。倫敦一位嗜書如命的物理學和化學家麥可．法拉第（Michael Faraday）發現了電磁感應，即通過操縱銅線和磁鐵來產生電流。他在一八三一年的發明，為發電機、電動機、變壓器的出現鋪平了道路。一八七三年，一位法國境內阿爾卑斯山區的法裔造紙商將他的水力渦輪連接到一台發電機上，創造了最早的水力發電。十年之後，蒸汽渦輪的發明使發電不必再靠近水源，而是可以借助煤炭的能源來生產電。跨大西洋定期航班和電報的出現，以及人員流動的漸增，促進了歐洲與美洲兩大陸間頻繁且不斷加強的科學知識交流。

到了一八八三年，人們用電已有一段時間，而此時以燈泡的發明人愛迪生（Thomas A. Edison）為首的一個科學家小組發現了電的另一種特質，能在金屬板上流動。得名為「愛迪生效應」的這種現象促成陰極射線管的發明——現在的電視機和其他影像顯示裝置都有這種零件。一八九七年，劍橋大學物理學家約瑟夫．湯姆森（Joseph Thomson）在大西洋的另一邊發現了這種神秘電流的廬山真面目。他用算術的方法計算了這種瞬間穿越金屬和玻璃的無形力量的速度，意識到它的體積必然小於氫原子的千分之一，堪稱小到極致的物體。湯姆森稱這種極小的物體為「微粒子」（corpuscule），後來得名為「電子」，所有原子之中都有其存在，無一例外。在湯姆森發現電子之後，另一位不列顛科學家約翰．弗萊明（John Fleming）證明，電流能夠以快於任何機械開關的速度進行開關轉換，這項發現使二極體和可靠的無線電傳輸得以發明。接下來，紐約的美國人李．德富雷斯特（Lee De Forest）接下棒子，發明了另一種可以增強電流的真空管。有了這樣的能力，電波就可以遠距離傳播而強度不減，無線電於焉誕生。

新的真空管能以每秒一萬次的速度進行迅速的開關切換，還能強化信號。這為電腦的發明打下了基礎。一開始在第二次世界大戰期間，人們用真空管來製造軍用無線電設備和雷達。我父親在二十世紀五〇年代晚期買的第一臺飛利浦收音機令我如癡如醉。透過收音機背面的透氣孔，我還能看到閃著橘光的電子管在裡面忽隱忽現。伴隨著哧哧的響聲，有聲音從收音機裡傳出來，但只聞其聲，不見其人。這些使用真空管的設備有個大問題，就是會消耗大量電能，產生大量的熱。二十世紀三〇年代，賓夕法尼亞大學用類似的方法研發出「電子數值積分計算機」（Electronic Numerical Integrator and Computer, ENIAC），成為第一臺能進行高速運算的電腦。這臺電腦能佔滿一個房間，使用一點八萬個真空管。它發出的柔和光線會招引飛蛾，造成短路。電腦之所以需要「除蟲」（debugging），就是從那時開始的。儘管後來固態電晶體的發明消彌了飛蛾的威脅，但這個詞一直沿用至今。[67]二十世紀四〇年代初，丹麥科學家尼爾斯．玻爾（Niels Bohr）研究了原子的結構，發現在所有原子裡，都是電子圍繞一個原子核旋轉，就像行星圍繞太陽運轉一樣。不同物質的不同電子特性決定了其傳導電子能力的強弱。銅的能力強，木的能力弱。之後科學家又發現了傳導能力介於二者之間的鍺、矽等物質，屬於「半導體」。因為它們的導電能力，意即傳輸電子的能力處於臨界狀態。科學家於是想方設法來改變它們的化學構成，使實驗室中製造的半導體能夠時而減緩傳輸，時而加速、增強傳輸。

一九四七年，三位貝爾實驗室（Bell Laboratories）的科學家約翰．巴丁（John Bardeen）、沃爾特．布拉頓（Walter Brattain）和威廉．肖克利（William Shockley）找到了新的方法，可使這些半導體執行與真空管相同的任務——加強電子信號與進行開關切換，其轉換速度比真空管還要快二十倍。由於電晶體消耗的電量非常之小，於是攜帶式收音機、助聽器等電子設備首次可以由電池驅動。七年之後，世界上第一種完全以電晶體製成的雷根西（Regency）收音機上市，在一九五四年的耶誕節前後大發利市。貓王恰好就在三個月前灌錄了他的第一張唱片。[68]搖滾樂的時代開始了，隨之而來的是在頭一年即售出十萬多臺的電晶體收音機。電晶體收音機和電視機的大量生產，使世界變得前所未有的小。早在電晶體發明之前，大西洋兩岸的科學家就預言能通過某種途徑，利用快速的開關轉換來計算由「1」和「0」組成的二進位數字。一位不列顛科學家和一位匈牙利科學家同時提出了使用二進位數學來解決不同問題的想法。

才華橫溢的不列顛科學家艾倫．圖靈（Alan Turing）在一篇一九三七年的論文中預言：「發明一台可用於計算任何『可算序列』的機器，這不無可能。」[69]二戰期間，人們出於破解德國密碼的迫切需要，因而首次大規模運用電子開關。一九四三年，一臺名為「巨人」（Colossus）的電腦在不列顛布萊切利園（Bletchley Park）啟用，這臺電腦就是利用圖靈的統計理論來破解著名的德國「恩尼格瑪」（Enigma）密碼。

一九三〇年，出生於匈牙利的約翰．馮．諾伊曼（John von Neumann）來到紐澤西州的普林斯頓，加入普林斯頓高等研究院（Institute of Advanced Studies）。當時位於費城的新的ＥＮＩＡＣ已能以空前的速度展開連續不斷的計算。它的功能使諾伊曼深受啟發，並預見到未來的電腦能夠普及與廣泛使用。他和圖靈一道設計出了一種電子電腦的基本構造，可以接受資料和指令，進行處理並向用戶報告答案。圖靈寫道，由於電腦計算可以通過迅速交替轉換的開關來執行，自然也可以將數值「1」設定為「開」，將「0」設定為「關」，然後單憑這兩位數就能處理所有計算。恰如美國記者湯馬斯・R・瑞德（Thomas R. Reid）所言：「靠著諾伊曼、圖靈等人運用人類的才智，人們才探索出如何利用二進制數字和二進位數學，將死氣沉沉的電子開關序列轉化為強大的運算工具。」[70]他們還構思了一個完整的邏輯體系，允許機器做出決定和比較，從而完成處理文字或數字的複雜模式——這就是「程式」。

從巨人電腦到微晶片

儘管人們已經在研發能利用高速切換開關來運行的程式，但可資使用的機器仍像「巨人」和ENIAC那麼大，最大的既存難題就是科學家所謂的「數字障壁」（numbers barrier）或「數字的暴政」（tyranny of numbers）。要使電晶體執行更多的指令，就需要其他組件，如二極體、電阻、電容以及連接數以千計的電晶體所必需的電線。迴避問題的做法是將纏繞在一起的電線和電晶體散布在整個房間中，就像ENIAC上的真空管一樣。「巨人」是為應對德國戰爭機器的挑戰而研製，研製電晶體的起因也很類似——「冷戰」。製造火箭和導彈的美國國防承包商向美國製造商施壓，要求其供應能讓義勇兵彈道飛彈（Minuteman missile）使用的低耗能小型電晶體。這個需要迫在眉睫，因為蘇聯在一九五七年十月發射了第一顆人造衛星史普尼克一號，冷不防暴露了美蘇之間的「飛彈差距」。史普尼克號發射成功，代表蘇聯人擁有足以打到美國的洲際彈道飛彈。

不到兩年後，兩位美國工程師——德州儀器公司（Texas Instruments, TI）的基爾比和快捷半導體公司（Fairchild Semiconductor）的諾伊斯——就找到了解決方案。他們各自分別想出了製造第一個微晶片——也就是積體電路——的主意。六點六英尺高的基爾比在堪薩斯州的農村地區長大，在十四歲時就是一名熱情的業餘無線電愛好者，功成名就之後又得到「溫和巨人」（gentle giant）這個綽號。他未能考進麻省理工學院，但在美國中西部的一所大學獲得工程學學位，之後又獲得了六十項發明專利。他最重要的一項發明，是誕生在加入德州儀器公司之後幾個月的事情，當時他的任務是用大量的電晶體和其他零件製作積體電路。他的想法，是以半個迴紋針大小的矽晶體來製作電晶體、電容和電阻這三個部件，再將其融為一體，這個解決方案相當聰明。[71]基爾比後來承認，當時世界不同地方的一些人士都想出了製作積體電路的主意。他寫道：「在二十世紀五〇年代早期，就有另一個叫傑佛瑞．杜默（Geoffrey Dummer）的英格蘭人曾經提出說，可以預見在未來的某個時候，所有電子設備都能整合成單一模組。」[72]基爾比找到了實現這個夢想的現實路徑。與基爾比共同發明微晶片的諾伊斯，當時則受僱於他心目中的英雄、贏得諾貝爾獎的電晶體發明者之一威廉．肖克利。他和基爾比研究相同的問題，得出了相同的結論。諾伊斯想找到一個辦法來將許多晶體管不受阻礙地放置在一起，最終獨立想出了將電路結合在一塊晶片上的主意。不僅如此，他還找到了名為「平面製程」（planar technology）的方法來使電線不再糾纏在一起——即以「微影成像術」（photolithography，又稱光刻）在矽片上蝕刻電路。

當國防包商把微晶片裝在義勇兵飛彈彈頭上時，民用的積體電路也在一九五九年三月二十四日這天的紐約會議中心（New York Coliseum），首次在電子協會（Electronic Society）上亮相。推出這一產品的德州儀器公司董事長表示，基爾比的發明將會成為自矽電晶體發明以來最重要、最賺錢的科技發展。但這項劃時代科技的出現卻幾乎為媒體所忽視，很難看出這種用矽片做的、像蟲子一樣的玩意有什麼用處。正如當年袖珍收音機的推出激發了人們對電晶體的興趣一樣，德州儀器也需要一種消費產品來將這種新科技的價值生動地表現出來——將打字機大小的計算機變成一個能放在襯衫口袋裡的小盒子，也許是個最好的主意。德州儀器明白，它在消費性產品方面並不在行。就像過去曾求助另一家公司來生產晶體管收音機一樣，現在德州儀器也必須找個搭檔來讓微晶片散發出光彩。德州儀器與日本的一家消費電子產品公司佳能合作推出了攜帶式計算機（Pocketronic），這個一點八磅重的計算機能將計算結果列印在一條紙帶上。事實證明，德州儀器的這個決定對未來的美日科技合作意義重大。和當時價格兩千美元的桌上型計算機相比，新產品非常便宜，只要四百美元。美國一份產業雜誌激動地報導說：「這種新計算機能在超市裡幫你的妻子做出最物美價廉的購物選擇。到了木工場，它還能幫你決定怎樣組合夾板、木料和硬紙板，會對你的工程最划算。」[73] 日本製造與美國創新的珠聯璧合，就是全面開啟資訊革命時代的下一個邏輯步驟。

一九六八年七月，已經一道離開快捷半導體、共同創辦英特爾（Intel 這個名字結合了「整合」〔integrated〕和「電子」〔electronics〕兩個詞）的諾伊斯和高登．摩爾（Gorden Moore），把賭注押在了開發一種帶有大量電晶體的晶片上。這種晶片可用來當作資訊儲存裝置，任何功能的電腦都需要這種裝置。英特爾成立後不久，諾伊斯就前去拜訪一位日本半導體界的先驅——夏普公司的佐佐木正——希望能為其起步維艱的新公司招攬一些業務。諾伊斯仍然在快捷半導體工作時，佐佐木曾與之共事，也樂意幫忙。由於夏普公司已與另一家公司簽訂了研發半導體的契約，佐佐木遂求助於舊日的大學同學、服務於新成立的 Busicom 計算機製造公司的小島義雄，請他向英特爾下一份訂單。一九六九年六月，Busicom 的職員來到加利福尼亞州聖塔克拉拉（Santa Clara）的英特爾辦公室描述他們的產品需求。Busicom 拿出六萬美元作為設計與工程開銷，並承諾購買造出的積體電路。[74]儘管英特爾的主要興趣在於開發記憶晶片，但為了滿足客戶的要求，公司的工程師開始研發一種大型的集合晶片，包含一個中央處理設備和其他晶片，其上的電晶體和線路足以運行所有必需的功能。一九七一年，當英特爾造出了這種名為「4004」的微處理器時，Busicom 卻已破產了。但在協商的過程中，日本人計劃要生產一種可供程式設計的計算機，這幫助英特爾推出了以晶片為基礎的電腦。後來英特爾買回了對微處理器以及這種半英吋長、裝有兩千三百個電晶體的晶片產權。三十噸重的ENIAC曾開電腦革命的先河，但現在一個晶片的運算能力，已經與它不相上下了。

微晶片變得愈來愈小，上面的電晶體卻愈裝愈多——到二十一世紀初時，已經達到十億個，每秒執行的運算次數也達到難以想像的程度。[75]微晶片已使光纖電纜網路與太空中的衛星能瞬間聯繫全球。隨著人們愈來愈多地將「無線射頻辨識晶片」（radio frequency identification, RFID）植入商店裡的各種產品、個人身分證甚至牲畜和寵物身上，人造產品的全球化更走向一個全新的境界。正如馮．紐曼和圖靈所預見的，這種微小的設備可以在程式設計技術的幫助下處理任何資料。因為能夠傳輸大量資訊，將世界快速連接在一起，微晶片在今日的全球化過程中也佔據了中心的位置。

微晶片的作用不僅僅是將人們更快、更方便地聯繫起來。英特爾和其他晶片製造商已經轉而聚焦於「無廠製造」——也就是專心於設計複雜半導體這種成本愈來愈高的工作——實際的晶圓生產則已經交由臺灣、韓國與其他國家負責。在現代科技關鍵零組件製造過程中的分工，使世界的互賴程度達到空前的規模。一九九九年九月二十一日，臺灣遭遇一場嚴重地震，佔世界半導體製造量一半以上的二十八座矽晶圓廠因而停產，使世界各地擔心晶片短缺。不過這些晶片製造商迅速恢復元氣，產量也只發生小規模的下跌，實屬世界經濟之福。但在環太平洋地震帶爆發生產中斷事件的風險，仍然像「達摩克利斯之劍」（sword of Damocles）⑤一樣，懸在日益全球化的世界經濟頭頂。世人於是持續推動晶片生產來源地的多樣化。二〇〇六年，英特爾宣布在越南投資十億美元，修建一座微晶片組裝與測試廠。經濟成本低廉、勞工教育水準良好的越南，也加入了這個將全球各地的製造商連接在一起的「矽網」。英特爾的投資還在不經意間使人們盡釋前嫌。一九七五年四月，美國駐西貢大使館一位職員的兒子、年輕的申仲福（Than Trong Phuc）曾在使館屋頂上被飛機救走。三十年後，他以英特爾越南區經理的身分重回故地。

與此同時，反全球化示威者也還在使用微晶片和電子媒體，以更多樣、更快捷的方式表達他們的聲音。在二〇〇三年又一次的ＷＴＯ會議上，抗議者組建了點對點網路視訊分享系統，將畫質良好的影像傳送給電視臺和其他活動者。他們還建立了無線網路，將大量反全球化的演講錄音傳送到網際網路上。[76]實際上，與昔日世界進展緩慢的交流與互賴相比，今日全球化最大的不同，就在於微晶片所能處理的資訊。

⑤【編註】在古希臘寓言裡，達摩克利斯是敘拉古的狄奧尼西奧斯二世（Dionysius II of Syracuse）的朝臣，曾經表達對狄奧尼西奧斯權勢的稱羨。狄奧尼西奧斯於是與他交換身分一日，達摩克利斯享受了一日，到了晚上才發現王座上原來有一把用一根馬鬃懸掛的利劍，頓時失去了享樂的興趣。達摩克利斯之劍常用來象徵有權有勢的人無時不刻所面臨的巨大風險。

西雅圖的抗議人士借助個人電腦與全球網路的力量，嚴詞譴責對紡織工人和咖啡種植者的剝削，強烈抨擊全球化的邪惡影響。他們自以為鄙夷這個歷時久遠的歷程，其實卻已不自覺地融入其中。

04 Preachers' World
傳教士的世界

「爾時世尊復告諸苾芻曰：我於天人繫縛中而得解脫，汝等亦得解脫。汝等應往餘方作諸利益哀愍世間，為諸天人得安樂故，汝等不得雙行。」①

——兩千五百年前，佛陀向最早的六十名弟子傳法

一整個星期，帝國大廈沉重的玻璃門外總是擠滿了各種膚色與面孔的人群。義大利的一家人、一位巴西人、一對印度老夫婦、堪薩斯州十來歲的中學生，都已在門外的第五大道入口處徘徊了許久，排隊等待乘坐電梯抵達第八十六層的觀景臺。二〇〇一年九月十一日，恐怖攻擊夷平了世貿中心雙塔後，這座直沖雲霄、高達一千四百五十四呎的尖頂建築再次贏得了紐約最高建築

①【編註】出自《根本說一切有部毘奈耶破僧事．第六卷》。

的榮譽。世界各地數以萬計的人來到這裡，欣賞這座綿延城市的美景。帝國大廈頂樓聲名遠揚，巨猩「金剛」曾在這裡一手抓著費葳（Fay Wray）——最近一回抓的則是娜歐蜜·華茲（Naomi Watts）——另一手揮趕驅逐牠的飛機。

二〇〇五年四月一日早上，人權觀察組織總部正在三十四樓進行一場平靜的慶祝活動；帝國大廈大廳外排隊的人群，對發生在自個兒頭上的這件事一無所知。而且，這個非關教會的人權組織在這一天傳道般的行動，也至少部分地決定了另一些人的命運，而這些人同樣一無所知——他們就是達佛（Darfur）可憐的非洲難民。在烈日的炙烤之下，薄薄的塑膠帳篷早已軟化，而他們就蜷縮在帳篷之下。

當理查·狄克（Richard Dicker）身穿皺皺的斜紋軟呢外套走過辦公室的玻璃門時，許多面帶笑容的同事正等著和他握手。作為人權觀察組織國際正義計劃（International Justice Program）主任，狄克已經費時數月來遊說聯合國辦公室裡的外交官。狄克等人努力就達佛上演的悲劇向世界示警，並取得了成效。看似不動如山的聯合國終究認同了人權觀察等人權組織數月以來的呼籲，但其過程不無驚險。前一天，當聯合國成員國代表聚集在安理會會議室，準備就達佛問題展開非正式磋商時，形勢似乎很不妙。到了六點鐘，安理會主席任期即將於當天屆滿的巴西大使在翠貝卡（TriBeCa）的一家巴西餐館舉行晚宴，與會者中斷討論，前去用餐，這讓情況變得更加緊迫。狄克整整一天都在走廊外來回等待，而外交官們對有關強姦和謀殺的報告無動於衷，讓他甚為沮喪。「我的天！多麼大的醜聞啊！（有人被強姦、被謀殺，而）他們還在餐廳裡跳森巴舞」。[1]

在北非國家蘇丹的達佛地區，過去三年的內戰已經造成二十多萬人被殺，將近兩百萬人被強行逐出家園。政府支援的阿拉伯民兵組織「金戈威德」（Janjaweed）[②]實施種族清洗，殺害和驅逐平民。儘管布希政府和美國國會已宣布這是種族滅絕行為，但聯合國卻並未做此認定。數百萬逃離種族清洗的民眾擠在難民營裡，由於金戈威德持續的襲擊、強姦和劫掠，他們無法返回家園故土。儘管有無可辯駁的證據證明種族滅絕的發生，但蘇丹政府卻予以斷然否認，對於西方各國政府多次要求其制止暴力活動的呼籲也置之不理。

狄克遊說聯合國安理會，希望將在達佛發生的暴力行為提交新成立的國際刑事法庭（International Criminal Court, ICC）解決。這個法庭是根據約一百二十一個國家在一九九八年批准的一項條約所設立，目的就是為了遏止這類行為。先在條約上簽字後又反悔的美國，阻撓了安理會將達佛問題提交國際刑事法庭的努力。假如三月三十一日的會議失敗，人權觀察等組織已取得的成果就會付諸東流。

不過讓人欣慰的是，這次晚餐並非僅僅是尋歡作樂、跳跳森巴舞。在媒體宣傳運動和盟國的壓力、尤其是基督教組織的壓力下，美國政府決定收回投否決票的威脅。儘管國務卿康朵麗莎·康迪·萊斯（Condoleezza Condi Rice）、不列顛外長傑克·斯特勞（Jack Straw）等各國代表團的頭面人物進行了大量電話磋商，但仍有一些棘手的問題未能解決。隨著餐館裡的氣氛輕鬆下來，一些最後時刻的討價還價和協商得以進行。飯後，外交官們回到聯合國，到十一點時他們宣布，

② 【編註】在達佛、西蘇丹與東查德等地活躍的民兵集團，最初出現於一九八八年，主要由蘇丹的阿拉伯部落所組成。

已經過投票決定，將達佛問題提交國際刑事法庭。群集在會議廳外的記者圍住了興奮的狄克，請他就這一重大進展發表評論。這個決議不僅為達佛暴力活動的平息帶來了希望，且美國放棄否決權這件事，對於國際刑事法庭的未來也是個好消息。

狄克在人權觀察組織位於帝國大廈的辦公室裡對我說：「我不是自吹自擂，但當時真的有一種成就感，而且更重要的是，這次進展將為達佛的民眾提供真正的保護，還給蘇丹傳遞了這樣的資訊：人們會找到蘇丹西部大屠殺的罪魁禍首，他們正面臨國際法庭的追捕。」狄克對形勢的評估是，「殺戮並未終結，但已大大減少」。停頓片刻，他補充道：「保護達佛民眾的鬥爭仍在繼續。」[2]

狄克和同伴不斷為拯救達佛的民眾而奮鬥，但我為何要講述這些人的故事？因為，從最廣的角度來看，他們就是最新型的傳教士——全球化的推動者之一。在將四散各地的人類社會重新連接在一起的過程中，傳教士發揮了歷史性的作用。現在這些俗人傳教士行遍天下，但不是為了宣教，而是要將全世界團結在一個任務之下——保護所有人類的生命、自由與權利。人權觀察組織主任肯尼斯．羅斯（Kenneth Roth）放棄了收入豐厚的法律工作，投入保護人權的行動中。他和狄克一樣，不願被別人叫作傳教士。羅斯對我說：「傳教士的目標是讓個人皈依。人權活動者與他們不同，我們的目標是讓政府皈依。」[3]人權活動者不會宣講一種更高的宗教力量，也不干涉人們的私人生活，但他們確實試圖勸說擁有不同文化傳統的其他國家接受他們的道德觀，對非正義之事同仇敵愾。他們呼籲政府在社會上建立一種人權文化，並創造一種政治空間，讓人們能維護自身權利。在過程中，他們不會放過任何政府。為了保護世界各地的個人，人權活動者經常揭發各國政府的醜聞——從強大的美國政府到三流的獨裁者。本章將簡單講述，宗教信仰以及人類勸服他人接受己方信仰的願望，如何激發無數傳教士前往世界的遙遠角落，如何促使生活異鄉的商人轉變為傳教士，又如何造成不幸的後果——鼓動戰士們揮舞刀劍強迫他人改宗，消滅不願皈依的人。正如商人利用不斷更新、速度不斷加快的運輸技術來拓展貿易網路一樣，傳教士也有類似的舉動。現在，世人日益關注世界各地的人所遭遇的處境，團結全人類的意識也水漲船高，這催生了一些新型的傳教士。他們的信仰著重於拯救地球上的所有物種，保護環境，促進、提升人類的生命與尊嚴。現代交通、媒體與通訊使他們能夠以更快的速度傳播自己的理念，並與世界各地的人們建立聯繫。不論是舊日的傳教士還是新興的傳教士，其行為的最終效果都是以更深厚的宗教和世俗信念之網將人類結合在一起，讓世界近在咫尺。

帶著信仰旅行去

我們在第一章中已經看到了定居社會中興起的早期宗教。人類向天上的神與主宰大小萬物的神靈祈禱，試圖在殘酷的自然界裡尋求保護。這些神靈的力量限於一定的地域，只說本族人的語言，並通過地方上的祭司傳達祂們的意願。「曾經有個神創造了地球上的生命」——這類造物觀相當常見。但那個神或女神卻遙不可及，於是就出現了一群地位較低的神，人們可以向祂們祈求自己的健康或幫助自己解決各種具體問題。之後又出現了太陽神、月亮神、愛神、文字與占卜之神，諸如此類。他們出現的地方各不相同，故而名稱各異。地位較低的神會化身為特定的樹木、石塊、河流與山嶺。商人一旦冒險進入異鄉，就不得不將原住地的保護神置於腦後。

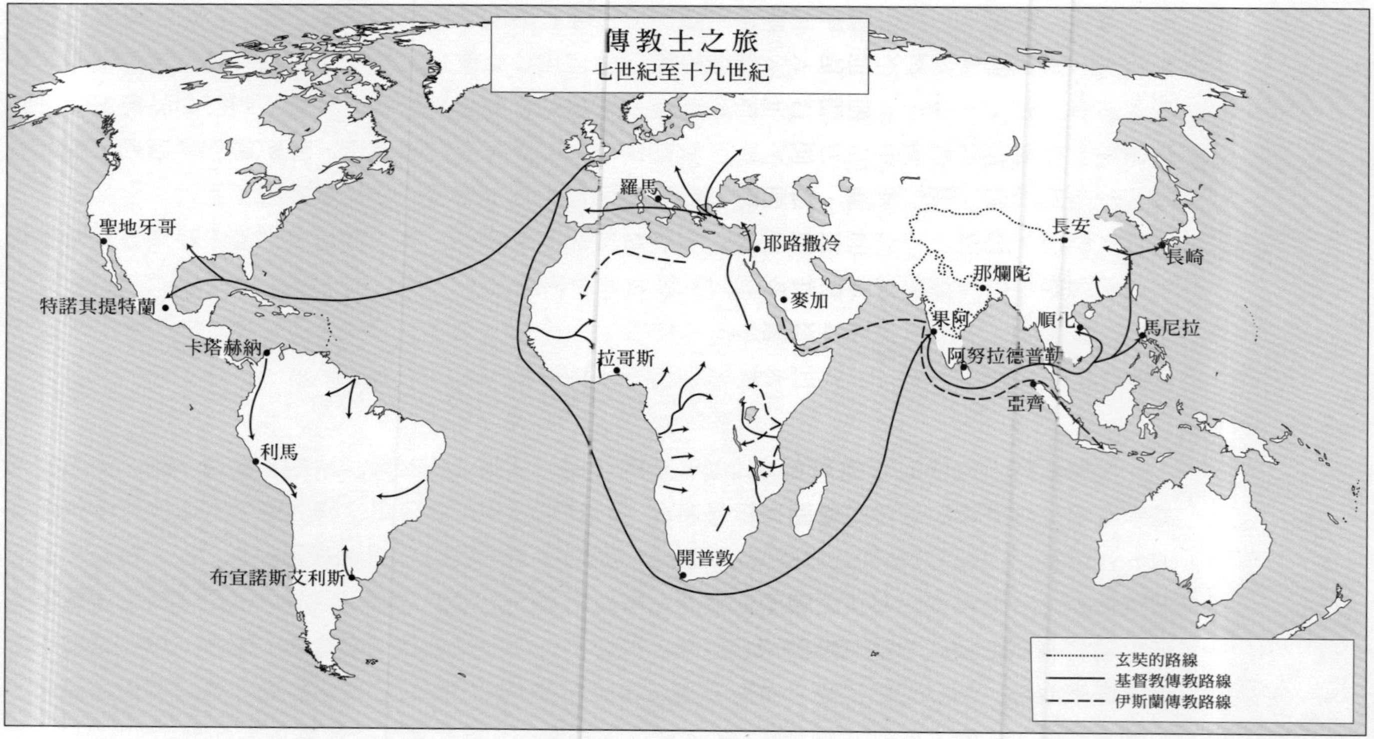
傳教士之旅
七世紀至十九世紀
聖地牙哥
特諾其提特蘭
卡塔赫納
利馬
布宜諾斯艾利斯
羅馬
耶路撒冷
麥加
拉哥斯
開普敦
果阿
阿努拉德普勒
那爛陀
長安
順化
長崎
馬尼拉
亞齊
玄奘的路線
基督教傳教路線
伊斯蘭傳教路線

一神教的興起使人類得以從萬物有靈論的地方諸神之間解脫出來，一神教的主旨是所有人只尊奉一個神。擺脫了地域桎梏之後，宗教就能傳播開來，成為世界性的信仰，不過神也可能是有人格的。在新興的普世宗教中，唯一的例外是佛教，其教義中並沒有神。佛陀的教導是：人的痛苦無所不在，但救贖之路也是人人共通，這就產生了一種能對所有人產生吸引力的信仰體系——無論他們身處何地，說何種語言，吃何種食物。對於四處奔波的商人來說，一種不要求膜拜任何物體和地方神靈的信仰相當方便。無怪乎投身佛教最為熱忱的人士，往往見於商人群體。基督教和伊斯蘭教信仰宣揚一神論，這兩種也是非常適於傳播的理念，而且兩種信仰均認為，只有自己的信仰才是適於所有人類的宗教。自那之後，獨尊一神的人類大同觀念就不斷地發展演變，直至包含了人權以及生態、環境等許多普遍認為會影響全人類的議題為止。我們接下來會看到，秉持良知的傳教士在新大陸傳播基督教信仰的過程中，為何會引發有關人權的痛苦問題。人權的概念經過發展演變，已為致力於普世人權運動的非政府組織所吸納。

設於紐約的人權觀察組織就是這些新型傳教士的實例。西方社會對蘇聯及其衛星國侵犯人權的情況感到擔憂，是該組織創立的起因。一九七八年，以緩和局勢為目標的《赫爾辛基協議》(Helsinki Accords) 簽署，作為協定的一部分，赫爾辛基觀察組織 (Helsinki Watch) 也得以設立。該組織後來意識到，侵犯公民權利的情況並非僅限於蘇聯陣營的國家，於是又成立美洲觀察組織 (Americas Watch)，以監督西半球的人權狀況。中東觀察組織 (Middle East Watch) 也在中東發揮同樣的功能。一九八八年，各個地區委員會轉由人權觀察組織集中管理。該組織的職員包括一百五十位國籍各異的律師、記者、學者和特定國事務專家，在布魯塞爾、倫敦、莫斯科、香港、洛杉磯、舊金山、塔什干、多倫多和華盛頓設有辦公室，至今已成為保護世界各地弱勢個人的領導性組織之一。類似人權觀察這樣的非政府組織通過私人捐贈獲得資金，以人道主義的熱忱指導行動，它們已經作為新的傳教士走向世界，並以自己的工作將世界連接在一起。

前文曾提及，全球化的四類推動者——商人、探險家、傳教士和戰士之間的界限往往是模糊不清的。商人常常試圖勸說他人改變信仰，探險家亦是如此；戰士不僅要為其君主或本國商人獲取領土，也會積極尋找願意改信的新靈魂，有時還會逼迫人們接受新信仰。在不同程度上，人們在跨出已知的世界到外面冒險的時候，往往以爭取新信徒的傳教熱情作為動力，或者打著相似的幌子。

根據社會學家馬克斯·韋伯（Max Weber）的定義，傳教性宗教（missionary religion）的決定性特徵就是，這種宗教會把傳布信仰與勸非信徒改宗提升到「神聖責任」的高度。他說，「除非將其資訊傳達到每個人的靈魂之中，除非其所信仰的真理為人類大家庭的所有成員接受為真理」，否則教徒所信仰的神靈就「不會滿意」。[4]這一定義不只適用於基督教、伊斯蘭教等以爭取信徒為特徵的主要一神教，也適用於普世人權觀——即諾貝爾和平獎得主埃利·維瑟爾（Eli Wiesel）所說的，我們這個時代的「世俗宗教」。維瑟爾將人權定義為如下理念的應用：「他人並非我的敵人。他人是我的盟友、親屬與朋友。凡發生於他人身上的事情，也會涉及我……每當他人遭受羞辱，我都沒有袖手旁觀的權利。」[5]社會活動者之所以發起阻止全球暖化、保護鯨魚和其他瀕危物種，以及對抗愛滋病的運動，也是基於類似的理想主義熱情。活動者獻身於這些事業的激情，與許多宗教傳教士並無二致。他們堅持不懈地傳播自己的理念，努力根據心中深深的信仰來改造世界的面貌，這與宗教傳教士有共同之處。

今天，人們依然有向世人展示「正道」的深刻渴望，但他們推動的速度之快卻是史無前例，地理範圍也真的可以稱得上無遠弗屆。噴射機取代了駱駝商隊、帆船和汽船。除了木板印刷的文字與約翰尼斯．古騰堡（Johannes Gutenberg）的活版印刷之外，人們已經在利用廣播、電視和互聯網來宣講福音，甚至足不出戶也能投身於傳教事業。諾貝爾和平獎得主喬迪．威廉斯（Jody Williams）就是利用一臺傳真機、一臺電腦和一根電話線，在自家廚房裡為消除世界上的地雷而戰。

喬迪．威廉斯以及與她志同道合的多國人士都稱得上是「傳教士」，在他們的努力之下，一場始於一九九二年的禁用地雷運動，在短短五年時間裡就說服一百二十二個國家簽署了一項禁雷條約（《關於禁止使用、儲存、生產和轉交對人地雷及銷毀地雷的公約》［Convention on the Prohibition of the Use, Stockpiling, Production and Transfer of Anti-Personnel Mines and on Their Destruction］），過去幾十年間造成約八十個國家數十萬人死亡的煎熬，終於得以消彌於無形。就連在戰事結束後，每年仍然有一萬五千人至二萬人被地雷奪走生命。這項條約確保新的地雷不再擺放，並銷毀現有的地雷。一九九七年，威廉斯與國際反地雷組織（International Campaign to Ban Landmines）以其卓有成效的工作成果榮獲諾貝爾和平獎。威廉斯及其同事只不過是冰山一角而已。世界各地仍有數以萬計的人在跨越邊界，努力解決影響全人類的人道主義問題。

無論是根據傳統還是非傳統的意義，無數傳教士的行動創造出了全球性的基督徒、穆斯林和佛教徒社群，更創造了一個茁壯中的公民社會。很明顯，全球性宗教社群的出現並非只是傳教士的功勞。在早期歷史上，宗教皈依大都是依靠刀劍來完成。傳教的動機也並非純屬精神性，轉化所謂的「異教徒」或「不信教者」多半是為了實現一種更自私的目的，例如建立帝國、獲取新資源與市場等等。

十字軍東征期間，基督徒重奪「聖地」的企圖，背後隱藏的是物質上的貪欲，這不是什麼秘密。一二〇四年第四次東征的十字軍士兵劫掠君士坦丁堡之舉，或許是最能證明這種貪欲的實例。一位當時的編年史家寫道：「自創世以來，從未有任何城市遭受過如此大規模的洗劫搶掠，金銀珠寶與珍貴的物資堆積如山，不可勝數。」[6]十六世紀西班牙人遠征南美之舉，表面上是為了勸說印加人皈依唯一的真神，但當有人問及征服者法蘭西斯科．皮薩羅（Francisco Pizarro）為何未能勸化秘魯的土著時，他直言不諱：「我來此地絕不是出於這樣的原因，我來是為了從他們手上奪走黃金。」[7]當西班牙人在上帝的祝福下從墨西哥派出一支遠征隊，駛往盛產香料的菲律賓時，其指揮官解釋說：「本次遠征的主要目的是讓那裡的土著改信，並找到一條返回新西班牙（Nueva España）的安全航路，以便王國能通過貿易或其他合法途徑發展壯大，獲取利益。」[8]數以萬計的人在贏取新宗教皈依者的名義下遭到虐待和屠殺，幾乎整個大陸淪為殖民地，大量資源轉入殖民母國的掌控之中。

尋找黃金

儘管傳教活動曾在悠悠歷史長河中帶給人們許多恐懼，但它還是有縮小世界的效果。這些傳教性宗教的傳布使四處分散的人群重新產生接觸——或者和平相處，或者兵戎相見。傳教士在贏取信眾的過程中豐富了對方的語言，傳入了印刷技術，並改造了文化，當然其影響可能有好有壞。

假使說今天的世界比以往任何時候都更趨於一致，那是因為幾個發源於喜馬拉雅山麓和中東沙漠地帶的主要宗教已贏得了大量的信眾。就連在地球上最為偏僻的角落，都有清真寺、教堂和佛寺的身影。想像一下，假如佛教仍只侷促於印度的一個小小角落，而基督教和伊斯蘭教不過是阿拉伯沙漠裡的信仰，那會是個什麼樣的世界？如果不這麼想像，你就很難理解傳教士對於拉近世界的距離發揮了多麼大的作用。在歷史長河中，由於傳教活動常與許多殘酷暴行聯繫在一起，以至於人們難以想像通過傳教建立的人類聯繫曾經產生過任何積極的效果。但傳教活動正如所有聯繫他人的人類行動一樣，也產生了意料之外的結果，它塑造了人類的生活，也影響了世界遙遠角落的文化。修道院成為人類知識的儲存與分享場域，信仰的傳播促進了文學與藝術的繁榮，也為從科爾多瓦（Cordoba）的大清真寺（La Mezquita）到宏偉的吳哥窟等數以千計的紀念性建築提供了靈感。

傳教活動一向基於「信仰是放諸四海皆準」的信念。不論是佛教、基督教還是伊斯蘭教，都認為其教義有益於全人類。普世宗教的傳播帶來了一種全球性的意識，這一點可見於中國敦煌莫高窟裡一幅十世紀的壁畫上。在開鑿於山腰的一處黑暗洞穴裡，一尊巨大的佛像側身而臥，周圍環繞著不同族群的哀悼者。哀悼者的畫工纖毫畢現，當他們站在那裡，為佛陀的死去而哀傷的時候，其不同出身、各式各樣的服飾以及獨特的髮式都栩栩如生。有些人哭泣，有些人捶胸頓足，甚至還有一個人將長劍刺入胸中。這幅創作於佛陀死後一千五百多年的壁畫，應該是最早用隱喻方式所展現的「舉世同悲」——儘管人類千差萬別，但卻會為異國他鄉的一位導師共表哀悼。對於各個民族的虔信者而言，佛陀有異國的外表、生活在很久之前的印度、講另外一種語言，但這些都無關緊要，佛法是普世而永恆的。雖然佛陀實際入滅的時候，西藏、中國和中亞諸王國的君主應該都不知其何許人，更不會為他的逝去而哀悼，但藝術家天馬行空地構想出了佛陀去世後人們滿心哀傷的情景。這幅時空倒錯的壁畫顯然意在展現信仰的虔誠，而非反映現實。來到我們的時代，全球意識形成的速度之快，與前述的例子形成鮮明的對比。聖女貞德的死訊用了十八個月的時間才傳到君士坦丁堡。一四五三年，君士坦丁堡陷入土耳其人之手的消息傳到歐洲全境，花了三個月的時間。[9]有了衛星電視和網路之後，每個人都能在一瞬間得知戴安娜王妃的死訊，也同時為教皇若望保祿二世的去世感到哀傷。紐約和華盛頓遭遇恐怖襲擊、三千多人死亡的第二天，德黑蘭的學生就為遇難者舉行了燭光守夜。我們接下來還會看到，這種關於人類命運的全球意識已經發展了很長一段時間，而全球性關注議題的傳播速度也愈來愈快。不過，這種交流在起始階段卻非常緩慢。中國的玄奘是當時傳教士的代表之一，他沿荒僻小路經年累月地徒步行走數千英里，穿越荒涼的地帶，才抵達佛陀的出生地印度。

釋迦牟尼本是印度北部一個小國的王子，他為周遭所見的種種苦痛深感憂煩，最後潛出宮外，成為一名苦修者。經過年復一年的流浪，他坐下來沉思如何將人類從生命的痛苦中拯救出來。當沉思到第七天的時候，在西元前五三一年春天的一個月圓之夜，釋迦牟尼在菩提樹下得到了啟示，向五位弟子做了第一次講道。他提出的關於人類痛苦起因與救贖之道的普世理念，使人們如醉如癡。後來基督教裡「受難救主」(suffering savior)的觀念，可能在佛陀生活的時代約七百年後的西元一世紀傳入了印度，啟發佛教學者提出了「彌勒佛」的理念——將有一位菩薩降臨拯救世界，靠祂承受苦痛來拯救全人類。[10]有些希臘人的後代定居在今天巴基斯坦和阿富汗境內的犍陀羅王國(Gandhara)，他們很快就用希臘式栩栩如生的繪畫取代了佛足印、蓮花等佛陀的符號形象。新興的佛教派別大乘佛教則捨棄了早期佛教的一些嚴苛作法——如禁食、犧牲——並允許膜拜佛像，通過供奉和施捨來積德。在後來的一千年時間裡，佛教傳教士或沿絲路出發，或乘坐小船沿孟加拉灣和南中國海的海岸前進，最終使佛教信徒從位於今天伊朗東部和中亞地區的粟特地區（Sogdiana），一直到日本和越南，遍布廣大的地區。

西元前三世紀，孔雀王朝皇帝阿育王的軍隊已經以武力征服了印度大部。但在皈依了佛教之後，阿育王就利用自己的大權來擴展這個宗教。他派遣已經出家為僧的皇子摩哂陀（Mahinda）為使，前往斯里蘭卡的宮廷講道。[11] 摩哂陀採取了所謂的「宗教征服」（dhammavijaya）行動，將大量的佛教傳教士派出境外，前去拜見埃及、馬其頓和地中海地區幾個希臘化王國的國王。約在西元前二五〇年，世人已圍繞人類的痛苦與救贖等共同主題，開始有了一些微弱的交流，其後這些交流逐漸增強，向東擴展。西元一世紀，第一位皈依佛教的中國皇帝漢明帝邀請兩名印度僧人竺法蘭和迦葉摩騰，通過橫亙中亞沙漠的危險道路抵達洛陽。他們從印度帶來了佛教經文、繪畫和法器，建立了白馬寺，該寺在其後數百年時間裡成為佛教學說擴散的中心。這時出現了一股中亞和印度的傳教士與翻譯者湧入中國的潮流，與此同時，中國僧人也在繼續西進。[12] 印度僧人菩提留支於五〇八年抵達洛陽，奉皇帝之命翻譯了許多經文，包括《妙法蓮華經》、《金剛經》等。一千多年後，匈牙利籍考古學家奧萊爾．斯坦因（Aurel Stein）也在考古時發現這些經文。隨著木版印刷術和紙的發展，《金剛經》的中文譯本得到大量印刷。根據推測，斯坦因發現的經文原本印製於八六八年，是世界上最古老的紙質印刷書籍。[13]

沿著佛陀的足跡

中國古都西安舊稱長安。在一個霧濛濛的清晨，鮮綠色的計程車、冷氣旅遊巴士和笨重的卡車噴著黑煙，川流不息地駛經一處小公園。在緊靠西安城西側的這座公園裡，我是那天早上唯一的訪客，想看看絲路的地點。一座十五呎高、周圍有欄杆環繞的水泥雕像孤零零標誌出這個地點。商隊塑像群裡有留鬍鬚的商人、一位騎在石駱駝上身著平滑袈裟的僧人，還有其他男子騎在奔馬之上，讓人想起這條路曾是一條商人、傳教士與戰士穿梭其間的通衢大道。雙行車道上轟轟駛過的卡車和公車留下一團團嗆人的廢氣，在這樣的環境裡，很難想像曾有一條塵土飛揚的道路從這裡出發，將商隊帶到西達裏海的遙遠地方。

西元六二九年的一個秋日黃昏，中國著名的比丘、學者和傳教士玄奘也許就是從這兒悄悄踏上了一段將持續十六年的旅程。在十二年的時間裡，玄奘遍行印度各地，拜謁佛教聖地，在那爛陀寺著名的佛教學院研習，與學者討論爭辯。六四三年，當辭別的時刻到來時，他的恩主與朋友戒日王送給他幾頭象、一隊男僕從與馬匹，以搬運將近七百部佛教經書和他收集的大量雕像。這是當時最大規模的資訊交流。在運送過程中，一頭象在泅渡印度河時淹死，而另一頭則神奇地繼續前進，翻越了興都庫什山，最後才在前往喀什的路上因為強盜追殺而跌入溝壑。[14]

六四五年春天早上，玄奘從佛陀之地返回的消息已經傳開了。街道上擠滿了人，都在焦急地等待著一睹這位奇男子的尊容。他曾違抗帝國禁止西行的命令，現在又從極遠之地返回，帶回難以置信的珍寶，包括佛陀的雕像和六百五十七卷神聖的經文。曾經禁止這次旅行的太宗皇帝也轉變了心意。皇帝很想接見這位「見不見迹，聞未聞經，窮宇宙之靈奇」的比丘，遂派高官護送玄奘回到長安。一位中國傳記作者如此描述這位僧人的歸來：「所司恐相騰踐，各令當處燒香散花無得移動。而煙雲讚響處處連合，昔如來創降迦毘，彌勒初昇覩史，龍神供養天眾圍遶，雖不及彼時亦遺法之盛也。其日眾人同見天有五色綺雲，現於日北，宛轉當經像之上，紛紛郁郁周圓數里，若迎若送至寺而微。」[15]

應太宗皇帝的請求，玄奘詳細描述了自己的旅程，講解所經各國的位置、人民、經濟、教育、社會、宗教儀式與習俗風貌。在《大唐西域記》一書中，他以令人驚奇的博大與寬容胸襟總結道：「若其風土習俗之差，封畺物產之記，性智區品，炎涼節候，則備寫優薄，審存根實。」[16]

玄奘只不過是眾多傳教士中的一個例子。他們的勇氣與獻身精神使佛教傳遍亞洲，最終到達世界上的其他地方。五五二年，一位出使日本宮廷的朝鮮特使將佛教傳到日本。諷刺的是，佛教是宣揚和平的宗教，這位特使的目的卻是尋求軍援以抵禦外國入侵。此後，佛教就對日本社會、藝術和文化產生深刻影響。日本國內現在有大約一億佛教徒，日本人也是最熱心於促進佛教的人。正如中國佛學家譚雲山所說的，「佛教起源於印度，豐富於中國，之後擴散到全世界」。[17]佛教傳教士不僅促進了一種全球意識的形成，他們建立的聯繫還帶來貿易的擴展與深厚的文化交融，為亞洲認同增添了共同性。

面對儒家官方統治階層不時的抵制，佛教傳教士發展出了一種通俗的語言，繞過正式的宮廷語言，來吸引平民百姓。整個東亞都發生了這樣的情況——書寫佛教經文的需要，導致了一種通俗書面語的形成。當然，這是符合佛陀意願的。佛陀曾經說過：「隨諸眾生應與何音而得受悟，應為說之。」[18]研究亞洲的學者梅維恒（Victor H. Mair）寫道：「除一些受到中國象形文字啟發的書寫體外，從帕米爾高原往東直到太平洋，幾乎所有的通俗書面語都是佛教傳布事業的直接成果。」[19]

絲綢交易

與佛教的傳播關係最為密切的，恐怕沒有什麼能與連接兩個世界的偉大通路——絲路——相比。這條路一向是中國向世界供應絲綢的通路，也有愈來愈多的朝聖者開始走過這段危險的旅程，運送一卷卷的昂貴織物，捐獻給修行所，作為一種虔敬禮佛的行為，這樣的舉動事實上也讓絲路名聲更為顯赫。印度和中亞對中國織物的需求因佛教而大增，因而維持了絲綢貿易。[20]從四世紀開始，中國絲綢出口呈現繁榮景象，與此同時，由印度前往中國的傳教士和由中國前往印度的朝聖者也是人流如潮。佛教徒的隨身物品，如香、佛像和其他宗教用品，成為印度的大宗出口產品。

佛教傳教士與印度的交流不僅促進了佛法的傳布，也促成未來所有的教義討論。古代印度的經文通常寫在棕櫚葉之上，再譯為中文寫在紙上，旋即印刷並裝訂成書。人們認為，擁有神聖的經文是一種值得稱道的行為，對佛教書籍的需求遂因此增多。用紙的需求又進一步引發了生產工藝的改進，造紙成本大大降低。諷刺的是，中國人將印有文字的紙張裝訂成書的做法，似乎是受到了印度人用線將一片片棕櫚葉穿在一起所啟迪，但印度人的造紙術和書籍製作工藝卻是從穆斯林統治者那裡學來的。

中國人從西元一世紀起就開始喝茶了，佛教的傳播也為這種生活方式帶來新的推動力。這一點與葉門的伊斯蘭教僧侶飲用咖啡的風氣非常類似，當比丘開始啜飲清茶，好在漫漫長夜的禪修中保持清醒的時候，喝茶的習慣也隨之在中國傳開了。正如漢學家柯嘉豪（John Kieschnick）所說，在唐代早期（七世紀初），只有飲茶之風盛行的地方，才會有比丘喝茶，但這個習慣很快就傳到了中國的北部和西部，因為僧人是最具流動性的人口。其他由佛教僧侶傳入的東西還包括源於印度的椅子與甘蔗——後者能讓僧人在日落之後保持體力。柯嘉豪說，中國的比丘是「寺院生活」這種跨越地域亞文化的參與者，「要比其他人更樂於接受印度的習慣、風俗、飲食與居家物品，與中國的士人階層相比，『中國性』在士人的身分認同中佔據了更為核心的地位」。[21] 佛教對盛唐王朝的影響，並不僅限於絲綢之路的拓展與飲茶風氣的發揚。正如華裔學者劉欣如（Xinru Liu）所說：

深入來說，從統治者到農民、奴隸、工匠等社會最低層的民眾在內，中國人普遍在佛教的影響下形成了末世觀念，人們於是開始關心自己或親人能否在死後過更好的生活，這也促使他們把自己的資財——以最精美的絲織品和衣物的形式，捐獻給佛教組織和僧侶。無論是頂禮膜拜佛陀舍利，還是將古代經文從印度譯介到中國，都充分證明唐代的中國人如何竭盡所能通過物質方法挽救自己免遭身後的責罰。這也解釋了為何雖有強大政府所頒布的禁令，絲綢仍然會流入宗教機構，甚至中國之外的宗教機構。[22]

佛教從唐代中國傳入朝鮮，又從朝鮮傳入日本。傳教士還穿越印度洋抵達蘇門答臘島，之後佛教便在印尼的室利佛逝王國廣泛傳開了。

至二十一世紀之初，佛教已經遍及所有大洲，強調的也已經從純粹的修行轉向社會改革、普救主義以及冥想。假設今天有一位設於德國的越南佛教協會成員想加入僧團，他甚至可以飛往澳洲珀斯的佛寺，在那些來自世界各地、同樣搭乘飛機前來的比丘們面前受戒。[23] 當今的活佛、流亡在外的西藏領袖達賴喇嘛，現在也能在世界各地弘法，讓大批民眾參與。敦煌石窟壁畫上描繪的各民族的信徒一道禮佛的場景，現在已經司空見慣。

拿撒勒的木匠

當貴霜國的歷代國王忙著在今天的阿富汗修建供奉佛陀的舍利塔時，當身穿橘黃色僧袍的傳教者沿著絲路前進、宣傳佛法時，一股新的力量在巴勒斯坦興起了。憑藉其所宣揚的一神教、道德規範以及得到永生、與上帝同在的承諾，這股力量最終在全世界擴展開來，贏得無數的信眾。

當年輕的拿撒勒人耶穌開始宣講「神的國近了」的時候，第二個傳教時代也跟著開始了。耶穌是一位木匠的兒子，一位廣受歡迎的猶太裔傳道師，他在所有人身上都看到了上帝的印記，最終因為宣揚一神教、愛與慈悲而遭釘上十字架之刑。他創立的新宗教先是征服了地中海世界，後又擴展到天地四方。在十字架上的死只會讓他的追隨者確信，他就是《舊約聖經》裡預言的彌賽亞，他的福音（gospel，字面意思是「好消息」）如野火燎原。儘管遭受羅馬帝國迫害，皈依他的信仰者還是成千上萬。世人稱他們為「基督徒」，即彌賽亞的子民。基督行善的一生、他的殉難以及復活的故事點燃了地中海世界民眾的熱情，最終征服了羅馬帝國。在三二五年的尼西亞公會議（Council of Nicaea）上，來自羅馬帝國各個遙遠角落的三百位主教聚集在一起，決定耶穌的神性問題。這些主教本身就活生生證明了基督教傳布範圍之廣。隨著羅馬皇帝君士坦丁皈依基督教，以及三八〇年狄奧多西宣布將其定為帝國國教，國家的力量最後也擔負起了傳教的使命。[24]在羅馬帝國各主要城市居住的基督教主教中，羅馬教皇成為基督教世界西半部的最高權威——這個世界還在不斷擴大。用一位歷史學者的話說，事實已證明，羅馬天主教會是「世界史上令人印象最深刻、歷時最悠久的非政府組織」。[25]

早在羅馬帝國成為基督教的護衛者，以其權力與威勢來促其擴展之前，基督教就已經傳播開來了。印度古老的敘利亞基督教社群相信，使徒多馬（Saint Thomas）約在西元五二年抵達印度南部，開始在今天清奈附近傳教。宣講這種新的宗教激發了人們的敵意，導致他在西元六八年遇害。[26]不過歷史學者卻懷疑，來到印度的並不是多馬，更可能是一位來自敘利亞、名字也叫多馬的基督教商人將這一宗教帶到了印度。不論真相如何，在地中海世界之外出現了第一個基督教教會，這意義相當重大，證明即便在一種舊傳統根深蒂固的異國文化裡，新信仰仍能贏得皈依者。早在二世紀時，亞歷山卓就建立了傳教士的學校，五世紀早期又有一座在君士坦丁堡成立。聖派翠克（Saint Patrick）、坎特伯里的奧古斯丁（Augustine of Canterbury）和聖波尼法爵（Boniface）三位聖徒將福音帶到了愛爾蘭、英格蘭和日耳曼。還有無數其他人把基督教傳遍了歐洲。[27]

四世紀時，弗魯門修斯（Frumentius）③在衣索比亞宣講福音，五世紀時，波斯的聶斯托里

---

③【編註】指聖弗魯門修斯（Saint Frumentius, ?-c.383），首任阿克蘇姆（Aksum）主教，他將基督教介紹到位於今日厄立垂亞、衣索比亞等地的阿克蘇姆王國（Kingdom of Aksum）。

派信徒將他們的信仰帶到中國，不過這兩支教派的成就都很有限。由於僧侶在教皇支持下堅持不懈地從事傳教活動，以及各國國王的皈依，歐洲也一躍成為基督徒的家園。但不久之後，新興的伊斯蘭教就統一了阿拉伯半島和北非，將西班牙納入伊斯蘭教的統治之下，有效地將基督教遏制在歐洲範圍內。倘若不是鐵鎚查理（Charles Martel）率領法蘭克人在七三二年的圖爾戰役（Battle of Tours）擊敗了穆斯林軍隊，整個歐洲也都會歸入伊斯蘭哈里發國的版圖。經過與伊斯蘭教數百年的爭鬥以及十字軍戰爭的磨練，歐洲人逐漸控制了海權，興起了狂熱的福音主義（evangelicalism），那時基督教才終於衝破了樊籬，不再隅於一洲之地。早在十三世紀，教宗英諾森四世（Innocent IV）也曾經試圖打破圍堵，與正在中國和中亞崛起的蒙古勢力締結同盟。他派出托缽僧作為傳教士，命其「盡力探究韃靼人的國家所關心的一切事情」，並勸誡韃靼人「放棄血腥屠戮人類的行為，接受基督教的信仰」。教宗的使節若望．柏郎嘉賓（Giovanni da Pian del Carpini）根據指示，於一二四五年抵達設於喀喇昆侖的皇帝宮廷，他回國後仍堅信皇帝即將成為一名基督徒。[28]事實證明，那是天方夜譚。但傳教士仍然前仆後繼，動身前往中國，在過程中也擴展了歐洲人的視野。一位義大利的托缽僧鄂多立克（Odoric of Pordenone）穿越印度和馬來西亞，通過海路抵達中國，之後取道中亞返回歐洲，並在一三二五年拜訪西藏——這對於歐洲人而言還是第一次。不過，要等到下一個世紀，基督徒才在亞洲認真展開傳教行動。十五世紀，葡萄牙人和西班牙人開始尋找通往亞洲的新貿易路線，教宗也恩賜葡萄牙的領航者亨利王子對北回歸線以南的所有土地擁有貿易與傳教的權利。

使命葡萄樹

在那個時代的宗教狂熱氣氛中，探索者和冒險家把「發現富產香料與黃金的新土地」也當成一種傳教的方式。哥倫布寫道：「上帝是最偉大的，金子就是寶藏，任何獲得寶藏的人都可以在世界上從心所欲。有了寶藏他就能讓靈魂順利進入天堂。」[29]哥倫布認為，傳教工作迫在眉睫。「我們的主正在催促這些事情，」他寫道：「當下，要在這麼短的時間裡將福音傳到這麼多的土地。」哥倫布在加勒比海某個由他命名為聖薩爾瓦多（意為「神聖的救世主」）的島嶼登陸，從那天起，他就覺得自己在著手這項使命。在他的授意下，西班牙人綁架了二十四名當地的印第安人，將他們帶回國內，準備充作宣講福音所需的譯員。後來只有六人生還，回到新大陸。[30]

除傳教野心外，歐洲的殖民擴張打從十字軍時代起，就帶有與伊斯蘭教一較高下的特徵，到了伊比利亞半島，就是針對科爾多瓦的哈里發政權。當葡萄牙探險者在非洲海岸上登陸時，他們會豎起一塊刻有十字架的石灰岩柱作為「發現碑」（padrão），顯示出土地佔領行動所具備的宗教象徵意義。[31]基督教勢力和葡萄牙君主的統治權都在拓展。資助哥倫布遠航的西班牙卡斯提爾君主國固然對香料有興趣，但也有意為基督教贏得更多的信徒。哥倫布在致信國君、宣布他發現了「印度」島嶼時，仍不忘提醒他們——他遠航的目的很明確，就是為西班牙重奪聖地的事業籌措資金。「我將能為兩位殿下出資招募五千名騎兵和五萬名步兵，投入戰爭，征服耶路撒冷。本次遠航之舉正是為這一目的而進行的」。[32]

為了獲得信徒，西班牙君主國還採取了另一種措施——強迫猶太人改宗，並將大約十五萬不願受洗的人驅逐出境。此事後來成為猶太人流散歷史中的標誌性事件。自一世紀開始，流離失所的猶太人已經遍布中東和歐洲。作家凱倫．阿姆斯壯（Karen Armstrong）寫道：「與其他地方相比，西班牙的穆斯林在流散期間為猶太人提供了最好的家園。因此，全世界的猶太人都為西班牙猶太人承受的災難感到痛心不已，將其視為自西元七〇年聖殿遭毀以來，猶太人民所遭遇的最慘烈災禍。」許多西班牙猶太人在遭驅逐後，轉以葡萄牙為避難所。葡萄牙形式上要求猶太人皈依，其實卻很看重他們的語言和商業技能。與葡萄牙這種拘泥宗教法則的做法形成鮮明對比的是，在東南亞，人們講求實際地利用這些葡萄牙的「新基督徒」來促進在非洲、巴西和亞洲的商業利益，並吸引熱那亞和加泰隆尼亞的資本。[33]

與此同時，在發現新土地的過程中，教廷成為傳教活動最熱心的鼓吹者。在哥倫布的航行兩年後，教宗將西經四十七度線以西的土地，也就是巴西東部授予西班牙，其權利與之前授予葡萄牙的權利相同，使新大陸的民眾皈依成為葡萄牙和西班牙君主的神授天職。傳教士有一種教化的狂熱，神職人員於是站上了西班牙新大陸殖民行動的浪頭，並帶來了歐洲的文化與生活方式。由於舉行聖餐禮必須有葡萄酒，傳教士很快便開始種植葡萄園。十八世紀七〇年代，已在聖地牙哥創立傳教團的耶穌會神父胡尼裴洛．色拉（Junípero Serra）栽種了第一株所謂的「使命葡萄樹」（薩丁尼亞島葡萄的分枝，由西班牙征服者帶到北美），葡萄酒於是傳到了加利福尼亞。將近一個世紀之後，在荷蘭的殖民地南非，約兩百名逃難的法國胡格諾派教徒以類似的宗教熱情創辦了葡萄酒產業。

在達伽馬登陸印度約四十年後，即一五四二年，耶穌會傳教士方濟．沙勿略（Francis

Xavier）抵達葡萄牙人在果阿的據點。他開啟了在亞洲宣講福音的新階段，不少傳教士繼承了他的衣缽。例如，羅貝托．德．諾俾里（Roberto de Nobili）為了得到印度人的認可而讀梵文、身穿印度婆羅門的服飾。又如利瑪竇效法中國文人雅士的風俗習慣，兼以他高深的學問，很快在中國的都城獲得成功。不過他的成功只是曇花一現。傳教士原本打算勸說皇帝皈依，藉此在中國贏取億萬信徒，但守舊派的反對日趨激烈，皇帝也擔心出現一群不效忠君主、只效忠教宗的子民，遂使教士的願望破滅。日本的傳教行動也遭遇嚴重挫折。一五九六年，多名方濟會的傳教士在長崎遭到處決。

但葡萄牙人駐澳門的傳教團找到辦法，利用逆境來促進傳教活動。他們在澳門將方濟會教士殉難的情景繪成圖畫，然後送往墨西哥和西班牙。墨西哥的天主教皈依者扛起長崎殉難者的圖像湧上街頭遊行，以示虔誠。正如歷史學者塞吉．格魯辛斯基（Serge Gruzinski）在《地維四方》（*Les Quatre parties du monde*）一書中所說的，各洲的基督徒共同頌揚其教友的殉難壯舉，這是個史無前例的事件，似乎實現了《舊約聖經》中關於基督教將傳遍世界的預言。[34] 儘管在日本和越南遭遇挫折，教士們在亞洲的傳教行動依然堅持不懈。一八四二年和一八五八年的兩次鴉片戰爭迫使中國向歐洲貿易開放口岸，西方傳教士也捲土重來。諷刺的是，相信自己是耶穌的弟弟，受命來人世間創立天國的，正好就是新皈依的基督徒——洪秀全。在太平天國的旗幟下，他發動了一場歷時長久的血腥叛亂。到一八六四年太平天國遭剿滅時，已有約兩千萬人在動亂中喪生。幾十年後，西方的影響又激起了人們憤怒的反應，一個自稱義和團的新組織（歐洲人稱其為「拳匪」［Boxers］）在一八九九年至一九〇〇年起事，襲擊所有外來的象徵——使館、商人和傳教士。到義和團終被鎮壓平息時，已有約三萬中國基督徒和幾百名外國傳教士遇害。

雖然基督教傳教士與中國人之間存在諸多齟齬，勸服的皈依者為數也相當少（到一九〇〇年時只有約十萬人），但傳教士仍然是搭建文化橋樑的先鋒。[35] 傳教士譯介西方古典著作，設立一些圖書館和一座自然歷史博物館，並向中國人介紹西方科學與哲學，以絢麗的西方文化讓中國人陶醉，進而贏得皈依者。傳教士還常常通過在報刊上發表文章，廣泛傳播關於西方政體與歷史的著作。正如歷史學者史景遷所說：「這些著作將中國系統性地置於世界的脈絡中，使中國士人得以從新的角度審視本國歷史。」[36] 正是通過傳教士的建議，容閎才得以於一八五〇年進入耶魯大學，成為首位從美國大學畢業的中國學生，後來容閎還帶領為數一百二十人的首個中國留學生團赴美求學。

傳教士還系統性地將各種中文典籍翻譯為歐洲文字，增進西方對中國的瞭解。心懷傳教理念的學者也為漢學奠定了基礎，幫助西方理解看起來「神秘莫測」的中國政治與社會生活。許多傳教士及其成長於中國的子女因為漢語流利又對中國有深厚的瞭解，後來便以學者和外交官的身分，在重新讓共產中國與西方世界搭上線的過程中發揮了關鍵作用。早年我在香港時，接觸中國的途徑有限，因而像許多記者和外交官一樣，常去諮詢勞達一（László Ladány）神父。他是一位匈牙利籍的耶穌會教士，在共產革命期間逃離中國，對中國的認識如數家珍。他根據中國的無線電廣播和難民報告所撰寫的《中國新聞分析》（*China News Analysis*），是當時所有中國觀察家人手一本的著作。

美洲的不列顛新殖民地情況卻大不相同。有愈來愈多貴格派（Quakers）和浸信會信徒（Baptists）認為，這些新土地是《啟示錄》裡應許給施洗者約翰（John the Baptists）的「荒野」，於是開始向那裡大量移民。不列顛新近在印度獲取的殖民地，也為不列顛傳教士提供了待開墾的全新天地。傳說中，使徒多馬在一千多年前抵達印度，鼓舞其皈依者興建教堂，而今經過長期的沉寂，新的教堂又拔地而起了。一七九三年，一位鞋匠出身的浸信會傳教士威廉·克理（William Carey）帶著宣講信仰的激情來到印度，為此學習了數種印度語言。他在翻譯《新約聖經》的過程中，成為一位通曉多種印歐語的傑出語法學家和詞彙學家。現代孟加拉語的奠基和孟加拉文字的首次印刷，都要歸功於他。世界各地的傳教士都做出過類似的貢獻。正如研究傳教團體與世界基督教的耶魯大學教授拉明·薩內（Lamin Sanneh）所寫：「在抵抗殖民主義的本土運動興起的過程中，傳教士的翻譯發揮了重大作用。通過閱讀本國語的譯文，當地的基督徒對本土的使命有了信心。殖民體系代表的是全球經濟與軍事秩序，但傳教團體卻讓方言不再低人一等。」[37]

通過傳教士建立的交流往往會出現出人意料的後果，越南就是一個有趣的例子。十九世紀中期，越南皇帝處決了數名法國傳教士，法國人以此為藉口採取軍事干預，最終在印度支那建立起了一百多年的法國統治。法國統治遺留的成果之一就是越南國家文字系統（quốc-ngữ）的創立，在那之前，越南人一直用漢字來書寫。為了爭取民眾不再接受傳統的儒家說教、不再用漢字來書寫越南語，法國傳教士羅歷山（Alexandre de Rhodes）製作了第一本用羅馬字母書寫的越南語教義問答。[38]這種使越南語與漢語脫鉤的做法，對於識字率的提高、印刷的發展、削弱中國對越南的影響，都產生了重要的作用，也長久影響了這個國家。

基督教傳教士在訓練女醫生和女護士方面發揮了先驅作用。即便在今天，印度的絕大多數護士還是女性基督徒，而且毫不奇怪的是，印度人通常按稱呼修女的方式稱護士為「姐妹」。在西班牙和美國的前殖民地菲律賓，醫生傳教士修建的醫院需要大量訓練有素的護士。今天，熟練的護士已成為菲律賓為世界貢獻的重要人力資源。

在已經伊斯蘭化的非洲北部，所謂的改信通常不過是讓奴隸草草受洗，隨即將其送上前往新大陸的危險航程。草率的集體洗禮會帶來心理創傷，但在葡萄牙的殖民地，包括巴西、安哥拉和大西洋一些島嶼，非洲移民及其後裔卻成為虔誠的基督徒的典範。他們周濟窮人，支持教會，還會集體慶祝天主教的節日。[39]不過，在十九世紀下半葉方才不斷到來的新教傳教士，似乎對非洲的門戶開放產生了更大的影響，是好是壞則見仁見智。

在非洲開一條「上帝的公路」

蘇格蘭傳教士大衛．李文斯頓（David Livingstone）有著「非洲化身」的美譽，他的名字已經和非洲分不開。[40]不過，他來到非洲一事純屬偶然。一八一三年，李文斯頓出生於一個貧困家庭，十歲便開始在一家軋棉廠工作。在福音派信徒的影響下，他開始為前往中國、成為一名傳教士做準備，但鴉片戰爭的爆發迫使他改弦更張。在邂逅了一位曾在非洲工作過的著名蘇格蘭傳教士後，他得到靈感，決定轉赴非洲。為去非洲做準備，他在格拉斯哥學醫，並修習希臘語和神學。儘管歐洲人與非洲沿海地區的接觸已有三百年之久，但這塊廣袤的大陸仍是未知的土地，此前的交流不過是以衣服、烈酒和工業品來交換奴隸和象牙。除了奴隸販子，很少有傳教士或任何其他歐洲人深入過未經探明的非洲內陸，那裡有瘴氣彌漫的森林、駭人的沙漠和奔騰轟鳴的流水。李文斯頓想找到一塊適宜人居的土地，來建立傳教基地，這也驅使他愈來愈深入非洲內地。事實證明，他的傳教工作一敗塗地，只勸化了一位非洲酋長，此人最後還因無法忍受一夫一妻制的苛刻要求而放棄了基督教。李文斯頓於是就成為一名全職探險家。

李文斯頓確信，上帝為他設定的人生目標，就是利用他的天賦來探索和勘測這塊未知的大陸，打通「上帝的公路」贊比西河（*Zambezi River*）。這條河流從非洲的西海岸流向東海岸，可以成為非洲通往「基督教、商業與文明」的通衢大道。李文斯頓的故鄉不列顛，已經是一個經過工業革命、被亞當．斯密改造過的國家。他相信，若有基督教，加上非洲富產的象牙、蜂蠟等物品來進行合理的自由貿易，就能讓這塊大陸改頭換面，使阿拉伯人停止奴隸貿易。[41]然而，當他發現了一處三百五十五呎高的瀑布後，想要把贊比西河變為一條貫通東西的大道的願望就落空了。他用了八年的時間尋找尼羅河的源頭，最終也未能如願。尼羅河源頭之謎曾在西元前四六〇年困擾過古希臘歷史學者希羅多德（Herodetus），此時又困擾著李文斯頓。不過，他在非洲三十年的探險幫助了非洲地圖的繪製。在此期間，一次獅口脫險、與疾病抗爭、長期與家人遠隔的經歷，也使他成為不列顛人的偶像。李文斯頓「在非洲土地上跋涉約二點九萬英里，探明接近一百萬平方英里的新土地」，因而贏得了「非洲代言人」（Man of Africa）的稱號。[42]他的插圖本著作《傳教旅行》（*Missionary Travel*）一面世就洛陽紙貴，共售出七萬冊，並有數種語言的譯本。雖然當時照相機已經發明，但還沒有沖洗「半色調」（half-tone）④照片的技術。所以，李文斯頓著作裡引起很大轟動的插圖，往往是不列顛畫家根據其敘述所畫出來的錯誤印象。[43]但瑕不掩瑜，李文斯頓及

④【編註】「半色調」是指在繪製同一顏色的不同深淺時，並不真實使用不同的顏色，而是用同一顏色印製出不同大小、分布疏密各異的網點來呈現深淺變化。

其著作使歐洲人對非洲產生熱情與關注，甚至激發了一些曾是奴隸的美國人的興趣——他們之中的一些人追隨當時白人的態度，鄙視自身的故土。奴隸出身的美國傳教士布克．華盛頓（Booker Washington）在一九一三年寫道：「李文斯頓的故事不僅使我第一次對非洲和非洲人有了真正的瞭解，也使我第一次對其產生了明確的興趣，對於這個國家的許多有色人種而言，亦是如此。」[44]

成百上千的傳教士在李文斯頓的啟發下奔赴非洲。這塊大陸是人類的起源之地——不過這一點要到一百年後才為人所知。但李文斯頓使西方人對非洲產生瞭解，也令時人對他不吝溢美之詞。然而，後來卻有人指責他是帝國主義的工具，因為列強對非洲財富的爭奪，就發生在他的探險之後。在發現了世界上最大的鑽石礦和金礦後，不列顛、葡萄牙、法國、德國和比利時就將非洲切割為各自的殖民地，如此殘酷的殖民主義，想必李文斯頓也不忍卒睹。當時的不列顛帝國處於全盛時期，也正值大發現的時代（在李文斯頓動身前往非洲的四年之前，達爾文已經完成了他的環球之旅）。在這樣的背景中長大的李文斯頓對於非洲人明顯懷抱著家父長式的思維。但正如為他作傳的安德魯．羅斯（Andrew Ross）所指出，回到十九世紀六〇年代，李文斯頓真正希望的並非是殖民地，而只是用於傳教與商業目的、與非洲社會進行建設性接觸的移民點。在他去世數年後，隨著金礦和鑽石礦的發現，殖民者開始搶掠財富，而從李文斯頓的許多著述、個人日誌、私人與公開信件都可看出，倘若他目睹這些可恥的事情，必定會表示反對。李文斯頓強烈反對奴隸制，他十八歲的兒子在美國內戰中為聯邦軍作戰並犧牲，他也畢生都投入廢奴運動。

李文斯頓之所以離家遠行，原本是為了使非洲人皈依基督教，但在非洲的經歷卻使他意識到，一種更大規模的潮流正在前進，而這股潮流至今依舊經久不衰：

這個時代的精神與走向愈來愈鼓勵人們從事工業，其規模與技術的要求大到需要全世界的資本提供援助，才能實現。諸如太平洋鐵路（Pacific Railroad）、蘇伊士運河、塞尼峰隧道（Mont Cenis Tunnel）以及印度、西亞、幼發拉底河鐵路等均屬此類。鐵路、汽船、電報的傳播與使用，打破了民族界限，使相隔兩地的民眾之間形成密切的商業與政治交流。全球合而為一。而資金就像河水一般匯入大海。[45]

自李文斯頓寫下這些話以來，世界一直在朝統合的方向前進。資本猶如流水一般，見縫插針地追逐著利潤，而富裕的西方已找到了很多其他方法與科技手段來傳播耶穌的福音。一些傳教士是好心好意，另一些則不過是在利用窮人。為了在世界上的貧窮地區傳教，歐美的天主教與新教傳教組織已花費了難以計數的資金。

國際郵政服務的興起，以及通信、收藏用的明信片發行，都為基督教傳教士提供了新的布道工具。「呈現方濟會殉道者形象」這種始於十七世紀的想法後來逐漸遍地開花，在郵政服務寄送的明信片上，可以印製一些鼓舞人心的畫面，描繪傳教士在世界最為偏遠的角落代上帝所行的奇聞逸事。美國畫家瑪莎．斯莫利（Martha Smalley）寫道：「人們一旦看到傳教士、傳教對象與其身處周遭環境的畫面，就會不自覺地產生同情心與好奇感，也給傳教活動帶來關鍵性的資金支援。」[46]不論傳教明信片是否成功地將福音「推銷」給了皈依者或支持者，它們都能使歐洲人和美國人認識遠方，這毋庸置疑。不管明信片所展示的「土著」社會與實情多麼不符，都強化了不同大陸之間日趨緊密的交流。

以猶他州為基地的耶穌基督後期聖徒教會（Church of Jesus Christ of Latter-Day Saints）非常適合作為實例，來說明虔信者如何不斷尋找各種方法來統合全世界。猶他州普若佛（Provo）的傳教士培訓中心每年都會以多種外語來訓練數以千計的年輕傳教士。此後，培訓中心會派遣他們去從事十八個月或兩年的傳教活動，這是教會對所有信徒的強制要求。無怪乎許多曾經的摩門教傳教士現在會受僱於政府機構與涉外商業組織，成為今日的「全球化者」。據說，甚至連中央情報局的各級職員裡，都有為數可觀的摩門教徒。

短波無線電的發明使基督教廣播傳到了世界的所有角落，而今天的衛星電視和網際網路則使傳教活動達到空前的規模。例如，全球性基督教電視臺「上帝電視臺」（GOD TV）的主打頻道「上帝頻道」（GOD Channel），就通過十五個不同的衛星傳送，據報導，在全世界擁有約二點七億觀眾。今天，大量以網際網路為基礎的基督教新聞網路與新聞節目將信眾持續地結合在一起，鼓勵他們展開宣傳和團體活動。基督教網路也在促使輿論關注達佛的大屠殺時發揮了作用，刺激人權觀察等其他非政府組織採取行動。但和過去一樣，傳教活動也帶來了仇恨、迫害與痛苦。一位評論家曾這樣譴責「上帝頻道」：「一刻不停地散播充滿仇恨、蠱惑民心、憎惡同性戀者的偏見，大都帶有美國右翼福音派信徒的氣息（並從那裡獲得資金）。」47

沙漠中的啟示

基督教的教化活動，驅使羅歷山、利瑪竇、李文斯頓等傳教士學習異國語言，並將《聖經》譯為許多語言的版本，但伊斯蘭教在世界上的推進，本質上卻只倚重一種語言。《古蘭經》雖有其他譯本，但真正的穆斯林只有用阿拉伯語才能理解真主的福音，那正是真主對先知穆罕默德宣講時所用的語言。現在，許多伊斯蘭電視臺與網站都開設阿拉伯語課程，以使世界各地的信眾都能朗讀西元六一〇年麥加商人穆罕默德・伊本・阿卜杜拉（Muhammad ibn Abdallah）在一個漆黑的夜裡聽到的言語。根據一些記載，商人穆罕默德既不會讀也不會寫。他在麥加城外希拉山（Mount Hira）的一處隱修所看到了神跡。一位天使叫醒他，命令他宣讀讚頌真主的言詞：「你應當奉你的創造主的名義而宣讀，他曾用血塊造人。你應當宣讀，你的主是最尊嚴的，他曾教人用筆寫字，他曾教人知道自己所不知道的東西。」穆罕默德發現自己用優美的阿拉伯語說出這些話，而這些話就是阿拉伯語真主福音的最初幾句話，也是一本聖書的開端，書中呼籲要建立一種新的社會——「烏瑪」（*umma*），不以部落忠誠為基礎，而以信仰為基礎。在後來的二十三年裡，啟示一條條、一節節地傳到先知那裡，最後成為《古蘭經》，意即「宣讀」。他開始在自己所屬的古萊什部落宣導順從「唯一的真神」，過一種基於兄弟情誼與正義的、合乎道德的生活。到先知於六三二年去世時，幾乎所有阿拉伯半島的部落都統一在這種稱為「伊斯蘭」的新宗教之下——意為完全歸順和服從於造物主。其後的一百年裡，在先知繼承人——哈里發（Caliph）——的率領下，伊斯蘭教征服了從亞美尼亞到西班牙的廣闊土地。七三二年的圖爾戰役中，伊斯蘭大軍最終在進入法蘭西的咽喉要道上失利。若無這場失敗，伊斯蘭教也會席捲整個西歐。在十四世紀晚期，一些蒙古人皈依伊斯蘭教，他們也帶著遊牧民族特有的勇猛投入了傳播伊斯蘭教的使命。又有一個突厥部落在「義戰」（*ghaza*）[⑤]精神的鼓舞下崛起了。以奧斯曼貝伊（Osman Bey，也就是後人說的鄂圖曼）為首的這些聖戰者，堅信自己是經過揀選的「安拉的寶劍」，要「從東方直到

⑤【編註】這個詞原指軍事遠征或掠奪，後來漸漸染上了宗教戰爭的意涵，通常用來指稱先知穆罕默德所領導的戰役或軍事行動。

西方，一路燃起伊斯蘭的熊熊烈火」。他們最終建立了有史以來最廣大的伊斯蘭帝國，恢復了哈里發政權。[48]在亞洲與其他地方，類似這樣的伊斯蘭教征服運動帶來了一個統一於一種宗教與文化的龐大伊斯蘭社會。大量的非阿拉伯人皈依伊斯蘭教。在哈里發國裡，除歐洲南部外，其他地方的非伊斯蘭教人口都縮減為極少數。在肥沃月彎，大量的埃及人和北非人接受了阿拉伯語，放棄了伊斯蘭教興起之前的語言。伊斯蘭教和阿拉伯語崛起為一種新文明的核心。伊斯蘭帝國幅員廣闊，國內居民交流密切，可謂今日全球化的先聲。正如今天正在興起的全球社會一樣，一位研究伊斯蘭教的學者寫道，伊斯蘭世界「在經濟、政治與文化領域裡，都顯示了地方性與普世性的存在、互動與契合……資本、商品、理念與人口都在這片廣袤的地域裡川流不息」。[49]

基督教和伊斯蘭教都具有同樣的普世驅動力，這種動力則是以「其信仰應成為全人類的宗教」的信念為基礎。但伊斯蘭教有一個與基督教迥然不同的特點——它沒有任何專門負責傳教的神職階層或教會。伊斯蘭教學者和傳道者常與商旅同行，但並不存在由哈里發國統轄的傳教組織或海外傳教團。伊斯蘭教在最初幾百年間，主要是通過在地中海世界和中亞的軍事征服來傳播信仰。但伊斯蘭教能在非洲和東南亞贏得信眾，還是要歸功於一般穆斯林針對周遭非信徒的傳教活動。歷史學者湯馬斯．阿諾德（Thomas Arnold）在其經典研究中詳述說，伊斯蘭教最早傳到東歐，是因為一位遭拜占庭帝國俘虜的伊斯蘭教法學者。[50]但在大多數的情況下，是靠商人將這個宗教傳到廣闊的地域。伊斯蘭教教義簡明扼要——「萬物非主，唯有真主」——其信徒又滿懷熱情，這些都令人印象至深。不僅信條簡單，沒有繁瑣的神學理論，而且穆斯林所要承擔的責任也很簡明：宣讀經文、每天遵行五次祈禱、奉納天課⑥、在齋戒月（Ramadan）期間禁食、赴麥加朝聖。正如著名的十四世紀摩洛哥旅行家伊本．巴杜達所說的，麥加已成為「穆斯林世界一年一度的聚會場所」。[51]自古羅馬時代起就存在的跨撒哈拉沙漠駝隊貿易，成為伊斯蘭教傳到西非的主要途徑。葉門和阿曼商人沿東非斯瓦希里海岸旅行，購買象牙和奴隸，同時也贏得了信眾。到十一世紀初，許多非洲王國已經皈依了伊斯蘭教，阿拉伯語也成為宗教與學術的語言。十四世紀，龐大的馬利帝國（Mali Empire）的統治者曼薩．穆薩（Mansa Musa）進行了一次著名的麥加朝聖。[52]當阿拉伯商人將伊斯蘭教帶到非洲時，伊斯蘭教在亞洲也繼續進軍——長期以來，亞洲就一直是阿拉伯半島商人的大舞臺。

剛開始，伊斯蘭教是通過商人在印度次大陸和平地傳播（我們先前曾講到馬拉巴爾海岸出現的伊斯蘭商人後裔社群）。但後來在印度的傳教活動卻成為伊斯蘭教歷史上最暴力的篇章之一。在人們眼中，伽色尼人（Ghaznavid）入侵印度之舉本是一場針對印度教異教徒的聖戰，後來卻成為劫掠寺廟黃金與珠寶的良機。伽色尼的馬哈茂德（Mahmud of Ghazni）在西元一〇〇〇年攻佔德里後寫道：「我來到印度斯坦與異教徒作戰。我戰勝了敵人，我斬殺了幾拉各（lac，數十萬）的異教徒和偶像崇拜者，信仰之敵的獻血沾滿了我傳教的寶劍。」[53]顯然，在這樣一位傳教者看來，教化異教徒和劫掠他們的黃金並不矛盾。

伽色尼的馬哈茂德製造了如此多的殺戮，也因此使世世代代的印度教徒對穆斯林心懷怨恨，進而在九百年後導致了痛苦的分裂，產生了信仰伊斯蘭教的巴基斯坦。不過，也是這位馬哈茂德，

⑥【編註】根據伊斯蘭教法，一旦個人的財產超過特定數額，就必須繳納一定比率的稅款，如此一來，其財產才算合法純潔。此即為天課。

從中亞帶來了一位卓越的學者比魯尼（Al-Biruni）。[54] 比魯尼在印度住了十年，就其見聞寫下的《印度考》（*Tahqiq-i-Hind*）一書，至今仍是一部歷史學的寶藏。更重要的是，該書在印度與阿拉伯世界之間架起一座知識的橋樑。比魯尼學會了梵文，以批判偶像崇拜者的信仰，但他對印度典籍的翻譯，也讓這些典籍為更廣闊的世界所知曉。他翻譯了印度的數學著作，使阿拉伯數學家得以將印度數字和「零」的概念傳到西方。有位歷史學者稱比魯尼是「世界上第一位東方學者」，並稱他「對伊斯蘭世界的文化提出了一個重要觀點：穆斯林可以思考與伊斯蘭教完全無關的事情」。[55] 伊斯蘭教在印度數百年的統治，為這個印度教徒佔多數的國家留下了世界第二大的穆斯林人口，同時也帶來了摩擦與政治分歧。但這段統治也產生了豐富的文化交融，恢弘的大理石建築泰姬瑪哈陵以及音樂、繪畫和文學都是例證。

聖戰打到亞洲

伊斯蘭教簡潔平等的特徵，在等級森嚴的東亞社會中吸引了不少人。但除此之外，這個新信仰之所以吸引力強大，還有其他世俗或現實的原因。早在七世紀或八世紀，穆斯林商人就到達廣州，在那裡修建了可能是最早出現於中東地區之外的清真寺。但直到幾百年後，隨著阿拉伯商人人數增加，伊斯蘭教方才在東南亞取得立足點。三角帆和羅盤的使用、加之以對亞洲香料需求的不斷增長，都大幅促進了阿拉伯人與印度以及東南亞各個「胡椒王國」之間的貿易。阿拉伯人「嗜食香料」之風在十字軍戰爭後也開始影響歐洲人。馬可．波羅在一二九八年說：「波臘（Perlak，位於北蘇門答臘）居民過去都是偶像崇拜者，但由於與時常乘船至此的撒拉森（Saracen）商人接觸，他們已全體皈依了穆罕默德的律法。」[56]

東南亞各港口的穆斯林移居地人口日漸增加，而伊斯蘭教力量在印度西部的崛起也強化了這個趨勢。幾百年來印度商人一直從那裡出發前往東南亞。到一五〇〇年，古吉拉特的穆斯林商人已經遍布印度洋和東南亞的各大港口。印度各個強大的穆斯林君主也因這些商人而勢力大增。[57] 馬來人和印尼人不僅為商人的虔信及其攜帶的「聖書」所吸引，商人生活方式的奢華與精緻也深深觸動了他們，大群菲律賓人皈依伊斯蘭教也是出於類似的考慮。對許多商人而言，如想實現成功的人生，最保險的方法就是加入商界的伊斯蘭兄弟會。有一份十六世紀西班牙人的記述解釋說，菲律賓人「相信，唯有順從汶萊的摩洛人（Moros）信仰的宗教，才能進入樂土，享有成功的事業。他們對此非常重視⋯⋯這些民眾更為富庶，因為他們是商人，並以奴隸耕種土地」。[58] 歷史學者安東尼．瑞德指出，從事貿易職業就得過著居無定所的生活，因此需要一種不同於崇拜祖先、樹木、山嶺等神靈的信仰，一種以一位無所不在的神為基礎的信仰。「不斷遷移的商人需要一種適應性更強的宗教。離開自己的島嶼後，他需要被貿易城市接納，建立關係。對於此類商人而言，伊斯蘭教不僅提供了一種信仰，而且提供了一種社會體系」。[59]

一四〇九年，信奉印度教的麻六甲國王拜里米蘇拉帶領整個宮廷自願皈依了伊斯蘭教。這個戲劇性的例子，說明伊斯蘭教已變成一股新的經濟力量。後來，貿易城市巨港的漢人統治者也步其後塵。這兩個城市都開始積極在本土與外國推廣伊斯蘭教，[60] 這也是保障東南亞最重要的貿易港口長盛不衰的可靠途徑。隨著古吉拉特商人和阿拉伯商人在東南亞海事領域的地位不斷提高，愈來愈多的鄉村與城市居民隨之皈依了伊斯蘭教，接受其生活方式，將自身定位為跨國穆斯林社會的一員。到了十七世紀初，已有為數可觀的土耳其、波斯和阿拉伯商人常駐東南亞。與伊斯蘭教的交流不僅能帶來財富和威望，而且似乎提供了合法性。爪哇馬塔藍（Mataram）王朝的統治者在向麥加派遣使團後更獲得了蘇丹頭銜。[61]

依靠貿易的力量，伊斯蘭教在此和平興起。然而到了十六世紀，充滿侵略性的歐洲列強來到了這裡。他們把對香料的貪欲、傳播福音的狂熱和對伊斯蘭教的敵意結合在一起。葡萄牙人不分青紅皂白地襲擊伊斯蘭航船，奪取港口麻六甲市，將十字軍精神帶到了亞洲。安東尼．瑞德表示，這些做法「使世界強權之間的衝突第一次打亂了亞洲的歷史。局部性的衝突剎那間演變成十字軍和聖戰，各國統治者也第一次發現，子民信仰的改宗攸關君主的生死」。[62]在葡萄牙人的攻擊下，損失慘重的商人逃離麻六甲，在其他貿易中心穩住腳跟，而這些城市也「有意識地成為反抗異教徒入侵的穆斯林城市」。[63]蘇門答臘島上方的亞齊王國因為朝聖者和學者集中在這個港口，等待登上胡椒運輸船前往聖地而贏得「麥加走廊」的稱號。由於這場衝突帶來了新的聖戰精神，亞齊國王致信奧斯曼蘇丹，請求他支援這場打擊葡萄牙人的聖戰。信中還說，在這個已落入「異教徒」手中的地方打通穆斯林的朝聖通道，將能給他帶來無數的財富，包括珠寶和金銀。儘管奧斯曼最高統治者對這個計劃很感興趣，但他提供的支援幾乎絲毫無損葡萄牙人的力量。

隨著聖戰精神傳入這一地區，伊斯蘭教各國也開始與既有的印度教—佛教王國爆發衝突。伊斯蘭教軍隊人數雖少卻意志堅決，堅信得到安拉的庇佑，又配備了巨型的土耳其大炮等火器，擊潰了對方的抵抗。戰敗的君主及其臣民雖然接受了勝利者的信仰，但只不過是在既存的神靈崇拜、印度教與佛教的神話與儀式之上，形式性地接受伊斯蘭教而已。印尼研究者M．C．李克列弗斯（M. C. Ricklefs）就爪哇的情況寫道：「多少稱得上伊斯蘭式的服裝底下，舊日的文化依然在生長……爪哇的穆斯林似乎堅定地認為，他們的（伊斯蘭教）信仰是真實而正確的。」[64]直到今天，在印尼人口最多的爪哇島，依然矗立著高聳的婆羅浮屠佛塔。這種印尼化的、折衷性的、寬容的伊斯蘭教很快就與新來的阿拉伯正統教派產生碰撞，使這個國家爆發內戰。但伊斯蘭教已經開始影響這個地區文化的每一個角落。

由於穆斯林禁止用寫實手法描繪活物，一整套全新的幾何圖樣與阿拉伯式花邊於焉出現，更結合了東南亞熱帶地區的花卉圖案。[65]同理可證，由於任何以藝術形式代表人類的做法都遭到禁止，印尼人就改變了傳統的皮影戲，把象徵印度教典籍《羅摩衍那》中各種人物的木偶都弄成笨拙的樣子。為了展現信仰，爪哇島馬塔藍的蘇丹甚至穿上了中東服飾。仿效的風氣也蔓延到商人中。隨著航運的發展，赴麥加朝聖的商人日益增加，他們的服裝也逐漸改變了，朝聖歸來的商人已與敘利亞和埃及的商人一般打扮。

條條大路通麥加

汽船和鐵路的發明，逐漸強化了麥加作為伊斯蘭世界中心的地位，諷刺的是，汽船和鐵路都是由基督教殖民大國發明的。一八六九年蘇伊士運河開通。自十九世紀晚期起，荷蘭和不列顛的航運公司開設了供朝聖之用的定期航班。這些都加強了泛伊斯蘭交流聯繫。[66]有了荷蘭人的汽船運輸，光是來自印尼一國的朝聖者就從十九世紀五〇年代每年約兩千人，上升到二十世紀之交的七千人。在穆斯林一年一度的朝聖集會上，人們從阿拉伯人的宣講和世界各地的宗教學派那裡瞭解流行思潮，加以傳播。朝聖者還經常會在麥加或開羅逗留更長時間，進一步從事宗教研究。[67]一些阿拉伯世界的新觀念——尤其是逐漸興起的保守主義思想——在傳入印尼後，很快就給這個已擁有世界最多穆斯林人口的國家帶來了一定的影響。

一八〇三年，阿拉伯世界發生了第一起受到遙遠異國啟發的激烈政治運動。當年，三名深受正統瓦哈比運動（Wahhabi movement）影響的蘇門答臘朝覲者從麥加朝聖歸來。該教派的創立者穆罕默德．伊本．阿布杜．瓦哈比（Muhammad ibn Abd al-Wahhab）呼籲重返穆罕默德在麥地那建立的純潔穆斯林社會，並將伊斯蘭擴展到其他文化的過程中所吸收的儀式與風俗全部摒棄。如有任何穆斯林拒絕接受這種排外、純粹思想的教義——尤其是什葉派和信奉神秘主義的蘇非派信徒——都要趕盡殺絕。印尼的伊斯蘭教摻雜了爪哇當地神秘主義的因素，屬於折衷性質，於是歸國的瓦哈比派信徒便視其為眼中釘。他們旋即發起了一場聖戰，矛頭對準印尼版伊斯蘭教的每一個角落，例如蘇非派教徒向聖徒禱告的做法、母權制社會的保留以及對飲酒與賭博的容忍。蘇門答臘南部的聖戰成為一場殘酷的戰爭。直到一八三八年，荷蘭殖民者的干預才終於平息了聖戰。無獨有偶，埃及軍隊也殘酷鎮壓了阿拉伯地區的瓦哈比派運動。[68]

但瓦哈比學派卻生存下來，等待再戰的時機。在今日沙烏地王朝的創立者、強大的阿拉伯部落酋長穆罕默德．伊本．沙烏地（Muhammad Ibn Saud）的保護下，教派逆境圖存，直到奧斯曼帝國的崩潰帶來新的機會。在不列顛的軍火支援下，伊本．沙烏地的繼承人阿卜杜勒．阿齊茲（Abd al-Aziz）於一九三二年控制阿拉伯半島，將其改名為沙烏地阿拉伯王國。傳說瓦哈比曾希望他立下誓言：「你將對不信者（非瓦哈比派的穆斯林）實施聖戰。作為回報，你將成為穆斯林社會的領袖，而我將成為宗教領袖。」[69]

阿卜杜勒．阿齊茲遵守誓言，處決了四萬名男子，並尊瓦哈比派為國教。[70] 正統派信仰在沙烏地阿拉伯的興起，激發許多印尼人發動了「伊斯蘭領地運動」（Darul Islam movement，阿拉伯語為 *dar al-Islam*），以反對穆罕默德．哈達（Mohammed Hatta）、蘇卡諾（Sukarno）等印尼民族主義者準備建立的世俗國家——印尼共和國。「伊斯蘭領地運動」遭到鎮壓，領導人遇害，但曾經鼓動印尼穆斯林去奪取權力、以便在伊斯蘭教法（sharia）基礎上建國的瓦哈比—薩拉菲（Wahhabist-Salafi）[⑦] 意識型態，至今依然存在。

自東南亞人開始信奉伊斯蘭教，他們便逐漸成為整個伊斯蘭社會的一部分。而聯結這整個社會的紐帶，則是沙烏地阿拉伯和埃及的伊斯蘭學校（madrassa）提供的宗教教育，當然也包括麥加朝聖。自沙烏地王室在瓦哈比派支持下於沙烏地阿拉伯興起後，其宗教部門就致力於傳播正統派信仰，大筆的石油財富也成為傳教經費。沙烏地家已經出資在許多發展中國家創辦了數千所宗教學校和清真寺。我在拜訪印尼鄉間一所宗教學校時，受到教師以阿拉伯語表示熱烈歡迎，那位教師以為我是一位來自聖地的訪客。該校用《古蘭經》的語言向學生授課。在美國發生九一一事件，以及二〇〇二年伊斯蘭原教旨主義者在峇里島一家夜總會製造爆炸案後，世人開始仔細審視瓦哈比派教義與蓋達組織（al-Qaeda）[⑧] 之間的密切聯繫——這個跨國恐怖主義組織致力於將外

⑦【編註】薩拉菲運動（Salafi movement），是伊斯蘭遜尼派內部的極端保守派改革，強調模仿先知穆罕默德與早期追隨者，擯棄過去的宗教改革。但薩拉菲主義者仍然有派系之別，棄絕政治的純粹主義者佔多數，參與政治的積極分子次之，傾向發動聖戰的則佔少數。

⑧【編註】由奧薩瑪．賓．拉登（Osama bin Laden, 1957-2011）與阿卜杜拉．尤素夫．阿扎姆（Abdullah Yusuf Azzam, 1941-1989）約在一九八八年至一九八九年間成立的伊斯蘭激進組織，其起源來自於阿富汗戰爭期間由阿拉伯志願者組成的游擊隊。蓋達組織被美國、歐盟、俄羅斯、北大西洋公約組織等多個國家和機構認定為恐怖組織，曾發起包括二〇〇一年「九一一攻擊事件」等多起恐怖攻擊。

國勢力驅逐出穆斯林國家，重建穆斯林哈里發國。[71]自從五百年前從阿拉伯沙漠傳來以後，伊斯蘭信仰一直都在改變這個地區的面貌，直到今日。一度有「麥加走廊」之稱的亞齊，現在已是保守派伊斯蘭教的集中地之一，並以野蠻的方式實施伊斯蘭教法。九一一攻擊之後，阿富汗、巴基斯坦等新的動盪地帶成為人們關注的焦點。沙烏地支持的伊斯蘭學校除了為年輕人提供宗教教育外，還成為伊斯蘭好戰精神的孵化器，為蓋達組織的恐怖分子隊伍帶來生力軍。研究伊斯蘭教的法國學者奧利維耶．羅瓦（Olivier Roy）說，一九六〇年代的激進分子夢想著「無產階級世界」與「革命」，而蓋達組織就像當時的他們，夢想著一個無遠弗屆的真實烏瑪：「他們是失落的一代，脫離了傳統的社會與文化，又對西方社會大失所望。他們幻想的全球穆斯林國，既是全球化的鏡花水月，又是一種對全球化的復仇。他們自己就是全球化的產物。」[72]

雖然現代交通與通訊的發展為全球恐怖主義的崛起提供了條件，但也強化了伊斯蘭教的兄弟情誼。每位穆斯林在一生中都必須至少去麥加朝聖一次，這樣的規定使他們建立了強韌的全球紐帶。昔日的麥加商旅雲集，數百年來，一年一度的大型集市吸引了遠來的駝隊與異國的物品。今天的麥加已成為世界上最為全球化的聖城。二〇〇四年，約有來自世界各地的兩百三十萬穆斯林聚首麥加，不同膚色、不同語言的男女身穿同樣的無縫白色棉袍，匯成巨大的人流圍繞天房轉動，分享神的恩澤。此時此刻，所有恩怨都消失於無形。[73]歐洲已有了大量的穆斯林少數族裔。中東和南亞的宗教教師也經常前往歐洲，在歐洲清真寺的週五禮拜上布道。

麥加和沙烏地王國仍是全世界伊斯蘭教信仰的中心，不過現代科技已經大大擴大了傳教士的範圍。數十個衛星電視頻道播出的新聞與評論，在世界各地都能收到，例如總部設於沙烏地的「阿拉伯電視臺」(al-Arabiya)、設於卡達的「半島電視臺」(al-Jazeera) 以及黎巴嫩什葉派真主黨 (Hezbollah) 的喉舌「烽火電視臺」(al-Manar)。一九九五年開辦、總部設於美國的「伊斯蘭城」(IslamiCity) 也播出阿拉伯語教學，自稱每月有一百萬人收聽宣讀《古蘭經》的節目。[74] 人氣網站「線上伊斯蘭」(Islam Online) 宣稱其任務是「創辦一個獨一無二的全球性伊斯蘭教網站，用多種語言為穆斯林和非穆斯林提供服務，提供與伊斯蘭教有關的一切資訊，包括其科學、文明與民族」。[75] 二〇〇五年秋天，恐怖組織蓋達創辦了新聞網站「哈里發國之聲」(Sawt al-Khilafah)——一身戎裝的播音員在桌上放著一把槍和一本《古蘭經》，向信徒播報有關全球聖戰的新聞，並「向伊斯蘭人民致以最良好的祝願」。[76] 我們不清楚有多少人收看他們的節目，但這提醒人們——虛擬傳教的新時代已經到來了。先知穆罕默德曾設想建立一個超越國家疆界的伊斯蘭社群，現在這個理想比以往任何時候都更接近於現實。雖然什葉派與遜尼派之間的怨恨和裂痕仍在困擾著伊斯蘭教，但現在廣播、電視和網路已將全世界十六億穆斯林連接在一起，而且信眾的數量仍在增長。

在河裡煎熬吧，你這魔鬼的孽種！

為了尋找新的靈魂來感化，傳教士奔赴遙遠的國家與大陸。這些地方之所以為人所知，也有部分是傳教活動的功勞。我們已經看到，傳教士與原住民的遭遇帶來巨大的傷痛。作為這些傷痛的見證人，傳教士將這些悲劇和慘無人道的故事轉述給世人。但他們也首次以具體的方式帶出了這樣的問題：「人是什麼？」「他或她又擁有什麼權利？」我們或許可以把傳教士對人權的關注與論述所造成的局面，稱為「價值觀的全球化」。他們從一種完全不同的文化出發，體認另一位人類同胞所擁有的權利。這種關注，加上人們對共同道德準則與國際社會目標的追求，推動了國際特赦組織、人權觀察等新型「傳教」組織的興起。

前無古人的天主教教士巴托洛梅．德．拉斯．卡薩斯（Bartolomé de Las Casas）是最早引領世人關注這個問題的思想家之一。他在新大陸旅居四十四年後回到本國，值此期間也開始探究有關人權的一些根本問題。拉斯．卡薩斯使西班牙國內瞭解到了西班牙基督徒正在原住民身上犯下可怕的罪行。在一五四二年出版的《東印度群島毀滅之簡述》（*A Short Account of the Destruction of the Indies*）一書中，他記下了許多駭人聽聞的事情，下面就是其中的一段：

擁有馬匹、刀劍和長矛的基督徒開始屠殺，用各式各樣的方法虐待他們。基督徒攻擊城鎮，不論是兒童、老人、孕婦還是產褥裡的婦女，全不放過；不僅刺死他們，肢解他們，還砍為肉泥，如同對待屠宰場裡的綿羊一般……他們將嬰兒從母親的懷抱中奪走，抓住雙腳，頭朝地擲到碎石上，或是抓住雙臂扔入河中。當嬰兒掉入水中的時候，他們狂笑不已，口中高喊：「在河裡煎熬吧，你這魔鬼的孽種！」

這本獻給菲力浦二世國王的著作引發了最早有關人權的爭論：以活人獻祭的印第安原住民稱得上是人類嗎？他們擁有什麼權利？拉斯．卡薩斯與神學界的泰斗胡安．西內斯．德．塞普爾貝達（Juan Ginés de Sepúlveda）進行了一場歷史性的辯論。塞普爾貝達認為美洲原住民「粗野、頭腦簡單、目不識丁、毫無教養、獸性未脫，除手工技能外，不可能學會任何東西」。[77] 對於原住民的人性問題，拉斯．卡薩斯則是這麼回答：

> 世界上的所有人都屬於人類。不論集體或個人，人類的定義只有一個：他們是理性的存在。每一個人都擁有理解能力和意志力，這是根據上帝的形象與特徵賦予的；所有人都有天生的能力與才幹來理解、掌握其所沒有的知識——所有人都樂於行善，對罪惡深惡痛絕。就創造過程而言，所有人都是相同的。沒有人生而知之。有鑑於此，我們所有人都需要先於我們降生的人來指導和幫助，這是必然的結論。就算把世界上的野蠻人比擬作未開墾的土壤，野草和無用的荊棘雖然迅速在荒地上生長了起來，但土地內仍藏有一種天生的能力，只要通過勞作和耕耘便可結出健康有益的果實。因此所有人類都是一樣的。[78]

拉斯．卡薩斯說服國王下令禁止強迫皈依。儘管追求權勢與貪欲的現實很快壓過了道德的呼聲，禁止強迫皈依的政策並未維持多久，但這場辯論還是激勵了未來的改革人士。

帶著傳教使命踏上旅程的大衛．李文斯頓，則是除奴隸販子之外最早在非洲內地旅行的歐洲人。他的報導使人們對奴隸貿易的恐怖與殘忍有了更多的認識。李文斯頓曾看到阿拉伯商人帶領著多達一千人的奴隸隊伍，奴隸們被捆在一起，戴著脖套或腳鐐，吃力地拖動象牙或其他沉重的貨物，艱難地穿越叢林走向海洋。李文斯頓還有一些更值得一提的報導，例如他在剛果的納揚圭（Nyangwe）親眼目睹奴隸販子進行的一場屠殺。當時他正在尋找尼羅河的源頭，卻偶然碰上這事。由於身上帶的紙用完了，他就在僅存的碎紙片上記載下來：「下筆時，我聽到從河左岸上遭殺害的人那裡傳來淒厲的哭號，他們不知道自己的許多朋友早已葬身盧阿拉巴河（Lualaba）的深淵。噢，願神的國降臨！」李文斯頓把自己的記錄寄回不列顛出版，並且表示，如果他的報導能使烏吉吉（Ujiji）當地恐怖的奴隸貿易受到制裁，「我想，那會是迄今為止最偉大的一件事，更勝發現尼羅河的所有源頭」。[79]不列顛議會著手討論這個問題，到一八七三年，李文斯頓去世後不到一個月，不列顛便以海上封鎖相威脅，迫使尚西巴（Zanzibar）的蘇丹關閉了奴隸市場。

李文斯頓還對南非的布爾（Boer）[9]政權大加撻伐，這也促使不列顛輿論轉而反對布爾人的種族隔離政策。他警告說：「這些白人竊賊未來會看到黑人模仿他們；雖然現在布爾人認為，讓一名卡非人（Caffre）[10]流血相當於讓一隻狒狒流血，但也許就在不遠的將來，他們自己的命也會一文不值。有朝一日，我們說這樣的話或許也不算過分：反抗的爆發『既不違反正義原則，也不是無的放矢的暴亂』。」[80]

李文斯頓沿襲的是不列顛宗教廢奴主義者的傳統。在他之前五十多年，就有一位議員——福音派信徒威廉．威伯福斯（William Wilberforce）——發起了一場運動，反對聯合王國國內存在的奴隸制度。十八年間，他每年都向議會提交反對奴隸制的立法建議。一七八九年，威伯福斯發表了第一篇著名的呼籲廢除奴隸貿易的演講。在演講中他試圖喚起奴隸販子的同情心：「我不會指控利物浦的商人：我猜——不，我確信——他們都是有人性的人；因此我相信，若非罪惡如此滿盈，他們一定會注意到個別的事件，個別的事件則會使他們進一步關注全局，對這件事也會更有感觸，他們絕不會頑固地堅持這種貿易的。」[81]

一八三三年八月，也就是威伯福斯去世後一個月，議會廢除了全帝國範圍內的奴隸制度。不過，他發起的運動卻並未撼動美國種植園的奴役情境。美國的奴隸制又延續了三十年。但反奴隸制運動可算作是第一場聲揚「人人平等」理念的跨國運動，這種理念也表現在美國憲法與法國大革命期間的《人權宣言》（Declaration of the Rights of Man）中。

與其詛咒黑暗，不如點亮燭光

取得這些進展之後的一百五十年裡，由於各國政府仍然以國家的種種名義為藉口，對本國國民施加暴力，人權依舊只是宗教組織與知識分子談論的概念，沒有實際意義。要等到媒體將全球社會更緊密地連在一起時，各地保護人權的呼籲才得到了世界性的回應。而全球第一個推動人權的非政府組織，恰好是在第一顆通訊衛星發射、世界的距離快速縮小之時誕生的，這也許並非偶然。此前，媒體報導世界新聞時已經得到國際電話與電報的一臂之力，現在又得到了新的動力。這是人們頭一次有機會大門不出，就能夠成為傳教士。

年輕的不列顛律師彼得·本南森（Peter Benenson）恰恰就是這樣的一個人——一位不用離家傳教的人權傳教士。一九六一年，在一個春日早上，本南森前往倫敦上班的途中讀報時，突然靈光一閃：不用親身拜訪受害者所在之地，便能與傷害人類同胞的非正義行為對抗。一篇報導讓他義憤填膺：兩名葡萄牙學生只因在里斯本一家餐館裡為自由舉杯，便遭到逮捕，被判處監禁。當時的葡萄牙處在安東尼奧·德·奧利維拉·薩拉查（António de Oliveira Salazar）的獨裁統治下，

⑨【編註】「Boer」原為荷語中的農夫，在南非，這個詞用來指稱十八世紀前往南非開普拓殖的荷蘭移民後代。布爾人後來離開開普殖民地，建立了奧蘭治自由邦（Orange Free State）、川斯瓦（Transvaal）等政權。

⑩【編註】在南非指黑人，「Caffre」為過去的拼法，現多作「kaffir」。

這樣的事情屢見不鮮。但本南森開始思考，要如何動員輿論來反對這種踐踏基本人權的事。他後來寫道：「打開一週裡的任何一期報紙，你都能找到這樣的報導：在世界上的某個地方，某個人因為一些觀點或信奉的宗教不容於本國政府，便遭到監禁、虐待或處決。讀者會厭惡自己的無能為力。但如果把世界各地讀者的厭惡感匯聚成共同的行動，就能改變一些事情。」[82]

本南森說服《觀察家報》（*The Observer*）編輯在五月二十八日週日特刊的頭版刊登了一則呼籲，題目是〈被遺忘的囚徒〉（"The Forgotten Prisoners"）。他知道在一百年前，輿論壓力曾經帶來過奴隸的解放。本南森認為時機已到，應當將輿論動員起來，讓所有國家因為本國所囚禁的政治犯、良心犯或虐囚者感到羞恥。拜媒體國際化之賜，世界各地有許多報章雜誌都轉載了他的呼籲書。七月，來自不列顛、比利時、法國、德國、愛爾蘭、瑞士和美國志同道合的人士舉行集會，要建立「一個保護言論與宗教自由的永久性國際運動」。[83]第一個保護人權的國際非政府組織——國際特赦組織——就此成立。繼在倫敦開設第一個辦公室後，駐西德、荷蘭、法國、義大利和瑞士的辦公室也很快設立。一年後，又成立了一個「良心犯基金」（Prisoner of Conscience Fund），以向犯人及其家屬提供救濟。在媒體宣傳的鼓舞下，七個國家的七十個團體「領養」了兩百一十名政治犯。國際特赦組織選擇用鐵絲網圍繞的蠟燭圖案作為標誌。本南森回憶道：「世界各地的集中營與地獄的深淵曾經漆黑一片。現在，鐵絲網圍繞的蠟燭、『特赦組織』的燭光卻照亮了黑暗。當第一次點燃『特赦』蠟燭時，我腦海中迴響著古老的諺語：『與其詛咒黑暗，不如點亮燭光。』」[84]

本南森並非一夕之間就變成一位傳教士。他很早就開始關注正義與人類的苦難。十六歲時，他就發起了人生的第一場慈善活動，為西班牙內戰中共和政府方的戰爭孤兒募捐。由於擔心德國猶太人在希特勒治下的命運，他設法從當年伊頓公學的同窗及親屬處籌錢，將兩名年輕的德國猶太人帶到不列顛，此舉興許還救了他們一命。身為一名年輕的律師，他以熱心人權事業而贏得美譽。在西班牙、賽普勒斯、匈牙利和南非的經歷，都使他堅信要保護個人免受國家權力的侵犯，維護法治。起因於他在一九六一年的靈光一閃，世人的力量才得以有效動員起來，發起一場超越國界的草根運動。一九七七年，國際特赦組織獲得諾貝爾和平獎，此組織也以分布在一百零七個國家、十六點八萬人的名義領取了獎勵，這些人都是積極成員與支持者。到二〇〇五年，國際特赦組織成員與支持者的隊伍，已增加到一百五十多個國家與地區的一百八十萬人。

高速的全球意識

國際特赦組織不僅規模擴大、影響力強，關注的層面也擴展到了《世界人權宣言》（Universal Declaration of Human Rights）清楚談到的所有權利。一九四八年十二月十日，聯合國安理會採納、宣布了《世界人權宣言》，宣布人人有權享有生命、自由和人身安全，任何人不得加以任意逮捕、拘禁或放逐。但《世界人權宣言》頒布以來，世界範圍內的人權情勢卻差強人意，國際特赦組織秘書長、孟加拉人簡愛蓮（Irene Khan）對此感到悲哀。簡愛蓮在二〇〇五年國際特赦組織年度報告中寫道：「今天，聯合國似乎沒有約束其成員國的能力和意願，安理會未能下定決心就達佛問題採取有效行動。到頭來，裝備不良的非洲聯盟觀察員只能無助地站在一邊，目睹戰爭罪行和反人類罪行發生。」[85]國際特赦組織和「國際刑事法庭推動聯盟」（Coalition for an International Criminal Court）組織了施壓活動，並得到人權觀察等約兩千個國際非政府組織的參與。他們的合作最終促使安理會將達佛形勢提交國際刑事法庭。

正如人權觀察組織主任肯尼斯．羅斯所解釋的，它們這類組織所擁有最有效的利器，就是透過媒體，讓各國政府在國內輿論與外國政府面前難堪的能力。國際特赦組織的武器只有宣傳，也只能拿「公諸於世」當工具。羅斯所指的「媒體」活動，不僅是「人權觀察」將侵犯人權事件的報告源源不斷地傳給報紙和通訊社而已，還包括力量更強大的網際網路。在網路上可以刊登詳細的報告、影像，以及世界各地的訪客交流。人權觀察網站現在提供六種語言的報告，其職員總共能說約四十五種語言。整個人權運動就奠基於一條簡單的信念：輿論會迫使政府做出反應。不單是輿論，他國政府的壓力也會使政府做出反應。[86]羅斯坐在俯瞰曼哈頓區的辦公室裡說：「當我回想起二十多年前剛開始從事人權工作的時候，那時人們理解的人權報導就是：你去一個國家，在那裡花幾星期的時間收集資訊，回來寫一篇報導，然後發表。那是一個很緩慢、很漫長的過程。」直到網路出現，人權運動才騰飛起來。「網路真是帶來了天翻地覆的變化」。[87]

阿育王為弘揚佛法，把佛法刻在山壁上；玄奘用幾十匹馱馬將一卷卷的佛經運往中國；基督教傳教士遍行世界，把《聖經》翻譯成許多種語言，與新的信徒一起讀教義問答；虔誠的伊斯蘭教信徒遠行數千英里赴麥加朝拜，參加伊斯蘭學校。到了今天，基督教傳教士擁有強大的廣播與電視臺，用電波訊號傳遞基督的教誨，而伊斯蘭教組織也擁有衛星頻道，傳輸以聖戰打擊異教徒的資訊。所有信仰與運動無不使用「網路」作為工具，以傳播他們的資訊，贏得信眾。全世界人權組織和環保主義者也已聯繫在一起，堅持不懈地勸說更多人投身他們的事業。

理查．狄克說，達佛問題之所以能在安理會的投票中成功，「是經過了非常細緻的工作。不僅要使民眾瞭解到達佛發生的慘劇，對於那些想把局勢提交國際刑事法庭、卻擔心美國報復的政府，也要給他們聲勢上的支援，以穩定軍心」。[88] 他說，他們在歐洲、非洲和拉丁美洲做了許多工作，將原則上願意出面的政府組織成聯盟，最終迫使美國改變立場。不過，雖然這也許是一場重大的勝利，但人權活動者明白，這不過是新階段的第一步而已。自安理會投票以來，流血還在繼續。縱使非洲聯盟的維和部隊已經派駐當地，以勸說阿拉伯民兵組織停止種族滅絕性攻擊，但事實證明他們的力量還是太弱，無法勝任這份工作。在某些人權組織主導的全球行動之下，蘇丹政府在二〇〇六年十一月同意接受二萬名「聯合國—非洲聯盟混合維和部隊」入駐。但要給達佛人帶來安定的話，還有很長的路要走。正如國際特赦組織的簡愛蓮所說，她和其他活動分子都堅信普通人的力量能帶來驚天動地的變化。「我們永遠都會散播希望」。[89]

把狄克比作一名傳教士，或許會讓他不大自在，但他承認，為他人利益大聲疾呼的人，必然是有一種使命感在推動。這個領域不能讓人大發橫財，而且還得長期與家人分隔兩地。對那些在暴力事件現場報導的人來說，這更是個危險的職業。有些人參加人權運動是出於傳統的宗教理由：他們認為人權運動展現了人人皆由上帝創造、人人獨一無二的觀念。但許多人雖然也有類似的情緒，卻是從非宗教的角度出發。「世界上有些東西是值得體味、值得保護、值得珍惜的，這是他們個人的道德觀，與他們是否信仰上帝沒有多大關係」，羅斯如是說。「我們的工作就是提供這種保護，幫助別人。我想這裡面或許也有某種信念吧」。[90]

兩千多年來，四海一家的信念已經將全世界聯繫在一起。全球意識的形成就在一瞬之間，不論是好是壞，這種意識帶來的結果也都更為直接。

05 World in Motion 流動的世界

「陛下明鑑，我們做了一件最為榮耀的事情。我們發現世界是圓的，並繞其環航一周。我們向西方前進，卻從東方返回。」

——麥哲倫摩鹿加艦隊（Armada de Moluccas）生還的船長胡安．塞瓦斯蒂安．埃爾卡諾（Juan Sebastián Elcano）呈給西班牙國王查理一世（Charles I）的報告，一五二二年九月六日

二〇〇四年，一個平靜的六月清晨，瓜達幾維河（Guadalquivir）緩緩地流過塞維利亞。灌木叢與棕櫚樹在河岸兩邊的水泥堤岸上花團錦簇。我來到這裡，坐在寂靜的河畔。這條河曾經見證了新大陸的開發與一場大規模移民的開端，永遠改變了世界。一度統治西班牙的阿拉伯人稱它為「大河」（Wadi al-Kebir）。陽光還沒有驅散晨霧，很久以前曾經千帆競渡、百舸爭流的這條

河流現在籠罩在一團霧靄中，徒自追憶往昔的輝煌。曾經有各式各樣的船隻，裝載著來自新大陸的金銀、來自香料群島一筐筐漫溢香氣的丁香和豆蔻來到這裡卸貨，又把一桶桶著名的塞維利亞橄欖油和小麥運往異國他鄉。桅杆高聳的西班牙船載運著移民揚帆啟航，駛過黃金塔（Torre del Oro）向大洋前進。塞維利亞曾是歐洲的探險之都，最早探索亞洲新航路的航行之旅正是從這裡出發，接著是又一次的環球航行。在十六世紀，這些海上航行把近五十萬西班牙人載往新大陸，激起了一場全球範圍內的人流湧動，至今未曾稍歇。奔赴新大陸的西班牙移民中有五分之一來自塞維利亞。或許可以說：塞維利亞為現代的全球化時代賦予了生命。

將近五百年後的今天，站在河岸上的我很難想像一五一九年八月的那個晴朗的早晨，葡萄牙船長斐迪南．麥哲倫率領大批的黑帆帆船駛向大海，船桅上飛揚著西班牙國王查理一世的王旗。臨行前的晚上，全體船員前往聖母瑪利亞勝利教堂（Santa Maria de la Victoria）向神父告解，並祈禱一路平安。第二天一早，大炮齊鳴，隆隆的炮聲幾度打破清晨的寧靜，炮口冒出的白煙嫋嫋升起。一群人已經聚集在兩邊的河岸上，目送以「千里達號」（*Trinidad*）為領隊的五艘船組成的摩鹿加艦隊駛向大西洋。水手們只知道將要駛向遙遠的香料群島，但他們大多根本沒有想到自己得為了尋找一條從西方通往東方的新通道，在地圖上從未標注過的南美洲海域費盡周折。後來他們終於發現了這樣的海峽，並以船長的名字為其命名，但當水手們繼續前進時，他們的船隻又將駛入浩瀚的太平洋。多數人永遠無法回到塞維利亞。三年之後，一五二二年九月，形單影隻的「勝利號」（*Victoria*）殘破地回到瓜達幾維河的碼頭，最初啟航的船員中只有十八人生還。頭暈眼花、衣衫襤褸的船員赤腳走進聖母瑪利亞勝利教堂去感謝上帝，懺悔他們在一個未知世界的航行期間所犯的罪孽。這場遠征的歸來彌漫著陰鬱的氣氛，歡迎他們的只有幾聲例行公事的禮炮，但我們現在知道，此行是件非同凡響之事。此前大約一點二至一點四萬年，人類的祖先旅行到了太平洋的另一邊，而今，他們歐洲表親的後代第一次遠渡重洋，在凡人一生的時間裡環行了地球。人類彼此交流的「全球化」終於徹底實至名歸了。

聖方濟說，人類大都是「*homines viatores*」——不停移動的行動者。[2] 你還可以補充說，人類也是最愛冒險的生物。《牛津英語詞典》（*Oxford English Dictionary*）對「愛冒險」一詞的解釋是「習慣於從事或不斷進行許多歷險、開拓和勇敢的活動」。為了瞭解未知的世界、擺脫困境，或僅僅是為了尋找個人成長的機會，人類進行了千辛萬苦的冒險事業。

人類祖先走出非洲的歷史，便清楚說明了這種天性。但人類的遷徙並未隨著定居農業社會的出現而停止。本章將講述冒險家、旅行者、遷移者等探險家如何跨越一道道邊界，進而不斷地拓展人類社會之間的交流。我們已經看到，早期的農業人口如何為了尋找新的、更適宜定居的地區而遷移到了中亞和印度各地。在整個歷史上，人們不斷地遷移，有時是受到他人的逼迫，但其餘情況下都是自動自發，以求在異國他鄉尋找新的機會和更好的生活。歷史上還有一些難民因為受戰爭或迫害，不得已踏上遠赴異國他鄉的危險旅程——他們也可以歸入探險家的範疇。從亞述人在安納托利亞地區建立拓殖地的時代起，貿易移民便始終存在，難民也補充了這支隊伍。

在已知的世界之外別有什麼樣的洞天？這樣的好奇心激發了一代代的探險家踏上危險的旅途，帶回新的知識，將世界上愈來愈廣闊的地方連接在一起。在遷徙一度極端危險的時代裡，尋找新的資訊通常不是探險活動的唯一目的。馬可·波羅的旅行見聞雖然豐富了人類的知識，但其最初卻是一場商業之旅。哥倫布、達伽馬和麥哲倫都是官方委派的探險家，負責尋找通向財富的新航路。他們的發現在三個世紀後促成了人類史上最大規模的遷移行動。即便在地球上的所有角落都「被人發現」之後，人類仍然繼續旅行。昔日，好奇的旅行家翻越群山、跨越海洋去尋找新的世界，今日，他們則化身為遊客。昨天遠赴異鄉的財富追求者和契約移民勞工化身為今天的合法與非法移民。自從造成慘重傷亡的現代戰爭出現以來，難民的數量就不斷增加。隨著運輸工具的革新與旅行條件的改善，地球上的人口遷移數量一直在增加，導致更多的人居住在出生地之外的國家。二〇〇五年，世界各國共有將近二億移民。儘管世界上大多數人從未跨出過其母國的邊界，但他們的同胞在世界範圍內的擴展已經創造了「地球村」，將當年走出非洲的人類祖先的後代聯繫在一起。我們將在本章中看到，人類的已知世界不斷通過各種探索與冒險旅程而擴展，而這張交流之網也已經生長了很久很久。

漢諾與河馬

之前我們讀到，在西元前二千多年的時候，埃及女王哈特謝普蘇特向非洲東海岸派出過遠征隊。至於非洲西海岸的探索行動，一位名叫漢諾的迦太基指揮官所做的報告當屬最引人入勝的記述之一。大約在西元前五百年，漢諾從地中海出發，探索可建立殖民地的新土地，最終抵達大西洋。他顯然是把遠航的功績銘刻在了故鄉的青銅器上。有位希臘旅行家抄下這段銘文，抄本保存到今日，我們才得以知道這個故事。根據漢諾的記載，這次遠征穿過了直布羅陀海峽，而後沿摩洛哥海岸航行。在沿海地區友善的貝都因人（Bedouins）幫助下，船員們繼續向南行進，直到航越了一條大河的入海口，抵達一個巨大的海灣。漢諾寫道，擁有兩個入海口的這條河流「深而寬闊，水中遍布鱷魚和河馬」。在海灣附近的一個島嶼上，地中海世界的居民第一次與靈長類動物相遇了。漢諾記載說看到了「渾身長毛」的男男女女——極有可能是狒狒或黑猩猩。他設法將這些生物的皮毛帶回迦太基。

漢諾旅行報告的手抄本最早發現於十五世紀，從那時起，歷史學者不斷就這段記述的準確性爭辯著。[3]有些人猜測，漢諾抵達的海灣是今天獅子山境內的歇爾布羅島河（Sherbro River）的入海口，而另一些人則懷疑他是否曾真的到過非洲中部。但毫無疑問的是，像漢諾描述的這種探險在很早的時候就出現了。

根據西元前五世紀的歷史學者希羅多德記載，約在西元前六百年左右，來自今天的黎巴嫩和敘利亞的腓尼基水手就已環繞非洲航行了。希羅多德在埃及得知，埃及法老尼科（Necho）①曾經從紅海派出一支海上遠征隊，令其取道直布羅陀海峽回國。遠征隊沿著非洲海岸航行了三年，期間會在一些地方盤桓數月，在土地上播種，待糧食收穫後再繼續前行。

希羅多德對這種說法多少有些懷疑和保留。「他們講的一些事情別人可能會信，但我不信，」他寫道：「哪件事？在繞著非洲航行期間，太陽居然出現在右舷方向。」這意味著船員是沿著非洲西海岸向北航行。儘管有這樣的懷疑，但希羅多德似乎願意接受他們的發現：「利比亞——也

①【編註】指古埃及第二十六王朝法老尼科二世（Necho II, c. 610 BC - c. 595 BC）。根據希羅多德的說法，他曾派遣一隻由腓尼基人組成的遠征隊，花了三年的時間繞行非洲。

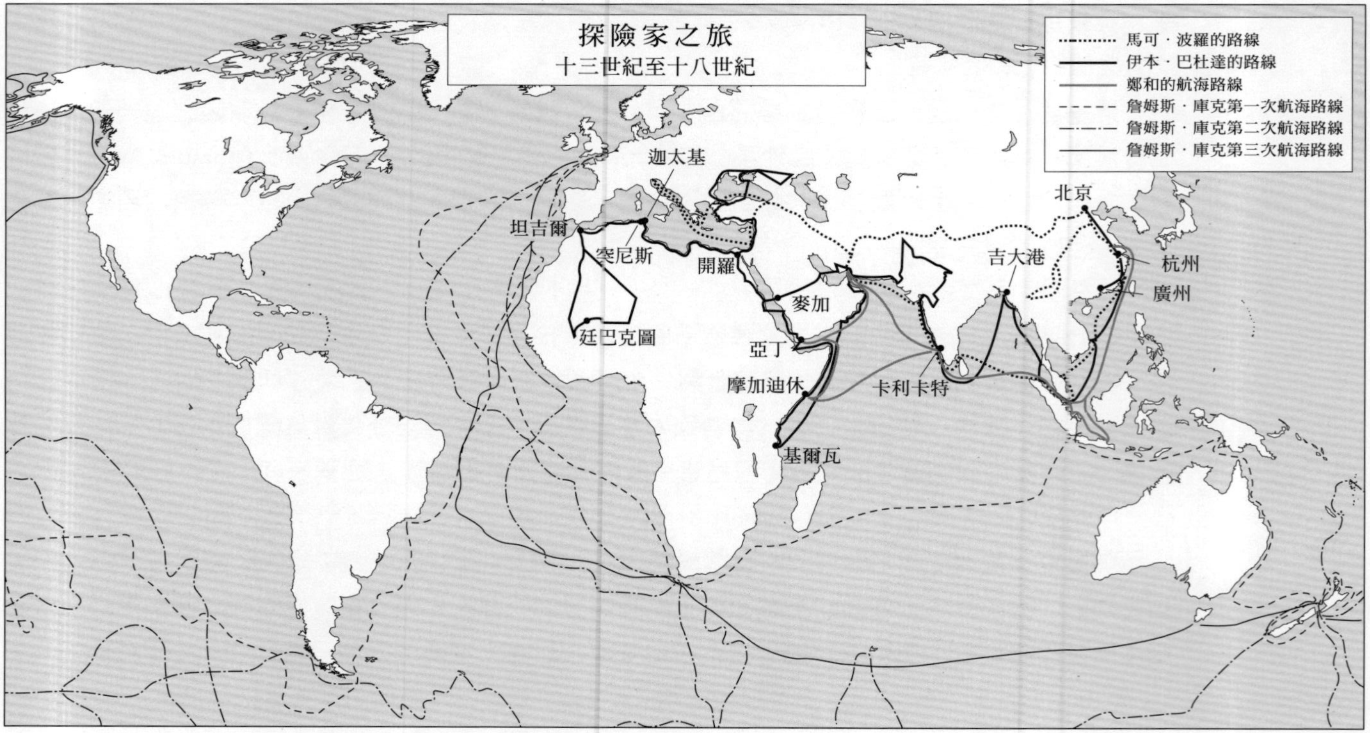
探險家之旅
十三世紀至十八世紀
馬可．波羅的路線
伊本．巴杜達的路線
鄭和的航海路線
詹姆斯．庫克第一次航海路線
詹姆斯．庫克第二次航海路線
詹姆斯．庫克第三次航海路線
迦太基
坦吉爾
突尼斯
開羅
廷巴克圖
麥加
亞丁
摩加迪休
基爾瓦
卡利卡特
吉大港
北京
杭州
廣州

就是非洲——除了與亞洲毗連的部分外，其餘部分似乎都是為海洋所包圍。」對於這個看似難以置信的環非洲航行故事——甚至是那條提到太陽的有趣記載——現代歷史學者卻不當作無稽之談。如果那些勇敢的水手抵達了熱帶地區以南的地方，倘若他們繼續朝西南方或西方航行，太陽確實會出現在右舷方向。[4]

希羅多德還講述道，有五位年輕的冒險家從北非出發，費時數月穿越沙漠，抵達這塊大陸的西南部，發現了一條大河。希羅多德認為那是上尼羅河。不過，這條河最有可能是尼日河。

關於第一次環非洲航行的記載是真也好，是假也罷，非洲大陸仍然是一塊濃霧籠罩的謎團。希羅多德也許是世界上第一位報導文學型的歷史學者，他親身旅行尋找尼羅河的源頭，卻無功而返。其他希臘人沿著黑海和地中海海岸前進，沿途建立殖民地。腓尼基人也出海航行，在北非和地中海西部地區建立城邦。但似乎只有西元前三百年，希臘探險家皮西亞斯（Pytheas）航行繞過了今天的布列塔尼，抵達了與地中海海岸迥然不同的英格蘭海岸。他的航行是為了尋找錫。他寫道，在繼續向北航行了六天後，「海洋和天空都消失了，只有一個像大海之肺的一團渾沌……將一切凝結在一起」。他可能遇到了浮冰或濃密的海霧。[5]與此同時，紅海沿岸生活的阿拉伯人也駕著他們以木頭和獸皮建造的獨桅三角帆船（dhow），沿著非洲的斯瓦希里海岸向南探索，並沿著波斯海岸和印度河谷向東前進。

由於耗資巨大、旅途艱險，尋找新領土的探險往往需要官方支援。除了一些毫無畏懼的商人和傳教士外，探險家通常在官方的保護和祝福下向外遠行。史書上記載的最早的官方遠征之一發生於西元前五一〇年，當時波斯的大流士大帝（Darius the Great）派手下的一位軍官斯庫拉克斯（Scylax）去探索印度河谷。抵達印度河後，斯庫拉克斯順流入海，隨後又向西航行到波斯灣和紅海。兩百年後，亞歷山大大帝的軍隊也是取道印度河谷回國。亞歷山大留下大將尼亞庫斯（Nearchus）指揮遠征軍中的海軍部隊，命令他等待合適的季風刮起後去探索波斯灣的北岸。當亞歷山大的軍隊佔領了紅海海口的索科特拉島（Socotra）後，士兵們驚訝地發現當地有印度人的聚落。在其後的幾百年間，索科特拉島的外國人口逐漸增多。一世紀的航海指南《厄立特里亞海航行記》中說，該島上有「各種外國人。阿拉伯人、印度人和希臘人在此混居。他們為從事貿易而遷移到這裡」。[6]在希臘和羅馬商人「發現」季風後，印度洋貿易就發展起來。而在印度洋的兩岸上，猶太、阿拉伯、波斯和印度商人的貿易移民也逐漸增多。

帶隻長頸鹿回國

當地中海地區崛起的勢力向外派出探子和探險家時，中國和中亞國家也採取了類似的行動。由於遭到遊牧的匈奴劫掠（未來還有蒙古人），在黃河流域崛起的漢人政權開始密切注意自己的西邊。匈奴的侵擾促使中國各朝各代修建長城。為了免受遊牧部落的侵襲之苦，漢武帝希望瞭解是否有可能與中亞的月氏人結成利益聯盟共抗匈奴。西元前一三九年，在一百多人和一名匈奴奴隸甘父的陪同下，皇帝的使臣張騫向西進發。此行雖然沒有找到願意結盟的國家，但張騫橫穿中亞的十三年旅行還是帶回了最早提及大漠彼端三十六國地理、民眾、風俗和文化的詳細記錄。在這次旅行中，漢人與當今阿富汗境內的希臘殖民地巴克特里亞發生了迄今所知最早的接觸。張騫還講述道，在巴克特里亞東南方有一個龐大的印度王國（「身毒國」［kingdom of Shendu］），可能來自「Sindhu」，也就是印度河），這激起了漢人對西域的興趣。在這段對印度最早的驚鴻一瞥中，這片土地被描述為「卑溫暑熱」，「其人民乘象以戰」。有位漢代史學家根據張騫的描述記錄道，漢朝皇帝得知西方也存在一些開化的國家，「多奇物，土著，頗與中國同業，而兵弱，貴漢財物」。[7]這位使臣還驚訝地發現，在巴克特里亞竟然有賣漢地的竹筍和其他物產——是由中國西南部的商人經由印度帶過去的。這也說明，在穿越中亞崇山峻嶺與大漠、大名鼎鼎的絲路出現之前，早已有一條經過泰國和緬甸、連接印度與中國南部的西南絲路形成了。[8]

不過，中國探索西域的興趣並未持續很久。張騫出使之後兩百年，另一位官員甘英倒可以說在前往羅馬的路上半途而廢。他在到達兩河流域後便回國了。顯然，帕提亞（Parthia）官員非常希望維持本國在對羅馬貿易上的壟斷地位，於是警告甘英仍需旅行數月、甚至數年時間才能抵達羅馬，藉此說服他不再前進。漢代的記載中說，甘英之後就掉頭回國，使中國與地中海世界之間相互隔絕的狀態又延續了一千多年。[9]直到一四〇五年，明朝的永樂皇帝派出三保太監大將軍鄭和率領探索艦隊出海為止，都沒有記載曾有中國人向印度以西旅行的舉動。

葡萄牙與西班牙的艦隊早已知曉物產豐富的土地，只是過去苦於無路抵達，而今其航行使命就是尋找新的航路；但中國人派鄭和遠征的目的卻與前者不同，兼有偵察形勢與展示實力的作用。正如明史學者陳學霖所說，永樂皇帝渡海遠征是為了「顯示他的權力和財富，瞭解帖木兒與其他西亞蒙古人的計劃，擴大朝貢制度，滿足他的虛榮心、對榮譽的渴求，以及善用他的宦官們」。[10]艦隊拜訪的三十餘國，都是積極從事貿易的國家。皇帝於是下令建造一支寶船艦隊，讓這些野蠻國家看得目眩神迷。

與輕快的葡萄牙多桅帆船不同，中國船舶有四百多呎長，一百六十呎寬，配備九支桅杆、十二副帆和四層甲板，每船能裝載兩千五百噸貨物，並裝有數十門小炮。一四〇五年至一四三三年間，中國艦隊在東南亞和印度洋的海面上威風凜凜地航行。艦隊不僅運送有意進貢天子的化外使臣，也把各種珍奇的物產——從當作催情藥的犀牛角到活的長頸鹿——都帶回國內。這些探險家還成功地在非洲沿海留下了一些漢人基因。中國政府近期證實——鄭和遠航非洲期間，有些船難生還者在非洲留下了混血後裔。[11] 但當一四九七年達伽馬的艦船出現在印度洋時，中國人的痕跡已經消失很久了。

歷史學者菲利浦．斯諾（Philip Snow）稱鄭和為中國的哥倫布，但與鄭和手上掌握的資源相比，哥倫布這位熱那亞航海家簡直就像是一位業餘水手：「鄭和下西洋與哥倫布不同——不光規模不同，性質也不同……哥倫布的航行得到了政府的贊許與金錢資助，但鄭和不僅於此，他和手下的各個船長均是宮廷宦官，是皇帝的代理人，也是皇帝親自挑選的心腹僕從。」[12]

在七次遠征之後，航行戛然而止。朝廷大臣一開始就對此類嘗試興趣索然，後來更認為徒費資財，遂將其中止。根據記載，官員甚至銷毀了航行記錄。不過，歷史學者最近已經證明此說並不可信。記錄大都保留了下來，一直都是寶貴的資料，證明了十五世紀中國人地理視野的擴大。[13] 陪同鄭和的四位官員中有位叫馬歡的人，他能說流利的波斯語，可能還會說阿拉伯語等多種亞洲語言；他陪同這位大將軍前往麥加，說不定，他還是第一位到那裡進行「朝覲」的中國人。馬歡留下來的航海見聞錄，也大大拓展了中國人對印度洋地區的認識。

「百萬君」的旅行

借費爾南・布勞岱爾的話來說——伊斯蘭教的興起「獨霸了貿易之海」。[14]歐洲人從此對外部世界的興趣如潮水般退去，直到很久之後才恢復。儘管中世紀的歐洲人對航海興味索然，但旅行並未停止。中世紀人的旅行主要是為了獲取金錢與榮耀，或是為了朝聖。[15]由於中世紀的科學仍處於萌芽狀態，病人往往更願意通過朝拜聖徒和聖地來使自己痊癒。[16]歷史學者麥可・麥考米克（Michael McCormick）研究了中世紀的檔案，列出了六百六十九個人的姓名，這些人大多是外交使節、朝聖者、傳教士和難民，也都曾經在西歐和拜占庭帝國之間展開長達三百至六百英里的長距離旅行。[17]儘管十字軍期間兵荒馬亂，但還是有一些伊斯蘭旅行者從西歐出發。例如出身安達魯西亞的阿拉伯名人伊本・朱拜爾（Ibn Jubayr）②，便曾在一一八三年至一一八四年間前往麥加，對沿途地貌留下了寶貴的記錄。[18]

將近兩個世紀的十字軍戰爭對歐洲的經濟、政治和文化帶來深刻影響。蒙古帝國在十三世紀崛起，使絲路貿易復興，又恢復了其傳統角色，成為歐洲和中國之間一條貿易與文化的輸送帶。而在「讓歐洲人瞭解中國的輝煌」一事上，恐怕沒有誰比威尼斯商人馬可・波羅的貢獻更大了。馬可・波羅的中國之行並非前無古人、後無來者，但他的《遊記》（*Travels*）一書長久以來確實是部經典之作。靠著這塊重要的基石，西方才得以構建對神秘東方的認識。

② 【編註】穆斯林地理學家、旅行家與詩人。他曾前往麥加朝聖，並遊歷埃及、勒凡特、西西里等地，紀錄各地的文化融合現象。

一二七一年年底，十七歲的馬可．波羅和他的父親與叔父這兩位富裕的威尼斯商人同行，帶著教宗給忽必烈汗的信件踏上了前往中國的旅途。此行本質上是摻雜了一點宗教任務的商務旅行。像之前的很多歐洲和阿拉伯商人一樣，三位波羅家的人並未刻意美化自己的盤算，只是想前往一個傳說中的絲綢、美玉和瓷器之國尋找財富。但在二十四年後，三人帶回了關於東方的故事，永遠改變了歐洲人對世界的認識。哥倫布在「聖母瑪利亞號」上只帶了幾本書，其中一本就是馬可．波羅的《寰宇記》（*Description of the World*）。這本書他已經翻閱了無數遍，做了大量批註。由於當時沒有印刷技術，哥倫布只是得到了一本珍貴的手抄本。從馬可．波羅的記述中，哥倫布瞭解到「黃金之國」（日本的俗稱）富產黃金，傳說那裡的屋頂都是黃金做的，不像歐洲是用石板。為寫作《寰宇記》一書，馬可．波羅向一位傳奇文學作家口述了許多離奇古怪的故事，金屋頂的故事只是其中之一。他講述了許多奇異的生物、古怪的風俗以及關於香料起源的浪漫傳說，書中還有許多矛盾、闕漏，甚至顯然是編造的情節，讓人懷疑其記述的真實性。從他回到家鄉開始講述見聞的時候起，人們就半信半疑。據傳，由於馬可．波羅的奇談怪論，人們給他起了個綽號「百萬君馬可」（Marco, Il Millione）——說這人扯了上百萬則的謊言。面對那些懷疑、否定他們的人，波羅家的三人會把手伸進自己東方式的長袍，掏出忽必烈汗賜予的寶石，來說服他們。

旅行的馬販子

著名的不列顛漢學家吳芳思（Frances Wood）在其《馬可．波羅真的到過中國嗎？》（*Did Marco Polo Go to China?*）一書中總結了對波羅旅行真實性的種種疑問。她寫道，波羅的記述沒有提到許多旅人都會注意到的特殊細節，例如長城、筷子、茶、中國書法和纏足的習俗。此外，儘管波羅自稱曾擔任忽必烈汗的特使，但中國的史書中並未提到他，而中國人通常都是鉅細靡遺的紀錄者。

儘管吳芳思提出波羅書中一些徹頭徹尾的捏造與可疑的細節，但她並未找到證據，無法證明波羅不在義大利的期間是去了中國以外的其他地方。她認為波羅可能從未越過黑海，而他所著的《寰宇記》一書可能源於傳言或出自他人之手的印刷版二手資料。還有其他學者認為，其中一些難以置信的故事可能是由波羅的寫手所添加。這位代筆本身就是一位傳奇故事寫手，熟悉當時寫作遊記的套路。事實證明，現存一百四十種手抄本中，有些內容很明顯是由抄寫員或譯者在馬可·波羅之後的時代添加進去的，這也許能解釋其中一些矛盾之處。無論如何，書中也詳述了當時不為西方所知的中國事物，如紙幣、大運河、蒙古軍隊的編制、帝國驛站體系等，這些都能證明其真實性。波羅還提到了一種「火石」，當時的歐洲人還不知道這種儲存著太陽能量的東西——煤炭：「契丹（Cathay）各地都有一種藏於山層之中的石塊，人們將其採掘出來，像柴薪一樣地燒。雖然他們也有豐富的木材，但他們不燒木頭，因為這些石塊燃燒效果更好，成本也低。」[19] 三百年後，工業革命在不列顛展開，其驅動力就是這些山中的「火石」。吳芳思總結說，儘管這本書寫的可能不是親身經歷，但就十三世紀的中國來說，書中仍記錄了一些準確而有價值的細節，因而「還是一本內容非常豐富的文獻」。[20]

哥倫布用馬可·波羅的書作為論據，遊說西班牙宮廷相信亞洲的巨大財富。哥倫布到達加勒比海後，相信自己距離傳說中有金屋頂的黃金之國已經不遠，遂繼續深入那些島嶼尋找黃金。波羅的記述也激發了學者們對中國歷史、社會和政治的興趣，當然也燃起了商人的貪欲。[21]「百萬君」

的遊記有許多語言的譯本，激發無數旅人前往中國。這個國家在西方人的心目中曾經是遙不可及的異國，而今變成了又一個近鄰，世界也變得愈來愈小。

一四六六年，在達伽馬和哥倫布出海到印度尋找「基督徒和香料」的幾十年之前，俄羅斯商人阿發那西．尼吉丁（Afanasii Nikitin）從俄羅斯古城特維爾（Tver，今天的加里寧〔Kalinin〕）出發前往印度。他稱這段旅程為「跨越三海之旅」。在俄國官員的支持和當地東正教主教的祝福下，尼吉丁先沿窩瓦河行進，再沿古商路前往波斯。他在荷姆茲（Hormuz）的港口邊買了一匹馬，以便在印度賣出，或許能權充旅費。有位歷史學者寫道，一匹馬聽起來也許不值錢，但一匹純種的阿拉伯種馬可是奇貨可居，在當時能給他帶來一大筆收入。[22]尼吉丁的經歷為俄羅斯讀者提供了關於那個遙遠地方的第一手資料，此前的俄羅斯人對該地只有模糊的概念。儘管尼吉丁是個東正教徒，但在六年的旅行中，別人都以為他是位波斯裔的穆斯林商人。他幾乎一帆風順，沿途在國家經營的客舍中居住，裡面還有奴隸少女向旅人提供性服務。

猶太人的馬可．波羅

在歐洲中世紀，大多數旅行都是朝聖之旅。先前我們已經談過宗教熱情如何激勵佛教朝聖者，踏上前往印度、東南亞的遙遠而危險的旅程。在十字軍戰爭後，地中海地區的猶太和伊斯蘭旅人也踏上旅途，這些旅行都大大拓展了已知世界的邊界。

一一六〇年，西班牙一位名叫本雅明（Benjamin）的猶太拉比從圖德拉（Tudela）出發前往聖地，後人稱他為猶太人的馬可．波羅，但早在那位大名鼎鼎的熱那亞人踏上自己出名的旅程之前的一百年，本雅明就已經動身了。本雅明的朝聖之旅經過了中東和中亞的許多地方，有些人猜想，他除了走訪猶太同胞、朝拜聖地之外，可能也投身貿易活動。他在路上花了十三年，經耶路撒冷、巴格達，抵達撒馬爾罕。本雅明於一一七三年取道阿拉伯海、紅海和開羅回到西班牙。他的旅行記錄《本雅明遊記》（*Voyages of Benjamin*）對十字軍戰爭期間中東地區的生活提供了鮮活的記錄。本雅明詳細記錄了不同城市裡的猶太移民，刻畫出當時世界的交流，無論在當時還是今天都是非常寶貴的文獻。本雅明在熱那亞只找到了兩名猶太人，對這個崛起中的商業勢力也很不滿意，這一點有他的嚴厲評價為證：「這座城市由一堵牆環繞。人民沒有國王，只有法官，但也是根據他們的意思指派的。每個人家裡都有一座高塔，只要一言不和，就在塔頂上相互叫囂。他們統治著海洋，建造的船隻稱為『平底戰船』（galley，又稱槳帆船），在整個基督教和穆斯林海域、希臘，甚至遠到西西里的地方大肆劫掠，然後把在這些地方得來的戰利品和贓物帶回熱那亞。」[23]

他對波斯灣的島嶼城鎮基什（Kish，在荷姆茲附近）的記述，描繪了當時的商業榮景：「基什是個很大的市場，印度商人和各島的商人都把各自的貨物帶到這裡；伊拉克、葉門和波斯的商人帶來各種絲綢、紫袍、亞麻、棉花、麻、豆泥、小麥、大麥、小米、黑麥和其他各種糧食與豆類，以作交易之用；印度商人帶來大量的香料，而各島的居民則為交易雙方做仲介，以此為生。這個島上有大約五百名猶太人。」[24]

即使遠在中國，也要求學

長久以來，世界各地的穆斯林都會前往麥加朝聖，這是對虔誠穆斯林的一項要求，但伊斯蘭教還鼓勵了另一種旅行：求知之旅。先知在一句著名的「聖訓」中說：「即使遠在中國，也要求學。」（「中國」是比喻穆斯林土地之外的地方。）伊斯蘭教的文學傳統中有一種特有的類別，稱為「遊記」（Rihla）。過去曾經有數百本「遊記」付梓，裡面有歷險故事、水手和商人的記述，以及杜撰的國土與民眾的故事。九世紀的航海家辛巴達（Sinbad the Sailor）故事，就來自人們對「遊記」所做的虛構加工，至今已讓世界各地的讀者如癡如醉。而歷史上最早的旅行家，或許就是來自摩洛哥坦吉爾城的伊斯蘭教法學家，伊本·巴杜達。

一三二五年六月炎熱的一天，二十二歲的伊本·巴杜達出發去麥加朝聖。事實後來證明，他走了當時世界上距離最長的一段旅程。當巴杜達騎著一頭驢出發去朝聖時，他不僅不知道自己的旅程將持續三十年，也不知道自己得走過七點五萬英里的路才會重返家門。這是一個十四世紀的人在一生中利用步行、騾馬、駱駝、牛車、船舶等所有交通方式，所能走出的最遠距離。驅動伊本·巴杜達去旅行的，是阿拉伯語裡所說的「祝福」（*baraka*）——即通過朝拜聖地、獲得聖人的祝福來積德。但從他的記述中可以明顯看到，除了宗教，他還對許多東西感興趣，包括飲食和異性。伊本·巴杜達並非探險家，但對世界的好奇心卻使他成為世界上最早的、也必定是最著名的旅行家之一。正如他後來解釋的，「在我的體內有一股壓抑不住的衝動，在我的胸中有一種長久渴望的心願，驅使（我）去拜謁這些光輝的聖地。於是我堅定了決心，離開我所有的親人，就像鵲鳥離巢一般拋棄了我的家」。在三十年的旅行中，他走過了世界上所有的伊斯蘭國家，到達了囊括中亞和中國的蒙古帝國。他在宮廷裡擔任律法學者，後來印度的伊斯蘭君主任命他為出使中國的特使。一艘本應載運他的中國舢舨在印度港口停泊期間遭遇風暴沉沒，但他設法搭乘另一艘船抵達中國。

中國文明儘管有讓他印象深刻之處，但中國人對伊斯蘭教直接的拒斥傷害了巴杜達的宗教情感。他與馬可·波羅迥然不同，基本上足不出戶，認為漢人有些社會風俗相當可鄙——如食用豬肉——不願受其污染。先知穆罕默德呼籲人們到中國求知的訓誡，在伊本·巴杜達那裡顯然打了折扣，他寫道：「中國很美麗，但無法打動我心。反而一想到這個國家的異教行為，我就感到深深的困擾。每當走出我的住所，都會看到許多應受譴責的事情。這讓我心緒不寧，於是我幾乎都留在房內，必要時才出去。」在中國，伊本·巴杜達偶遇一位同胞，這是他在當地少有的歡娛，而且對方還是一位富有的商人。「他告訴我，他手上有大約五十名妓女與同樣數量的奴隸少女，每類送我兩名，還有許多其他禮物」。[25]

伊本·巴杜達於一三四九年回到費茲（Fez），但他又出發前往歐洲和北非，探察了蘇丹西部，「一直到最北端黑人居住的地區」。他抵達尼日河，誤認其為尼羅河。他和大概兩千年前的漢諾一樣，在非洲看到的巨大河馬也讓他備感震驚，誤認為那是大象。奇怪的是，伊本·巴杜達一開始並未想過要把自己的旅行記錄下來，直到後來摩洛哥蘇丹請求他記錄，並以一位抄寫員相助，他才開始動筆。或許是因為他描述的細節令人訝異，也或許是因為他對於探險行動缺乏熱情，他的記述因此讓時人感到難以相信，於是逐漸無人問津。直到十二世紀初，有人發現這份記錄，將之譯為歐洲語言後才引起關注。他描述了許多非伊斯蘭教國家的社會與經濟，尤其是世界上最廣闊的內陸帝國蒙古，至今都是非常寶貴的史料。學者丹・摩根（Dan Morgan）寫道：「無論在東方還是西方，所有曾經以文字記錄經歷的中世紀旅行者，都無法與他相比，甚至連魯不魯乞（William of Rubruck）或馬可・波羅等前往蒙古帝國的偉大西方旅行家，都遠遠比不上他。」[26]

宗教繼續鼓勵人們踏上遙遠的旅途，加強世界的聯繫。猶太旅行家大衛・德貝斯・希勒（David d'Beth Hillel）就是另一位深受宗教啟發的人。他在阿拉伯半島、庫爾德斯坦（Kurdistan）、波斯和印度的旅行，對十九世紀早期人們生活中日益密切的交流提供了寶貴的描述。根據某位作家的說法，是「前往遙遠異國尋找他的教友、尋找人們忘卻的『以色列餘民』的熱切心願與渴望」激勵著希勒。他旅行了八年，針對各國的社會經濟狀況、語言和宗教特點、民間風俗和習慣留下了深具價值的記錄。對於歷史學者和人類學家來說，這些文字都是寶藏。[27]儘管宗教熱忱刺激了貿易，但在一四五三年君士坦丁堡陷於伊斯蘭教之手後，宗教卻也成為了貿易的重大障礙。奧斯曼帝國成為一道障礙，而人們逐漸將大西洋視為一條繞過障礙的途徑。只要探險家能夠找到通往亞洲絲綢、香料和鑽石的新途徑，威尼斯、熱那亞、佛羅倫斯和利佛諾的商人與融資人就願意提供支援。這些城邦同樣也願意向哥倫布、亞美利哥・韋斯普奇（Amerigo Vespucci）、約翰・卡博特（John Cabot）與塞巴斯蒂安・卡博特（Sebastian Cabot）等船長提供資金，利用人們對地理學重新燃起的興趣來尋找新航路。

新大陸的淘金熱

宗教動機在尋找新航路的過程中也發揮了作用。虔誠的葡萄牙領航者亨利王子迫切希望能夠聯繫到傳說中位於東非、以祭司王約翰為首的基督教王國，以取得其支持，共同對抗伊斯蘭勢力的崛起。[28]他設立了史上最早的海事技術研發實驗室，鉅細靡遺搜集關於大洋和海岸的資訊，革新航海科技。他所資助的遠征在一四四四年取得了成果。那一年，史上第一艘來自非洲幾內亞的運奴船在歐洲土地上卸貨，帶來了兩百名淒慘的男女與兒童。亨利親王親臨碼頭，收取他應得到的奴隸，轉賣這些奴隸可以大大增加他的私人財富。歷史學者丹尼爾・布爾斯廷（Daniel Boorstin）記錄了葡萄牙首次從非洲販賣人口的事件如何改變了人們對亨利的看法。過去人們指責亨利沉溺於探險事業，浪費國家財富，現在人們則強烈希望繼續推進探險，因為「每個人都希望從誘人的幾內亞貿易中分一杯羹」。[29]亨利的繼承人約翰二世（John II）沿襲他的政策，派出探險隊沿非洲海岸南下，希望找到通往香料世界的直航通路。貪欲與幻想驅動著探險事業。佛羅倫斯的宇宙學家兼天文學家保羅・托斯卡內利（Paolo Toscanelli）向葡萄牙宮廷提議，從歐洲直接向西航行以抵達亞洲東部。他主張，最重要的目的地應是黃金之國——這是一個世紀之前馬可・波羅用來指代日本的稱呼。他寫道：「這個島嶼［黃金之國］遍地都是黃金、珍珠和寶石；要知道，那裡的居民給寺廟和國王的宮殿裝上金頂……一定要努力找到這些島嶼。」他進一步表示，當務之急是尋找馬可・波羅所說的七千四百四十座不在大汗控制之下，卻向中國供應黃金、昂貴木材與各種香料的島嶼。[30]但是，葡萄牙人已經打定主意，致力於尋找一條繞過非洲前往印度的航路。取道大西洋前往亞洲的方案，就將由卡斯蒂爾的君主來實現了。

一四八七年，葡萄牙航海家巴爾托洛梅烏・迪亞士（Bartolomeu Dias）發現好望角，此後追求亞洲財富的競爭也就更為激烈了。競爭開始以前，往往得先找到一條直通亞洲的航路，贏得大筆財富，於是就有了各式各樣的地理發現。雄心勃勃的海員、地圖繪製家和金融家如過江之鯽一般湧入里斯本和馬德里的宮廷，希望王室贊助他們的探險事業，回報則將是黃金與榮耀——就像五百年後，矽谷裡躍躍欲試的創業者焦急排隊等待「天使投資人」(investor "Angel")[3]的接見如出一轍。在一位佛羅倫斯銀行家的支持下，約翰二世派遣佩羅·達·科維良（Pêro da Covilhã）去調查一條通往印度的北方航道。一千多年來，阿拉伯和希臘水手都在利用這條航道，但歐洲人當時對其還一無所知。一四八九年，達·科維良裝扮成一名伊斯蘭教商人，設法登上一艘阿拉伯獨桅三角帆船，經印度洋來到卡利卡特。他在那裡目睹了繁盛的香料、精織棉布和阿拉伯馬的貿易。在回開羅的路上，他寄回一份詳細報告，寫明香料的產地，並指出存在一條通往東方的航路。現在就等著達伽馬大展鴻圖了——他將繞過好望角，劃時代地航向卡利卡特。

比達伽馬大十歲的哥倫布一開始懷著希望，在里斯本尋找機會。對托勒密、馬可·波羅等人著作的研究使他確信，在球型世界上分隔歐洲和亞洲的「浩淼洋」(Ocean Sea) 是可以通航的。他推斷，在西邊的大洋上向西南方航行，就可能抵達有著金屋頂的黃金之國，還可以從那裡前往極為富庶的中國與印度。但到了一四八四年，哥倫布未能讓葡萄牙專業人士組成的委員會相信其計劃可行，況且當時葡萄牙水手已經非常接近抵達非洲的南端，這似乎是一條更保險的亞洲航路。

其後的七年時光中，哥倫布設法尋求卡斯提爾（也就是未來的西班牙）王室支持他的計劃。當他在西班牙也等到心灰意冷、轉奔法國時，詔命卻來到了。伊莎貝拉女王希望他返回聖費（Santa Fe），在那裡等待宮廷會議召開。他甚至還得到了一頭騾子來騎。[31]伊莎貝拉女王不只是想從東方得到黃金和香料，她剛剛對伊斯蘭教的格拉納達取得歷史性的勝利，於是也把派遣哥倫布探索未知世界視為一項上天授予的使命，希望能獲得新的子民和基督教皈依者。哥倫布身為虔誠的天主教徒，同樣認為這趟冒險行動有機會能與中國大汗取得聯繫，尋求結盟，從穆斯林手中奪回耶路撒冷。[32]國王的代表簽署了一項協定——《聖費讓渡協議書》（Capitulations of Santa Fe）——許諾給予哥倫布夢寐以求的榮耀：只要遠航成功，哥倫布就能得到「浩渺洋海軍總司令」的頭銜，成為所有其發現土地的總督，並從「珍珠、寶石、金銀、香料和其他所有種類的貨物」中分得十分之一。[33]王室還授予他多份國書，以遞交給他希望找到的列國君王——包括中國大汗。

一四九二年八月三日清晨，哥倫布麾下由聖母瑪麗亞號、平塔號（*Pinta*）、尼尼亞號（*Niña*）三艘船組成的隊伍從帕洛斯港（Palos）啟航。國王對這次航行的期待不小，但投資卻很微薄，只有兩百萬西班牙銅幣。在之前的王室婚禮上，國王的出手就比這闊綽三十倍。[34]一四九二年十月十二日凌晨時分，一輪圓月照亮遠方的地平線，平塔號瞭望臺上的一位水手胡安·羅德里哥·韋爾梅荷（Juan Rodrigo Bermejo）高喊「陸地！陸地！」，並對天鳴槍。三十七天的航程使船員們對於找到亞洲愈來愈不抱希望，但水手發現了這個後來得名為「聖薩爾瓦多」的島嶼。當哥倫布踏上海灘，跪地祈禱時，卻引來一群一絲不掛的原住民，圍觀這些甫乘一艘有翅膀的船登陸此地的蓄鬍男子。就在人類離開非洲、各奔東西的五萬年後，分隔了兩千代的親人重逢了。這是一場痛苦、血腥的重逢，也標誌著世界開始徹底轉變、劇烈地融合。哥倫布至死都以為自己抵達了印度，但他偶然發現的這塊新大陸卻使已知世界在剎那間大大地拓展開來。到十八世紀初，已有將近一百萬西班牙人遷移到西班牙在美洲的新疆土，時稱「新西班牙」的墨西哥人數尤多。

③【編註】「天使投資人」原指提供資金，資助百老匯劇院，免於停業的投資人。這個詞後來逐漸演變為對新公司、新構想或任何具有巨大發展潛力的項目進行投資的富有個人。

麥克坦島的暴力結局

六年之後，類似的相遇也發生在印度南部的卡利卡特港和菲律賓的宿霧島，這一回則是歐洲與亞洲的相逢。在一名來自東非麻林地（Malindi）的阿拉伯領航員指引下，達伽馬率領的葡萄牙艦隊渡過了印度洋，於一四九八年五月二十日在卡利卡特下錨。雖然兩千年來希臘和阿拉伯水手一直在印度洋上往返，但達伽馬卻是第一個直航到印度的歐洲人。哥倫布的阿拉伯語譯員在聖薩爾瓦多島完全派不上用場，但在這裡，第一個在卡利卡特下船的探子卻遇到了會講卡斯提爾語和熱那亞語的突尼西亞商人。探子解釋道，此番航行的目的乃是尋找基督徒和黃金。[35]

在不到一個世紀的時間裡，葡萄牙就壟斷了香料。紐倫堡的市政委員會抱怨說：「葡萄牙國王這個『香料之王』隨心所欲地定……胡椒的價格。胡椒不論賣多少錢，在日耳曼人中都不愁銷路。」[36]香料、黃金和奴隸的誘惑使尋找新航路的競爭演變為一場混戰，威脅歐洲基督教列強之間脆弱的平靜。於是教宗行使職權，將治理新發現土地、教化原住民的權利分配給各個天主教國王。教宗還採取介入行動，維持這場競爭中兩位領跑者之間的和平。在一四九四年的《托爾德西里亞斯條約》（Treaty of Tordesillas）中，葡萄牙和西班牙接受了教宗提議的勢力範圍界線，沿大西洋中線將土地分為兩半。這條線在葡萄牙控制的維德角群島以西一千兩百海浬處。對於該線以東所有新發現的領土，葡萄牙將獲得控制權，而西班牙則得到西半邊。當達伽馬出發去尋找通往印度的直航海路時，他確實有點擔心西班牙，但西班牙人並未與他們競爭。幾年後，這條界線也容許葡萄牙佔領整個非洲、南亞、東南亞以及新發現的巴西。不過，《托爾德西里亞斯條約》並未擬定東半球未發現土地的權利如何分配，在這個問題上很快就產生了齟齬，麥哲倫從西方往東方的航行，使兩個伊比利強國在東南亞的香料群島發生了面對面的遭遇。

麥哲倫抵達太平洋一事，也讓歐洲人與另一支人群面對面遭遇，這些人長久以來就精通航海術，並佔據了從太平洋到印度洋上馬達加斯加島之間的島群。在加勒比海地區，哥倫布發現原住民「印度人」天真溫順、甘受奴役，而麥哲倫則不同，和原住民的首次相遇最後讓他一命歸西。一五二一年四月七日，麥哲倫在菲律賓的宿霧島登陸後，被待為上賓。整晚都有衣不蔽體的女子為他的手下帶來樂子。但他們的關係隨後惡化，麥哲倫著手讓菲律賓人皈依基督教，其手段之狂熱與殘酷引發了激烈反抗。麥哲倫沒能成為一位環航世界的英雄回到塞維利亞，而是在這個完成歷史性發現之地，咽下了自己的最後一口氣。面對這位要把自己的神強加給他人、以自己的方式對待他們的陌生人，當地人沒有手下留情，他們在麥克坦島的海灘上無情地砍死了這位探險家。不過，這場暴力的結局並未切斷交流。第二年，西班牙人以武力鎮壓了當地人的抵抗，後來商業網絡的發展遍及了全球，位於菲律賓的殖民地也成為重要的一環。此後五百年間，強迫式的全球整合帶來的種種苦痛，早在哥倫布、達伽馬、麥哲倫等西方「發現者」與原住民一開始相遇時，就已露出端倪了。

其他人繼續在其後兩百年間遠航，縱橫馳騁於大洋上，把歐洲人的勢力帶到四方世界。在英格蘭君主的支持下，熱那亞船員約翰．卡博特向西航行，越過大西洋在紐芬蘭登陸。後來還有一連串英格蘭和法國航海家繼承約翰．卡博特的事業，繼續尋找通往亞洲的西北航道（Northwest Passage）④。

④【編註】指穿越加拿大北極群島、再南下穿越白令海峽通往太平洋的航道。但由於氣溫嚴寒，經常冰封，對當時的船隻來說危險性極大。

英格蘭、荷蘭和北歐國家的船員尋找通往太平洋的西北航線，而歐洲北部的大片土地在這段過程中展現於世人面前，人們最終也發現了白令海峽。在這片水域上，我們人類的祖先曾越過白令陸橋，從亞洲進入北美洲。一五七七年，兩位英格蘭航海家——法蘭西斯·德瑞克爵士（Sir Francis Drake）和湯馬斯·卡文迪什（Thomas Cavendish）由西向東環航了世界。一旦他們在新土地上打下根基，王室和商人就會進一步資助探險，收集貿易資訊。探險家們不僅找到、還佔領了南美洲，也鄭重其事地開始了在北美洲的殖民活動。隨著這些商業驅動的探察活動的進行，古老地圖上的空白逐漸得到填補。在托勒密地圖底端標注的大片「未知大陸」（*Terra Incognita*）慢慢浮出了水面。到十八世紀末，荷蘭航海家阿貝爾·塔斯曼（Abel Tasman）、法國航海家路易斯—安東尼·布干維爾（Louis-Antoine de Bougainville）、英格蘭船長詹姆斯·庫克、喬治·巴斯（George Bass）、馬修·福林德斯（Matthew Flinders）等人已將歐洲、澳大利亞、紐西蘭和太平洋完全銜接起來。新發現土地的名字承載著發現者的記憶。「澳人利亞」這個名字的由來，是因為歐洲古地圖上都認定存在著一塊「未知的南方大陸」（*Terra Australis Incognita*），而澳大利亞恰好符合這一假設。一些荷蘭人最早發現了當地毛利人稱呼為「Aotearoa」的島嶼，隨即按照荷蘭澤蘭省（Zeeland）的名字稱呼其為紐西蘭（Nieuw Zeeland）。西班牙在太平洋上的新殖民地「菲律賓」的來由，就是西班牙的菲利浦國王。

法國探險家拉佩魯茲伯爵尚—弗朗索瓦·德·加洛（Jean-François de Galaup, comte de Lapérouse）於一七八六年四月九日登陸復活節島，手下的船員在島上停留了幾個小時，送給當地居民山羊、綿羊、豬、柑橘樹種、檸檬樹、玉米和「適於在他們島嶼上生長的各種香料」。[37]幾千年前，人類定居社會開始從肥沃月彎試探性地對外探索，揭開世界的面紗，這個緩慢的過程現在終於完成了。地球上適於居住的空間大多數都已發現，人類隨即匆匆投入另一項工作：竭盡所能地搶佔土地、利用土地，並以更快速、更高效率的交通工具將土地連接在一起。新的探險時代開始了，人們大舉離開故土，到異鄉尋找新的生活。

移民就等於治理

自跨大西洋奴隸貿易之後，世界上最大規模的人口遷移再次沿哥倫布當年所走的路線發生。歷史學者估計，在西班牙統治美洲的極盛時期，可能有四十三萬七千名西班牙人和十萬名葡萄牙人移民到兩國的殖民地。一位初到巴拿馬的移民寫信給在西班牙的兒子：「你要知道，要改善生活，人們就不應繼續留在出生地。」改善生活的途徑就是來到馬德里，得到一張移民許可證，然後散盡家財以籌措旅費，前往塞維利亞，在四月或八月起航的船隻上獲得一席之地。[38]打算移民的人都前往塞維利亞的貿易所登記。在十六世紀，儘管大西洋上波濤洶湧、旅途險惡，登記人數仍高達近五萬六千人。

在汽船於十九世紀中期出現後，橫渡大洋的大規模移民所受的限制就大大減少了。人口過剩的歐洲與地域廣闊、資源豐富、人口稀少的新大陸之間出現了定期郵輪服務，史上最大規模的移民也在十九世紀四〇年代開始了。正如歷史學者彭慕蘭和史蒂文·托皮克（Steven Topik）所說的：「有了蒸汽之後，大西洋與太平洋縮得就像池塘一樣小，而各洲也小得像是小小的公國……超級全球市場開始在十九世紀成形了。」[39]在其後的七十年間，約有六千萬歐洲人離開出生地定居國外，其中三千七百萬人在美國，其餘在南美洲。一九一三年前往美國的移民超過兩百一十萬人，達到年度移民數字的頂點。[40]

十九世紀早期來自歐洲的移民主要是農民和工匠，他們常常舉家遷移，期待能在美國獲得土地，安頓下來。他們的動機與新石器時代安納托利亞的農夫沒有多少差別，當年這些農夫就是為尋找定居地點而向四方遷移，同時傳播了小麥種植技術和原始印歐語。這一回，農夫則是乘著汽船穿越大西洋。隨著歐洲的工業化，移民的成分也改變了。儘管早在十七世紀英格蘭就出現了「護照」，但其目的並不是限制那些沒有護照的人，而是為了保護旅行者。不列顛也在一八七二年頒布法律，「所有外國人都享有進入這個國家並在此居住的自由權利」。[41]

隨著資本主義的興起以及工業和大規模種植園的發展，勞工需求大大提升，大量地區間與國際性的勞工移民也隨之出現。人們最常提到的例子是愛爾蘭人，曼徹斯特的工廠招收了超過一百萬名信仰天主教的愛爾蘭工人。正如弗里德里希．恩格斯（Friedrich Engels）在一八四四年所說的，每年還有約五千人源源不斷地到來，而他們的湧入壓低了英格蘭工人的工資。另一方面，歐洲的饑荒與政治衝突加劇了民眾的痛苦，強化了他們拋棄家園尋找美好生活的願望。一八四六年至一八五〇年的愛爾蘭饑荒就迫使四百多萬人遷移到美國。[42]

十九世紀中葉，阿根廷等地廣人稀的國家不僅向移民提供土地，而且資助他們旅行與住居。阿根廷思想家胡安．保蒂斯塔．阿爾韋迪（Juan Bautista Alberdi）提出「移民就等於治理」的說法，反映出阿根廷主流菁英階層的觀點。[43]為了彌補奴隸貿易的減少，巴西也通過補助和特殊優惠來鼓勵移民與遷居。[44]

加拿大、阿根廷和巴西向移民開放，日本開始工業化，以歐洲殖民地為起點的世界經濟整合過程也隨之不斷加速，數千年的人類遷移史開始走上快車道。

奴隸、苦力與主子

數量最可觀的跨國移民並非尋求好運的歐洲人，而是被迫遷往殖民地的大量奴隸。葡萄牙人在一四四四年完成的第一次人口販運，逐漸發展成一場囊括數個大洲的大規模貿易活動。我們已經看到奴隸貿易如何迫使大約一千兩百萬非洲人遷往新大陸。不列顛在十九世紀三〇年代廢止販奴活動，也不再將罪犯流放到在澳大利亞的殖民地，美國則是在一八六五年廢除奴隸制。移民運動的新階段也隨之展開——這一回是一種新型的移民，即歷史學者大衛．諾斯羅普（David Northrup）所說的「非自由勞工」（unfree labor）在歐洲殖民帝國內部的轉移。這是一種新的供需模式。新大陸與澳大利亞的農場、種植園和礦山勞動力緊缺，面臨工資上漲壓力，因而需要尋找新的移民。而在舊大陸的中國和印度，窮人也在戰爭、饑荒與苦難的逼迫下，為了躲避這種命運而心甘情願同意在異國他鄉做契約勞工。正如諾斯羅普所說的，儘管從負面的角度看，這也許是一種「新的奴隸體系」，是奴隸勞役和刑罰的延續，但從正面來看，這至少也為人們提供了改善生活的機會。就正面角度而言，同一時期來自歐洲的自由移民所追求的與此大同小異。[45]

除了大眾運輸工具興起，一八六九年蘇伊士運河開通也縮減了運輸距離，促進勞工與移民的大規模遷徙。早從十六世紀開始，平均運費的降低和大型船隻的使用已經使航行成本急遽降低。[46]

人口眾多的中國和印度成為這種「非自由」移民的主要來源國。歷史學者休．R．貝克（Hugh R. Baker）解釋了這種新的動力。中國歷史上幾乎所有時期，人口壓力都會導致南向的人口遷移活動。到了十九世紀中期，太平天國與土客械鬥⑤造成嚴重破壞與流血事件，迫使大量人口逃亡，遷移的速度也愈來愈快。新殖民地提供的動力，以及新大陸和澳大利亞的種植園與礦山提供的工作機會也有推波助瀾的效果。如貝克所說的：

> 問題不在於他們（指中國人）前往化外之地，而是他們為了尋找工作與食物，就非得這麼做。有人誘拐中國勞工，告訴他們能在海外尋找到超乎想像的財富，用這種故事來誘惑他們；喪盡天良的人出賣他們，貪婪的商人則讓他們簽下極端不公平的長期契約。這些商人只關心利潤，對於這些不幸的受害者所遭遇的苦難與折磨，他們毫不在意。中國勞工前往古巴種植蔗糖，前往澳大利亞和加利福尼亞挖金礦，前往新加坡背負貨物，前往南非採煤，前往諾魯（Nauru）挖磷酸鹽，前往馬來亞割橡膠、採錫，前往美國和加拿大修築鐵路，前往印度硝皮革，前往秘魯做家僕、鏟鳥糞。[47]

去加勒比海的棺材船

為了載運這類新移民，人們發展出一種新的運輸方式。這些中國「探險家」在威脅利誘之下背井離鄉，前往「洋鬼子」的土地碰運氣。人們把從中國載運這些人的船稱為「棺材船」。這些船隻擁擠不堪，常常有人在前往加勒比海、為期三至四個月的漫長航程裡死亡。所以每艘船上都載有八具棺材，作為準備。一八四三年，第一批乘坐這種「棺材船」的中國人抵達古巴。[48]三十年後，說西班牙語的中國人又被從古巴帶到美國南部，當時黑奴得到解放，當地的棉花和糖業種植園需要其他工人來補充。中國和美國的「經銷商」，以及種植園主和銀行家形成了一套國際網絡，將更多的工人帶到加利福尼亞和紐約，這些工人再從那裡轉往南方各州。[49]一八四二年至一九〇〇年間是中國人遷移的高峰期，期間約有四十萬中國人遷往美國、澳大利亞和加拿大，此外還有四十萬人前往加勒比海和拉丁美洲，一百五十萬人遷往不列顛屬馬來亞、緬甸、菲律賓和印尼。[50]十九世紀和二十世紀早期，有將近兩百萬亞洲人在勞動契約體系下遷往海外。十九世紀三〇年代至二十世紀二〇年代間，約有一百三十萬印度契約勞工或自費移民遷移到印度洋和加勒比海上的不列顛、法國、荷蘭殖民地以及非洲、斐濟，還有加拿大和美國這兩個移民建立的國家。[51]

美國大批輸入中國勞工，投入加利福尼亞州和奧勒岡州的鐵路建設與其他工作，引起國內政界的反對，美國國會因此於一八八二年通過《排華法案》（Chinese Exclusion Act）。在那之前，美國一直是對所有移民最為開放的國家。一九二四年，美國又通過《國籍法》（National Origins Act），對來自其他國家的移民施加限制。對歐洲移民而言，第一次世界大戰標誌著自由放任移民時代的結束。各國政府此前都採取善意的放任態度，從一戰起，政府開始更為直接地參與監管、資助甚至強迫移民的活動。俄國、奧地利和德國政府首先實施移民控制與監管措施，隨後不列顛、義大利和法國政府也紛紛效尤，這些措施後來成為二十世紀的通用政策，與中國帝制時期曾經對全球化設置的壁壘相比，這些做法甚至更為繁瑣和嚴格。

⑤【編註】指一八五五年至一八六七年間，珠江三角洲本地的廣府人（土）與客家人在台山、四邑等地，因爭奪生活資源而引發的衝突。

在移民大門開始關上之前，移民活動已經讓大量印度人散布到許多前歐洲殖民地國家。在模里西斯，印度裔人口是最大的族群，約佔百分之七十。印度人也在其他國家佔有相當比例，例如斐濟（百分之四十八）、蘇利南（百分之三十六）、千里達及多巴哥（百分之三十六）與圭亞那（百分之三十）。許多印度人沿著連接印度與地中海世界的古代商路遷移，來到富產石油的中東地區。現在印度人佔阿拉伯聯合大公國總人口約百分之十一至十五。[52]二十世紀時，約五千萬人為尋求更好的生活而從俄國和中亞遷往西伯利亞和中國東北。[53]據估計，到殖民統治結束前夕，居住在國外的印度人口總數為二百五十萬人左右，其中六分之一從事貿易和金融行業。[54]

繼二十世紀初美國的大門關閉之後，其他國家也採取了類似的限制政策，尤其是巴西、阿根廷和澳大利亞，等到兩次世界大戰期間歐洲大量人口流離失所的時候，移民大門才重新開啟。

牙買加人衝擊倫敦

到第二次世界大戰結束時，各國雖然已經有了移民與簽證程序，但大規模移民仍然捲土重來，只是人口移動的方向逆轉了。不再是歐洲人和殖民者前往新大陸，而是來自殖民地的有色人種大量奔向殖民母國。飽受戰火摧殘的歐洲需要工人——這提供了動力，而各個殖民地的貧困、戰爭與饑荒則提供了必要的壓力。在不列顛帝國內部，民眾要遷移並不困難，只要願意旅行、有錢支付旅費便能成行。一九四八年，不列顛籍蒸汽船「帝國風馳號」（*Empire Windrush*）載運著戰後返鄉的士兵離開牙買加前往不列顛。報紙上登出了售票廣告，花費二十八點一英鎊便能乘坐甲板下艙前往倫敦。這樣的機會窮人可不會放過。他們知道戰後的不列顛需要勞工。約有三百名牙買加人登船前往他們認定的母國。他們是非洲奴隸的後裔，其祖先最早是由不列顛人帶到牙買加的。在白人居住的英格蘭，人們用敵意的反應對待這些初來乍到的人，這為此後幾十年的族群關係定下了基調。移民的生活充斥著種族衝突與族群緊張，但這並未使遷移潮流停步。在牙買加人之後，人數更多的印度人、巴基斯坦人、孟加拉人、非洲人和中國人紛至沓來。到二〇〇五年，少數族裔約佔不列顛人口的百分之八，總計五千八百萬人。

在歷史學者看來，十九世紀是全球化的第一個黃金時代，美國吸納的移民數量是當時最多的，近年來，美國再度成為吸引移民最多的國家之一。這些移民來自世界各地，尤其是美國南方較貧窮的鄰近國家。一九九〇年至二〇〇五年間，約有一千五百萬移民進入美國。二〇〇五年，全世界有五分之一的移民居住在美國。

歐洲人口逐漸高齡化，而一些前歐洲殖民地國家卻人口過剩，歐洲大陸於是成為主要的移民目的地。在世界上的二億移民中，約有五千六百萬是在歐洲。實際上，在世界上人口最多的四十一個國家裡，移民已經達到總人口的百分之二十。

風水輪流轉。在前殖民時代的全球化過程中，中國和印度一度曾是推動力量，而今兩國也隨著經濟的迅速發展和劇增的海外移民而再度走向前臺。二〇〇五年，據估計有三千五百萬中國人散居在世界各地，也有約兩千萬印度裔人口生活在母國之外。[55]中國人正成為世界上最大的觀光客群。最近五十年間，世界旅遊規模急遽提升。世界各國的外國遊客人數已經從一九五〇年的二千五百萬增長到二〇〇五年的八億六百萬之眾。值此期間，歐洲和美國在國際旅行中所佔的比例下降，而亞太地區的增長速度最快。在經濟增長的推動下，二〇〇五年有約三千一百萬中國人赴國外旅行。中國專家和國際旅行業專家預計，到二〇一〇年，每年赴海外旅行的中國遊客至少將達到五千萬人，到二〇二〇年將達一億人。[56]這個國家曾經向一代又一代的旅行家招手，也令馬可．波羅聲譽斐然，而今，中國正經歷角色轉變，用照相機武裝自己的中國馬可．波羅正乘坐噴射機在世界各地漫遊。

還有一件深具諷刺意味的歷史事件：成千上萬窮困潦倒的非洲人正在進行一場新的「走出非洲」運動，這也開始引起歐洲的關注。在十五世紀初，葡萄牙的領航者亨利征服了穆斯林港市休達（Ceuta），使他的國家走向對外擴張的道路。葡萄牙人在休達得到了大量財富，又聽聞非洲內陸還有另一番世界，於是向南派出遠征隊。現為西班牙所屬飛地的休達，近來又在新聞裡頻頻出現。休達已成為非洲移民進入歐洲的新走廊——二〇〇五年十月五日黎明前，五百多名年輕的非洲移民試圖衝破十呎高的圍欄，從摩洛哥進入這塊飛地，約七十名移民成功越境。由於他們沒有護照，西班牙無法將其遣送回任何國家。在那之後，為了前往歐洲，一波波來自下撒哈拉非洲的難民抵達摩洛哥。同樣是為了進入西班牙，成千上萬的馬利人和塞內加爾人擠上破爛的小漁船前往加那利群島，途中淹死者成千上萬。光是二〇〇六年的前五個月，就有約一萬人在加那利群島登陸，在歐洲引發了一場緊急事件。與此同時，休達當局正計劃將鐵絲網再加高十呎。

美國也計劃在美墨邊界上採取類似的步驟，一波波的墨西哥移民已經衝破了這條國界。他們不顧沙漠險境與重重障礙，奮力進入美國。休達與美墨邊界上矗立的鐵絲網提醒人們，這種六百年來不斷在塑造世界的力量是何其強大。

急行軍式移民：從塞維利亞到西貢

在那個六月的清晨，我坐在寧靜的瓜達幾維河岸上，想起三十年前的另一條河流。西貢河的滾滾黃水流過昔日法國殖民時代的旅館、灰泥粉刷的辦公樓和碼頭，注入南中國海，那座水泥碼頭與瓜達幾維河上的碼頭頗有幾分相似。我在西貢報導越南戰爭最後幾天裡的狀況。對於當時驚惶失措的民眾而言，面對共產黨人的猛烈進攻，那條河幾乎成為唯一的生命線。他們非常擔心共產黨人獲勝之後，將會展開報復性的殘殺與屠戮。曾與美國人合作的越南人及其家人數以千計，而驚懼的民眾更是數以百萬計，他們毫無退路。儘管美軍已於兩年前撤離，但這仍然是一場由美國人支持的戰爭，對於這些背靠南中國海、退路已絕的越南朋友而言，美國人負有道德上的保護義務。

美國發動了一場大規模的緊急空運，在機場遭到襲擊之前，巨大的空軍運輸機載著五萬七千三百名美國人、越南官員及其家小從那裡撤離。四月二十九日，我看到形狀不同、大小各異的數百艘小船擠滿了西貢港，成千上萬絕望的越南人拼命向船上擠。在一天時間裡，美軍第七艦隊的直升機還將七千八百名美國人和他國國民從屋頂上救走。據估計，在西貢陷落前夕，甚至還有兩千六百名父母不詳的越南嬰兒在空軍的救援行動中撤離。四月三十日，當得勝的共產黨軍隊開著蘇製 T-54 坦克轟隆隆地駛入西貢時，美國軍事海運司令部（Military Sealift Command）派遣的一支龐大分艦隊也正載運著七萬三千人湧出越南各個港口，駛往菲律賓和關島的美軍基地。[57]我對這樣的巧合深感震驚：世界上最大規模單次遷移的登陸地，恰好就在麥哲倫橫渡太平洋之後首次發現陸地的地方。之後，當我坐在塞維利亞瓜達幾維河畔，回首這段近代史上的往事時，我剎那間意識到——這正是人類向世界各地流散過程中最近的一場變局，而這個過程恰好就是由哥倫布和麥哲倫在瓜達幾維河岸上開始的。自歐洲人殖民美洲以來，世界人口發生了大規模的分散與融合，過程仍在繼續。當時已有將近一百萬中國人和數萬印度人來到越南，而法國殖民統治者也已將數十萬越南人帶到柬埔寨、寮國和一些遙遠的法國殖民地。而在一九七五年這場最新的動盪中，越南創下了世界上單次遷移人數的最高記錄。西班牙人和葡萄牙人曾經在一個世紀裡乘坐帆船遷往新大陸，而在一九七五年的短短幾週之內，就有接近當時四分之一的民眾遷往半個地球以外的地方。其後的十年也還有陸陸續續的移民行動，最後讓美國境內的越南人增長到一百四十萬之譜。而在一九七五年四月三十日之前，美國的越南人只有一萬五千人，其中約一半是戰時新娘。

長久以來，人們經常為逃離迫害、躲避危險而背井離鄉，越南大逃亡只是一個現代的例子而已。現代的戰爭型態威脅到大量的民眾，而人們又能得到更大、更快的運輸工具來遷移，這類移民的數量也因而劇增。人們甚至會出於政治原因而誇大平民遭受的威脅。西貢陷落前夕，送抵該城的最後幾期美軍機關報《星條旗報》（*Stars and Stripes*）上，就有一期打出了這樣的頭號標題——「至少一百萬越南人將面臨屠殺」。[58]在越戰之後，媒體的勃興不僅使人類苦難的故事傳遍世界，也讓人瞭解到全球各地存在的機會。在二十世紀初，出於政治、人道主義或經濟原因（利用移民來解決國內勞動力不足問題），一些政府願意安置或保護不幸流亡的人，這意味著一個新難民時代從此展開。在布爾什維克革命後，約一百五十萬俄國人逃到國外；為了逃脫土耳其人的種族滅絕政策，一百多萬亞美尼亞人在歐洲各國避難。從韓戰到巴爾幹戰爭，二十世紀的歷次衝突總共造成四百多萬難民，他們改變了接納國的人口結構。在這些遷移之前，有六千萬歐洲人在十九世紀的移民黃金時代奔赴美國和澳大利亞，又有約一億東亞和東北亞居民在整個地區流動——人流的翻騰與擾動，也讓全世界呈現了一幅五彩斑斕的畫面。在希臘之外，希臘人最多的城市是澳大利亞的墨爾本；在各自的祖國之外，柬埔寨人的最大聚居地是加利福尼亞州的長灘，越南人的最大聚居地是麻薩諸塞州的洛厄爾（Lowell），居住於國外的蘇格蘭人則超過了其本國人口。

移民已經融入了許多國家的日常生活。廉價旅館業多由印度的古吉拉特人運營；朝鮮人擅長開雜貨店；中國人開餐館；阿爾及利亞人、摩洛哥人和突尼斯人在其過去的殖民母國法國大量開設家庭式零售店；南非移民在不列顛經營糖果店和報攤；土耳其移民在荷蘭經營麵包店和雜貨店。最讓人訝異的是，近期一份聯合國報告表示，隨著勞動力市場的全球化，移民本身也在發生變化。印第安那州一位工廠領班遷居中國，培訓中國工人學習新的生產方法；南非約翰尼斯堡的一位教授選擇定居澳洲雪梨，並往返香港兼職教書；一位在馬尼拉受訓的護士在杜拜工作。

從長遠的歷史眼光來看，今天的移民浪潮不過是延續著從幾千年前開始的一場旅行。不論是漢諾駕船從地中海出發去探險，伊本·巴杜達騎著騾子前往撒哈拉沙漠，還是塞維利亞的一位移民登上一艘大帆船前往新西班牙，人們為探索或遷移而冒險旅行的動機都沒有什麼變化。他們將嚴酷的氣候、生計的毀滅與饑荒、宗教與政治壓迫留在身後，出發尋找新的土地與新的未來。我們已經看到歷史上源源不絕的冒險家、探索者、移民和難民，為了追求更好的生活而不惜拋棄所有。在旅行、停留和定居的過程中，他們將世界更緊密地聯繫在一起。隨著交通變得更為便利和廉價，隨著貧富國家之間差距的不斷拉大，人類遷移的歷史推動力再也停不下腳步。數百年來，人們都有一睹國外的好奇心，這種興趣也因為運輸和通訊科技的進步益發濃厚。出身義大利維琴察（Vicenza）的安東尼奧．皮加費塔（Antonio Pigafetta）曾在一五一九年參加麥哲倫的遠航，並且倖存下來，寫了一本談這次航程的經典著述。在書中，他解釋了自己是如何登上那艘首次環航世界的船：「一五一九年的時候，我人在西班牙，通過閱讀和對話，我瞭解到遠航大洋能見識到不少奇妙的事物，於是我決定用我自己的眼睛，去探索別人告訴我的一切事物究竟是什麼樣子。」[59]而今，人們只需要一本《孤獨星球》（*Lonely Planet*）旅行指南和一家旅行社。甚至還有更容易的辦法——你可以上網規劃一趟旅行，就能前往皮加費塔嚮往的天地。

06 The Imperial Weave 帝國之網

「寰宇之事，無不與本國有所干涉，故本國之大臣當統觀全球。」

——紐卡斯爾公爵（Duke of Newcastle）、不列顛首相

湯馬斯．佩勒姆（Thomas Pelham），一七六〇年

一九九七年六月三十日，星期一。這一天本應是不列顛帝國的亞洲夕陽殘照之日，但其實在香港的整整二十四小時裡，太陽都躲在雲後不肯見人。天公不作美，先是毛毛細雨，後是傾盆大雨，淅瀝不絕。天氣預報中說，由於南中國海上的低氣壓，不列顛將香港主權移交中國的儀式將籠罩在一片潮濕的空氣中。我剛接受完一家法國電臺的採訪，走出演播室。同樣的話我已重複了無數次：「不，我不認為中國人民解放軍的坦克會在香港中環上轟隆駛過。不，我不認為中國新聞檢查員會進駐《遠東經濟評論》（*Far Eastern Economic Review*）的辦公室。」當時，我人在這家雜

誌當編輯。

我相信，香港由一個自由放任的資本主義城市轉變為社會主義祖國中國的一部分，會是個緩慢的過程。但對未來的擔憂就像瘴氣一樣彌漫在香港上空，而不列顛統治最後一晚的狂風怒號更加重了陰鬱的氣氛。站在香港港口的碼頭上，頭頂是水光漣漣、樹林一般的雨傘，身旁是一雙雙淚光閃爍的眼睛，我看到香港末代總督彭定康（Chris Patten）和王儲查爾斯（Prince Charles）登上伊莉莎白女王老舊的遊艇「不列顛尼亞號」（*Britannia*）。當香港皇家警察樂隊的風笛奏響〈統治吧，不列顛尼亞！〉（*"Rule, Britannia!"*）時，遊艇平緩地駛出碼頭，漸漸消失在漆黑的夜晚。這場低調的離別不僅標誌著香港一百五十六年殖民統治的終結，也為不列顛帝國拉下了帷幕。

催生香港的戰爭，正好是頭幾場全球化戰爭之一。來自全球不同角落的各種因素——不列顛商人、印度鴉片、中國茶、新大陸日益減少的白銀——匯流成一處漩渦，帶來香港的誕生。一八四一年一月二十六日，不列顛海軍一支以印度錫克士兵為主的隊伍，佔領了中國珠江入海口一座岩石島上的小漁村。不列顛人堅持行使上天賦予的貿易權利，用印度產的鴉片自由交換中國的茶和絲綢。在與不列顛的一場交戰中失利後，中華帝國放棄了這座名為香港的島嶼。一八四一年的鴉片戰爭以中國割讓香港告終，而這場戰爭的起因則是不列顛人試圖用鴉片來交換白銀。自西班牙征服者佔領墨西哥和南美以來，白銀雖一直源源流出，但在鴉片戰爭前夕已逐漸減少，並日趨昂貴。愈來愈多國民吸食鴉片成癮，中國的國庫銀兩收入又不斷減少，這一切都引起了中國統治者的警覺，試圖阻止不列顛人的行動，卻未能如願。

香港曾是一塊山石嶙峋的高地，佔地四百二十六平方英里，也曾是漁民和走私者抵擋風暴的掩蔽所。這座島嶼最後轉變為一座光彩奪目的大都市，也成為一個重要樞紐，幫助東亞融入一個不斷擴展的金融與貿易網路。香港有高效的機場和海港、鱗次櫛比的酒店，來自全世界琳琅滿目的商品堆滿了百貨商店，也有真正全球化的飲食。這些都使香港成為一處旅行者的聖地，世界各地數以百萬計的遊客來到這塊不列顛帝國殘存的土地。《韋伯字典》（*Webster's Dictionary*）將全球化定義為「使（事物）在範圍或應用上遍及全球」，香港就是這個定義的經典範例。

我們已經在先前各章中看到商人、傳教士和探險家如何帶頭行動，將早他們約一萬兩千年便紛紛出現的定居社會重新開始聯繫，並更加緊密地整合起來。不論是以和平還是暴力的方式，在他們把不同國家與民族結合起來的過程中，追求更好的生活、教化他人皈依自己的信仰、瞭解國外風貌的願望都是主要的動機。戰士則是第四類推動者，他們加快了世界的融合，或者更準確地說，他們帶來了一種以武力創造的政治組織——「帝國」。拉丁文中的「帝國」一詞為「*imperium*」，其詞源是動詞「命令」（*imperare*）。推動帝國建立的動機很多：在塵世建立上帝國度的野心、對財富的貪欲、揚名於世的願望以及普世政治理想。在這些欲望的推動下，無論是從西元前三千年阿卡德的薩爾貢在世界上建立的第一個帝國，到先知穆罕默德創建的伊斯蘭帝國，再從蒙古統治者成吉思汗到西班牙征服者法蘭西斯科．皮薩羅，歷史上有無數戰士入侵遙遠的異國，將大量種族、宗教與語言各異的人類族群納入他們的控制之下。

帝國會建立、保護長距離貿易商路，並通過提供貨幣與法律制度來促進貿易。各國國王與蘇丹出於打造帝國的渴望，將國家資源投入境外的探索，用國家的財富來組織遠征軍、努力獲取長途旅行所需的科技與知識。帝國發揮了「基因混合器」的作用。人類的祖先離開非洲以後，天各一方的人類就有不同的遺傳血統，而帝國則使這些血統融合。在這個過程中，帝國也讓世界各地的微生物與生物出現了大一統。帝國不僅擴展其法律體系，使之覆蓋地球上的大片區域，而且還傳播了宗教，推動了長途貿易，建立世界性的交通與通訊網路，大範圍散播了語言與動植物種類，結合各地的知識與科技。若是沒有帝國，這些知識與科技將只侷限於世界的一隅而已。於本章中，我們將細察一些例子，看看戰士及其建立的帝國如何以紛繁複雜的方式將世界連接在一起，甚至連戰士們自己也完全沒有想到會有這樣的後果。帝國看似舊日的制度，但帝國統治的觀念至今仍興盛不衰。與羅馬人的「羅馬和平」(Pax Romana) 類似，今日也有「美國和平」(Pax Americana) 主宰著世界，一方面將全世界緊緊綁在一起，一方面也像美國影響全球那樣激起全世界的怒火。伊斯蘭極端分子仍然對穆斯林在哈里發國覆滅後所遭受的羞辱忿忿不平。他們策劃恐怖襲擊，並夢想建立一個帝國，實現「真主在塵世的統治」。[1]

世界帝國大夢

古往今來，無論帝國建立者動機為何，無論是年輕氣盛還是老當益壯，他們統治其他人類的時候，從來都不缺哲學上和政治上的理論。柏拉圖從語言學的角度為貴賤之分尋找理由，在他看來，野蠻人——即非希臘人的「*barbaros*」(所有那些不會說希臘語，講起話來就像結結巴巴地說「bar bar」的人)——並非完整的人類。[2] 他認為，野蠻人生來便是敵人，對他們發動戰爭甚至將其奴役或斬盡殺絕，也均無不妥。亞里斯多德進一步發展了這種「從本性定義敵人」的觀念，主張野蠻人生來就是奴隸，尤其是生活在博斯普魯斯海峽以東的「亞洲人」。他告訴他的學生——

即馬其頓的年輕國王亞歷山大——把野蠻人當作奴隸對待是理所當然的事。[3]但亞歷山大是從行為而非種族的角度來詮釋這種善惡之分，他認為行為良善者是真正的希臘人，而行為敗壞者是真正的野蠻人；他想征服壞人、團結好人，以此來實現「*homonoia*」——團結、和諧，心靈的結合。長久以來，這都是王者理想的完美境界。研究希臘文化的偉大學者威廉·塔恩爵士（Sir William Tarn）表示，亞歷山大希望成為「一個讓世界和諧、和解的人——當然，僅限他權勢所及的那部分世界；他真心真意，想將帝國的子民團結成為一個和睦融洽、萬眾一心的友誼共同體」。[4]他不想以征服者的身分流傳後世，用普魯塔克（Plutarch）①的話來說，他希望後人認為他是「眾神派來的使者、宇宙的撫慰使與裁斷人」。[5]為了實現他的理想、建立天下一家的世界帝國，亞歷山大大帝的軍隊橫掃西亞和小亞細亞，摧毀了波斯帝國，劫掠並焚燒了大波斯城（Persepolis），還進軍到遠至印度旁遮普平原的地方，第一次將地中海世界與印度次大陸連接起來。當亞歷山大率軍進發的時候，數以千計的士兵和行政官員留在後方，治理帝國吞併的領土。

羅馬帝國則肇始於臺伯河谷的一個小小城邦，後來卻囊括了當時「已知世界」全境，並提出了其他理由來統治其眼中的野蠻人。為了將其他族群納入統治之下，羅馬人建立了一套精密的行政制度和法律體系，他們也宣稱自己的行動慷慨無私，是為了傳布「*civitas*」——也就是文明的源頭「公民社會」。政治學者安東尼·帕戈登（Anthony Pagden）指出，「羅馬的帝國主義不再被視為一種壓迫，或被視為一個民族奪取其他民族的土地、物產與人口，而是被看作一種仁慈的統

① 【編註】指路修斯·梅斯特里烏斯·普魯塔克斯（Lucius Mestrius Plutarchus, c. 46-120），古羅馬時代的希臘作家，著有《比較列傳》（*Parallel Lives*），為一系列的古希臘羅馬名人寫傳，並比較評述。

治，其意義不在於征服而在於恩典，改善其他人的生活則是統治的首要目標」。[6] 古羅馬歷史學者西塞羅聲稱，即便是非洲人、西班牙人和高盧人等「粗暴野蠻的民族」也有權得到公正政府的治理，這可以看作是不列顛帝國「白人責任論」（white man's burden）與法國「教化使命」（*mission civilisatrice*）的先聲。帕戈登諷刺地說，西塞羅此語的弦外之音是，「如果他們自己的統治者不能提供公正的政府，羅馬人將樂意代勞」。[7]

在很多情況下，世界帝國的夢想都只不過是為了滿足個人對權勢和榮耀的野心。從十二世紀自稱天下共主的柬埔寨國王闍耶跋摩七世（Jayavarman VII），到十六世紀的日本武將豐臣秀吉，許多統治者都癡迷於稱霸天下、建立一個世界帝國，即便是個有地理限制的世界也行。豐臣秀吉自認是全世界的君王，最終要「從設於北京或印度的行宮來統治全人類」。[8] 為了進攻中國，他兩度入侵朝鮮，但均未成功，也許在他的世界裡，中國就是一道屏障。

在美國獨立戰爭和美國崛起後，希臘羅馬傳統中關於政治帝國的古典觀念得到了昇華。帝國是一種教化的使命——這種觀念到了美國開國元勛湯馬斯·傑佛遜（Thomas Jefferson）筆下，就成了「自由帝國」（empire of liberty）；隨著一八二三年美國開始實施門羅主義（Monroe Doctrine），帝國又換上了反殖民大業的形式。在西奧多·羅斯福（Theodore Roosevelt）主政期間，門羅主義被解釋為美國在其拉丁美洲後院（Latin backyard）有自由行動權。美國公開宣布，要在更廣闊的世界裡成為一座自由燈塔；到了二戰之後蘇聯軍事擴張期間，這項使命也遇到了挑戰。在美國人看來，透過擴展美國海外勢力以推廣自由的任務也更為緊迫。哈里·杜魯門（Harry Truman）在一九四七年承認，美國肩頭的責任甚至要比「大流士一世的波斯、亞歷山大的希臘、

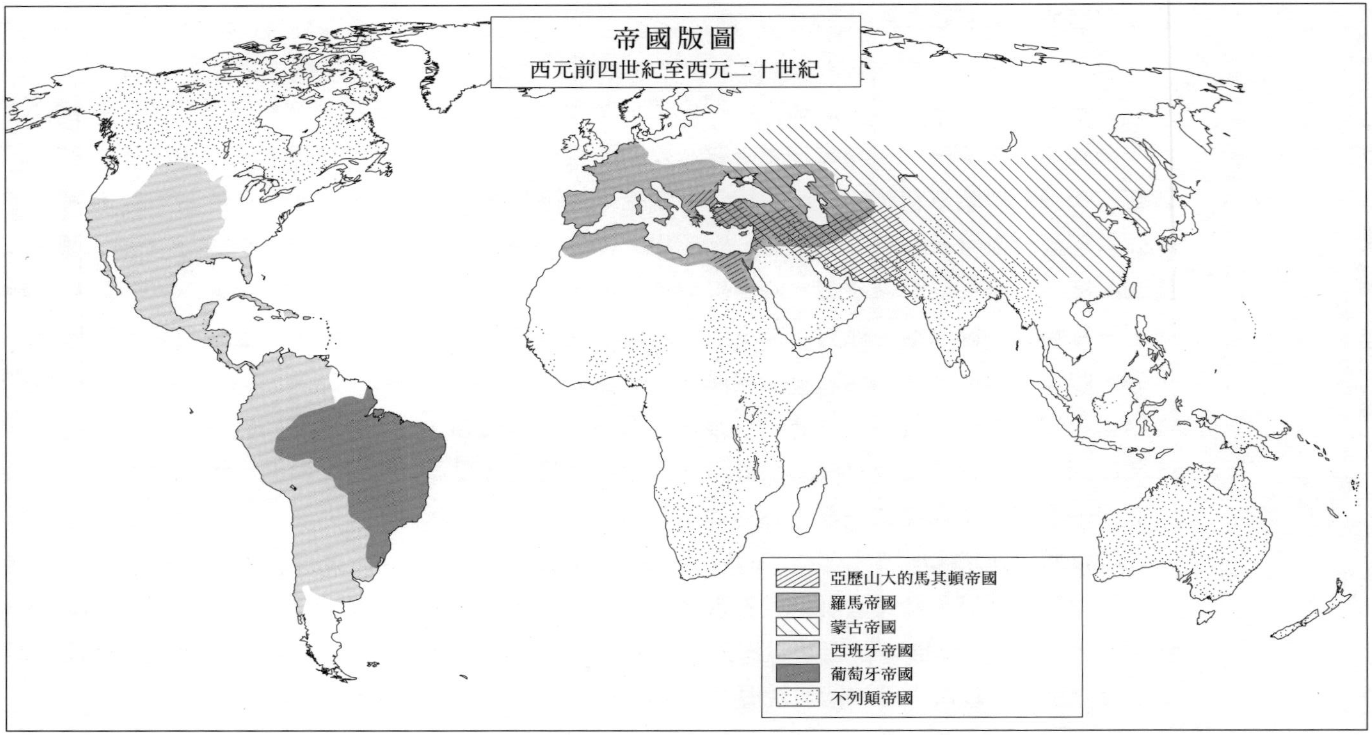
帝國版圖
西元前四世紀至西元二十世紀
亞歷山大的馬其頓帝國
羅馬帝國
蒙古帝國
西班牙帝國
葡萄牙帝國
不列顛帝國

哈德良的羅馬〔和〕維多利亞的不列顛」當年面臨的責任更大。他聲稱，「從極權主義手中拯救世界」的唯一出路，就是讓「全世界採用美國的制度」，因為「美國的制度」唯有成為「一種世界性的制度」才能存續下去。[9]

六十年過去了，這種看法依然屹立不搖，就連蘇維埃帝國的崩潰也沒能使美國放棄他們的想法。也許這個世界上的頭號民主國家對「帝國」的說法持有異議，但美國已經具備了帝國的某些特徵：它是世界經濟的樞紐；在遼闊的地域擁有軍事力量，在世界各地有七百多處軍事設施；還有巨大的政治與文化影響力。美國作家喬納森·謝爾（Jonathan Schell）更願意將美國稱為一個「帝國性大國」，而不是一個帝國。不論怎麼稱呼，在這個全球化的世界裡，到處都有美國的力量存在，用推進民主與人權、維護世界和平、保障公海自由與航空自由等名義行使其力量。美國任何一舉一動都會影響全世界的民眾與國家。美國的品牌產品無處不在，例如麥當勞在一百二十個國家設有分店。有些人因而批評說，全球化不過是美國化而已。[10] 除了經濟優勢外，美國的全球安全考量也遍及全球。例如，美國空軍的軍力覆蓋範圍可以達到六個洲，美國特種部隊已經和大約一百七十個國家聯合舉行了數千次訓練演習。[11] 不列顛政治理論家、工黨政治家哈羅德·拉斯基（Harold Laski）很有先見之明，他在一九四七年寫道：「美國就像一個俯視全世界的巨人，不論是極盛時期的羅馬，還是獨霸全球經濟時代的大不列顛，都不曾擁有如此直接、深刻與廣泛的影響力。」[12] 今天，拉斯基所描繪的美國巨人形象可說是再鮮明不過，但我們將在本章中看到，建立世界帝國的夢想是一種古老的傳統，而且長久以來一直在發揮著促進世界融合的作用。

阿茲提克人與印加人的觀念裡沒有任何普世性的主張：推動帝國的力量是他們的宇宙觀以

及對死者靈魂的信仰。阿茲提克人的宇宙觀始終強調要盡力滿足太陽神。太陽神日復一日地與黑暗力量作戰，如果沒有足夠旺盛的戰士之血來供養太陽神的話，祂就將虛弱不堪，無力再戰，宇宙也會因此毀滅。這是阿茲提克人活人獻祭儀式的由來，要用俘虜來供太陽神享用。[13]阿茲提克人一刻不停地尋找祭品，到了十五世紀，許多中美洲部落都歸於他們的統治之下。印加人對去世的統治者頂禮膜拜，還需要大量的土地和勞力來維護死者的木乃伊。在這種需要的推動下，新即位的皇帝就會征服新的領土，掠奪其財富與資源。「對皇家木乃伊的崇拜迫使印加人不斷尋找新的可耕地，最終使『世界的四方』（Tawantinsuyu，即印加帝國）陷入一次次災難性的軍事冒險」。[14]印加人將極為龐雜的族群納入自己的統治之下，但在這個族群混雜的帝國裡，卻有一些反對分子為西班牙人提供協助，而印加人的領土最終也落入了西班牙征服者手中。

在西班牙征服印加將近一千年前，在大洋的另一端，有另一個帝國同樣為了敬神的需要而誕生了。先知穆罕默德創立的帝國不同於過去的任何帝國——這是神的帝國，並非由某位國王所建立，而是在一位自稱為真主使者的人領導之下，由無數的信眾所打造。過去，形形色色的人都能傳播真神的道，但到了那個決定命運的夜晚，先知從小山上走下，開始宣示唯一真神的神聖戒律。過去有祭司解釋神的旨意，交由現世的統治者加以執行，但伊斯蘭教不僅捨棄了這種中間人，還消除了宗教權力與世俗權力之間的區分。《古蘭經》中宣示，真主的權威以及穆罕默德作為真主使者的地位，都是絕對性的。正如《古蘭經》中說的：「眾人啊！我確是真主的使者，他派我來教化你們全體……除他之外，絕無應受崇拜的……故你們應當信仰真主和他的使者。」除了這種絕對的普世主張之外，先知還呼籲建立一個有兄弟情誼的「烏瑪」——意即社群。佛教與基督教都會在俗世的權力機構中尋求皈依者，以幫助傳播信仰，但伊斯蘭教與前兩者不同，其誕生本身就能為內鬥頻繁、處於無政府狀態的阿拉伯各部落創造一個國家。先知訓示說「烏瑪」必須完全平等：「人類啊！你們的主是唯一的，你們的祖先是唯一的。你們都是亞當的後代，亞當來自泥土。」穆斯林既然是烏瑪的成員，就有義務為窮人施捨，並不得內訌。他們的責任是將全人類帶入這個「社群」，並和抵抗的「不信者」作戰。

殺戮以物配主者

長久以來，學者不斷爭論「擴張的衝動」是否是伊斯蘭教的本質。《古蘭經》某些章節只主張防禦性的戰爭，例如「你們當為主道而抵抗進攻你們的人，你們不要過分，因為真主必定不喜愛過分者」。但也有一些章節明顯呼籲採取先發制人的戰爭：「你們在哪裡發現以物配主者，就在那裡殺戮他們，俘虜他們，圍攻他們，在各個要隘偵候他們。」西元六三二年，先知最後一次去麥加時說：儘管所有穆斯林都是兄弟，不應內鬥，但他們身為穆斯林的使命是「與人作戰，直至他們證言『萬物非主，唯有真主。穆罕默德，是主使者』；舉行祈禱，完納天課」。[15]中世紀的穆斯林學者根據這些相互矛盾的說法提出了一套聖戰學說。研究伊斯蘭教的學者麥可．庫克(Michael Cook)表示，這套學說「認可了為擴展伊斯蘭教領土而發動進攻性戰爭的基本理念，但同時也以各種前提和限制來加以約束」。庫克認為，儘管學者在聖戰政策的適用問題上含糊其詞，但這一觀念在伊斯蘭教傳統價值體系中佔有中心位置。它「的確使『不斷征服異教徒土地』成為穆斯林的一項基本道德信條……就此而言，伊斯蘭教之所以能成為一種全球性文化，明顯與其自身的某些固有因素不無關係」。[16]

由於先知穆罕默德禁止對已皈依伊斯蘭教的部落發動「*razzia*」——即傳統上搶奪牲畜和財產的劫掠活動——於是當地的劫掠團體便不得不將目光投向阿拉伯本土以外的地方。《古蘭經》允許信眾奪取異教徒的財產，前提是戰利品得在遠征軍成員之間重新分配。另一種累積財富的方法，就是對不信者徵稅。六三〇年，穆罕默德親自率領一支約三萬兵力的軍隊向拜占庭邊界逼近，他們向北行軍五百英里抵達亞喀巴灣（Gulf of Aqaba），在那裡紮營二十天，最後與阿伊拉（Aylah）信奉基督教的親王通過談判達成和平協議。這些齊米（*dhimmi*）——意即基督徒這類的「有經者」（people of the Book）——要發誓效忠並每年納貢，以交換「烏瑪」對他們的保護，並享有宗教自由。這原先是一種出於現實考慮的安排，使伊斯蘭教能與其他信仰並存，但在後來數百年間伊斯蘭帝國的擴張過程中，這也成為一項財源。有些學者認為，在伊斯蘭教的初創時期，為真主的事業獻身並升入天堂的念頭，也許是吸引皈依者的主要因素。「許多人迫不及待地想要享受肥沃月彎文明地區的舒適與奢華，這種渴望也同樣強烈」。[17] 有趣的是，最早的帝國主義統治者阿卡德的薩爾貢，對其統治疆域之外發動戰爭，就是為了獲得戰利品和納貢，這跟穆罕默德在三千多年後發動的戰爭並無不同。

六三六年，也就是穆罕默德發布動員令的五年之後，一支阿拉伯軍隊入侵兩河流域，在今天巴格達近郊的卡迪西亞（al-Qadisiyah）取得一場著名的勝利，隨後更將伊斯蘭教傳到波斯。從這一刻起，這場勝利不斷鼓舞著信徒，使他們為伊斯蘭教的榮譽獻身。就連二十世紀八〇年代的兩伊戰爭期間，伊拉克的世俗獨裁者薩達姆．海珊（Saddam Hussein）都會援引卡迪西亞的勝利，在他的軍隊與今天的波斯——伊朗——僵持不下之際鼓舞士氣。阿拉伯軍隊在北非連連取勝，最後渡過狹窄的直布羅陀海峽進入歐洲。他們繼續向歐洲腹地進軍，直到法蘭克人的首領鐵鎚查理在七三二年的圖爾戰役中最終遏制其攻勢為止。但帝國仍繼續向東方和南方擴張。蒙古人起先洗劫了巴格達的哈里發國，但在他們也皈依了伊斯蘭教以後，從大西洋到太平洋的廣大區域、甚至是下撒哈拉非洲的大部分地區，都納入了伊斯蘭教的統治之下。至於奧斯曼帝國則是侷限於地中海東部和中東地區。我們已在第二章談到穆斯林商人將伊斯蘭教傳到了東南亞，最後帶來了世界上最大的伊斯蘭教國家——印尼。伊斯蘭教連接了世界，融合了文化，也在過程中永遠改變了世界。當然，伊斯蘭帝國的擴張不一定代表穆斯林人數增加。由於伊斯蘭教禁止對信徒徵稅，帝國不得不從異教徒那裡得到收入，伊斯蘭教各國的統治者因此採取務實路線，不鼓勵人們皈依伊斯蘭教。「藉由維持大量的異教徒納稅人來維持現世的權力」——這種現實邏輯常常壓倒了「讓全人類皈依伊斯蘭教的」渴望——而那本是先知一開始托付的任務。[18]

不過，世界上最大的陸連帝國，卻不是出於傳教或解放的渴望而建立——這個帝國是遊牧民蒙古人的成就，他們沒有任何宗教使命，只是想統治世界。從一一九〇年成吉思汗開始統一蒙古各遊牧部落，到他的孫子在一二五八年洗劫巴格達的伊斯蘭哈里發國為止，蒙古人的鐵蹄在這段時期裡蹂躪了一片廣大的區域，從西伯利亞南部海岸直到西部的匈牙利和波蘭，從南中國海直到波斯灣。儘管蒙古人信仰名為「長生天」的神，但直到皈依伊斯蘭教之前，蒙古人都是非常世俗化的。為了尋找食物和其他生活所需，蒙古人必須離開慣常的放牧區域，這才是他們對外擴張的動機。為了解釋蒙古人的擴張性，歷史學者提出了許多理論。歷史學者芮樂偉·韓森說氣候可能是原因之一：一一七五年至一二六〇年，蒙古的年平均氣溫持續快速下降，造成可供蒙古人牲畜食用的草料減少，促使蒙古人征服新的土地。[19]也有一些學者認為，襲擊和掠奪鄰國變成了一種策略，用來統一中亞大草原遊蕩的蒙古各部。

一位學者表示，成吉思汗「清楚知道，將草原上的遊牧者統一起來是通往權勢的唯一路徑。只有完成這個任務，才有可能征服各個定居的文明社會。但與此同時，為了團結各部，他必須始終以未來的對外劫掠作為旗幟。這二者是密不可分的。蒙古社會是由牧民和狩獵者組成的社會，但也是一種以掠奪為生的社會」。[20]

與當年先知穆罕默德對阿拉伯各部落的要求相似，成吉思汗這位崛起中的蒙古領袖也禁止各部相互襲擊，反倒是主張聯合襲擊周遭的定居社會，掠奪食物與其他遊牧生活中所無法提供的必需品和奢侈品。中國、波斯、阿拔斯哈里發國等強大的鄰國都是深溝高壘，欲襲擊它們就需要大規模的組織機制。這個帝國不僅使蒙古各部實現了內部和平，而且還不斷讓人渴望「有機會掠奪外族，增加財富」。[21]不過，隨著蒙古人擴大劫掠，獲得的戰利品與工匠愈來愈多，他們也需要更多的食物供養其俘虜，更多的工具供其使用。與過去的征服者類似，成吉思汗開始認為自己承受了天命，要來統一全世界。當時一份亞美尼亞編年史引述成吉思汗的話說：「我們征服天下」，以蒙古法律和稅收來「維持秩序，這是神的意旨」。他還說蒙古人有責任「屠滅［對手］，破壞他們的土地，使他人在耳聞目見之後心生恐懼，不敢造次」。[22]

非洲的誘惑

推動帝國野心的，往往是宗教狂熱與貪欲的結合。在薩爾貢的阿卡德帝國時代，對外擴張只是為了控制礦產和木材，但後人擴張的動機就演變為對黃金和其他奢侈品的貪欲；就連亞歷山大大帝都不能免俗，他雖然渴望建立一個有文明的世界帝國，卻也因為阿拉伯海上的索科特拉島出產香味最濃郁的松香和蘆薈，而派出一支艦隊去征服。[23] 葡萄牙帝國和西班牙帝國的驅動力不只是上帝與榮譽，還有對香料和黃金的貪欲。比方說，領航者亨利攻打北非海岸上的穆斯林港市休達，在當地發現了難以想像的財富，又聽聞傳言說在非洲腹地，人們用如山的黃金來交換摩洛哥的物產——這一切都驅使他發動遠征，進一步深入非洲內陸。[24] 事實證明，發動十字軍攻打伊斯蘭教、派出基督教傳教團勸化異教徒，都是有利可圖的事情。領航者亨利於十五世紀初發起海上遠征，達伽馬也終於繞過好望角抵達印度，葡萄牙也建立了一個持續四百年的帝國。

在亨利王子對大西洋試探性展開探索之後的一百年，葡萄牙政府的收入總數已有四分之三來自其位於亞洲和美洲的遼闊帝國。[25] 葡萄牙本身也成為西班牙國王菲利浦二世覬覦的對象，而後者已經是一個橫跨拉丁美洲與東南亞的大帝國統治者了。西班牙帝國的創建要從哥倫布偶然發現新大陸開始，而尋找黃金、香料和可供教化的靈魂，則是這個帝國的驅動力。哥倫布航行一年之後，教宗授權卡斯提爾的天主教君主斐迪南與伊莎貝拉，統治他們能在大西洋上發現的所有尚未信仰基督教的地方，同時也授予其向所有新發現民眾宣講福音的職責。教宗同時對基督徒與信仰其他宗教的「異教徒」行使現世的管轄權。[26] 埃爾南．科爾特斯（Hernán Cortés）、法蘭西斯科．皮薩羅等征服者幫助建立了南美洲的西班牙帝國。他們的興趣不只是贏得征服的榮耀，還要享受新大陸的戰利品。他們擺起「委託監護主」（*encomendero*）的架子，往往用野蠻的方式來剝削美洲的勞動力。[27]

不列顛帝國是幅員最為遼闊、歷時最為久遠的帝國，而它也是由貪念與欲望所打造的。哥倫布從新大陸返回後，也帶回了一些故事，講述新大陸上令人難以置信的豐饒物產。於是不列顛的君主、個別水手與商人，全都夢想要找到一塊富產金銀的新大陸。一四九六年三月，在哥倫布航行四年之後，亨利八世國王效法卡斯提爾的君主，授權熱那亞航海家約翰．卡博特揚帆啟程。卡博特和他的子孫所得到的待遇是：「總攬全權，向東方、西方和北方的所有海域、地域與海岸航行……擔任我們的封臣與總督、將官與欽差，在當地征服、佔領與守衛。此行發現的所有村鎮、城堡、城市、島嶼與大陸，均歸於我們名下，並得享有統治權與管轄權。」[28]不過到了後來，工業革命使不列顛帝國脫胎換骨，經濟與政治自由化風氣興盛，厚顏無恥的貪欲也被冠冕堂皇的理由所取代。英格蘭歷史學者詹姆斯．布萊斯（James Bryce）在一九〇一年主張「全人類［看來］正形成一種新的整體」。一九一七年率軍進入巴格達的弗雷德里克．史丹利．莫德（Frederick Stanley Maude）將軍宣布：「我們的軍隊不是以征服者或敵人的身分來到你們的城市與土地，而是解放者。」[29]這就像某種詭異的預言——二〇〇三年三月，美國發動代號「伊拉克自由作戰」（Operation Iraqi Freedom）的入侵行動時，白宮也發表了類似的聲明。

不列顛在伊拉克的冒險行動很快就失敗了。但在幾百年之前，冒險犯難的商人就已經把不列顛的旗幟帶到了維吉尼亞和印度蘇拉特（Surat）的海岸，一個遍及全球的大帝國也隨商人的登陸行動而誕生。幾乎恰好在五百年後，我人在香港目睹了這個帝國的日落。而在這五百年間，不列顛帝國的理念也逐漸從「白人責任論」的教化使命演變為推動自由貿易的商業邏輯，以及從獨裁者手中解放人民，並創造人道的全球社會。

人類祖先自走出非洲之後，他們的後代擴散到地球上所有宜居土地，膚色與體形也逐漸改變。等到定居農業社會發展起來的時候，人類已經有非常顯著的差異。貿易移民和傳教活動帶來的基因混和規模相對較小。唯有在帝國崛起之後，大量種族、語言與宗教信仰千差萬別的民眾才能在一個權威之下結合起來。帝國因而成為歷史上最有效的基因熔爐，創造了歷時甚久的大規模遷移。有些遷移活動是自願的，但除此之外，社會邊緣人也常常因貧困或政府當局的逼迫而離開家園，尋找更好、更富足的生活。一如政治學者安東尼．帕戈登所說的：

從歐洲一直到美洲，這些遷移活動不免讓某些一度繁榮的社會面臨毀滅。這些遷移也帶來了一些全新的社會，同時形成了新的民族。今日的希臘居民和巴爾幹人已與亞歷山大統治下的臣民不同，今天的義大利人不是古羅馬人，而美國的黑人與其來自西非的祖先也有很大的差異。在說西班牙語的拉丁美洲，大多數民眾既非完全的歐洲人，亦非完全的印第安人，而是如西蒙．玻利瓦（Simon Bolivar）於一八一〇年所說，是「介於這塊土地的合法所有人與西班牙篡奪者之間的混血種族」。[30]

本書由於篇幅所限，無法詳述人類文明伊始以來人口流動的全面過程。不過，只消匆匆一瞥，就可以從幾個例子裡看到帝國促進基因融合所發揮的決定性作用，進而促進了社會、經濟與文化的交流。西元前四世紀，亞歷山大大帝的帝國讓人注意到廣闊的世界。成千上萬的希臘人離家遠行，迎娶外邦女子，在亞歷山大帝國邊遠的角落擔任士兵或行政官員，展開新的生活，創造了一股深刻影響社會與文化的力量。但學者威廉．塔恩卻說，儘管亞歷山大的理想是建立世界帝國與人類之間的兄弟情誼，但他的帝國只留下「一個死氣沉沉、奴隸遍地的世界」。[31]外族人淪為奴隸，甚至較貧窮的希臘人也不免遭人奴役。

羅馬帝國的疆域從蘇格蘭的山谷一直延續到阿拉伯海的沙灘，納入其卵翼之下的人口比亞歷山大帝國還多，其總面積約為五百萬平方英里，總人口約為五千五百萬。隨著帝國的擴展，對外擴張的機制也不斷進步。帝國擴張的力量在一開始，不過就是醉心開疆拓土的君王所率領的小型常備軍，後來全帝國的男性自由民不論籍貫，都要應徵入伍。到了帝國晚期，甚至連某些皇帝的祖先，也出身於羅馬所征服的土地。[32]

播蒙古人的種

羅馬帝國在其歷時五百年的國祚中，融合了四面八方的人群；但後來阿拉伯人的伊斯蘭帝國則是將基因的種子帶去了四面八方。阿拉伯人將被征服且皈依伊斯蘭教的人稱為「馬瓦里」（*mawali*），意即阿拉伯人的依附者。他們與馬瓦里的通婚改變了中東的遺傳地圖。從波斯到西班牙，都有阿拉伯主子娶當地人為妻。在此過程中，「阿拉伯」一詞的涵義也逐漸變化。該詞原指阿拉伯半島上的一支貝都因遊牧民，現在則指任何以阿拉伯語作為文化和語言特徵的人。[33]但是，到十三世紀時，最初的貝都因阿拉伯人在人數上早已落後於征服地區的民眾，無法為哈里發國提供充足的兵源。哈里發遂開始從今天的土庫曼輸入中亞的青年奴隸，將其訓練為士兵。這些奴隸叫作「馬木留克」（mamluk），後來他們篡奪權力，統治伊斯蘭帝國的部分地區。

然而，蒙古帝國透過暴力征服對基因交融產生的直接影響，卻無人能望其項背。「曾經有歷史學者認為，這個帝國最主要的成果，就是將突厥人種擴散到世界的三個角落——中國、印度和中東」。[34]有人引述成吉思汗的話說，他最大的快樂在於「斬盡仇敵，驅其於馬前，盡奪其所有，視其至親之人以淚洗面，將其妻女攬入懷中」。[35]成吉思汗和其後的蒙古統治者大肆屠戮男子與兒童，廣納妻妾，在這些地方的遺傳地圖上烙下了自己的印記。有人對蒙古帝國曾經的領土上的人口做了一項驚人的遺傳學研究，從而揭示了這種影響的程度之深。一個科學家小組研究了亞洲的一大片地區，發現該地區有百分之八的男性DNA裡含有成吉思汗的Y染色體。他們從DNA遺傳比例估計，全世界約有一千六百萬人有這樣的情況。[36]

強迫遷移也發生了作用。逐水草而居的蒙古人除了狩獵和放牧，尚無其他技能，因此他們從征服的土地上抓來各種手藝人與工匠。歷史學者傑克．魏澤福（Jack Weatherford）是這麼說的：「蒙古軍隊將通譯、抄寫員、醫師、天文學家和數學家集中在一起，再按照分配樂師、廚師、金匠、雜技演員與畫家的比例分配給各個家族。統治當局將這些知識工作者與工匠、牲畜和其他物品一塊分配，然後通過商隊的長途跋涉或海上航行，運給家族內部的不同成員。」[37]例如，忽必烈汗輸入了許多波斯通譯、醫生，以及大約一萬名俄羅斯士兵，安置在今日北京所在地以北的地方。其後將近一百年裡，這些俄羅斯人成為當地的定居者，直到他們從中國官方的編年史中消失。[38]

征服與移民

十五、十六世紀歐洲海洋帝國崛起，歷史上影響最為深遠的種族融合過程也跟著開始了。有人估計，在十六世紀的每一年當中，都有三、四千名青年男子離開葡萄牙前往葡屬印度。到了一七〇九年，葡萄牙北部省分人口銳減，導致國王約翰五世（John V）重申之前的多道敕令，強調必須首先取得護照，方可離國遠行。與此同時，於淘金潮期間，從葡萄牙遷居巴西的人從十七世紀晚期每年約兩千人，躍升至一七〇〇年至一七二〇年的每年五、六千人。除此之外，還有更多的非洲奴隸來到種植園和礦山勞動。一八一八年，巴西人口約為三百八十萬，其中只有約二十五萬是印第安人，這代表有百分之九十三的巴西人口，都來源於之前三百年間從歐洲和非洲到來的移民。[39]

西班牙征服者也像蒙古人一樣，殺戮美洲印第安男子，將其妻子納為妻妾。他們之所以這樣做，原因之一在於隨他們乘船而來的女性很少。在塞維利亞殘存的記錄表明，當時駛往新大陸的人口中只有不到百分之五是女性。這種做法影響了殖民地的人口構成，也引起了當局的關注。一五一四年，國王斐迪南二世（Ferdinand II）恩准美洲土著與西班牙人通婚。他表示：「印第安人與西班牙人的通婚不應受到任何妨礙，所有人都應享有婚娶自由，完全順其所願。」[40]

其他往西班牙殖民地移民的歐洲人，影響甚至有過之而無不及。由於到十六世紀末，西班牙人口開始下降，新西班牙（今天的墨西哥）當局就在一五九〇年通過一項法律，允許葡萄牙人、日耳曼人、法蘭德斯人、義大利人、希臘人、英格蘭人等非西班牙人定居，繼而產生了龐大的「混血」（*mestizo*）人口。西班牙在菲律賓建立殖民地一事，也宣告亞洲人即將進入新大陸。據信，在十七世紀早期，每十年裡就有約六千名「東方人」從馬尼拉進入新西班牙。[41]西班牙帝國輸入的非洲奴隸也大幅影響了拉丁美洲的人口結構，只是可靠的相關資料非常稀少。就以一七九五年為例，當時在利馬（Lima）的黑人自由民與奴隸就佔其百分之四十五的人口；歷史學者亨利・卡門（Henry Kamen）表示：「非洲人一開始不過是前來充當勞工和僕役，但後來卻改變了美洲大片地區的社會與經濟。所到之處，其種族與文化都深深紮下了根基。」[42]

普通人一眼就能看出非洲人在今日南美洲人口中佔有相當比重，但歐洲移民對南美帶來的深刻影響可就沒那麼顯而易見。哥倫比亞大學一項遺傳研究讓我們大概瞭解到，在中南美洲的西班牙殖民地人口中，歐洲男性DNA佔絕對支配地位。該項研究表明，大約百分之九十四父系遺傳的Y染色體都源自歐洲人，而哥倫比亞人口中則發現了多種美洲印第安人的mtDNA——即母系DNA。現代遺傳學創始人之一詹姆斯．華生將這兩種情況稍事比較，就看出了清楚的解釋：「入侵的西班牙人多是男子。他們娶當地女性為妻。美洲印第安人的Y染色體種類幾乎無存，無疑暴露了殖民地種族滅絕的悲慘往事：原住民男子滅絕，而女性則遭到西班牙征服者在性方面的『同化』。」[43]

十七世紀時離散世界各地的不列顛貿易移民，最後演變成不列顛帝國，其遺產也為今日民族多元的全球化世界打下了基礎。[44]

打從不列顛人登陸北美與加勒比海地區，到最終統治澳大利亞、紐西蘭和加拿大，這個帝國產生的移民潮源源不斷地從「母國」流向新領土，連來自本國的罪犯和來自非洲的奴隸也都匯入了這股潮流。縱貫整個十九世紀，直至二十世紀（尤其是在第一次世界大戰之後），不列顛政府一直以資助旅費等經濟誘導政策來鼓勵移民。例如，前往加拿大定居者將能獲得十英鎊的補貼。一位政府高階官員解釋說，「帝國移民政策」是設計來「為一些人提供更有利的機會」——也就是能在殖民地改善自己生活的不列顛公民。[45]從十七世紀早期到二十世紀五〇年代，有兩千多萬人離開不列顛，前往各殖民展開新的生活。正如歷史學者尼爾．弗格森（Niall Ferguson）所說：「不列顛人的對外遷移改變了世界，將一片片的大陸染上白人的顏色。」[46]在一戰之前的一百年裡，約有五千萬歐洲人遷移出境，其中絕大部分——大約四千六百萬人遷往新大陸。不列顛帝國還促成了美洲大陸人口多樣的程度。一八〇七年至一八八二年，不列顛籍船隻把接近三百五十萬名非洲人掠賣到新大陸做奴隸。同時間向西遷移的白人移民，還不到這個數字的三分之一。一直要到去殖民化的時代，殖民地國家的人口膚色才得以再次改變。

二十世紀初，殖民帝國開始目睹一股逆流——殖民地人口大舉湧入各個殖民母國。在西非的各個法國殖民地，法國人將過去的奴隸訓練為步兵，稱為塞內加爾輕步兵團（tirailleurs Sénégalais），供進一步的殖民擴張之用。馬利地區就是靠他們征服的。拿陸軍中將夏爾·芒冉（Charles Mangin）的名言來說，西非的殖民地後來成為「兵源儲備庫」。在第一次世界大戰期間，芒冉主張利用輕步兵團與德國人作戰，之後有多達十六萬西非人奔赴戰場。[47]復員之後，許多人選擇留在法國，構成了法國國內非洲移民群體的核心。等到法國失去馬格里布（Maghreb）的殖民地之後，又有大量北非的柏柏人（Berbers）遷移到法國。到了二〇〇五年，非洲移民已經增長到五百萬人，事實證明，他們是法國社會中未融入主流、時常引起衝突的成員。

第二次世界大戰結束時，前殖民地國民返回殖民母國的勢頭愈演愈烈，最早的例子就是著名的「帝國風馳號」。重返帝國的反向遷移，以及向美國等繁榮前殖民地國家的遷移行動，最後演變為全球人口流動最強勁的潮流之一，在全球撒下了一面交流更為緊密的網。在末代總督離開香港前，已經有數萬帝國前國民離開這塊殖民地，遷往不列顛、加拿大、澳大利亞和美國。

美國在過去的一個世紀參與了世界上許多國家的戰爭，最後也從這些國家帶走了移民。越南戰爭的遺產，就是有一百多萬越南人、柬埔寨人、寮國人和赫蒙族人（Hmong）定居美國。西元二世紀時，羅馬帝國為了強化軍力，曾將公民權授予巴爾幹半島、中東和北非的社會上層；到了現代，布希政府也與此遙相呼應，加速推動美軍中兩萬名外籍居民的歸化流程。[48] 長久以來，人們都會在戰爭中使用傭兵，但今日緊密融合的世界使傭兵成為一種全球現象。近年來，五角大廈僱用的保安公司已經招募了約三萬五千名外國人在駐伊拉克美軍中服役。到了二〇〇五年，尼泊爾某個偏遠山區的農人才會意識到，「地球村」也是一個危機四伏之地。有些農家幾週之前可能還不知道伊拉克位於何地，一覺醒來卻從新聞中得知自己的孩子已經死於伊拉克叛軍之手。在美軍人力部門的誘惑下，窮困潦倒的尼泊爾青年前去中東做廚師和助手，卻從此一去不歸。[49]

語言之網

帝國迫使許多民族重新遷移，卻也帶來了新的語言、飲食、服飾、風俗與文化，最終結合為一個互相交流的世界。由此說來，帝國造成的基因傳播，就像是在歷史手稿上書寫的第一篇文字，接下來的數百年裡，還有一代代人在同一份手稿上勾勒描繪，最終創造了今天全球化的世界。

帝國鼓勵人們前往各地貿易，也因此豐富了各地的語言。比方說，馬來語雖然是東南亞海島上的通用語言，但長久下來，馬來語中也摻雜了阿拉伯和印度商人的表達方式與詞彙。葡萄牙和荷蘭的殖民統治帶來了新的詞彙，但與此同時，商人的表達方式與詞彙也使該地區不同地方的洋涇濱馬來語——或者說貿易用馬來語——得以復興。東非的情況也很類似，伊斯蘭教的傳播與歐洲殖民大國的影響都豐富了另一種貿易語言——斯瓦希里語。[50]

當然，早在野心勃勃的統治者率軍遠征之前，兩河流域和印度河谷的居民就已經在商品交換中使用某種通用的語言。[51]例如，在亞歷山大大帝留下的帝國裡，通用希臘語（Koine）就成為社會上層與商人階層的共同語言。[52]即便在拉丁語成為羅馬帝國的官方語言後，希臘語仍是街頭巷尾的語言。拉丁語最初只是臺伯河谷下游地區一小群人使用的語言，但隨著羅馬政治力量的擴張，這種語言也逐漸從義大利擴展到西歐、南歐、地中海北岸和非洲沿海地區。後來的現代羅曼語系（Romance languages），最早就是從羅馬帝國統治區域裡使用的拉丁口語演化而來。[53]

不過，若要論擴散的速度之快和地域之廣，阿拉伯語可就無人能及。隨著先知穆罕默德及其繼任者將伊斯蘭教帶到兩河流域、波斯和北非馬格里布等地，《古蘭經》的語言便壓倒了庫德語、柏柏語、阿拉姆語（Aramaic）、科普特語（Coptic）等既有的語言。[54]到了八世紀初，阿拉伯語已經成為帝國的官方語言。正如學者麥可．庫克所說：「一種新的菁英文化圍繞著伊斯蘭教和阿拉伯語成形了。猶如文言文或古典拉丁語一樣，阿拉伯語也成為一個文明的經典語言，一位有教養的菁英所希望讀到的一切，都是以阿拉伯語所寫就。」[55]儘管波斯人被阿拉伯人征服，也接受了伊斯蘭教，但他們的語言與文化仍保留了下來——只是遭到徹底的改造。波斯語接受了阿拉伯語的書寫文字，大量借用阿拉伯語詞彙，從而成為僅次於阿拉伯語的書面語，並傳播到遠至印度的地方。許久之後，波斯語也傳遍了奧斯曼帝國。[56]儘管阿拉伯人並未征服突厥人，但後者在十世紀皈依伊斯蘭教後借用了大量的阿拉伯詞彙，突厥語也開始以阿拉伯文字書寫。[57]更重要的是，由於伊朗人、敘利亞人、希臘人、科普特人、柏柏人、猶太人和基督徒等所有遭到征服的族群都接受了阿拉伯語，帝國各地的學者因而得以瞭解各族群在教育、藝術、科學、歷史和科技方面的積累，為光彩奪目的伊斯蘭文明崛起奠定了基礎。亞里斯多德、柏拉圖等人的希臘古典著作正是因為有阿拉伯語譯本，這些世界遺產才得以保存。

蒙古征服者雖然沒有書面語，但他們的帝國經驗也改變了他們。儘管蒙古帝國在文字上有所不足，但它卻傳播了其他語言。為了治理如此龐大的一個帝國，蒙古人需要能使用各種地方語言的行政長官與官吏。正如歷史學者傑克．魏澤福所說：「在處決敵國士兵之後，蒙古官員會派遣手下將平民按照職業分門別類。任何人只要能以任何語言讀寫，都可算作專業人員，無論你是政府職員、醫師、天文學家、法官、預言者、技師、老師、伊瑪目、拉比還是神職人員。蒙古人最是需要商人、駱駝騎手，以及能說多種語言的人，當然工匠也是。」[58]

從葡萄牙人、西班牙人直到後來的荷蘭人、法國人和英格蘭人——各個歐洲帝國都將羅馬帝國的遺產遠播四海。今天，將近三分之一的世界人口使用殖民統治者帶來的歐洲語言。英語是世界上第三大語言，僅次於中國官話和印地語。這種世界通用語的使用者同樣不出所料，大多都居住在昔日的不列顛帝國境內。一八三五年二月二日，不列顛印度最高委員會（Supreme Council of India）委員麥考利勳爵（Lord Macaulay）就印度教育問題寫過一份有名的備忘錄：「［英語很有］可能成為整個東方諸海上的商業語言。有兩個說英語的巨大歐洲人社群正在興起，一個在非洲南部，一個在大洋洲……我們必須盡可能立即培養一群人，在我們統治的數百萬人和我們自個兒間充當翻譯；這群人在血統與膚色上雖然仍是印度人，但其品味、觀念、道德與智慧上卻得像個英格蘭人。」[59]

一個月之後的一八三五年三月七日，印度總督威廉．本廷克頒布命令，推行麥考利勳爵的提議，將帝國的資源投入英語教學之中——這一項歷史性的決定對世界的整合產生了深遠的影響。印度成為世界上最大的英語國家，到了二十一世紀初，服務業工作之所以外包到印度、外資之所以進入印度，語言是最主要的因素之一。

在新大陸也能看到殖民教育政策帶來的不同影響。拜不列顛的人文教育政策之賜，到美國獨立戰爭期間，新大陸的兩百五十萬人已經擁有了九所大學，知識菁英階層也出現在這十三個殖民地——約翰．亞當斯（John Adams）、班傑明．富蘭克林（Benjamin Franklin）、湯馬斯．傑佛遜等人都有徹底的世界性思維。反觀西班牙的各殖民地、巴西和加勒比海地區雖然擁有一千七百多萬居民，卻只在墨西哥城和瓜達拉哈拉（Guadalajara）有兩所大學，主要教授的還是神學和法學。

帝國是神的工具

我們已經看到了創立帝國的靈感如何來自諸神，但有些帝國並非特意為了宗教信仰的緣故而建，卻也促進了宗教的傳播。

西元前三世紀，印度孔雀帝國皇帝阿育王成為歷史上第一位用皇權來傳播宗教信仰的人。佛教創建於三百年之前，而在皈依之前，阿育王已經建立了一個覆蓋印度北部的大帝國。阿育王於羯陵伽戰役（Battle of Kalinga）中取勝後，一位比丘勸化了他，讓他皈依了這個宣揚非暴力與慈悲的宗教。這位皇帝不僅將佛教的戒律銘刻於類似今天公布欄的石碑上，他還發動了一場宗教征服運動，將傳教士派遣到整個印度次大陸、斯里蘭卡、緬甸、各個希臘化王國與中亞諸王國。[60]

由於阿育王的強大權勢，傳教士得以進入各國宮廷，並在百姓中布道，成功讓許多人改信佛教。阿育王之子摩哂陀在斯里蘭卡的傳教是最成功的例子之一。[61]佛教後來就是從斯里蘭卡傳到東南亞的。其他統治者繼承了阿育王的傳教事業，尤其是貴霜王迦膩色伽（西元前二世紀）。在迦膩色伽的努力下，阿富汗、巴克特里亞、伊朗東部和中亞都皈依了佛教，也為後來西元前一世紀時佛教傳入中國一事打開了通道。[62]

羅馬皇帝君士坦丁在基督教的傳播中，扮演了與阿育王類似的角色。他曾迫害基督徒多年，但在三一三年皈依了耶穌的教導，基督教的命運因此大為轉變。一度大興土木修建異教神廟的君士坦丁開始將大量國家資源投入基督教，使其「成為帝國的寵兒，幾乎源源不斷地獲得帝國的資源」。[63]三二五年，他與教宗將帝國各地約三百名主教召集到一起開會。全身金飾的君士坦丁坐在黃金寶座上主持了首次尼西亞公會議，標誌著帝國主導教會之始。[64]有位歷史學者總結了君士坦丁皈依帶來的影響：「原先由平民百姓組成、靠教友捐款勉強維持的教士階層，突然之間成為帝國的行政部門之一，獲得了巨大的權力、地位與財富。」[65]

在羅馬覆亡後，教會不得不重振傳教精神，派遣僧侶去非基督教地區布道。五世紀晚期，教會取得初步的成功——法蘭克王克洛維（Clovis）皈依基督教後，隨即讓手下三千名士兵受洗。克洛維的繼任者狂熱推進傳教工作，甚至到了八〇〇年，查理曼還受教宗加冕成為神聖羅馬皇帝。查理曼非常看重這個頭銜與傳教的使命。他每征服一塊地區，就立即轉變地方上的信仰。一位歷史學者說：「每次勝仗之後都要強迫實施集體洗禮，俘虜稍有遲疑便遭斬首，死者成千上萬。」[66]將近七百三十年後的一五三二年，西班牙征服者以基督之名征服南美洲原住民。在一起駭人的事件中，法蘭西斯柯．皮薩羅為了維護基督徒的榮譽，屠殺了兩千名印加人，抓走了他們的皇帝。[67]武力強迫原住民皈依的行為持續不斷，儘管教宗下令禁止虐待原住民，但西班牙人仍然繼續毀壞他們的神廟，用教堂取代。葡萄牙和法國殖民統治者同樣以經濟與軍事實力為後盾，在其統治區域內不斷教化原住民。據說從莫三比克一直到日本，葡萄牙共使約一百二十萬人改信基督教。[68]

甚至連商業帝國不列顛，也肩負起了一個基督教國家的宗教使命。學者尼爾．弗格森說：「英格蘭人的帝國渴望在宗教改革之後變得更加強烈。支持對天主教西班牙開戰的人，開始主張英格蘭有宗教義務來建立一個新教帝國，以與教宗統領的西班牙帝國和葡萄牙帝國相抗衡。」[69]不列顛刻意將基督教福音派信徒安插到印度政府的最高層與各級軍隊之中。印度次大陸上，有幾乎一半的學校都是由傳教士在倫敦的資助下所開辦。

美國在亞洲為時短暫的殖民事業也促進了基督教的傳播。美國擊敗西班牙人奪取菲律賓的行動，就是打著要教化這個國家的旗號。美國總統威廉．麥金利（William McKinley）對衛理會牧師說：「我們接下來就只差把他們通通拉過來，教育菲律賓人，使他們進步、有教養、信仰基督教。承蒙神恩，我們應竭盡全力教化這些人類同胞——基督也曾經為他們而死。」[70]

從征服菲律賓到一九一七年間，美國通過購地、軍事佔領、強迫開放市場（如十九世紀五〇年代，海軍准將馬修．培理〔Matthew Perry〕率軍遠行日本）、建立海軍基地、開鑿巴拿馬運河等舉措，將大西洋與太平洋連成一氣。傳教、貿易與投資接踵而來。法國皇帝拿破崙三世以報復越南迫害天主教傳教士為藉口，派遣遠征軍入侵，最終佔領越南。[71]現在，天主教徒成為越南重要的少數教派，是聯繫該國與外部世界由來已久的重要紐帶。今天世界人口的三分之一是基督徒，而在這一群體中，絕大多數的天主教徒分布在西班牙、葡萄牙和法國的前殖民地。

諷刺的是，歐洲殖民帝國的本意在於贏得新的基督徒，但卻在不經意間強化了伊斯蘭教「烏瑪」的一體感。例如，一八六九年蘇伊士運河開通，印度、東南亞與歐洲和地中海之間有了定期航班，造成赴麥加朝聖的伊斯蘭教徒數量劇增。二十世紀早期，印度的一些穆斯林曾試圖復辟哈里發國，但很快失敗。但此舉也說明天各一方的穆斯林之間出現了緊密的交流。一位巴基斯坦歷史學者驕傲地寫道：「他們雖然與土耳其遠隔千萬里，卻依然堅定地在印度為土耳其作戰。」[72]

「奧斯曼帝國與哈里發國疆域是『伊斯蘭之域』（Dar-al-Islam），而後來興起的非伊斯蘭教列強則屬『戰爭之域』（Dar-al-Harb）」，這種想法至今仍徘徊在許多人的心頭。今天，許多伊斯蘭繼承國處境悲慘，刺激了一代代的伊斯蘭教激進分子，從埃及的賽義德．庫特布（Sayyid Qutb）②到沙烏地的奧薩瑪．賓．拉登（Osama bin Laden），都試圖恢復伊斯蘭教原初的榮耀與力量。設於不列顛的伊斯蘭教組織支持建立新的哈里發國，而於二〇〇四年在馬德里炸毀多列火車的恐怖分子，也一心要將西班牙重新納入哈里發國的版圖。賓．拉登呼籲全世界的穆斯林「在當前錫安主義十字軍對伊斯蘭烏瑪的進攻中奮勇抵抗，因為整個烏瑪和伊斯蘭教都受到了威脅，甚至處於生死存亡的境地」。[73]

法律帝國

除了語言、宗教、飲食與風俗外，帝國也將其法律體系帶到新的領土。頭一個將「推動立法，以國家強制力執行法律」的做法制度化的，則是羅馬帝國。羅馬法學家編纂了兩部法律大全，其中列出了歷代法律以及各羅馬法學名家的觀點。這兩部法典還包括法學總論，以及查士丁尼皇帝（Justinian I）頒布的新法律。

五世紀末期，日耳曼部落繼承了羅馬的王座，最終整個歐洲都採納了日耳曼人修訂後的羅馬法，再以適用於羅馬人和外邦人的《萬民法》（Law of Nations）加以補充。安東尼．帕戈登表示：

> 這個概念對後來全歐洲的法律思維帶來了持久而強大的影響。當歐洲列強擴張到世界其他地區時，有許多地方完全超越了古羅馬人的想像，《萬民法》就成為現今所謂國際公法的基礎，主導整個「國際社會」的行動——就算難以落實，至少也發揮了理論上的作用……征服者的所有權只來源於其在戰場上的勝利，但古羅馬人對「正當」與「非正當」的戰爭做了細緻的區分。現代衝突依然大多以這種區分作為行為準則。[74]

---

② 【編註】埃及裔作家、教育家、伊斯蘭理論家、詩人，也是穆斯林兄弟會（Muslim Brotherhood）在一九五〇與一九六〇年代的領導人物。他大力探討伊斯蘭信仰的社會與政治角色，著有多本著作，甚至在一九四〇年代中成為許多學校、學院甚至大學的教科書。許多西方觀察家認為他啟發了後來的伊斯蘭主義（Islamism）——亦即道德保守、主張按字義解讀教理，要求將伊斯蘭價值觀融入生活各層面的主張。

崛起中的不列顛全球帝國自稱要在「萬邦一統的思維、四海皆準的自然法、全人類的友愛與平等上」，恢復羅馬帝國的崇高理想。[75]不列顛的習慣法和法國的《拿破崙法典》（Napoleonic Code）傳播到非洲和亞洲的殖民地，為這些國家在殖民時代結束後建立法律體系時提供了基礎。

伊斯蘭哈里發國的統治與伊斯蘭教的擴張，也傳播了以《古蘭經》為基礎的伊斯蘭教法和聖訓。這些法律現在以正式或非正式的方式，規範著世界上約十六億穆斯林的生活。但有人主張實施源自歐洲的國內法與非宗教性的民法，有人主張實施伊斯蘭教法，兩派之間的衝突成為全球關注的重大問題。伊斯蘭帝國一開始的成就，就是讓一大群人同歸於類似的法律之下，但今天人們卻認為這會帶來族群分裂和內鬥的危機。二〇〇四年，奈及利亞政府威脅要根據伊斯蘭教法以通姦罪名處決一位穆斯林婦女，隨即引發國際譴責，使該國陷於孤立，也迫使當局撤銷了判決。但在許多非洲和亞洲國家仍有人要求以伊斯蘭教法代替不列顛的習慣法，因而不斷引發政治緊張。

法律制度在今天世人彼此相互依賴的世界中，支撐著人們的生活與工作，而外交政策也促使各個帝國發展新的交通路線。羅馬帝國藉由修築公路，以及在大西洋到阿拉伯海間的廣闊海面上打造不受海盜騷擾的航運體系，大大促進了貿易與資訊傳遞。羅馬人吞併埃及後，對紅海海盜發動圍剿，恢復了通往印度與東南亞的海路。出使外邦都城往往是貿易活動的先頭部隊。西元前二五年，一位印度國王派出使團前往羅馬。他們從今天蘇拉特附近的古老港口婆盧羯車啟航，可能是轉乘篷車穿越兩河流域，並於四年後抵達羅馬。這位國王的禮物很奇特，人獸混雜：有老虎、雉雞、蛇、烏龜、一位僧侶與一名能用腳趾射箭的無臂男孩。[76]

創立伊斯蘭帝國的先知原本就是一位香料商人，打從一開始，伊斯蘭帝國就特別奉行重商政策。「等到阿拉伯人、埃及人和波斯人都歸於伊斯蘭教的統治與價值觀後，波斯灣和紅海又像亞歷山大時代一樣，不再是兩條競爭的商路，而成為同一海域上的左右手」。[77]實際上，西邊一統的伊斯蘭帝國與東邊禮遇商人的唐代中國（六一八年至九〇七年）兩相結合，促進了國際貿易。後來哈里發王位也從大馬士革遷移到巴格達，帝國重心東移。正如學者彼得．曼斯費爾德（Peter Mansfield）所說，巴格達成為「一個巨大的、日趨繁榮的自由貿易中心。當地民眾大多有機會從事繁榮的商業活動。阿拉伯船航行到中國、蘇門答臘、印度，並沿非洲東海岸向西南方航行，直達馬達加斯加」。[78]

在蒙古帝國統治下，歐洲和地中海地區的對中國貿易達到頂點。社會學家珍妮特．L．阿布—盧格霍（Janet L. Abu-Lughod）寫道，蒙古人在十三世紀統一歐亞大陸心臟地帶，使歐洲和中國這兩個貿易端點在一千年裡首次得以直接聯繫，開啟了中國和黑海之間的北方商路。[79]絲路沿線盜匪橫行，再加上中亞某些最為艱險難行的地域難有水源與庇護保障，貿易也因此受限。蒙古人只生產羊毛和肉，其他物品都需要仰賴外國，因此竭盡所能地鼓勵貿易——設置、營運客舍與水井，維持哨崗，提供馱獸等。蒙古人甚至頒發一種名為「*gerege*」或「*paiza*」的金牌或銀牌，兼有護照與信用卡的作用。只要持有之，就能通行蒙古帝國各地，不僅一路享有保護和住宿，更能免於繳納地方稅或關稅。[80]

蒙古禮物：長褲和弓弦

蒙古軍隊搖身一變，成為貿易的保護者，強化了中國與歐洲之間的商業聯繫，為絢爛的文藝復興打下基礎——這場景真是諷刺。「蒙古和平」（Pax Mongolica）犧牲了許多無辜的生命，卻也促成了一個交流日益頻繁的世界。儘管人們當下只經歷到破壞、災難與恐怖，但一位研究蒙古人的法國歷史學者寫道：「後代人得以享受這個世界帝國帶來的好處。各國的偉大文化接觸頻繁，成果惠及子孫。歐洲之所以能在其後數百年間扭轉乾坤，產生前所未有的力量，這些成果大概是最重要的前提。」[81] 蒙古商人將中國瓷器帶到波斯，並從那裡將鈷藍輸入中國，使中國的瓷窯得以研發出著名的青花瓷。中國人甚至逐漸將鈷藍稱為「回回青」，意為「回教徒的藍色染料」。從弓弦、馬頭琴、長褲到新的食品，蒙古與歐洲的交流在生活的各個層面留下痕跡。歐洲人甚至借用蒙古式的歡呼聲「Hurray!」來大聲叫好、鼓勵他人。[82]

等到蒙古帝國四分五裂，信奉伊斯蘭教的奧斯曼帝國控制印度洋貿易之後，開拓大西洋就成了歐洲人的迫切任務。先前提到過的葡萄牙領航者亨利開風氣之先，研發新型船隻、擴展航路。他在根據地薩格里什（Sagres）主導研發技術的細緻工作，以保障遠航的安全。他設計了輕便結實的四桅船，他的團隊也繪製航海圖與地圖，終於讓達伽馬在一四九八年繞過好望角抵達印度，開始了歐洲人在亞洲建立帝國的時代。

建立帝國不僅需要征服外邦的武力，也需要手段來克服距離。羅馬人修建公路、蒙古人開闢供馬匹或駱駝行進的商路，以及印加人為控制人口和資源修建的林間通路，都為未來的入侵行動與全球貿易打下了基礎。

哥倫布使用的三艘船中，有兩艘是卡拉維爾輕帆船（Caravel），是亨利王子設於薩格里什的海事技術研發實驗室所設計的。這種技術隨後傳播開來。一五一四年，一艘為英格蘭國王亨利八世修建的船艦更是開啟了新設計，能夠同時在兩舷安裝一整排的大炮。在當時海盜肆虐的洋面上，這種雙舷炮艦讓英格蘭艦隊更勝一籌。[83]

隨著工業革命的開展與蒸汽動力的興起，遠洋班輪和火車不僅應用於戰爭，也為和平時期的商業目的服務。一八五三年，不列顛人在印度修建第一條鐵路，連接孟買與二十一英里之外的一處郊區。印度鐵路最終擴展為一個總長度達兩萬四千萬英里的強大網路，將農業與礦產資源運往港口，並使不列顛產品得以更深入地滲透到印度次大陸。[84]

為了進行商業活動，帝國不僅開闢商路，努力修建可靠的運輸設施，而且還為交易提供了潤滑劑——在遙遠的外國和外族之間也能使用的貨幣。此風始自亞歷山大大帝，他發行了跨國的貨幣。腓尼基人在埃及則發行了另一種貨幣，於是到西元前三世紀，地中海世界劃分為兩個主要的貨幣區。[85]在佛羅倫斯、威尼斯、熱那亞等城邦發行自己的錢幣之前，羅馬和拜占庭的金幣與銀幣長期都是國際貿易的法定貨幣。奧斯曼帝國鑄造的貨幣主宰了黎凡特地區的貿易，但與義大利各城邦發行的鑄幣相比依然處於下風。

從十六世紀開始，隨著南美洲的葡萄牙帝國與西班牙帝國開始將大量銀條投入市場，全球貿易也達到空前水準。在十七世紀上半葉，西班牙錢幣成為東南亞各國間的通用貨幣，一位菲律賓官員抱怨：「從秘魯運過去的銀條都夠中國皇帝拿來堆滿一座宮殿了。」[86]

西班牙人還推動以借據來取代貴金屬，以完成債務的即時給付。舉個例子：日趨頻繁的出征讓西班牙政府備感財力困難，為了向軍人發餉、支付金融家與物資供應商，西班牙開始發行信用憑證，這一張張的紙片也驅動帝國的巨輪繼續轉動。隨著貿易的擴展，西班牙、不列顛和荷蘭等帝國都成為萬國貨物齊集的場所。[87]

中國火藥，波斯技術

帝國需要長途行軍去征服其他民族、控制大片地區，光是為了這種需求，帝國便往往成為科技的輸送帶，促進科技融合。成吉思汗不過是一夥武裝遊牧民的首領，相較於其他皇帝，他更需要從其他人那裡獲取科技。他的第一批工程師就是從其他遊牧部落裡招募的，那些部落已經學會了中國人運用火藥作戰的科技——可說是最早的能源儲存、運輸與應用科技之一。[88]成吉思汗西征時也帶著這些工程師，使中國和波斯的工程學與科技知識相互刺激，火炮的發明八成就是這種交流的結果。[89]中國人的煉鐵術和火藥，加上波斯人和阿拉伯人的工程技術，使蒙古人有了精製的武器來擊敗強大的宋朝。科技史學者阿諾德．佩西（Arnold Pacey）表示，蒙古人使用搭配中國火藥的阿拉伯式攻城器，大大增加了投射物和爆裂物的投擲距離。[90]這些科技在十三世紀大顯身手之後不久，又在歐洲激發了一場戰爭革命。歷史學者阿爾弗雷德．克羅斯比（Alfred Crosby）寫說：「歐洲人就像對待情人的鮮花一般將火藥擁入懷中。」[91]在英格蘭征服諾曼第和西班牙天主教徒戰勝摩爾人的戰爭中，火藥都助了一臂之力。[92] 艦炮使歐洲人最終獲得了決定性的優勢，得以將控制範圍擴展到亞洲和新大陸。

即便在二十世紀時坦克和飛機早已取代了戰馬，但不列顛與德國制定作戰計劃的人仍在研究蒙古戰略。第二次世界大戰期間，兩位「機械化戰爭」理論的領頭人——德國陸軍元帥埃爾溫·隆美爾（Erwin Rommel）和美國的喬治·巴頓（George Patton）將軍都熱衷於研究蒙古戰術。[93]

帝國的行政與軍事力量不僅有助於帝國制定和實施法律，還能引進新的作物與牲畜。人類一直都會收集、交換動植物品種，但規模較小，對當地農業發展或畜牧業的影響也有限。但帝國政府與行政權力的擴展促進了生物融合——克羅斯比稱之為「生態帝國主義」（Ecological Imperialism）。帝國擴張拓展了生物學的視野。西元前三二七年，古希臘歷史學者阿里斯托布魯斯（Aristobolus）曾在亞歷山大大帝年入侵印度時隨軍，他可能是第一位見識到水稻的西方人：「一種奇異的植物，生長在水中，播種在水底……多穗，產量很大。」[94] 雖然這麼早就發現了稻米，但直到文藝復興之後，稻米才登上歐洲人的餐桌。[95]

宋真宗聽說位於今日越南中部的占城出產一種抗旱、快熟的水稻，便派遣使臣將稻種帶回中國。這種水稻品種對食物供應產生了重大影響，刺激人口的快速成長。歷史學者傑瑞·本特利表示，中國人口在兩百年裡幾乎翻了一倍，從一〇〇〇年的六千萬人上升到一個世紀之後的一億人，一二〇〇年人口更達到了一億一千五百萬人。[96]

伊斯蘭帝國也將農業產品傳遍世界。阿拉伯帝國的東部省分成為植物、藥品與藥理知識進入地中海西部地區的通道。歷史學者安德魯・華生（Andrew Watson）證明，在伊斯蘭統治者的支持下，許多重要作物從帝國在印度的東部邊疆一直傳播到摩洛哥和西班牙，包括棉花、甘蔗、水稻、硬質小麥、高粱、柑橘、椰子、香蕉、洋薊、菠菜和茄子。華生說：「沿著這條東西通道傳播的，不僅是這場農業革命的主要因素——如大多數新作物、耕作方式和灌溉技術——還包括了高等教育、工業技術、衣著時尚、藝術形式、建築學、音樂、舞蹈、烹飪術、禮節、遊戲等等，這些都塑造了古典的伊斯蘭世界。起先是軍事征服行動統一了這一大片地區，而今有這麼多的事物通過這條路徑傳播，最後讓這個地區的內部凝聚力急遽增強，不僅有別於過去的時代，也有別於鄰近地區。」[97]

蒙古統治者對棉花等作物很感興趣。他們自己雖然沒有農業傳統，卻仍然可在帝國各地種植作物。棉花於十世紀傳入中國，但其擴展卻是由蒙古人所推動。蒙古帝國在一二八九年設立木棉提舉司，派人前往新征服的中國各省推廣棉花。[98] 蒙古帝國也為印度、中國與波斯藥理學的溝通與交流提供了管道，豐富了彼此的知識。蒙古人認識到單單輸入草藥是不夠的，還必須有詳細的用藥指南，於是蒙古宮廷將波斯、印度和阿拉伯醫生帶到中國開設醫館。忽必烈汗也在一位基督教學者的指導下，建立了一個專門研究西方醫學的部門。[99]

朝鮮有了泡菜

有些深入異國的帝國冒險行動，會在不經意間帶來了新的作物或物種；就亞洲人的味蕾而言，最重要的例子可能是哥倫布在新大陸發現的紅辣椒。阿茲提克人將這種辛辣的果實稱為「*chili*」，當時的人認為它與人們熟識的胡椒（pepper）是近親，遂起名為「chili pepper」。辣椒是亞洲烹飪的特色，但亞洲人恐怕也沒想到辣椒竟然是在四百五十年前，才由歐洲冒險家和商人所帶來——也就是說，沒有哥倫布就沒有辣椒。但朝鮮人驚訝的程度會比其他亞洲人來得嚴重——朝鮮的辣泡菜是一種用大蒜和辣椒醃制的白菜。一些心高氣傲、抱有民族思想的現代朝鮮人恐怕不大願意承認，他們能有辣泡菜還得歸功於十六世紀末的入侵者、可恨的日本武士豐臣秀吉。紅辣椒最早是由葡萄牙商人從新大陸帶到日本的。日本士兵曾一塊攜帶軍糧與辣椒種子，撤離時留在了朝鮮。在紅辣椒出現前，泡菜只是用蒜醃製的白菜。一九九七年，韓國因經濟危機而爆發反全球化運動，當時有位作家評論道：「在朝鮮飲食史上，這不會是人們最後一次把全球化與痛苦連在一起。日本人在十六世紀入侵時不僅留下了紅辣椒，也留下了大片的殘垣斷壁。」[100]

葡萄牙大帆船從新大陸帶到果阿的新奇動植物，讓蒙兀兒帝國第四任皇帝賈漢吉爾（Jahangir）深感好奇。於是他每兩個星期就派使臣去一趟果阿，尋找新奇的事物。使臣從一艘葡萄牙船上購得了鳳梨，並由德里的一位宮廷畫師繪成圖畫。皇帝後來自豪地說，有數千種「歐洲港口的水果」在阿格拉（Agra）的皇家園林裡生長著。[101]

由於葡萄牙人主宰了銜接各大陸的海洋，因此作物與蔬菜在各種氣候帶、各種土壤之間的移動，主要也是通過葡萄牙船隻來完成。葡萄牙人之所以在其控制地域內種植香料，價格高昂是重要原因。傳說當一四九八年達伽馬請求馬拉巴爾君主扎莫林（Zamorin）提供胡椒原株供移植之用時，扎莫林心平氣和地回答說：「你能帶走我們的胡椒，但你永遠無法帶走我們的雨水。」不過，在取得巴西之後，葡萄牙人就得到了充足的陽光與雨水來種植胡椒，再也不用為了一株胡椒看盡別人眼色了。[102]

不列顛帝國也將一種亞馬遜地區的植物傳到世界，改變了工業史。美洲原住民稱這種植物為「*caoutchouc*」，利用來製作防水靴和能彈跳的球，法語至今依然使用該詞。一七五五年，葡萄牙國王若澤一世（Joseph I）將幾雙雨靴送到巴西，塗上這種原住民從樹上割下來的白色分泌物。[103]有人將這種乳膠帶回歐洲作為研究之用，到了十九世紀早期，橡膠雨衣就出現了。蘇格蘭化學家查爾斯．麥金托什（Charles Mackintosh）成功用橡膠製造了防水布，這種雨衣也因此得名「麥金托什」。橡膠迅速成為汽車革命的原料。隨著橡膠需求的飆升，不列顛帝國也要來分一杯羹。一八七六年，在政府與住在巴西的不列顛公民請求下，不列顛探險家亨利．亞歷山大．威克漢（Henry Alexander Wickham）將七千顆橡膠樹種偷運出境。基尤王家植物園（Royal Botanic Gardens, Kew）的植物學家成功培育出幼苗，隨即運往不列顛位於熱帶地區的殖民地錫蘭和馬來西亞。當亨利．福特（Henry Ford）的「福特T型車」生產線加速運轉時，追求這種「白色黃金」的熱潮就席捲了馬來西亞，大量土地轉為橡膠種植園。到了一九二四年，第一千萬輛福特汽車上路時，時稱馬來亞的這個國家年橡膠出口量已達二十多萬噸，佔世界產量的一半以上。在此期間，有約一百二十萬印度契約勞工被帶到這個國家，永遠改變了馬來西亞的人口結構。今天，印度裔人口佔這個國家的百分之十，其中很多都是那些割膠工人的後代。[104]

在西班牙的推動下，菲律賓到十九世紀末已成為世界上主要的椰子生產國。過去，美國寶僑公司因為一連串的暴風雪和乾旱導致牛油供應大大減少，大受損失，於是轉向這塊美國新近獲得的殖民地尋找替代品，進一步帶動了菲律賓的椰樹種植業。在椰油需求不斷上漲的推動下，到一九三〇年時，菲律賓將近百分之十三的可耕地都已轉為椰樹種植園。但較便宜的大豆和棉籽後來取代了椰子作為油料的地位，世界椰油需求出現下滑，三分之一的菲律賓農民也因此深陷貧困泥潭。[105]

名符其實的諾亞方舟

西班牙殖民者將各種家畜帶到美洲，希望能重現自己所離開的舊家園。馬、狗、綿羊、豬、山羊、牛和雞都是新大陸上初來乍到的物種，牠們也很快適應了環境，正如學者亨利．卡門所說：「有些橫渡大西洋的船隻，可謂是名副其實的諾亞方舟。」[106]美洲印第安人與馬相見恨晚，但很快就騎技嫻熟。馬的引入大大影響了北美大平原的印第安人文化，而在南美，有大量牛羊牧場的阿根廷最終成為世界牛肉和羊毛的主要供應國之一。

當庫克船長在一七六八年首度出海遠航太平洋時，他的任務是與原住民發展外交與貿易關係，趁機交換生物品種——這已成了公開的秘密。他得到的指令是「將你能收集到的當地特產的各種樹木、灌木、作物、水果與穀物種子取樣帶回」。[107]基尤王家植物園的榮譽園長主管約瑟夫．班克斯（Joseph Banks）成為完成這項任務的得力助手。一位學者說，班克斯是「一位宣導『植物交換福音』的大師」。[108]

在人類對世界的認知上，帝國扮演著添磚加瓦的重要角色。伊斯蘭哈里發帝國在收集、保存和傳播知識上的影響，簡直說不完也道不盡。阿拔斯王朝初期的幾位哈里發將世界各地的手稿收集到巴格達的宮廷，並邀請學者講學。許多希臘語、波斯語、梵語和其他語言的著作得到翻譯。由於許多著作的原稿已經亡佚，在巴格達製作的阿拉伯語譯本往往是僅存的版本。西班牙的後伍麥亞王朝（Umayyad）統治者經常派遣使節遠赴巴格達、大馬士革和開羅，邀請學者訪問，購買珍本圖書。[109]如果沒有伊斯蘭西班牙各個圖書館裡的豐富藏書，歐洲的文藝復興將只是空談。

歐洲人在殖民地尋找有利可圖的植物和資源，推動了知識的進一步積累。在葡萄牙、西班牙、荷蘭與不列顛等帝國的推動下，各洲的動植物得到交流，此後歐洲各國首都也興起了各種專業社團，如探險交流、地理學、植物學、歷史學社團等。這些團體為殖民擴張的「教化使命」提供了理由，也使知識交流網更為緊密。昔日的探險家變身為受僱於殖民列強的勘探者和研究員。不列顛博物學家查爾斯·達爾文在證明「各種生物本質上彼此相連、相互依賴」一事上，有著無與倫比的貢獻。一八三一年至一八三六年間，他與不列顛科學團隊乘坐王家海軍小獵犬號（HMS Beagle）巡航世界，其間來到了太平洋上的加拉巴哥群島（Galápagos Islands）。達爾文在當地與其他許多偏遠地區的研究觀察，帶來了進化論，而一八五九年出版的《物種起源》（*On the Origin of Species by Means of Natural Selection*）一書則是進化論的開山之作。

維多利亞女王的環球電報

調派士兵跨上戰馬、駱駝與戰象遠征其他民族——這通常是件複雜且所費不貲的事情。但帝國統治者發現，有另一個關於距離的問題更為嚴峻：用歷史學者布勞岱爾的話說，就是征服「頭號敵人——空間」。要維持掌控浩瀚空間中的人民，就必須組織良好的通信網路。人們過去不得不將資訊記錄在泥板、紙草、羊皮紙等各種媒介上，並派信使傳遞。羅馬帝國以精良的公路網和馬匹運輸建立了最早的資訊網路。畜牧業發達的安納托利亞城市帕加馬（Pergamum）有製作羊皮紙的傳統，在羅馬的佔領之下，帕加馬也向整個羅馬世界提供最優質的羊皮紙（「parchment」一詞就源自「Pergamum」）。[110] 在歐洲人經由阿拉伯人學會中國的造紙術之前，以牲畜皮革製成的羊皮紙一直是歐洲主要的資訊儲存與傳輸媒介。

但寫在羊皮紙或紙張上的資訊仍然須要在真實空間中傳遞。亞歷山大、漢尼拔和凱撒都曾發展出一套複雜的驛站體系，由騎馬的信使將函件在各個交接點之間傳遞。唐中國和後來的蒙古帝國將這套體系進一步完善。在成吉思汗時代，信使憑藉由驛站和接力騎手組成的通信網，可以日行一百英里，連續數週不停。[111] 埃及馬木留克王朝蘇丹在蒙古境內目睹了這套體系，隨即加以仿效。這種制度又從埃及傳入拉丁語系的基督教世界，學習到這套做法的哈布斯堡王朝最後建立了一套完整的郵政體系。[112] 到了十九世紀中期，電報帶來了革命性的變化。一八五四年，克里米亞戰爭中的不列顛人首次將電報用於戰爭。四年之後，靠著鋪設於大西洋海底的電纜，維多利亞女王拍了第一則電報給美國詹姆斯．布坎南（James Buchanan）總統。解讀這封電報上的摩斯電碼大概花了十六小時半，但人們還是用盛大的儀式來慶祝電報抵達，為此放的煙火卻不慎燒毀了紐約市政廳。到一八八〇年，世界各大洋的海底已經鋪設了約九萬七千五百六十八英里的電纜，將不列顛與位於亞洲、加拿大、非洲和澳大利亞的殖民地連接起來。維多利亞女王用了一種類似發群組信件的方式來慶祝自己登基六十週年。歷史學者詹姆斯．莫里斯（James Morris）是這麼描述當時的情況：「一八九七年六月二十二日清晨，英格蘭的維多利亞女王前往白金漢宮的電報室⋯⋯

在十一時零幾分，她摁下了電鈕；一股電流傳到中央電報局；幾秒鐘後，女王的慶祝電報就傳向帝國的各個角落。內容很簡單：『感謝我心愛的子民。願上帝保佑他們。』」[113]

現在，網際網路的十億用戶每天早上都可以在家中或辦公室的電腦上收信，當年的維多利亞女王也可以走進白金漢宮底下的電報室，閱讀帝國各地拍來的消息。到了二十世紀初，倫敦已經成為工業世界的首都，而經濟學家約翰．梅納德．凱因斯（John Maynard Keynes）所寫下的當時情景，在今日早已司空見慣：「倫敦居民可以一邊坐在床上啜飲早茶，一邊打電話訂購全世界的各種產品。訂購數量完全隨他的意思，他也有充分的理由相信所訂貨物明天一早就會出現在他的門前。同時，他也可以用同樣的方式，將自己的財富投入到世界任何地方的自然資源開發或新的投資事業中，不費吹灰之力就能享受自己的那一份成果和好處。」[114]

私人企業家與公司雖然是電報和電話研發中的關鍵角色，但帝國當局對於保障通信的需要，才是推動這種所謂「世界電子神經系統」的原動力。[115]電報網預示了未來網際網路的出現，而網路之所以興起，本來就是五角大廈③起的頭——出於對核戰爆發時喪失指揮與控制能力的擔憂。

不列顛帝國在全球的「電子神經」系統建立過程中出了力——而在帝國的最後時刻用上這套系統，也算適得其所。一九九七年七月一日凌晨，當王家遊艇「不列顛尼亞號」駛出香港時，末代總督彭定康從船上發出了一則簡短的電報：「本人已從此政府卸任。天佑女王。」[116]不列顛與古往今來的歷代帝國費盡心思，建立了這個首尾相連、文化多元的世界；當「不列顛尼亞號」消失在夜色中時，這個世界仍在前進與脈動，似乎對帝國的消逝毫不眷戀。

③【編註】：美國國防部所在地，位於華盛頓特區西南方的維吉尼亞州阿靈頓郡。由於其特殊的職能，所以有時「五角大廈」一詞不僅僅代表這座建築本身，也常常用作美國國防部、甚至美國軍事當局的代名詞。

07 Slaves, Germs, and Trojan Horses 奴隸、細菌與特洛伊木馬

「我看到一塊形似島嶼、實非島嶼的土地，上面有六幢小屋。用兩天時間便能將其與陸地分隔，但我認為無此必要，因為此地居民的武器非常簡陋，而兩位陛下也將看到這一點，我已捕獲七人上船，使他們學習我國語言並隨我返航。當然，如兩位殿下有令，也可將此地居民通通帶至卡斯提爾，或因於該島為奴。單用五十人便能將其全部制服，加以隨心所欲的役使。」

——一四九二年，哥倫布首次航行新大陸後，寫給卡斯提爾國王斐迪南與女王伊莎貝拉的信

對英格蘭的港口多佛（Dover）來說，這是個酷熱難耐的夏夜。第二天的報紙寫著，二〇〇〇年六月十八日是當年最熱的一天。在多佛港東側渡輪停靠處，五位王家稅務海關總署（HM

Revenue and Customs）官員正等待著來自比利時澤布呂赫（Zeebrugge）的午夜渡輪入港。幾小時前，當渡輪離開這個比利時港口時，他們已收到一份傳真來的載貨單，清楚登記著船上裝載的卡車。在這條線路上運貨的卡車運輸商多半是聲譽良好的知名公司，在歐洲大陸和不列顛之間來來往往，但這天晚上，一份載貨單引起了官員們的注意。

單上標明的貨物是番茄——不是什麼要緊的東西，但他們從沒聽過物流商的名字——「范·德·斯派克運輸公司」（Van Der Spek Transportation）。更奇怪的是，運費既未預結，也未以信用卡支付。看來這位卡車司機是在澤布呂赫的港口櫃檯付現。一般而言，這些蹊蹺的事情會讓人懷疑車斗中的物品。海關官員經常在一箱箱的洋蔥或水果裡發現幾箱未申報的烈酒或香煙。通常走私者會試著把這種高價商品帶入英格蘭。

因此，當范·德·斯派克運輸公司的白色賓士卡車駛下跳板、停在海關檢查站旁邊時，檢查員並未草草看一眼相關檔案就揮手放行。幾名官員上前詢問司機，而另一位官員則繞到冷藏卡車背後，打開鋼鐵製的門檢查。他發現這輛卡車安靜得出奇。要讓裡邊的貨物適冷，就應該會有發電機的嗡嗡聲，但是卻沒有。當這位官員打開門鎖、搖開車門時，只有門閂滑過的啪嗒聲和吹入的風聲。一股悶熱腐臭的氣流撲鼻而來。在黯淡的光線下，他看到一筐筐的番茄翻倒在一旁，有兩個模糊的人影正竭力呼吸空氣。在他們身後更深的黑影裡，則是一堆堆半裸的屍體倒臥在金屬車廂之中。官員沒有意識到，自己偶然發現了歐洲現代史上最可怕的販賣人口事件之一。他高聲呼喊同伴過來。

他們調來一輛鏟車清理一筐筐的番茄，隨即出現一幅慘不忍睹的場景。「屍體堆積如山，令人作嘔」，一位官員事後告訴記者。當晚發現了有著「東方」面孔的五十四名男性和四名女性，後來確認為來自中國的非法移民。在幻想中的西方舒適生活誘惑下，他們付給人口販子數千美元，穿越俄羅斯和東歐，走過這段漫長而曲折的不歸路。死者中的一位是十九歲的陳林。在這段橫跨大陸的痛苦旅程中，他定時給中國的母親打電話。在最後一通電話中，他說幾天之後就能像一位表親過去那樣，踏上不列顛。[1]

兩百年前，成千上萬的非洲奴隸在大西洋航行中死於非命，今天的跨國人口販賣也相去不遠，是全球化最可憎和悲慘的一面，受害者也遠不只是陳林與他的同胞。一四九五年，哥倫布組織了第一次販奴至歐洲的活動。由於哥倫布並未在新大陸發現多少黃金，惱羞成怒的他發動了一場武裝入侵，從伊斯帕尼奧拉島（Hispaniola）抓捕印第安人。一四九五年二月，時間正好是適才的海關官員在多佛發現駭人事件的五百零五年以前，一艘船裝載著五百五十名美洲原住民開往西班牙。風勢一路良好，以當時的標準看算是一帆風順了，但航行到馬德拉島（Madeira）時，已有兩百名奴隸凍死了。[2]

十七世紀出現了船身巨大的船隻，人們也渴望以廉價勞動力開發新大陸的處女地，這些都刺激了由東往西、橫渡大西洋的奴隸貿易。兩百多年間，非洲奴隸乘坐這種特製的船隻穿越大西洋。巨大的船艙能像擠沙丁魚一般裝載四百五十人，個個都被腳鐐鎖在船板上。[3]奴隸貿易起於抓捕奴隸、強迫驅趕到非洲的大西洋海岸上集體登船，完成於將奴隸拍賣給新的主人，海上航行只是中間過程。但在持續一個月的可怕航行中，多達四成的人會因疾病或饑渴死亡，死者的屍體被草草扔下船，跌入「浩淼洋」的滾滾波濤。

歐洲夢

對於這五十八名前往不列顛「新大陸」的中國偷渡客而言，冷藏卡車的金屬車廂成了一口讓人窒息的棺材。但與過去不同的是，他們並非是被奴隸販子強行帶走，拍賣給種植園主的。到十九世紀晚期，大多數國家都廢除了奴隸制。但唯利是圖的人口販子總是能找到許多希望移民的人，對這些弱者大肆掠奪。二十世紀七〇年代，廉價而快捷的大規模運輸方式出現，為人口販子帶來了新的機會，能將低廉——往往是用勞役抵債——的勞動力，運給上千哩外的僱主。這類活動只能偷偷摸摸地進行，於是他們捨棄了現代旅行的舒適與便捷，在隱秘的船艙或車艙中從事見不得光的危險旅行。

故鄉貧窮、前途無望，加上夢想在歐洲得到更好的生活，驅使五十八名中國人走進現代奴隸販子的大門。當年新大陸擁有土地的奴隸主是購買奴隸作為動產，但現代與此不同，許多歐美人的販賣活動是要以非法移民來滿足他們對廉價勞動力的需求。這些不幸的中國移民並不是被人從自己的家鄉綁架、掠賣到國外（但這種情形也會發生，後面還會看到），而是每人向跨國人口販子——所謂的「蛇頭」——支付了大約三萬美元，好踏上這趟通往死亡的隱蔽旅程。

不過，從世界各地湧往歐洲的非法移民中，中國人只佔一小部分。這波浪潮方興未艾，移民

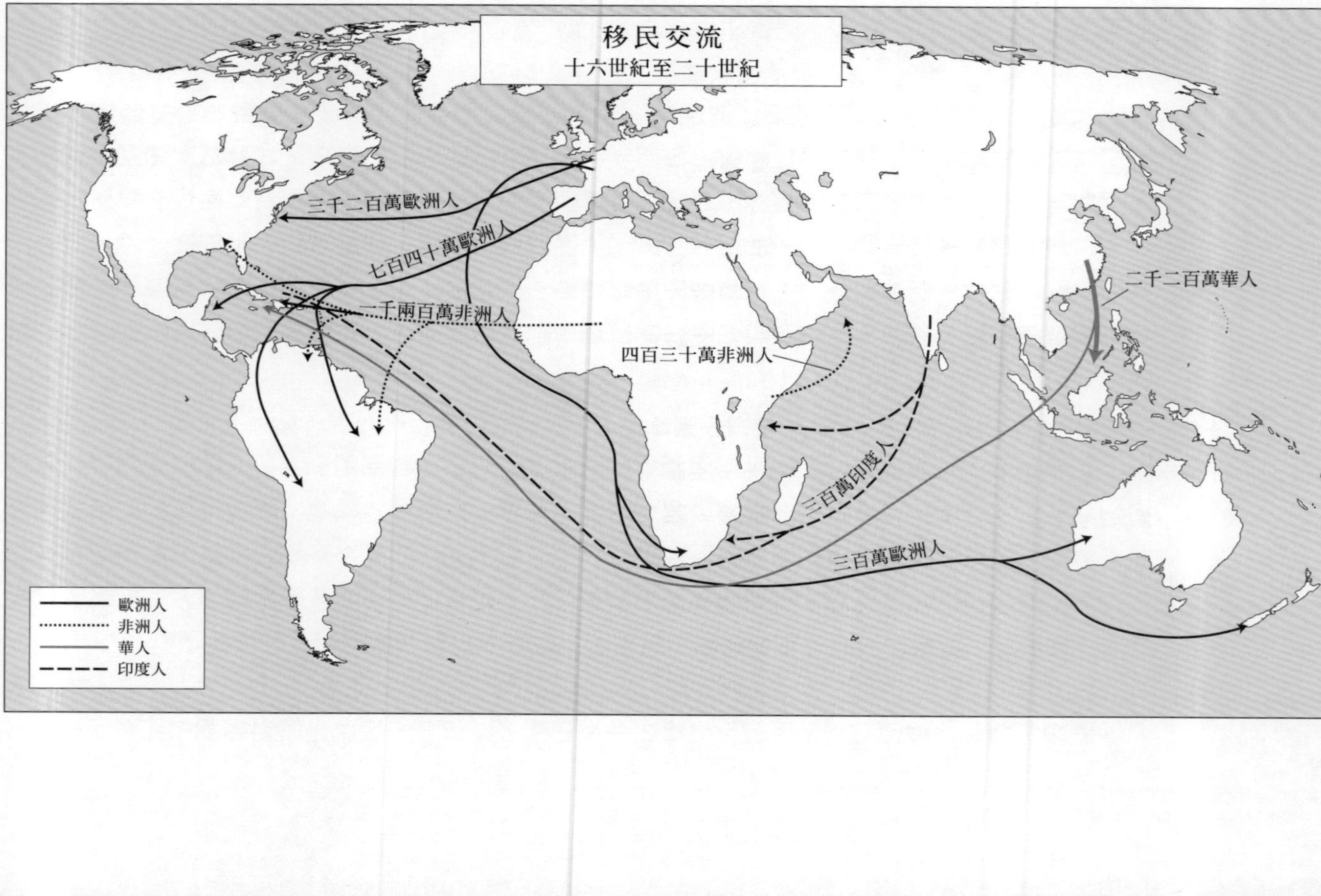
移民交流
十六世紀至二十世紀
三千二百萬歐洲人
七百四十萬歐洲人
一千兩百萬非洲人
四百三十萬非洲人
二千二百萬華人
三百萬印度人
三百萬歐洲人
歐洲人
非洲人
華人
印度人

的源頭有前南斯拉夫、阿富汗、剛果、伊朗、伊拉克、羅馬尼亞、斯里蘭卡和前薩伊（Zaire）①。光是一九九九年，就有約七萬一千人非法進入不列顛尋求庇護。根據美國中央情報局的一份報告，同一年全世界共有七十萬至兩百萬名婦女和兒童遭到販賣，其中有四萬五千人至五萬人的目的地是美國。[4]試圖非法進入美國的移民人數有增無減，死亡率也不斷上升。根據《華爾街日報》（*Wall Street Journal*）的一則報導，自二〇〇〇年以來，平均每年有約四百名移民因試圖非法穿越墨西哥邊界進入美國而喪生。而在柏林圍牆矗立的二十八年時間裡，總共只有約兩百四十人死於越牆行動。[5]

過去，各國間貧富不均、國力懸殊，加上人們渴望利潤，於是驅動了跨越萬水千山的奴隸貿易，而今，這些原料仍然調和成了一杯醉人的烈酒，推動現代的奴隸貿易。正如「美國反奴隸制組織」（American Anti-Slavery Group）發言人傑西．塞吉（Jesse Sage）所說：「不論是孟加拉嬰兒被販賣到阿拉伯聯合大公國，還是中國兒童被偷運到洛杉磯，人口貿易都是件有利可圖的事情。全球經濟造成了對廉價商品的需求，而再沒有比奴隸更廉價的勞動力了。」[6]窮國有數十萬的女性被販賣到富國充當家庭女僕和保姆，從以出口石油而暴富的中東國家，到亞洲繁榮的商業都市都在其列。根據世界銀行的一項統計，單在二〇〇四年一年，流動工人就將一千五百多億美元匯回國內，而在這些工人中間，就有許多經常遭到虐待的女僕。[7]到了他們的祖國，這些匯款使人們安居樂業、子女得到教育，並刺激了一種消費型經濟。

①【編註】一九六五年，剛果民主共和國國民軍總司令約瑟夫—德西雷．蒙博托（Joseph-Désiré Mobutu）發動政變，開始獨裁統治。一九七一年，蒙博托將國名改為薩伊共和國，直到一九九七年被推翻為止，薩伊之名才於焉結束。

我們已經在之前各章裡看到人類社會內部經濟交流，是如何在商人和消費需求的推動下加強，促成了一個日益互賴的世界。我們也看到了帝國侵略如何將遼闊地域上的人群歸於一人統治之下，創造了今天相互連接的世界。與此同時，「商人」和「戰士」這兩類全球化的推動者也帶來了苦難、動盪與傷痛。打從戰爭與貿易將人類最早聯繫起來的那一刻起，奴隸制就一直是體系的重要組成部分。勝利者將戰俘變為奴隸，商人通過跨國人口販賣獲利。全球化過程一直有其無可否認的陰暗面，而多佛慘劇也說明一切都未改變。事實上，由於科技正在使全球化過程不斷加快，全球交流的負面效果或許也在擴展和加速。全球化的陰影不僅限於人口販賣。長久以來，戰爭和商業活動都傳播了病原體，帶來災難性的疾病流行。隨著全球貿易與旅行的日趨頻繁，這種威脅大有愈演愈烈之勢。在本章中，我們會看到一些事例，說明全球化的負面影響是如何演化，日益便捷的通信與商業如何帶來了新的威脅——例如駭客散播破壞性的電腦病毒、犯罪分子透過網路空間從個人電腦上偷竊信用卡號碼和私人資訊。全球化使生活更為快捷舒適，但也伴隨著代價。

最古老的貿易

亞當．斯密認為奴隸制是一種畸形的事物。一七七六年，這位蘇格蘭經濟學家哀歎說，歐洲和新大陸之間的新興貿易本是一件有益的事情，但卻因奴隸販子的貪婪而走味。「歐洲的商品幾乎全是美洲所未曾見到的，而許多美洲商品在歐洲亦是如此，一套過去從來無人料想過的新型交易體系也因此開始出現。這種交易本應成為新大陸之福，正如貿易曾是舊大陸之福一樣。但歐洲人野蠻的悖義行徑卻使一件本應造福所有人的事情變質，一些不幸的國家因此遭到毀滅和破壞」。[8]不過事實上，儘管大西洋販奴的規模之大、做法之野蠻史無前例，但用一位荷蘭歷史學者的話說，販奴其實是世界上「最古老的貿易」。正如學者大衛·克里斯蒂安所說，奴隸主將奴隸視為「有生命的電池、會說話的牲畜」。人類本身就是一種重要的能源，這也有助於解釋在現代化之前的世界，強迫勞動為何如此普遍。[9]在「奴隸」一詞正式出現前，許多形式的奴隸制就已存在了上百年的時間。人類對財富和利潤永不饜足的追求和人類社會內部實力懸殊的狀況，都導致了奴隸制的滋長。奴隸制在十九世紀早期達到頂峰，也從此深深改變了人類文明。

「奴隸」（slave）一詞原本是指九世紀時，被掠賣到許多地方為奴的中歐斯拉夫人。在中世紀維京人和阿拉伯人的貿易中，斯拉夫人是主要的目標人口或「資源」人口。在奴隸販子看來，尚未皈依基督教的斯拉夫「異教徒」，不論男女都是當然的商品。有史以來，戰爭、饑荒、貧困和自然災害都迫使人們背井離鄉，在其他地方尋找工作，或受人奴役以求生存。有時候，這就意味著像奴隸一樣接受艱苦而危險的工作。如亞里斯多德所說，奴隸是「會說話的工具」。[10]

這種「勞動機器」失去了人的尊嚴，他們的待遇並不比役畜好，且像普通商品一樣在市場上被買賣。但和其他財產不同的是，奴隸也將其種族出身、語言與文化帶到了遠離出生地的場所。與遷居類似，奴隸貿易使自五萬多年前原始人離開非洲時起就四散分開的人類支系久別重逢。數千年來，主人與奴隸的通婚改變了人類的身高、體形和膚色，以及社會文化。（我們後面也會看到，移民與本地居民的通婚同樣產生了這種效果。）我們已經讀到，在西元前兩千多年時，埃及人在與非洲人的首次接觸中購得奴隸敬獻給法老。在人類歷史上，用活人交換商品是種由來已久的做法。

西元前一世紀的古希臘歷史學者狄奧多羅斯（Diodorus）有一項著名的發現——義大利商人

可用酒在高盧換得奴隸（「一罐酒換一名年輕男奴」）。貧窮的父母將子女賣給人販，或用其抵償債務，而政府則會販賣罪犯。當然，戰俘是強壯奴隸的最大來源。西元前四六八年與波斯作戰的雅典海軍將領客蒙（Cimon）就曾將兩萬名戰俘送上奴隸市場。[11]這些奴隸主要的工作，是用石器或徒手挖掘白銀等貴金屬。礦石是雅典崛起的重要因素。在西元前一世紀中期，巴爾幹—愛琴海世界的採銀業使用了數以萬計的奴隸，這需要大規模、組織完善的奴隸貿易。奴隸的另一個用處是充當士兵。在雅典與波斯、斯巴達的戰爭中，白銀提供了資金保障，但不只白銀對戰爭有用，甚至奴隸也經常被召入行伍，補充兵源。

奴隸：士兵、苦役與孌人

《厄立特利亞航海記》是西元一世紀時一部記載海上貿易的著名書籍。這部佚名著作上，記錄著奴隸是羅馬貿易中的常見商品。輸入奴隸是用來做勞役或供人娛樂，如歌唱、陪伴解悶等。古羅馬人西莉亞（Celia）常與各種出身、疑為奴隸的異國男子廝混，於是古羅馬作家馬提亞（Martial）曾揶揄她說：「你的埃及情人從亞歷山卓渡海而來與你團聚，而黑皮膚的印度情人則來自紅海。」但奴隸的販賣並不只是來自印度洋一方。印度古代文學作品中的記述顯示，印度富人擁有西方奴隸，可能來自於希臘羅馬世界。[12]鄰國向中華帝國宮廷的納貢經常包括奴隸少女和藝伎，例如來自中亞地區、肢體動作協調的「迴旋舞少女」。

中歐部分地區的斯拉夫人成為羅馬販賣最多的人口。儘管羅馬貴族生活奢華，但平民百姓處境淒慘，壽命短暫，尤其是在中歐南部。有歷史學者將人口較多的社會稱為「人口蓄水庫」，由於其死亡率高、平均壽命低，自然便成為奴隸販子的目標。除了斯拉夫人、希臘人和波斯人外，在羅馬帝國以北生活的日耳曼人、凱爾特人、羅曼人以及下撒哈拉非洲的居民也都是人口販子主要的貨物來源。

羅馬帝國需要愈來愈多的奴隸在種植園勞動或服侍貴族，綁架和販賣奴隸的活動也就益發猖獗。古希臘史地學家斯特拉波（Strabo）寫道，提洛島（Delos）上的碼頭光是一天便能裝卸一萬名奴隸。販奴者故意將來自小亞細亞和地中海不同地區、種族各異的奴隸混雜在一起，以防止其結成團體（或者說早期的工會）、引發動亂。[13]（有趣的是，近兩千年後，葡萄牙奴隸販子把非洲奴隸運往巴西時也實施了類似的措施，其方針是「不要讓過多來自同一部落的人集中在巴西一國，或是其任何一個『長官封地』〔captaincy〕，以防造成不利影響」。儘管有這些預防措施，某個來自蘇丹的部落還是組織了一系列的起義。）[14]羅馬帝國在西元後兩百年間從大西洋擴張到幼發拉底河，而羅馬龐大的外來奴隸人口也隨之構成了一個「小世界」。羅馬是奴隸貿易的中心，來自世界各地不幸為奴的人，則帶來了其祖國的服飾、語言、風俗和文化。[15]後來，奴隸內部的通婚，以及羅馬人和各種族奴隸之間的通婚，也改變了人口的構成。

其後的一千年中，奴隸制一直是地中海沿岸各個社會的共同特徵，規模也不斷擴大。雖然到了十一世紀，歐洲國內的奴隸制逐漸為農奴制所取代，但由於國際貿易和需求的增長，採礦和耕作卻更加依賴奴隸勞動。[16]九至十世紀，維京和俄羅斯的商人將奴隸從東斯拉夫各國販賣到摩爾人統治的西班牙和北非，充當家僕、士兵和礦工。奴隸貿易並不限於歐洲和中東。根據七世紀的中國史料，中國有來自津芝（位於下撒哈拉非洲）的奴隸輸入，到了一一一九年，廣州人更是以擁有黑奴作為財富的象徵。[17]直到十四世紀，斯拉夫家奴才在義大利各城邦成為普遍現象。到十六世紀，西班牙和葡萄牙家庭也普遍擁有非洲奴隸。人類學家艾瑞克．沃爾夫（Eric Wolf）指出，威尼斯大部分的財富，都是靠奴隸貿易積累得來的。儘管威尼斯自一三八六年起開始禁止公開拍賣奴隸，但私人販賣仍然持續至整個十六世紀。[18]

中東人經常訓練奴隸來供人娛樂，或是充當工匠和士兵。[19]來自歐洲各地和下撒哈拉非洲的奴隸源源不斷地輸入巴格達的阿拔斯哈里發國。女奴很受人歡迎，主要來自中東和印度，當時的記述也常常對她們品頭論足。就有這麼一份記錄，像產品介紹一樣比較了來自不同地方的奴隸，還下了結論：「理想的女奴應當是柏柏人，九歲時離家，在麥地那和麥加各居住三年，然後在十六歲時遷往伊拉克接受文化薰陶。到二十五歲轉售時，她就兼具麥地那的風情、麥加的嫻靜與伊拉克的文雅。」[20]

阿拉伯商人不斷沿印度洋海岸向南開拓、深入西非，下撒哈拉非洲的奴隸也隨之成為一項重要商品。在阿拉伯語中，「黑」（*abd*）一詞成為「奴隸」的同義語。早在六五二年，努比亞（Nubia）的基督教王國（今天的衣索比亞）就與阿拔斯哈里發國訂約，每年向阿拔斯君主提供三百名奴隸。這種做法延續了六百年。[21]

阿拔斯帝國（今天伊拉克的一部分）將一些從非洲輸入的奴隸納入步兵隊伍，但更多奴隸則是從事大規模糖業生產或耕種土地。[22]九世紀的巴斯拉（Basra）地主購買了幾千名東非奴隸來清理位於今日伊拉克南部的鹽沼，希望能將沼澤變為良田。汗流浹背、食不果腹的奴隸憤而起事，這或許是最早有案可查的黑奴起義之一。波斯人阿里．伊本．穆罕默德（Ali ibn Muhammad）自稱是第四任哈里發阿里（Ali）和穆罕默德之女法蒂瑪（Fatimah）的後嗣，宣揚自己詮釋的伊斯蘭教，許諾給予奴工自由與平等，結果一呼百應。人稱津芝的非洲黑奴便與哈里發國軍隊中的非洲步兵一道洗劫了巴斯拉，割據伊拉克南部與波斯東部達十四年之久，與哈里發國分庭抗禮。最後哈里發得到埃及支持，發兵剿滅了叛亂。[23]儘管功敗垂成，但津芝以可怕的報復撼動了哈里發的國威。當時一位歷史學者寫道：「阿里手下的士兵如此膽大妄為，乃至於當眾拍賣阿拉伯各顯貴家族的仕女，包括哈桑家（al-Hassan）、侯賽因家（al-Hussein）和阿拔斯家（al-'Abbas，指阿拔斯王朝統治者阿里．伊本．阿比．塔利卜［Ali ibn abi-Talib］的後代），甚至是哈希姆家（Hashem）與古萊什家［這是先知的後裔］。他們以幾枚迪拉姆（dirham）的低價將這些婦女賣為奴隸，並以其各自的良好出身作為招牌。每一名津芝男子都得到十名、二十名或三十名女子，納入妾室，並充當津芝婦女的婢女。」[21]

阿拔斯帝國統治者對於桀驁不馴的阿拉伯部落軍隊愈來愈不信任，遂轉而徵召奴隸從軍，先是非洲黑奴，後來主要是中亞的突厥騎手。軍事奴隸制從此在帝國裡扮演重要角色。幾百年間阿拉伯帝國徵用的奴隸軍人數量不易計算，但學者估計可能有數千萬人。[25]蓄奴傳統在中東根深蒂固，直到二十世紀六〇年代都還存在於沙烏地阿拉伯。

奴隸—蔗糖生產體系

十二世紀時抵達地中海東岸的歐洲十字軍，發現當地人使用奴隸在種植園中生產一種美味的食品——糖。甘蔗起源於太平洋島嶼，後來傳到印度，對當時的地中海世界而言，蔗糖乃是一種奢侈品。在那之前，歐洲人只能用甜菜來滿足對甘美的渴望。伊斯蘭教的興起與阿拉伯世界對外貿易的繁榮，使甘蔗種植技術傳到黎凡特，賽普勒斯等義大利殖民地因此成為歐洲的主要蔗糖供應地。地中海東部地區的義大利大商人隨即發展出一種複雜的「奴隸—蔗糖生產體系」，大量使用奴隸來種植甘蔗熬糖。三百年後傳到新大陸的生產方式就是以此為雛形。這是一種早期的資本主義生產方式，將土地、資本和勞動力結合起來，實現利潤的最大化。歷史學者芭芭拉・索洛（Barbara Solow）寫道，奴隸不僅「像是新式機器，是一種新的、改進型的生產要素……而且奴隸主也能持有奴隸，當作一項資產」。[26]

義大利在克里特島、賽普勒斯，以及後來在西西里的經驗證明，只要把奴隸種植園與出口結合起來，便能在荒地裡種出搖錢樹。一四二五年，葡萄牙人在大西洋上發現荒無人煙的馬德拉島後，就效仿義大利開辦了奴隸—蔗糖種植園。他們從西非海岸劫掠或購買奴隸，奴役其生產蔗糖，再到歐洲出售。其他歐洲人也很快學到了馬德拉島、聖多美島（São Tomé）和加那利群島用奴隸生產蔗糖的做法。

第一次橫渡大西洋期間，哥倫布曾在加那利群島下錨、修葺船隻，因而有機會親眼目睹蔗糖種植園如何使用奴隸。他因為未能在伊斯帕尼奧拉島發現預料中的香料或黃金而萬分沮喪，但他可沒錯過奴役免費勞動力的機會。他寫信給西班牙宮廷：「我必須指出，本島（伊斯帕尼奧拉島）與其他島嶼屬於兩位殿下，如卡斯提爾王國一樣固若金湯。只須遷民前來，便能隨心所欲地役使這些島民……此地的印第安人手無寸鐵，衣不蔽體，不通戰法，膽小怯懦，派出三名士兵便能使其千人之眾望風潰逃……**我們只須驅使其耕耘勞作，或用做他途。**」[27]

哥倫布是第一個把奴隸從新大陸運回歐洲的奴隸販子，但這種跨大西洋交易的方向很快便翻轉過來。人們為了開發新大陸的無窮資源，迫切需要大量勞動力，而勞動力只來自非洲，跨大西洋奴隸貿易便隨之興起。歐洲人逐漸認識到，不僅用奴隸生產出口商品是個獲利豐厚的方法，連販賣奴隸本身也是賺錢的生意。葡萄牙人以武力侵襲來搶奪奴隸，但不列顛發現這種方法代價似乎太高，於是採取更划算的策略，用物品從非洲酋長那裡交換人口。

一五六二年至一五六三年間，在奴隸販子約翰．霍金斯（John Hawkins）率領下，英格蘭進行了首次販奴遠航，總計有三百名奴隸和其他貨物，三艘船滿載而歸。[28]雖說此舉冒犯了西班牙對販奴的壟斷，但霍金斯還是在西班牙的加那利群島賣出了奴隸，大賺一筆。伊莉莎白女王聽到他遠航的消息之後大感不悅，斥責這種行為「可鄙」。但在意識到販奴可獲得豐厚利潤後，她就心回意轉，後來甚至投資霍金斯第二次的販奴遠航。霍金斯將奴隸從葡萄牙統治的非洲地區販賣到西班牙統治的美洲地區，挑戰了伊比利亞人的壟斷地位。其他奴隸販子隨即紛至沓來，為以奴隸制為基礎的新大陸商業活動鋪平了道路。

在源源不斷的奴隸人流支撐下，葡萄牙殖民地巴西最後成為世界最大的蔗糖生產地，令馬德拉黯然失色。一五一三年，葡萄牙國王送給教宗一份大禮——一尊如教皇本人大小的雕像，有十二位紅衣主教和三百根蠟燭圍繞，而且全是以蔗糖製成。[29]一五七五年至一六五〇年，巴西成為歐洲蔗糖的主要供應國，進口大量製造品與非洲奴隸。後來，從法屬圭亞那傳入的咖啡種植園也役使奴隸勞作。我們曾經在第三章讀到，咖啡從葉門出發，經過斯里蘭卡和印尼，一路環遊世界後傳到法屬圭亞那。奴隸供應似乎取之不盡、用之不竭，種植園似乎可以無限拓展，而巴西也成為世界最大的咖啡種植國。西班牙人利用秘魯和墨西哥的亞熱帶海岸來發展蔗糖種植園和葡萄園。墨西哥北部和玻利維亞利用奴隸開採的豐富銀礦，也成為西班牙的重要財源，為國際貿易提供了通貨。在巴西鑽石礦與金礦勞作的非洲奴隸增添了葡萄牙帝國的光輝。加勒比海地區的蔗糖、咖啡與可可種植園，以及北美的棉花與煙草種植園，也都讓不列顛人、法國人和荷蘭人大發橫財。歐洲殖民列強的繁榮與國際貿易的繁榮帶來一個相互依賴的世界——但其基礎卻建立在殘酷剝削非洲奴隸之上：十八、十九世紀間，運往美洲的非洲奴隸約達一千兩百萬人。[30]

在新大陸，費城的貴格派早在一六八八年便對奴隸制深表不滿，將近一百年後，英格蘭的貴格會眾向議會提交了第一份重要的廢奴請願書。一場強大的博愛運動以福音派信仰為基礎，開始在英格蘭發展起來，加上十八世紀晚期自由主義思潮的興起和保護主義日益受到抵制，奴隸制遭遇的反對也愈來愈強。隨著不列顛帝國在印度崛起，人口眾多、資源豐富的印度逐漸使加勒比海地區相形見絀，也讓廢止奴隸蔗糖種植園的主張得到更有力的理由。一八〇七年，國會通過第一項廢奴法，禁止販賣非洲奴隸。十年後，不列顛與西班牙簽訂條約，後者同意立即在赤道以北停止奴隸貿易，並在一八二〇年之前於赤道以南停止。根據該條約，不列顛海軍有權搜捕疑似奴隸販子的人。不過，由於條約本身存在漏洞，奴隸貿易仍然勢頭不減，直到一八三〇年另一項盎格魯—西班牙之間的條約問世，中南美洲大部分地區的奴隸制才正式終結。

然而，反奴隸制運動雖然在美國興起，卻因伊萊·惠特尼一七九三年發明的軋棉機而遭遇挫折。惠特尼的發明使清理棉花變得大為輕鬆，不列顛工廠對棉花的需求也出現飆升，棉花因此稱霸美國南部，而奴隸制也成為南方生活方式不可分割的一部分。奴隸制的最終廢除付出了高昂代價：南方各州退出聯邦，繼而爆發一場血腥的內戰。雖然一八三三年不列顛議會通過一項廢奴法案，解放不列顛西印度群島的所有奴隸，但在官方廢奴之後，奴隸制仍然因為咖啡種植園在巴西的擴大而苟延殘喘了五十年。一八〇〇年，巴西有約一百五十萬奴隸，美國則有八十五萬七千人，不列顛西印度群島六十萬，西班牙統治的美洲有二十五萬，其他不列顛殖民地還有十五萬。[31]

只是，法律的力量終究抵不過世界經濟力不平等的影響。直到今天，販奴這種世界最古老的貿易依然生機勃勃。二〇〇四年，一位逃亡的巴西奴隸所講述的故事，使人們得以窺見巴西出口成績背後隱藏的黑暗世界。[32]巴西政府承認，即便在今天，仍有約五萬人「處境與奴隸類似」，他們在亞馬遜叢林中開路以使伐木者獲得硬木、清理農地以種植大豆、開闢牧場等。這些人帶來的廉價木材、牛肉與大豆推動了巴西的出口，並由跨國公司轉售給全世界的消費者。多佛慘劇之後，世界其他地方也發現了類似事件，其中又以美國為甚。在全球化洶湧洪流之下的黑暗世界仍然漂浮著一座冰山，而我們只是不時窺見冰山一角而已。[33]

連接亞洲與新大陸

三百年間毫無約束的奴隸貿易深深改變了我們的世界，在種族、經濟與文化上更緊密地結合在一起。地中海地區興起的奴隸—蔗糖生產方式征服了新大陸。歷史學者羅伯特．哈姆斯（Robert Harms）甚至表示不僅如此，奴隸還成為洲際貿易至關重要的紐帶之一，支撐著全球商業。奴隸貿易「在歐洲對新大陸以及對亞洲的貿易之間架起了一座重要橋樑。」事實上，奴隸在非洲被稱為「一塊布」（piece）——用老葡萄牙語講則是「*uma peça d'India*」，也就是用來交換奴隸的那塊印花棉布。法國船隻會裝載貨物前往非洲交換奴隸，接著將奴隸運往法國在新大陸的殖民地，用來交換糖和其他種植園的農產。哈姆斯提供了一項清楚的例子，他研究過一艘法國販奴船的經歷：

當一七三一年販奴船「勤勉號」（*Diligent*）從法國啟航前往西非海岸時，一半以上的貨物都是貝殼或各種印度織物。貝殼來自印度附近的馬爾地夫群島，而且還是西非沿海地區的主要通貨。從中國和印度返航的特許公司船隻會在馬爾地夫群島停留，購買貝殼，其用處類似於今天的發泡材質，填充在一筐筐的瓷器或其他商品中作為緩衝之用。貝殼還可以當作壓艙物來維持船身穩定。由於亞洲的瓷器、茶、香料和織物要比從法國帶去的歐洲貨物價值高，所以返航船就有很大的艙內空間，均塞以貝殼。等回到法國，就將貝殼卸下裝進桶裡，運往西非。[34]

歷史學者仍在努力估算奴隸制和奴隸貿易到底給非洲帶來多大的人口損失。一六五〇至一八〇〇年間，有約一百五十萬名奴隸來到不列顛在加勒比海的各個殖民地。但到一八〇〇年時，痢疾、黃熱病等疾病和營養不良問題已使加勒比海地區的非洲人口降到五十多萬人。[35]繁忙的國際貿易，也伴隨著巨大的生命代價。

我們已經看到十六世紀時船身更大、速度更快的帆船，以及十九世紀汽船的發明是如何突破了載重限制。除了綢緞、香料、珍珠、鑽石等輕便昂貴的商品外，船隻可以載運愈來愈重的貨物。奴隸制促進了生產規模，提高了產量，供更大的船隻裝載，滿足不斷增長的消費需求。數十萬的奴隸擴大了糖、咖啡、可可、煙草等貨物的產量，使這些曾經的奢侈品飛入尋常百姓家。「到一七五〇年，連英格蘭最窮的農場工人妻子，都能在茶裡加起糖來了」。[36]國王大張旗鼓送糖給教宗當禮物的日子早已一去不回。西班牙的伊莎貝拉女王對新發現的可可異常癡迷，由於整天飲用巧克力，她的衣服也逐漸染成了巧克力色。[37]在地球另一端的東南亞，暹羅王拉瑪三世（Rama III）對鄰國柬埔寨發動進攻，掠取奴工以生產蔗糖。拜奴工之賜，在十九世紀的前二十五年裡，糖成為暹羅最重要的出口產品。[38]隨著美國南部的非洲奴隸提高棉花產量、壓低棉花價格，不列顛紡織業日趨繁榮，而輕便的棉衣也不再是王公貴族專屬的東西。

數以萬計的非洲奴隸在墨西哥和秘魯的銀礦裡揮汗如雨，生產的銀塊不可勝數，為世界貿易提供了鮮活的血液。據歷史學者估計，自一四五〇年至一八〇〇年間，墨西哥和秘魯的礦山中總共挖出了十三萬至十五萬噸的白銀。銀條隨即運往歐洲，以及西班牙帝國在亞洲的橋頭堡馬尼拉。[39]接下來，來自馬尼拉的銀條和銀幣就在全球流通，在繁榮的國際貿易中發揮潤滑作用。

奴隸貿易與商品貿易組合在一起，使各大洲更緊密地連接起來。正如學者哈姆斯所說：「亞洲貿易為販奴船提供了必需的貨物，而販奴船為亞洲產品提供了穩定的市場。」[40]奴隸貿易促進了南特和波爾多的葡萄酒生產。更重要的是，其間發生的商品交換還推動了印度和漢堡的織布業、馬爾地夫的貝殼採集業、荷蘭的槍砲製造業與水管製造業，以及瑞典的鐵工業。[41]

源源不斷的奴隸供應延長了殖民體系的壽命。雖然效率更高的新科技不斷湧現，但殖民體系有了用之不竭的勞動力供應，也可以確保在競爭中不處於下風，因此在一段時期裡，殖民地的投資活動總會有穩定的收益。[42]奴隸種植園經濟產生的財富，也為不列顛工業產品提供了愈來愈大的市場。一位歷史學者表示，在十八世紀八〇年代和九〇年代，「將近百分之六十的工業產出增加，都投入出口」。[43]到了十九世紀，大西洋奴隸貿易已發展為一套複雜的國際貿易體系，東印度群島的紡織品製造業、歐洲的金屬加工和航運公司、非洲的商隊貿易和美洲的種植園主在其中都佔有一席之地。[44]

這套國際貿易體系一開始主要是以糖、貝殼、甜酒和煙草交換奴隸，後來更擴展到其他領域。奴隸貿易最初只是迎合社會上層的需要，但很快也開始提供大眾消費品。有一位研究奴隸貿易的學者說：「不論是上層菁英還是平民百姓，他們在消費產品的時候，對於生產這些產品的勞動力所遭遇的悲慘命運大都所知甚少，也並不在意。」[45]今天的消費者也同樣如此。他們享受著沃爾瑪（Wal-Mart）、西爾斯等零售店的「天天都便宜」，而中國等地生產這些商品的勞工卻在惡劣的工作條件下日夜辛勞。低價商品不是沒有代價！雖然在聽聞國外的工作條件時，消費者也會感到不快，但這些商店仍是人潮湧動。「消費者非常精神分裂」，法國 Alter Eco 進口公司創始人、首席執行長崔斯坦．勒孔特（Tristan Lecomte）表示該公司承諾向發展中國家的生產商提供不俗的進口價格，可是消費者「嘴上說希望對社會負責，但一聽說有打折拍賣的消息，卻跑得比誰都快」。[46]

工業革命推動力

哈佛、耶魯、布朗等全球最優秀學府之所以興起，都有販奴收益之功。布朗大學設於羅德島州普羅維登斯（Providence），當地的販奴者曾從事羊毛和鋼鐵生產。創立該大學的布朗家族成員摩西．布朗（Moses Brown），就是棉紡業發展中的一位關鍵人物。一七九〇年，時為廢奴運動領導人之一的布朗看中了英格蘭移民薩繆爾．斯萊特（此君背下了機器設計圖，藉此迴避不列顛的技術出口限制），向他提供資金建立了美國第一座棉紡廠，廠址就在普羅維登斯近郊的波塔基特（Pawtucket）。[47]

不列顛是從奴隸制中獲益最多的大國。一六六二年至一八〇七年間，不列顛籍船隻將大約三百四十萬名奴隸從非洲運往美洲，將近同期販奴總數的一半。[48]在販奴活動的頂峰時期，不列顛的奴隸販賣數量高於所有其他國家。在殖民地銷售的工業品繁榮了不列顛的產業，販賣奴隸生產的商品使不列顛商業界大發橫財，從非洲奴隸身上賺取的利潤使整個不列顛富裕起來。早在一八三四年不列顛開始對奴隸制動刀之前，跨大西洋的販奴體系就已經為該國崛起為全球大國奠定了基礎。

根據歷史學者估計，十九世紀期間有約一百萬奴隸被遷到亞洲。[49]當然，亞洲內部各地區之間也有奴隸貿易，強大而富有的國家往往強行掠奪弱小、分崩離析國家的人口。一八二〇年之前，一半以上的亞洲都市人口都曾有過淪為戰爭俘虜或遭到販賣的經歷，這足以說明亞洲社會裡奴隸制的程度之深。[50]這一點與歐洲形成了諷刺性的對比。在封建制度的背景下，城市憑藉以行會為基礎的生產體系崛起，城牆也為逃亡的農奴提供了庇護所。根據法律，如果一名農奴能在城市裡持續居住一年又零一天，便能成為一名自由民，所以才會有「城市空氣使人自由」（*Stadtluft macht frei*）這句日耳曼諺語。但是，東南亞的殖民城市卻成為禁錮的堡壘。由於向城市販奴獲利豐厚，以至於出現了一些專以販奴為業的國家。這些國家對東南亞各島的沿海居民發動遠襲，掠奪奴隸，藉此繁榮起來。直到二十世紀，東南亞都一直向冉冉升起的工業強國日本提供奴隸。儘管日本人對種族混雜的情形極為排斥，但在一九三九年至一九四五年間，為解決二戰期間嚴峻的勞動力短缺問題，他們仍強迫七十萬亞洲人提供勞役。[51]

國際奴隸貿易造成的一項後果是奴隸制在非洲的擴張。被抓捕的奴隸中有三分之一被賣到非洲內部，人數約為七百萬。由於被販賣的奴隸絕大多數為男性，西非與中非的人口性別比例往女性嚴重傾斜。大量女奴的集中導致一夫多妻制的出現。[52]奴隸制已與非洲生活密不可分，以至於「通過奴隸貿易繁榮起來的甘比亞、剛果、達荷美等非洲國家的部落酋長，向倫敦和巴黎派遣使節，強烈抗議廢除奴隸制」。[53]非洲不僅失去了強壯的男丁，人口增長受到影響，而且販奴引發的戰爭和社會破壞也導致生育率的降低。奴隸貿易嚴重削弱了非洲的社會、政治、經濟與文化體制。

而奴隸貿易的另一項結果，則是使新物產傳到非洲，對其文化與飲食習慣產生了持續性的影響。不列顛販奴者將甜酒、乳酪、啤酒、精製糖和煙草葉帶到黃金海岸（今天的迦納）。葡萄牙販子則用糖、白蘭地、煙草、火槍、火藥、木薯粉以及亞洲和葡萄牙的花俏商品交換奴隸。非洲消費者因此開始對歐洲產品甚為瞭解，這種影響遠遠持續到奴隸活動終結之後。[54]葡萄牙人引入的玉米和木薯成為非洲飲食兩種最重要的原料。他們還帶來了甘薯、鳳梨、腰果、木瓜和數十種其他食品。巴西的咖啡種植園將咖啡樹種送回聖多美，又從那裡傳播到非洲大陸。三百年的販奴活動給西非的日常生活——包括飲食、宗教、大眾節日和建築等——烙上了明顯的巴西印記。[55]

據估計，當歐洲人發現巴西時，當地有一百五十萬美洲印第安人。接著三百五十萬非洲奴隸進入巴西。非洲人對巴西人口結構產生了巨大影響。例如在二十世紀六〇年代初期，巴西人口中的美洲印第安人佔百分之一，黑人佔百分之十一，混血人口佔百分之二十六，其餘則為歐洲血統。傑出的巴西學者吉爾貝托．弗雷雷（Gilberto Freyre）寫道：「所有巴西人——即便是白皮膚金頭髮的巴西人——在靈魂或身體裡都留有黑人的影子，至少也流有一滴黑人的血。」[56]

幾百年的奴隸貿易，對巴西生活的所有方面，不論是飲食、服飾、宗教、語言、音樂還是民俗，都留下了無法抹滅的印記。全球化塑造了巴西，當地人每天都能體會到這種影響，從桑巴音樂到描述某位剛果國王加冕典禮的戰舞樂（*congadas*），從用棕櫚油炸的烘豆餅（*acarajé*）、蝦與秋葵的雜燴（*caruru*）到南瓜泥（*quibebe*）。[57]來自剛果和幾內亞灣這兩個重要文明搖籃的傳統宗教，也影響了非洲移民的祭拜方式，而且經常與佔統治地位的基督教儀式混雜在一起。最明顯的例子就是巫班達（Umbanda），有些人認為這是巴西的國教。巴西學者、作曲家內伊．洛佩斯（Nei Lopes）解釋道：「巫班達是各種因素交融而生的一種宗教，起源於非洲班圖人（Bantu）的祖先崇拜和自然膜拜。有些學者認為巫班達吸收了印度教中關於因果報應、輪迴、轉世重生的教義，從基督教主要借用了平等與樂善好施的精神，並受到美洲原住民虔信因素的影響。」[58]

無獨有偶，加勒比海地區的飲食和文化也因為和非洲奴隸幾百年間的交流而留下了印記，例如千里達的卡呂普索（Calypso）小調音樂和海地的巫毒教。現在該地區廣泛使用的克里奧爾語（Creole）②就有深刻的奴隸制痕跡——這是非洲語與法國奴隸主說的法語混合成的一種新語言。奴隸制及其深遠的社會經濟影響並非歐洲人帶給新大陸的唯一禮物。他們還帶來了某些史學家所說的「種族滅絕」——由微生物代勞的種族滅絕。

看不見的危險

一四九二年十月十二日清晨，一座加勒比海島嶼的海面上漂來了一些奇形怪狀的房子，上面還聳立著高高的桅杆。赤身裸體的原住民圍攏過來，看得目瞪口呆。水手們從聖母瑪利亞號、尼尼亞號與平塔號三艘船上走下來，臉色蒼白、滿面鬍鬚、語言奇異、服飾滑稽，但發現這處山石嶙峋的港灣，卻似乎讓他們欣喜過望。歐洲人和美洲印第安人相遇，五萬多年之前走出非洲後便分道揚鑣的兩支人類團圓了。

不論是感到欣慰的哥倫布、他手下的船員，還是好奇的原住民，都無法想像這次相遇代表著什麼。這些穿著可笑服裝、蓬頭垢面的陌生人帶來了看不見的病毒和病原體，即將為新大陸居民帶來浩劫。學者阿爾弗雷德·克羅斯比在其開創性著作《哥倫布大交換：一四九二年以後的生物影響和文化衝擊》（*The Columbian Exchange: Biological and Cultural Consequences of 1492*）中寫道：「當新大陸不再處於隔絕狀態、當哥倫布使地球的兩半重歸於一時，美洲印第安人首次遭遇了最可怕的敵人：不是白人或其黑人僕役，而是他們在血液裡、呼吸裡攜帶的無形殺手。」[59]

在短短七十多年時間裡，跟隨歐洲人渡海而來的天花、流感和白喉等疾病就導致八千萬至一億原住民死於非命。學者尼爾．弗格森評論道：「白人就像中世紀『黑死病』期間的老鼠一樣，帶來了毀滅性的病菌。」[60]當英格蘭的基督教徒於一六二一年抵達美洲的普利茅斯時，他們看到一件上帝的恩典——新英格蘭有百分之九十的原住民都已經死於此前的移民所帶來的疾病，死者生前還非常周到地耕種了土地，埋藏了大量過冬用的穀物。南、北卡羅萊納總督約翰．阿克戴爾（John Archdale）在十七世紀九〇年代表示：「上帝〔已經〕展現了大能，減少了印第安人，為英格蘭人騰出空間。」[61]

長久以來，世界各地的人類交流時常帶來死亡與苦難，美洲印第安人的厄運不過是其中的一段篇章而已。除了人類之外，昆蟲、牲畜和寵物也攜帶病毒和病原體，跨越一道道邊界尋找新的宿主。疾病在世界範圍內的蔓延也成了全球交流最早的負面效應之一。但是，人類的旅行本身並非疾病全球化的起因。早期的狩獵者和採集者會為尋找食物而不斷奔波，但他們似乎挺健康。他們過著遊牧生活，不會堆累垃圾，也不會飼養牲畜或家禽。要到了定居農業社會興起後，牲畜、家禽、齧齒動物和昆蟲才開始與人類朝夕相處，為病菌的傳播提供宿主。隨著商隊與商船將四散分開的人類聯繫在一起，它們也在運輸貨物之餘不經意傳播了新的病原體——細菌以及帶菌的齧齒動物、蚊蟲和蝨子。奴隸等交易物攜帶著傳染性的疾病，給他們抵達的國家帶來影響。遠征的士兵將病菌傳到新的土地，返鄉時又攜帶新的病原體，造成流行性疾病、甚至瘟疫。隨著團體旅

②【編註】當使用不同語言的兩種族群相遇，為了溝通，就有可能發展出簡化的自然語言。這種語言並非兩族群的母語，但等到該語言發展出文法，甚至成為下一代人使用的主要語言時，就稱為克里奧爾語。

行的出現，甚至連遊客這種現代的探險家也開始傳播疾病。因此，全球化的推動者中至少有三類——商人、戰士和探險家——在不經意間成為了掃把星。

羅馬帝國所處的地中海世界遭遇的第一場瘟疫，發生於西元二世紀，當時羅馬士兵打完帕提亞戰爭（Parthian Wars）後從兩河流域歸國，引起流行病的爆發——這是歷史上首度有記載的案例。這究竟是一場鼠疫還是最早的天花，人們至今仍無法確定，但不論如何都是一場可怕的瘟疫。三分之一至二分之一的感染者病死，地中海地區人口大減。第一次可以證明的腺鼠疫發生於五四二年，由老鼠傳染的鼠疫桿菌造成患者淋巴結腫大，隨後因肺部感染而死亡。人們以當時的羅馬皇帝的名字，將這場瘟疫稱為「查士丁尼大瘟疫」（Justinius plague）。據信其病源來自印度，由老鼠傳到埃及。老鼠能輕易攀過船繩，登上在紅海沿岸各港停泊的阿拉伯商船。病菌以繁殖迅速的老鼠以其身上寄生的蝨子為宿主，沿地中海貿易線路一路傳播，從博斯普魯斯海峽旁邊的君士坦丁堡直到伊比利亞半島。東羅馬帝國歷史學者普羅科匹厄斯（Procopius）的記載表明，在瘟疫最嚴重的時期，光是君士坦丁堡每天就有一萬人死亡。災禍爆發前，羅馬帝國約有一千六百萬至兩千六百萬人口，其中的百分之三十至四十死於瘟疫。[62]一份當時的紀錄可說是繪聲繪影，瘟疫「使城市凋零，使鄉村變為荒漠，田園之中野獸出沒。」[63]

據估計，羅馬帝國的東部與西部加起來至少有四分之一的人口死亡，創下歷史記錄。六百年後，另一場瘟疫打破了這項記錄，其名為「黑死病」（之所以稱為「Black Death」，是把拉丁文中「可怖的死亡」〔*atra mors*〕中的「可怖」誤譯為「黑色」）。由於感染該病的人第二天皮膚變暗、淋巴結變黑，故人們也通俗地稱之為「黑死病」。[64]

死亡大道

一三四七年，一艘來自黑海克里米亞半島港口卡法（Kaffa，今天的費奧多西亞［Theodosia］）的義大利商船，抵達君士坦丁堡和地中海沿岸的其他海港，帶來了病原體。瘟疫隨即席捲了小亞細亞、中東、北非和歐洲。中亞大草原上齧齒類動物出沒，而經過這一地帶的商人在不經意間攜帶了疾病。我們之前讀到過，古老的絲路在蒙古人的保護下繁榮起來，但商人雖然不再受盜匪劫掠之苦，卻仍會染上由齧齒動物和蝨子傳播的病菌。

「黑死病」據信於一三三一年在中國首次爆發，一三四五年傳到克里米亞半島，一三四七年傳到君士坦丁堡，很快又波及比薩和熱那亞。疾病在傳到歐洲各大港口後，又沿陸路向各大城市進發，一路勢如破竹。曾經給歐洲城市帶來繁榮的著名商路變成了一條死亡大道，似乎有無數通體黑毛的老鼠洶湧而來。

歷史學者歐萊·班乃迪克托（Ole Benedictow）的結論是，在歐洲八千萬左右人口中約百分之六十——也就是大約五千萬人——在「黑死病」及其併發症中死於非命。[65] 當時的記載形容說，腐爛的屍體堆積如山，無法埋葬，甚至無法清理。佛羅倫斯有十萬居民，每天就有四百至一千人死亡。一三四七年至一七二二年間，「黑死病」仍不時光顧歐洲，直到最後消失。貿易就這麼癱瘓了一段時間。如果當時就有「全球化」一詞的話，人們會將其當作「死亡」的同義語。但是，不斷減少的歐洲人口，也引發了新的經濟與社會潮流，帶來醫療的進步，最終成為世界史的轉捩點。「黑死病」造成的破壞說明貿易已使世界的聯繫相當緊密。超過一半的人口死亡，對倖存者而言意味著人均財富劇增。歐洲人繼承了土地、資本與金銀的儲蓄，一夜暴富，又因劫後餘生而歡欣鼓舞，遂開始大肆購買奢侈品，令亞洲絲綢、香料供應商和阿拉伯與威尼斯中間商大賺一筆。他們的瘋狂採購造就了一位歷史學者所稱的「十五世紀的貴金屬饑荒」。鑄幣嚴重短缺使人們更焦急地尋找貴金屬。一五一六年，日耳曼的約阿希姆斯塔爾（Joachimsthal）發生了「歷史上最大的一次銀礦工人罷工事件」。該鎮鑄造的銀幣人稱約阿希姆斯塔勒（*Joachimsthaler*），後來簡稱為塔勒（thaler），這個詞就是「dollar」一詞的緣起。[66]但與此同時，我們之前談到威尼斯和阿拉伯中間商對香料貿易的壟斷，迫使歐洲人更加努力地尋找通往亞洲的新航路。[67]「黑死病」提升了歐洲的需求，預言了各方面往消費型社會的另一次躍進，來自新大陸的供應也逐漸增加，這種轉變最終也得以實現。

更直接的影響是，勞動力的短缺與高昂價格帶來了更合理的工作組織、效率更高的生產方式以及更節省人力的設施。十三世紀早期即發展起來的水力鋸木機得到廣泛使用。由於大量抄寫員死亡，手抄本的價格暴漲，推進了對自動印刷術的需求。利用從中國人那學來的造紙術，人們已能生產廉價的紙張。木活版也已經出現。一四四七年，日耳曼地區美茵茲（Mainz）的約翰尼斯·古騰堡將自己的冶金技術與印刷術結合，製造了歐洲第一臺金屬活版印刷機，掀起一場革命。[68]不列顛和荷蘭的廉價消費品生產，使經濟重心從地中海地區向北遷移。歐洲北部最終開啟現代造船業的先聲，帶來了工業革命。

類似「黑死病」的浩劫，也使人們對猶太人等「異類」根深蒂固的偏見浮出水面，達到登峰造極的程度。有人宣揚是猶太人和其他「基督徒的敵人」向水井等飲用水源投毒，造成民眾死亡，於是歐洲許多地方的少數族裔遭到殘酷迫害。那是「一場中世紀的大屠殺。猶太人遭到不分青紅皂白的大規模殺戮。這（驅使他們）遷往東歐。但六百年後，那裡的猶太人後代又在另一場更為狂暴的大屠殺中幾近滅絕」。[69]

檢疫制度的誕生

黑死病深深影響了公共衛生政策。已知最早的旅客檢疫命令，是一三七七年七月二十七日時，由達爾馬提亞（Dalmatian）海岸上的威尼斯殖民地拉古薩（Ragusa，現今克羅埃西亞境內的杜布羅夫尼克［Dubrovnik］）下達的。一開始是下令將來自疫區的人隔離三十天，後來延長到四十天，於是，英文中的「檢疫」（*quarantine*）就從義大利語中的「四十天」（*quarantenaria*）演化出來了。美國醫師喬治．羅森（George Rosen）寫道：「十四世紀中期的黑死病令義大利、法國南部及鄰近地區的公共官員心有餘悸，於是他們建立了一套應對傳染病的公共衛生控制體系，包括檢查站、隔離醫院和消毒程序等。文藝復興期間及期後，各國繼承並發展了這一體系。該體系直到今天仍用於公共衛生領域，不過形式已經更為嚴格了。」[70]

但檢疫體系有時也會失效。一七二〇年春，一艘來自黎凡特的船隻出現在利佛諾港，船上載有若干病患。利佛諾和馬賽都將其拒之門外。但該船在地中海上遊蕩數月、一度停靠的黎波里後，回到法國港口土倫，而許多旅客在當地都會以賄賂官員的方式通過檢查。瘟疫很快就以燎原之勢從土倫擴展到馬賽。該城十萬居民有將近一半病死。[71]由於馬賽的災難，法國開始更嚴格地執行檢疫，並採取措施限制，甚至取消與中東的布匹交易。當時印度和歐洲之間的海上紡織品貿易正在興起，恰好便於實施這樣的措施。

前面曾經提到過，如果將全球化理解為人類內部更緊密的融合，那麼新大陸的美洲印第安人感染疾病便可算作全球化帶來的最大災難之一。他們對於從歐洲傳來的病原體毫無免疫力。一五一九年，西班牙征服者埃爾南．科爾特斯之所以能以寡敵眾，用一支小型軍隊擊敗阿茲特克人，原因就在於科爾特斯身邊一名非洲奴隸所傳染的天花，讓阿茲特克人不堪一擊。歷史學者威廉．麥克尼爾說，在看到這種疾病並不傳染歐洲人之後，阿茲特克人便相信西班牙人膜拜的神威力更強。結果，科爾特斯率領的烏合之眾輕而易舉地征服了約有一千兩百五十萬人口的阿茲提克帝國。天花從墨西哥傳到瓜地馬拉，並繼續向南蔓延，在一五二五年前後傳到今天秘魯境內的印加各國。一五六三年，葡萄牙殖民者將天花傳染到巴西，當地的原住民部落因此滅絕。[72]到了北方，今天美國境內在一五〇〇年時可能有約兩百萬原住民。一七〇〇年其人數已下降到七十五萬，一八二〇年又降到三十二萬五千人。[73]

奴隸貿易和軍事征服將天花傳播到新的土地，而對天花治療方法的研究也在各國之間接力進行。據信，西元前一千年之前，印度人就開始了時稱「買天花」（buying the smallpox）③或「引痘」（variolation）的天花接種方式。這種方法後來傳到西藏。後來到了西元一千年左右，四川省一座佛寺的比丘又將其傳到中國。[74]七世紀中期，商旅將接種的知識傳到阿拉伯半島、波斯和北非。後來奧斯曼帝國各地的平民百姓都開始採用這種做法。十八世紀早期，一位天花倖存者、不列顛駐君士坦丁堡大使的夫人瑪莉．蒙塔古女士（Lady Mary Montagu）為她的兒子接種，將這一做法傳入不列顛。[75]

愛德華・詹納（Edward Jenner）博士發明了一種新的種痘方法，用牛痘患者的膿來接種，如此一來，人們就不會感染傷害更大的天花。他在一七九八年的著作裡描述了這種做法。在書中，他根據拉丁文中的「母牛」（*vacca*）創造了「疫苗」（*vaccine*）一詞，並將這種方法命名為「種痘」（*vaccination*）。一八八一年，法國微生物學家路易・巴斯德（Louis Pasteur）沿用了詹納創造的「種痘」一詞，並將其意思擴展為所有能使人免遭傳染病感染的接種方法。自那以後，接種就拯救了數億人的生命，改變了世界的人口分布情況，這是任何醫學發明所不可企及的。歷史學者J・N・黑思（J. N. Hays）說：「各種瘟疫帶來的災禍似乎逐一遠去、消失無蹤。文明而科學的公共衛生措施、種痘預防原則的推廣，以及實驗室開發的各種有效療法多管齊下，壓制了這些流行傳染病，其中又以抗生素引起的轟動最大。」[76]

著名的流感病毒學家甘迺迪・修特利奇（Kennedy Shortridge）認為，歷史上已知的所有流感都起源於中國的廣東省。廣東是個居民稠密的省分，人、豬以及鴨子等家禽長期以來混居雜處。一九一八年的西班牙流感可能也是源自於一八八八年的廣東禽流感。第一次世界大戰期間，中國勞工前往法國軍營為協約國挖掘塹壕，他們身上可能攜帶了導致西班牙流感爆發的病毒菌株，對患者遺骸的DNA分析現已證實了之前的懷疑——西班牙流感是一種禽流感。但也有一些專家質疑流感源頭未必是中國。[77]

③【編註】在某些地方，小孩未曾感染天花的父母，會在新感染天花的孩子身上綁上布條，沾上膿液，並與染病孩子的父母協商出價格。一旦價格談妥，就會付錢將布條帶回，綁在未感染的孩子身上，作為接種方式。

士兵、汽船和西班牙流感

無論一九一八年大流感（或稱西班牙流感）源自何處，在流感於歐洲出現一年後，就使世界五分之一的人感染，包括百分之二十八的美國人口，死亡總人數估計為兩千萬至四千萬。[78] 作為一戰中的中立國，西班牙並未實施新聞檢查，其流感疫情遂為全世界所知，這場流感也因而得名為「西班牙流感」。

美國科學記者吉娜．柯拉塔（Gina Kolata）的著作《流行性感冒》（*FLU*）就記錄了一九一八年的流感。她對疫情的描寫，令人身臨其境：

> 瘟疫在那一年的九月爆發。當疫情結束時，已有五十萬美國人死亡。疾病擴展到天涯海角。一些愛斯基摩人村莊死者無數，幾乎從地面上消失。百分之二十的西薩摩亞人死於非命……當時恰好厭戰情緒彌漫全球。在幾個月裡，瘟疫席捲了世界，後來隨著戰火的熄滅戛然而止。它來得神秘，去得詭異。在它離去時，人類已遭受巨痛。短短幾個月裡，這場疾病致死的人數就創了世界史上的記錄。[79]

一九一八年流感也是第一場真正全球性的疾病。汽船和蒸汽機車能將人們帶到世界上最偏遠的角落，而疾病也以同樣的速度蔓延。成千上萬的士兵在有史以來最殘酷的戰爭中逃過一劫，復員回家，而其攜帶的致命病毒卻使他們自己以及興高采烈的親人朋友一起罹難。當時各大洲基本已由遠洋班輪連接在一起，鐵路網也已覆蓋了大片地域，於是流感也四處蔓延。當年「黑死病」

從中亞肆虐到歐洲用了三年時間，而這起流感在一年半裡便波及全球。

一九五七年至一九五八年，一種名為H2N2的禽流感病毒引發了另一場流感，造成全世界一百萬至四百萬人死亡。這場災難在二〇〇五年初再露端倪，這次的威脅並非是因為出現了新變異的病毒株，而是因為有人不小心將舊病毒送到了世界各處。二〇〇四年底，辛辛那提州一家私營公司——美鼎生物有限公司（Meridian Bioscience, inc）將一包病毒樣本送往將近四千個實驗室和醫師辦公室檢驗。這件事情原本是由美國病理學會（College of American Pathologist）主導，針對常規品質控管認證所做的測試，但樣本裡不慎包含了H2N2病毒，而今天的人們對這種病毒毫無免疫力。六個月後才有人發現問題，世界衛生組織（World Health Organization, WHO）便如臨大敵，發出緊急警告，將這些危險樣本銷毀。[80]

二〇〇三年，又一次流感——SARS（嚴重急性呼吸道徵候群）——爆發，在短短六個月裡從中國南部蔓延到南非、澳大利亞和巴西。SARS起源於中國南部的廣東省。一些饕客享受了一頓果子狸大餐，隨即染上了一種新變異的冠狀病毒。普通的冠狀病毒會引起感冒，但人類對這種變異病毒毫無免疫力。一位中國饕客攜帶著這種傳染性極強的疾病前往香港，入住酒店。這個重要的世界旅遊和商業樞紐旋即成了一部巨大的播種機，散播世界上感染性最強的疾病。SARS首先導致一名越南人死亡，不到一個月後，WHO發布全球旅行警告。偌大的香港赤鱲角國際機場一片荒涼，只有航班資訊牌上的「取消」字樣在默默閃動。學校停課、商家關門，民眾戴上口罩，惶惶不可終日。為了防止SARS蔓延，北京封閉了三所醫院，下令近八萬名疑似病毒接觸者不得出門。中國首都的公立學校、電影院和迪斯可舞廳通通關門。新加坡關閉街市，封鎖醫院。全球許多港口和機場都實施了最嚴格的檢疫措施，而為了研發治療藥物，十個國家、十三個實驗室的科學家日以繼夜地解析這一新型病毒殺手的構造。

西班牙流感的發病率是百分之二點五，而SARS的嚴重程度是其四倍，造成百分之十的患者死亡。雖然全球聯手檢疫與預防措施最終遏制了病毒，但此前SARS已造成三十個國家共八百一十三人死亡，主要集中在香港和中國。[81]如果WHO沒有發布旅行警告，如果沒有科學與醫療監控體系的進步，如果世界各地的科學家沒有特別採取合作行動來解析病毒，SARS蔓延的廣度和速度甚至可能遠超一九一八年流感。假設十二億中國人只有百分之二十遭到SARS病毒感染，也會使多達一億二百萬人死亡。一九一八年時，跨國旅客寥寥可數，而到二〇〇三年已有約十六億飛機乘客，其中的三分之一乘坐跨國航班，他們也會攜帶各式各樣的病毒。為了與迅速蔓延的病毒賽跑，從亞特蘭大、溫哥華到新加坡，科學家在一系列相互連接的實驗室齊頭並進，在短短一個月裡便解析了病毒的基因組，完成了不起的成就。由此可見，全球化雖然使病毒傳播迅速，卻也提高了反制措施的速度。

疾病無國界

在二〇〇三年五月的年會上，WHO宣稱SARS是「二十一世紀出現的第一起嚴重傳染病」，「嚴重威脅全球衛生安全、各國民眾生活、醫療衛生系統的運行，以及各國經濟的穩定與增長」。由於SARS病毒乘坐噴射客機跨越國際邊界，挑戰全球衛生體系，因而得名為「第一個後西發里亞時代（post-Westphalian）病原體」。[82]一六四八年的《西發里亞和約》（Treaty of

Westphalia）以各國在固定疆域內的主權為基礎，第一次劃定了正式的國際邊界，並納入有關公共衛生措施的內容。為了促進在傳染病防治方面的合作，歐洲列強自一八五一年起，便開始制定國際法律規定和外交程序。不過，過去的國際合作對國家主權並無過多的干涉，而這一次，WHO針對特定國家發出旅行警告，並實施主動積極的檢疫機制，開創了一種新現象，史無前例地針對一場全球疾病展開全球化的應對措施。連一向獨來獨往的美國總統喬治．布希（George Bush）也認可了國際合作與資訊公開的必要性。他說，SARS帶來的教訓明白無誤，「齊心協力阻止新致命病毒爆發的做法，符合我們所有人的共同利益——如此一來，我們才能挽救太平洋兩岸民眾的生命」。[83]

科學家現已明白，一九一八年的致命流感起源於一場禽流感，他們也因此擔心可能有另一種「後西發里亞」病毒正在基因熔爐裡蠢蠢欲動，如野火燎原一般燒入各國的疆界。[84]一九九七年，另一種流感跨越了人畜間的物種邊界。中國南部的一名男孩感染了一種在雞鴨中常見的流感，因而喪命。這種所謂的跨物種禽流感病毒隨即從香港和中國南部蔓延開來，感染了柬埔寨、印尼、泰國、越南、馬來西亞、韓國和日本的雞與其他禽類，截至二〇〇六年底已使九十三人染病，其中四十二人死亡。這種禽流感的發病率極高——百分之七十五的病毒感染者會喪命（普通人類流感的死亡率不到百分之一）。因此，一想到這種禽流感可能變異為可在人際傳播的類型，衛生官員就會不寒而慄。[85]SARS的教訓說明，這樣的變異病毒會以噴射客機的速度在世界傳播，帶來一場浩劫。與之相比，一九一八年造成四千萬人死亡的流感，看起來不過是全球化萌芽時期的一段小小插曲。

事實上，禽流感病毒變異速度很快，新的治療方法可能很快失效。世界各地約一百二十個實驗室的科學家，已經與WHO的「全球防治流感計劃」（Global Influenza Programme）合作，不斷拿他們的電子顯微鏡對新的樣本進行電子顯微鏡檢查，一旦發現任何可能導致禽流感病毒具備人際傳染能力的變異就會立即報告。WHO一旦確定威脅的存在，就會發布旅行警告，讓地球上空成千上萬的客機著陸，並使整個的城市或國家陷入隔離狀態。「黑死病」和西班牙流感肆虐地球的時候，可未有誰有這麼大的影響力。

但是，對於潛伏在網路空間裡的另一種危險而言，卻沒有這種跨國的防護體系。

病毒獵人

深夜，夕陽的餘暉漸漸逝去，星星開始在太平洋上空閃爍。但在防毒軟體公司賽門鐵克（Symantec）的玻璃大樓，第二層依然燈火通明。在該公司位於加利福尼亞州聖莫尼卡（Santa Monica）的實驗室，一排排高聳的伺服器矗立在玻璃控制室裡，上面的二極體燈詭異地閃著紅光。隔壁房間，身穿T恤和牛仔褲的男男女女正在高高隔開的辦公隔間裡注視著電腦螢幕。他們來自五湖四海、語言各異，但卻為了一個共同的目標來到這個寂靜的實驗室。控制室裡靜靜閃爍的伺服器一旦發現最新的病毒，他們就奉命出擊，破解病毒「識別碼」（signature）和找出解毒方法。這些年輕人在聖莫尼卡和世界各個時區的實驗室裡，努力捍衛網路的安全；而在世界各地的醫學實驗室裡，也有許多科學家與WHO通力合作。這二者之間沒有本質的區別。科學家密切注意著病毒變異，而電腦工程師則監控網路，尋找虛擬空間隱藏的致命病原體。這些人為製造的病原體在世界各地近十億臺電腦之間遊走，讓新的全球化大道危機四伏。這些惡意程式會入侵電腦，刪除或更改檔案，竊取資料，並挾持電腦從事惡意行為。將這些程式稱為「病毒」，其實是汙衊了自然界的病毒。人眼看不到的生物病毒只是發揮所有生命體的本能，盡力生存和繁衍。西班牙流感病毒和SARS病毒不斷尋找宿主，尋求生存和繁衍，導致大量人畜死亡，但這些自然病毒本身並無惡意或貪欲，而電腦病毒就別有用心了。每出現一次科技革新，就有一些人類同胞會想方設法，利用新科技來偷盜、損人利己，或僅僅是想惡意傷害素不相識的他人。濫用通信手段為非作歹的事情，絕不僅限於二十一世紀的網路時代。例如，在電報發明之初，人們便利用它來非法賭馬，或是從太沒戒心的人那詐騙匯款。現在工具換成了電腦，但人性之惡本質未變。

不過，電腦與其他科技還是有一處很大的不同。科技史學者多半認為在電腦的問題上，不是文學作品反映了生活，而是生活模仿了文學作品。科幻作家大衛．傑洛德（David Gerrold）在一九七二年出版的小說《幻化為人》（*When HARLIE Was One*）中，首次構想出編寫一個搗蛋程式的主意，並稱之為病毒。[86]十幾年後，南加州大學一位聰明的研究生弗雷德．科恩（Fred Cohen）在寫課堂作業的時候，編出了第一個可以自我複製和傳播的程式。他的指導教授發現，這個程式與生物病毒非常類似，遂建議他為其取名為「電腦病毒」。科恩後來的畢業論文即以這項發明為主題，並畢生致力於研究這種新型的「人造病毒」。[87]根據電腦界的傳說，第一個世界性病毒程式出現於一九八六年，是由巴基斯坦拉合爾（Lahore）的兩兄弟——阿姆賈德．法路．阿爾維（Amjad Farooq Alvi）與巴西特．法路．阿爾維（Basit Farooq Alvi）——發明的。一旦有人拷貝其電腦公司的軟體磁片，一種名為「腦」（Brain）的病毒就會在硬碟中自我複製，隨即發出專利權警告。[88]

自然界的病毒需要一個宿主來吸取養料、繁衍生息，電腦病毒與此也很類似，也需要宿主。在網路出現前，病毒以磁片為媒介在電腦之間傳播。早期的電腦病毒大都類似於巴基斯坦的「腦」病毒，屬於虛張聲勢的性質。但隨著電腦使用者的猛增和網路的出現，殺傷力更強的病毒種類「惡意軟體」（malware）數量激增。就連播放一段音樂或打開一則笑話，都會使病毒開始幹壞事，刪除你保貴的資料、偷竊密碼和信用卡資訊。五花八門的惡意軟體層出不窮，例如可不斷自我複製的病毒、侵入電腦後發送電子郵件的「蠕蟲」（worm），以及「特洛伊木馬」（Trojan horse）病毒。著名的「特洛伊木馬」腹中暗藏士兵，而木馬病毒也是外表清白無辜，其實來者不善。例如，「Zelu」這種木馬程式自稱能治好「千禧蟲」（millennium bug）問題，但實際上卻會吞噬硬碟裡的資料。[89]

愛蟲會咬人

在二〇〇〇年某個典型的香港夏日，辦公室裡的一縷清涼遠比繁華的街市誘人。但我很快就發現，在銅鑼灣的辦公室雖然可以享受涼爽與安靜，卻無法抵擋一位遠來的不速之客入侵。我吃完午飯回到辦公桌前，打開電腦，開始讀幾封電子郵件。突然，一封毫無來由的信件出現在收件箱裡，其郵件主旨是「I LOVE YOU」，頗能撩撥人心。但打開之後就一發不可收拾。幾分鐘裡，螢幕上就重複出現了幾十封同一主題的郵件。我猛然驚覺自己被病毒攻擊，於是開始一批批刪除螢幕上湧出的資訊。技術支援經理文生馬上就探頭進來大喊「不要打開任何『I LOVE YOU』郵件！」隨即跑開。但大錯已經鑄成。我有幾個同事出於好奇打開了附件，於是這封並不那麼可愛的郵件就取得了他們的 Outlook 通訊錄。幾分鐘後，幾百封郵件帶著同樣的愛意表白從他們的電腦蜂擁而出，一路奔流，飄向千萬里之外的無數電腦。與此同時，病毒也在受感染的電腦上開始執行既定任務，摧毀硬碟上的大量資料、圖片和音樂檔。我後來知道，在這種病毒面前，任何使用 E-mail 的人都不能倖免。新加坡大權在握的內閣資政李光耀，近來為了寫回憶錄而開始用電腦。他也收到了一封不知何許人發來的示愛郵件。後來他在接受我的採訪時，尷尬地笑道：「我很好奇。誰會給我發這樣的郵件？」[90]他的電腦很快就完蛋了。他那位特立獨行的兒子、時任副總理的李顯龍曾好說歹說，希望讓老父使用電腦，現在只好忙不迭地趕來掃毒。在千里之外的不列顛，一些好奇心重的議員不慎打開郵件，使更多的病毒蔓延開來，導致議會的電腦系統不得不關閉。二〇〇五年五月四日這一天，這隻「愛蟲」隨著陽光，從亞洲、歐洲一直旅行到美洲，使檔案消失、電腦系統崩潰。調查人員後來發現，其始作俑者是二十四歲的菲律賓人奧尼爾·德古茲曼（Onel de Guzman），一位滿腹牢騷的馬尼拉駭客。他在惡意病毒碼的附注裡寫道：「我討厭上學。」[91]在大鬧網路空間的過程中，病毒碼由一臺網路伺服器上載後，便開始興高采烈地一路大肆破壞。「愛蟲」感染了世界各地約一千萬臺電腦，包括白宮、美國國會、五角大廈、不列顛與丹麥的國會，以及數百家歐美公司的網路終端。根據估計，該病毒造成的經濟損失約為一百億美元。[92]

有些病毒不用打開任何程式、不經用戶任何操作也會發作。二〇〇一年出現的「紅色警戒」（Code Red）便是最早的這類病毒之一。它利用電腦作業系統的安全性漏洞，通過網路在電腦之間蔓延。連你在睡覺的時候，這個病毒也能感染電腦。賽門鐵克公司的哈威爾·森托約（Javier Santoyo）說，過去寫病毒的人需要三週時間來鑽安全性漏洞，而「現在三週已經縮減為一天，甚至更短。」[93]七月十九日，不到十四小時，「紅色警戒」病毒就感染了世界各地的三十五萬九千一百零四臺電腦與伺服器。你可以在網路上找到動畫，看這隻「蠕蟲」是如何迅速蔓延的。[94]

病毒零時差

現在回頭來看，當年為害甚劇的「愛蟲」就像是一場無辜的惡作劇。開始時，人們不過是以寫病毒為傲，顯示自己比別人更優秀。但現在，這種活動日益受到金錢的推動。從撥號連線、網線到DSL（數位用戶線路），網路的速度與日俱增，網路病毒的毒性也同時變本加厲。間諜軟體潛藏在電腦裡，監控人們瀏覽的網頁或鍵入的內容。廣告軟體不斷地用廉價藥品和廉價酒店的廣告干擾電腦。不知不覺間，很多用戶的電腦已經遭到惡意程式的控制，被納入了奴隸電腦大軍，不斷以騷擾資訊轟炸其他電腦。還有一種網路釣魚程式，專門竊取金融卡、信用卡資訊或身分證字號。我還能靠小心謹慎躲過「ILOVEYOU」病毒的襲擊。但到二〇〇四年，網路已變得陷阱重重，危機四伏。在瀏覽網頁時，我已飽受彈出式廣告騷擾之苦，但二〇〇四年一個冬天早上，我一啟動電腦，就湧出無數的廣告，遮蓋整個螢幕。我愈想關閉視窗，彈出的廣告就愈多，最後我的螢幕就像大學裡的布告欄，貼滿了一張張紙條。但這可不是什麼講座或舞蹈表演的資訊，而是廉價威而鋼、彩券和機票的資訊。攻擊我的是一種間諜軟體，會利用微軟網路瀏覽器的漏洞潛入我的硬碟，等我的某個指令將它啟動後，便出來作亂。看到大把光陰白白浪費，我萬分沮喪，簡直想要撿起這個鬼東西扔到窗外。「謝謝你喔，全球化！」我多麼想念那臺好利獲得牌（Olivetti）打字機啊！

最後，我升級了電腦的作業系統，裝了一大堆反間諜軟體和防毒軟體，才奪回了我的電腦。還有一些人的電腦落入「蠕蟲」之手，他們的檔案不知不覺就被刪除，個人資料遭竊。與他們相比，我已算是幸運的了。還有一些人落入「網路釣魚人」設計的陷阱。這些騙子警告說，你的電子銀行業務出現安全性漏洞，要求你把所有個人資訊提供給他們，以便重新啟動已結清的帳戶。

康乃爾大學研究生小羅伯特·莫里斯（Robert Morris, Jr.）、臺灣大學生陳盈豪、紐澤西州的大衛·史密斯（David Smith）、荷蘭的楊·德·維特（Jan de Wit）、德國少年斯文·亞山（Sven Jaschan）——這些人你可能聞所未聞，但他們的惡意之作已經直接或間接地影響了世界各地電腦用戶的生活。莫里斯製作的「莫里斯蠕蟲」（Morris Worm）幾天內就傳染了大約六千臺主機；心懷不滿的臺灣學生製作了「車諾比病毒」（Chernobyl virus），能將受感染電腦的硬碟整個刪除；大衛·史密斯在一九九九年製作的「梅麗莎病毒」（Melissa virus）能癱瘓電子信箱；楊·德·維特以俄羅斯網球明星安娜·庫尼可娃（Anna Kournikova）之名為自己的病毒命名，該病毒的效果也和史密斯的程式相仿；德國小鎮瓦芬森（Waffensen）的駭客斯文·亞山使用一臺家用電腦傳播病毒，該病毒能發動所謂的「阻斷服務攻擊」（Denial of Service Attack），以大量資料衝擊目標網站，使其崩潰。過去二十五年間，約有五萬六千種電腦病毒、「蠕蟲」和「木馬」在網路現身，頓使全球化之路變得坑坑疤疤。[95]病毒還在源源湧出，但對抗病毒的人也磨利了自己的傢伙。

你應該不曾見過劉亞娜。在賽門鐵克公司的辦公隔間裡，這名年輕女子專心坐在兩臺顯示器前，戴著塑膠框眼鏡，面露輕鬆的笑容。她來自中國四川省省會成都，畢業於中國電子科技大學，後來加入這個防毒軟體公司的工程師隊伍。賽門鐵克、Sophos、McAfee、趨勢科技（Trend Micro）等一流防毒公司僱用了成百上千位這樣的工程師。針對最新的惡意軟體變種，每位工程師會在七至三十小時裡找到殺毒方法。[96]世界各地的客戶伺服器不斷遭受攻擊，而他們努力從中探尋規律，尋找著名的「零時差病毒」（Zero-Day virus）。這種病毒一旦啟動，就會跟著陽光的步伐走遍全球。人們在早上起床，打開電子信箱看信，無意中打開某個附件或郵件，就會大量釋放這種惱人的病毒。這種病毒經常會發送給電腦通訊錄中的每一位聯絡人，以愈來愈快的速度爆發。劉亞娜等工程師的任務，就是找到、解析這種病毒，讓病毒無法在第二天繼續蔓延。日落之前，一定得把這種惡意軟體清理乾淨，以免「零時差病毒」再苟活一日，感染無數的新電腦。

犯罪黑市

網路上還有另一種臭名昭著、窮凶極惡的犯罪行為，相形之下，那些發出無數垃圾資訊、刪除所有硬碟資料的病毒不過是小巫見大巫。在網路連接你我的世界裡，這些網路犯罪分子似乎一直肆無忌憚、逍遙法外；二〇〇四《商業週刊》（*Business Week*）報導了司法機構對其取得的一場罕見勝利。美國聯邦調查局一舉摧毀了一個網路犯罪集團「ShadowCrew」——這個名字還真是恰到好處。這個集團一共偷竊了將近兩百萬組信用卡號，從超過一千八百萬個電子信箱竊取資料，為數千人搜集身分資料，包括偽造的不列顛護照、美國駕照等。聯邦調查局表示，這個集團是由亞利桑那州的一名工讀生和紐澤西州一名抵押經紀人創立，堪稱非法版本的 eBay，向世界各地的四千名成員出售信用卡號，從保加利亞一路賣到瑞典。一位聯邦調查局官員總結說：「這就是個犯罪黑市」。[97]

成千上萬個犯罪集團在網路上躡蹤潛行，尋找獵物，ShadowCrew 不過是其中之一。二〇〇四年一月，一種名為 MyDoom 的新型病毒攻擊網路，向毫無戒備的電腦植入木馬軟體。不久之後，這種惡意軟體就會向 MyDoom 的創造者提供進入他人電腦的後門，讓他得以從任何硬碟上竊取信用卡號和銀行業務資訊。據報導，在造成了四十八億美元損失之後，MyDoom 才被人發現遏止。還有一個以俄羅斯阿爾漢格爾斯克州（Arkhangelsk）為基地的電腦犯罪集團「HangUp」，製造了一種名為 Scob 的蠕蟲程式，所有訪問特定網站的人都會成為其獵物。Scob 會在其電腦中安放一個程式，暗中監視其鍵盤操作，把成千上萬個密碼和信用卡號複製下來，發送給俄羅斯的一個伺服器。正如生物病毒需要一個宿主細胞來繁衍一樣，網路犯罪分子似乎也在不斷搜尋著網路刑法不完善、執行不力或官員腐敗的國家。高速運作的網路世界為其大開方便之門，讓他們可以身在一個國家，卻利用另一個國家的伺服器來運作。網際網路帶來了一個無國界的世界。我可以在這個世界裡訂購一臺大洋彼岸的 iPod，坐等其在幾天之內送到家門，但犯罪分子同樣能偷竊數百萬個信用卡號，片刻間就能買到各種昂貴物品。因為擔心聲譽受損，遭人利用的銀行和信用卡公司常常不願承認損失。但一家美國研究公司發現，二〇〇四年網路犯罪造成的損失總額至少有一百七十五億美元，比二〇〇三年高百分之三十，達到歷史新高。

和奴隸制一樣，全球化也會導致群情激憤。西英格蘭大學（University of West England）講師瑪姬．德雷瑟（Madge Dresser）不僅因人類遭受的苦難而譴責十九世紀的全球化，而且還更進一步。她說，是「奴隸貿易開啟了全球化」。事實上，在德雷瑟看來，「全球化」是「奴隸制」的同義語。她寫道：「奴隸制……代表了一種最具剝削性的全球化，全球化也從那一刻起不斷改頭換面。」[98]但她只說對了一半。我們先前讀到，全球化是一種使人類社會交流日趨密切、日益相互依賴的趨勢，也始終伴隨著我們的歷史。當然，奴隸貿易大大加強了全球化，但奴役他人遠不是這股宏大潮流的唯一內容。全球化不是一幕在全世界上演的道德劇，也不是在講述一場無休止境的善惡對決，而是一部永無結局的史詩，史詩裡有無數個人為尋求更好的生活與更安全的保障而追尋財富、生計、知識、內心的平靜，保護親人、社會以及自身。在憧憬與渴望的推動下，人類不斷跨越一道道地理與心靈的邊界。在這段永不止息的過程中，有些人春風得意，有些人跌落深淵。奴隸與奴隸犯子、受傷者與治癒者、失業者與職場新人猶如一條條經線與緯線，不斷編織著同一張生活之網，構建了我們今日所知的世界。

人類的往來、貿易與通訊聯繫不斷強化，這不僅讓各種疾病因此如虎添翼，也讓種種惡徒打開虛擬的大門，利用現代便捷的通訊為非作歹。傳染病曾借助商隊與商船傳播、製造災禍，現在還可以利用新的工具來加速擴展。我們已經讀到，數百年來科學家和工程師不斷追求知識，不斷探索物質世界，為我們帶來了微晶片與能讓我們彼此以光速交流的科技。如果有誰以為這種速度百無一害，那可就太沒有歷史概念了。

08
Globalization: From Buzzword to Curse
全球化：從流行用語化為詛咒

「全球化招來了人們的滿腔怒火、有時甚至是暴力抗議，它已經成為一種注定帶來無窮紛爭的現象。支持者闡述其種種優點，認為這是大勢所趨。反對者宣揚其種種罪惡，聲稱它不過是徒有其表。許多反對全球化的抗議，其核心思維不過是對資本主義理念、全球化過程和公司行為的不滿。在許多抗議者的心頭，這三種不滿情緒已經交織在一起。全球化的敵人認為它代表了資本主義的世界性擴張，而跨國公司就是它的 B52 長程轟炸機。」

——美國經濟學者賈格迪什．N．巴格瓦迪（Jagdish N. Bhagwati），二〇〇二年《外交事務》（*Foreign Affair*）雜誌

「Globalization」是個有五音節的冗長單詞。在剛剛過去的那個世紀末，它也成為全世界爭

論最多的詞彙，未來的十年間，勢必同樣引來不斷的紛爭。這個詞在我們的字典裡不過存在了四十多年，為何會成為讓人如此壁壘分明的一個詞，激發數以萬計的示威者湧上街頭，促使數以千計的作者寫下連篇累牘的文字，爭論其涵義？許多評論家聲言，全球化「很危險」，而世界銀行則宣稱全球化已使數百萬人脫離赤貧。二者孰是孰非？我將在下一章中努力解釋這些問題，在此之前，或許有必要追溯一下「全球化」概念的演進。我們在之前各章中提到，如果將全球化理解為世界上日益緊密的交流與互賴，那全球化其實是一種古老的歷史過程。但用來界定該過程的那個詞語，卻一直猶抱琵琶半遮面。有人對一系列報紙、雜誌和政府報告做過一項調查，結果顯示，隨著全球化步伐加快、範圍擴展，「全球化」一詞本身的涵義也發生了重大變化。全球化的影響引發了日益激烈的批評，而這些批評也已經開始成為這個過程的定義。從詞語使用次數來判斷，無論是就其正面還是負面的涵義而言，「全球化」一詞已經屈居次席，走上前臺的是另外兩個詞——「外包」（outsourcing）和「委外生產」（offshoring）。就經濟整合對開發中國家中產階層造成的影響而言，「外包」和「委外生產」似乎代表了更切身、具體的兩個方面。

「全球化」一詞用者如潮，但人們對它的理解卻莫衷一是，往往使討論無法進行。德國歷史學者尤根·奧斯特哈默（Jürgen Osterhammel）和尼斯·P·彼德森（Niels P. Petersson）在《全球化簡史》（*Globalization: A Short History*）一書中指責說，許多記者使用「全球化」一詞時，不過是想表現自己言之有物。他們認為，人們往往輕率地使用一些詞語，有時不過是在故弄玄虛，炫耀學識，而「全球化」正是這樣的一個詞。不過他們也不否認，這個詞之所以得到眾人普遍使用，可能是因為滿足了人們的一項合理需求——我們需要一個詞，來稱呼自己所身處的時代。我們所身處的時代必然決定了我們對這個詞的理解。為了追溯大眾對這個詞的理解是如何演化，我查找了電子資料庫 Factiva。這個電子資料庫是路透社檔案庫與道瓊新聞檢索系統的結合，收藏了世界各地約八千份報紙、雜誌和報告，是做這項追蹤的絕佳資料來源。[2]在 Factiva 的檔案庫裡，「globalization」一詞最早出現於一九七九年歐洲經濟共同體的一份行政檔案中（但字尾還要加個 s）。當時，它就像黑夜中一縷淡淡的星光。在二十世紀八〇年代後期，該詞的出現頻率不斷增加，就像衝向地球的彗星一樣愈來愈明亮。一九八一年只有兩個地方提到全球化，而到二〇〇一年已經達到五萬七千二百三十五次。該詞的使用頻率接著在二〇〇三年時下跌，但在二〇〇五年回升到四萬九千七百二十二次。二〇〇六年又出現下滑，到十月時達到四萬三千四百四十八次。

在頻頻露面之後，這個備受爭議的詞彙也許會逐漸沉寂下來，但人們對該話題的密切關注也說明了公眾對此現象的理解。愈來愈多的人開始平靜地接受一個事實：儘管有人宣稱全球化帶來了許多邪惡的後果，但它所代表的世界密切整合、日益互賴的趨勢將長期延續下去。昔日抨擊全球化的人現在表示自己並不反對全球化。他們只是「另類全球化」（alter-globalization）論者，主張以另一種方式來對待不可逆轉的全球化趨勢。他們的新口號是「另一種世界是行得通的」（another world is possible）。在目前ＷＴＯ和八大工業國組織會場外，都能聽到示威者高喊這句口號。同一股潮流還產生了其他的具體影響，例如在公眾的用語裡，一些新的流行用語已經開始取代「全球化」，例如工作機會的「外包」和製造廠的「委外生產」——從已開發國家轉向開發中國家。

我們將在本章中看到，儘管關於全球化的討論大多脫離了歷史脈絡，但這個詞本身的演化過程，卻與晚近的社會經濟史與文化史密切相關。在過去四十年間曾有無數文章提到全球化，但作

「全球化」躍入視野

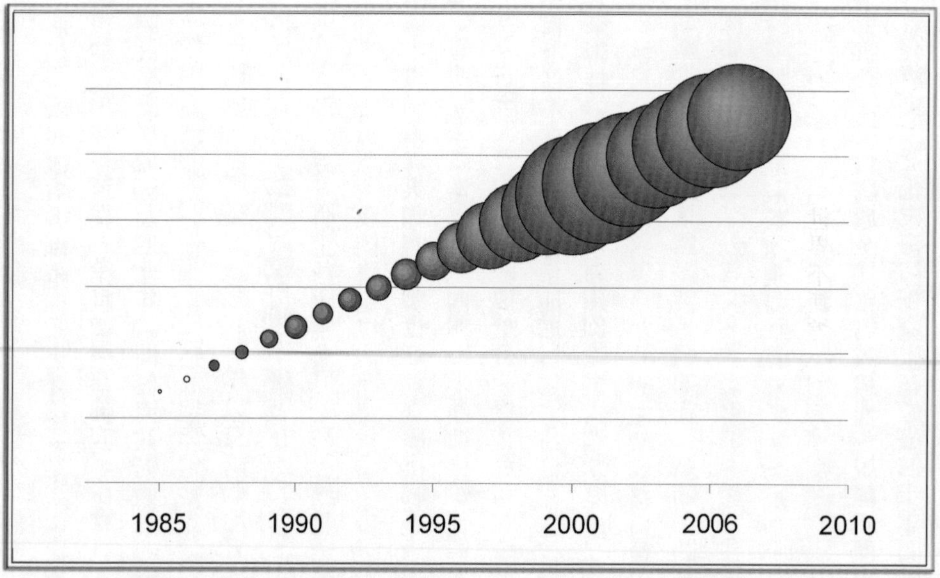

泡泡的大小代表提及「全球化」一詞的文章數

Source: Factiva (Dow Jones & Reuters) database

Debbie Campoli 2006

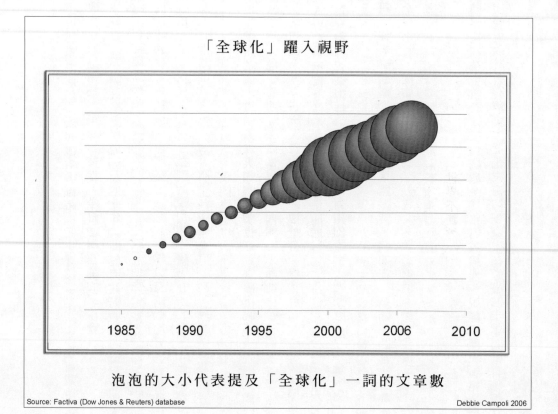

者都將這個現象看成是貿易、投資的擴張與政府政策的結果，而不是數千年來人類各種需求與渴望的延續，以及最終的綜合效應。在二十世紀的最後四十年裡，「全球化」一詞逐漸演變，並開始成為輿論的中心話題。簡短回顧這四十年，將幫助我們進入一個適切的歷史脈絡中來理解這個詞的涵義。

我們已經看到人們如何通過貿易、戰爭、宗教傳播和冒險事業對已知世界產生愈來愈多的瞭解。一九六一年的《韋伯字典》將全球化定義為「使（事物）在範圍或應用上遍及全球」。如果要對這樣一種全球化產生概念，我們肯定得先體認到人類生活在一顆球體行星上的事實。早在十五世紀早期，便已出現了根據人類想像製作的地球儀，而現存最早的地球儀則是由紐倫堡地理學家馬丁．貝海姆（Martin Behaim）於一四九二年所製作。哥倫布在同一年為尋找「東方」而向西航行，使兩個半球合而為一——這絕非偶然。儘管人們並不認為哥倫布在他的劃時代航行之前曾經見過貝海姆的地球儀，但這個地球儀明顯解釋了哥倫布為何會想取道大西洋，前往盛產香料的國度。在貝海姆的地球儀上，大西洋對岸的方形土地正標著「中國」和「印度」的字樣。

史普尼克衛星和國際特赦組織

一九六一年，「全球化」一詞首次現身於《韋伯字典》中。儘管當時的定義沒有包含時空壓縮之意，但我們可以合理推論，「世界不斷縮小」的事實就是「全球化」一詞出現的背景。科技變革在很多方面強化了全球一體的觀念。一九五七年十月四日清晨，一枚蘇聯火箭在貝科奴太空發射場（Baikonur Cosmodrome）騰空而起，將世界上第一顆人造衛星送上軌道。史普尼克一號衛星（Sputnik 1）每九十六分鐘繞地球轉動一周，在其飛行路線之下的任何地方，人們都能收到它發出的無線電信號。全球通訊時代降臨，世界也大幅縮小。一九六四年，世界各地的民眾都能看到東京奧運會的鮮活畫面，看到勝利的歡騰與失利的沮喪，這在奧運歷史上也是前所未有。五年後，登月計劃阿波羅十一號（Apollo 11）的載具在外太空飛馳而過，世界各地的電視觀眾，也能和船上的太空人看到一樣的地球景象。一九六九年，阿波羅十一號的太空人拍攝了地球從月球地平線上升起的「地出」照片。我們稱這顆星球為家，這張照片也從此成為家園的經典影像。在「全球化」現身字典的同一年，世界野生動物基金會（World Wildlife Fund）也在一九六一年成立。該基金會是戰後世界第一個以地球為關懷對象的非政府組織。同一年，一位信仰天主教的律師和一位貴格會信徒創建了世界上第一個人權組織——國際特赦組織。

這些事件顯然與世界日益整合有關，但時人並未將其與全球化相提並論。我們接著會看到，「全球化」一詞開始在二十世紀七〇年代和八〇年代出現，最初是官僚系統裡的一個流行詞，後來是商界的行話，但隨著世界經濟整合趨勢明顯加劇，「全球化」的出現頻率也不斷增長。不論「全球化」一詞的出現頻率還是其涵義的演變，都與世界經濟與政治形勢的變化密切相關。在二十世紀八〇年代之前，製造業生產與產品銷售的全球化一直進展緩慢，但隨著電子銀行業務的興起與一九八六不列顛的金融改革——「金融大爆炸」（Big Bang）①，卻大大加速了這個過程。在IMF推動下，資本市場日益自由化。《關稅暨貿易總協定》（General Agreement on Tariffs and Trade, GATT）回合談判圓滿完成，《北美自由貿易協定》（North American Free Trade Agreement, NAFTA）也得以簽署。全球整合在這些因素的共同影響下達到空前水準。有關全球化——尤其是其積極效果的報導，也在一九九五年至一九九七年間達到新的高峰。但在二十世紀九〇年代中期，自由主義的市場導向擴張開始成為全球化的同義語，對其負面效果的擔憂逐漸增多。一九九七年亞洲金融危機後，這種擔憂迅速膨脹，最終在一九九九年WTO西雅圖峰會上迸發為熊熊怒火。二〇〇一年，提及「全球化」的文章達到創紀錄的數量，但這些文章的主題已不再是為這個新現象下定義，或者討論它如何促進經濟增長。許多媒體文章報導了全球化已為人所知的「有害」效果所激發的反應，並講述「反全球化」的運動。正當「全球化」從流行用語化為詛咒時，公眾對它的認識也達到了最廣泛的程度。一位不列顛觀察家精準地說：「使全球化聲名鵲起的正是反全球化運動。」他寫道，這個詞從二十世紀六〇年代就出現了，「但反對者譴責這段所謂的『新過程』是一種操縱民眾生活的手段，他們的抗議活動使『全球化』不再是金融界的行話與學術語言，而是成為街頭巷尾議論的俗語」。[3]

全球化等於保護主義

若從電子資料庫裡的出現頻率判斷，在「全球化」一詞出現後的頭二十年裡，其使用率還不高。而且當時人們主要是用這個詞來做比喻，形容整體的數量，而不是表示某個無所不包的地理概念。但這個詞不久就引發了爭議。一九七七年，歐洲經濟共同體的官僚提出了一項所謂的「全球化」方案，對窮國的紡織品出口施加關稅。他們聲稱，為公平貿易起見，關稅的「全球化」勢在必行。但實際上，這個措施不過是為了限制來自香港、韓國等主要供應地的紡織品進口，於是

① 【編註】一九八六年，不列顛柴契爾政府與倫敦金融業發起了劇烈的金融改革，大幅減少監管機制，外資得以購買不列顛的上市公司，並用電子交易取代面對面交易，造成金融市場大幅自由化。

激起強烈反對意見。[4]

以類似方式來使用「全球化」一詞的狀況又持續了數年時間。一九八一年，不列顛的《衛報》(*The Guardian*) 報導說：「發展中國家希望『全球化』這種『將第三世界的出口一視同仁，進而控制進口』的觀念消失。」同年《華爾街日報》的一篇報導說：「出口商生怕『全球化』條款會寫進新的《多種纖維協定》。一旦成真，進口國就能對來自所有地方的進口施加總體配額。出口商說，這項條款實際上將會導致香港、臺灣、韓國等強大的市場競爭者遭受不公平待遇。」[5]

二十世紀八〇年代早期，「全球化」一詞的意思首次出現重大轉變。拜《關稅暨貿易總協定》談判之賜，各國開始降低貿易壁壘，已開發國家的製造業開始向低工資國家轉移。隨著與世界各地的通訊愈來愈方便，「全球化」一詞的涵義也愈來愈接近《韋伯字典》中的原意，即「使（事物）在範圍或應用上遍及全球」。

二十世紀七〇年代開始的交通和通訊革命，為大規模貨物運輸和人員流動、資訊的快速傳遞大開方便之門。一九七〇年，載客量達五百人的波音「巨無霸」客機投入運營。越南戰爭期間，貨運的貨櫃化程度不斷提高。由於貨物從此能夠毫髮無傷地從船隻轉移到卡車和火車，貨運費用也大幅降低了。交換媒介——國際貿易中使用的貨幣——也發生了天翻地覆的變化。一九七一年，「金本位」終結，美元開始浮動，匯市交易自此成為世界商業的重要部分。電子轉帳和股票交易系統出現，加上金融市場改革，都為全球商業開闢了全新的領域。電子化的資金流動能在轉瞬間繞地球一周。開發中經濟體的改革和已開發國家的經濟增長不僅開闢了新的市場，也為數位化資金的普及提供了機會。於是，在二十世紀八〇年代早期，便出現了有關全球化的普遍理論，也有人試圖概念性地歸納二十世紀七〇年代時悄悄潛入商業界的這個過程。經濟學家泰德·李維特（Ted Levitt）在一九八三年五月號的《哈佛商業評論》（*Harvard Business Review*）上發表了題為〈市場全球化〉（"The Globalization of Markets"）的開創性文章。他提出了一個引發激烈爭論的觀點：「全世界的需求和渴望的同質化已經不可逆轉了。跨國公司已經過時，全球公司是大勢所趨。」李維特認為，同質化之所以可能，乃是因為全球公司將整個世界看作一個單一市場來運作，這一點與跨國公司迥然不同。跨國公司要針對不同國家來調整產品和業務，往往因此付出高昂代價，而全球公司在所有地方都以同樣的方式出售產品，成本相對較低。李維特預言道：「唯有從全球角度對待市場的公司，才能取得長遠的成功。」[6]

後來李維特又發表了一部相似標題的著作。在其論文和著作問世後，世界上的跨國公司開始爭先恐後地向全球化邁進——既包括實際的行動，也包括對自身形象的展示。李維特最著名的追隨者，是廣告業巨頭上奇廣告（Saatchi and Saatchi）的莫里斯·薩奇（Maurice Saatchi）。他開始將公司業務推向全球化，以全球性的廣告宣傳來推銷新的全球性品牌。在該公司為「世界上最受歡迎的航空公司」——不列顛航空（British Airways）——所做的廣告宣傳中，整個曼哈頓島就像科幻場景似地降落在倫敦的希斯洛機場（Heathrow Airport）。同一時期，上奇廣告還發起了另一場全球廣告宣傳攻勢，將一種丹麥啤酒包裝成全球性品牌。廣告裡，一輛塗有鮮明嘉士伯（Carlsberg）啤酒公司標識的卡車出現在世界不同地方，口號是「嘉士伯——說不定就是世上最好的啤酒」（*Carlsberg: Probably the best beer in the world.*）。

在李維特的論文的影響下，一九八四年七月《金融時報》的一篇文章首次在標題裡使用了「全球化」一詞。一九八五年，商界精神領袖大前研一的《二十一世紀企業全球戰略》（*Triad Power*）一書延續了李維特的工作。這位麥肯錫公司（McKinsey and Company）的日本負責人詳細闡述了在產業和產品的日益全球化背後起作用的主要因素，並擬定了全球化時代的商業戰略。[7]

若干財經刊物表示，公司如採取全球化戰略，藉由廣告來開闢更大的國外市場，便能克服狹小國內市場的限制。職業經理階層也有一項共識：由於一切因素——甚至包括消費品味都已在全球走向一致——因而不論哪個產業都必須實現全球化。[8]人們也開始將這個詞與另一種情況聯繫起來——將生產轉移到低成本國家，以抵制工會要求加薪的壓力。福特汽車公司董事長菲利浦·卡爾德威爾（Philip Caldwell）在一九八四年說：「勞動力和原料成本明顯低廉的國家構成了愈來愈大的競爭力，這正是汽車業全球化的特徵。全球化正在迫使這個國家的汽車製造商重新考慮產品投資戰略。」[9]新的戰略使密西根州的弗林特（Flint）等汽車城工業凋零、工作機會減少。一九八九年，美國導演麥可·摩爾（Michael Moore）以這一背景為素材，拍攝了一部令人心酸的記錄片《羅傑和我》（*Roger & Me*）。通用汽車公司將業務轉移到墨西哥，使弗林特的三萬名工人陷於困境。該片激烈譴責了這種自私自利的公司政策。這也許是最早的反全球化電影之一——雖然當時「全球化」只不過是商界的行話，尚未引起普遍的爭議。

「國際貿易已過時，全球化才是未來」

當時，這種新的現象已經開始改變北美的產業版圖，而報紙以無比驚訝的語調評論這樣的變化。一份加拿大報紙報導說：「坊間傳言，福特即將推出的小汽車可能由日本馬自達汽車公司製造。福特在該公司擁有百分之二十五的股權。通用也擁有幾家亞洲汽車製造商的股權。分析人士認為，所有這些跡象都表明，汽車業正在出現『全球化』。」[10]十年之後，無論是將產品零件交由世界不同地方生產、最後統一組裝，或是供應鏈管理，都已成為司空見慣的事情。美國服裝製造商協會（American Apparel Manufacturers Association, AAMA）甚至打出了這樣的宣傳口號：「地球製造」（MADE ON THE PLANET EARTH）。該協會宣稱，為了與低成本的外國服裝生產商競爭，協會將實施全球性的採購和出口。當時即將上任的AAMA主席諾曼．弗萊曼（Norman Fryman）如此解釋這項策略：「關鍵的問題是，只要你能在恰當的時間以恰當的成本得到恰當的產品，那麼你在哪裡製造這些產品就並不重要。」[11]當時一份報導此事的報紙增刊宣稱：「國際貿易已過時，全球化才是未來。」

不過，成為全球化產品化身的，卻不是多國共同生產的花俏衣服，而是一種用亮橘色塑膠瓶包裝的液體洗潔劑，這實在出人意料。一九八三年冬天，寶僑公司的跨國團隊推出了一種液體洗潔劑，在美國和日本同時上市，在美國稱為「汰漬洗衣精」（Liquid Tide），日本則稱為Bonus 2000。一位公司管理人員解釋道，如果從一開始就構思一種全球性的新產品，就不須再經年累月地去為開發海外市場做準備了。《金融時報》報導說，以橙色塑膠瓶包裝的液體洗潔劑代表寶僑公司「走上『全球化』道路的第一步，亦即幾乎是以全世界為基礎，進行產品的開發、生產與銷售」。[12]全球化風潮迅速襲捲其他產業。一九八八年，一份加拿大報紙說「時下的行話是『全球化』——愈來愈多的航空公司不再從國家邊界的角度考慮問題。今天，航空公司之間的國際聯盟達到空前水準，而且這種趨勢似乎還會加快。」[13]

二十世紀八〇年代，美國總統羅納德·雷根（Ronald Reagan）和不列顛首相瑪格麗特·柴契爾（Margaret Thatcher）主政的兩個保守派政府發起了一場放鬆管制的改革。當時，科技進步為資訊和資金的快速流動提供了便利的條件，也產生了推動作用。人們所歡呼的「金融市場全球化」，正是以這一輪的改革為基礎。[14]到一九八五年底，世界主要的股票市場都已實施二十四小時營業。報紙上說：「現在，聯合王國和歐洲大陸發行的大多數股份，也要把海外各個市場出售的部分包括在內。對於投資者而言，這種全球視角能創造新的機會。」[15]美國最早的電子股票市場建立了二十四小時的交易環境。借助這一環境，「全國證券交易商協會自動報價系統」（National Association of Securities Dealers Automated Quotations, NASDAQ）在一九八五年聲名鵲起。NASDAQ 將其網路與倫敦證券交易所連為一體。金融市場的全球化成為事實。[18]

一九八六年，不列顛實施了名為「大爆炸」的金融改革。此改革不僅開放了該國的金融市場，而且給世界金融界帶來巨大變化。柴契爾政府允許外國金融機構和經紀公司在不列顛開展業務，為跨國資本流動開闢了通道，全球性資本市場隨即誕生。「儘管全球化概念很快就成了街頭巷議的陳腔濫調，但這個概念並不空洞」，在「大爆炸」式改革前夕，一位金融作家評論道：「倫敦的秋季改革將會使世界證券市場脫胎換骨，對此無人質疑。」[17]他說，當人為的邊界和管制扭曲資本流動、影響各國經濟發展的時候，資本只有自由流向世界上回報率最高的地方，才能得到有效的利用，這就是「全球化的終極理由」。當時銀行家還給全球化下了一個新定義：「『全球化』是一種簡稱，足以代表各種以全世界為基礎，來改造資本市場和金融服務業的力量。」[18]

許多雜誌都非常關注這種新現象，《美國銀行家》（*American Banker*）就是其中之一。根據該雜誌的分析，全球化的推動力量有以下幾點：資本的跨國流動性日益增強，美國公司為壓低成本而將工作機會向海外轉移的做法，正好反映了這個特色；此外還有電腦通訊科技，以及「利率互換」（interest rate swap）、「貨幣互換」（currency swap）等所謂的「財務工程」，即各種籌資新技術。[19]當時的人將全球化看作一種勢在必然的潮流。《美國銀行家》將「全球化」定義為當前貸款、吸取存款和籌資活動的全球性。該雜誌指出，單在一九八五年至一九八七年間，國家間銀行貸款年度總額的增幅高達百分之六十二，從三兆兩千億美元上升到五兆兩千億美元。[20]紐約聯邦儲備銀行（Federal Reserve Bank of New York）主席直言不諱：「不論你是否喜歡，金融市場和金融機構的全球化都是實際存在的。科技和創新用影響重大的方式促成了現況。無論是管制還是立法，都沒有任何物質手段能逆轉情勢。」[21]金融市場輕鬆擺脫了一九八七年股市崩盤的影響，似乎也證實了他關於全球化現實不可逆轉的論斷。

黑色星期一

一九八七年十月十九日，華爾街遭遇「黑色星期一」（Black Monday）。一個個高科技交易廳陷入恐慌，災禍繼而波及全球。人們終於切身體會到，在一個全球化市場裡二十四小時進行交易有多麼危險。儘管在這場危機中，通信和電腦科技的進步、金融市場管制的放鬆都得負責，但人們仍然清楚地知道，上述這些因素仍是不可逆轉的關鍵動力。有人引述一位金融界領袖的話說：「股市崩盤並未使各個公司裹足不前，其全球化計劃仍按部就班地進行，但人們想來會以更謹慎、理性的方式對待這種擴張。」[22]

全球資本市場的強化成為全球化的發動機，與此同時，通訊費用也隨著已開發國家電腦和電信基礎設施改朝換代而下降，跨國資訊流動大幅增加。這又回過頭來加速了世界各地的投資流動與市場擴張。一九八九年美國記者路易．烏奇特爾（Louis Uchitelle）在《紐約時報》上撰文，言簡意賅地說明了參與全球市場的公司是如何意氣飛揚：

> 全球化正成為美國公司在二十世紀九〇年代的戰略選擇。一九八九年年初的一期《哈佛商業評論》最早指出，若要在產業競爭中技高一籌，這就是一條重要途徑。美國公司對海外工廠與設備的投資在十年間首次出現回升，這恰好是拜全球化之福。公司經理的言談日益使人感覺，美國似乎已不再是企業的基地。紐約高露潔—棕欖公司（Colgate-Palmolive Co.）首席財務官賽利爾．西威特（Cyrill Siewert）表示：「本公司的資源並不是非要投入在美國不可。」當時該公司的牙膏、香皂等洗漱用品的海外銷量已經超過美國國內銷量。[23]

辛西亞．巴努姆（Cynthia Barnum）和娜塔莎．瓦爾尼安斯基（Natasha Walniansky）在《管理評論》（*Management Review*）上的文章也有這種大勢不可逆轉的意味：

> 不管我們是否喜歡，無論我們是否理解，這種事在我們身邊不停地發生。理念、收購方案和生意透過電話、傳真和當日快遞，向四面八方擴展。與此同時，產品、服務和資本則借助飛機、船隻和電子轉帳在全球周轉往復。價值數十億的交易熙熙攘攘，往來不絕，我們把這個過程稱為全球化。當我們進入二十一世紀的時候，商業

交流已經大大加速，深深融入了這個星球上的生活。

巴努姆和瓦爾尼安斯基還質疑說，拘泥於從國家的角度思考問題似乎已不合時宜。美國的工作機會正在流向海外，外資正在進入美國。「我們該怎麼辦？」她們自問自答：「買美國貨？但美國人用的通用公司產品，說不定還是臺灣製造的呢？」[24]一九九三年十二月，一份零售業刊物甚至宣稱：「從現在一直到二十一世紀，全球化都是零售業經理人面臨的最重大課題。」[25]某些公司認為，全球化不僅是一股潮流，還是應盡力達到的目標，甚至近乎成為新現實下的求生策略。報紙上最早說一些公司準備「走向全球」（go global），是一九八三年的事情。到一九八八年，「走向全球」這個說法出現了五十二次，第二年就激增到兩百三十六次，隨後緩緩上升，在二〇〇〇年達到頂點。當年有約兩千六百篇文章提到這套說法。不過，到二〇〇二年，人們又不再喜歡用這種表達方式來公開形容某間公司的戰略。使用這套說法的文章數量在二〇〇二年劇降至一千八百三十三篇。這段下滑的詳情且容後敘。

到一九九五年，全球化的涵義開始變成：一種超越國家邊界的全球生產體系。一位作家寫道：「過去，一輛汽車在底特律設計、生產及出售。現在，美國（以及日本）汽車業的設計中心是加利福尼亞州。田納西、阿拉巴馬等工資較低、技術較差的州負責組裝。一輛汽車上使用的成千上萬的零件，也許是來自馬來西亞、墨西哥或加拿大安大略省的密西沙加（Mississauga）。幾乎所有產業都受到此一全球化趨勢的衝擊。」[26]

前進吧！全球化！

準備走向全球的公司往往興奮之情溢於言表，但時而也摻雜一絲憂慮。「實現全球化」已成為公司的符咒。二十世紀九〇年代早期的報紙和業界刊物充斥著「某某公司正在忙於制定全球化戰略」的新聞。人們舉行論壇和研討會，學習全球化商業戰略，以及如何利用這種新方法來提高利潤。看到其他公司爭先恐後地走向全球，許多公司開始感到迷茫和恐慌，擔心在競爭中失利。全球化風潮的影響不僅限於企業。韓國政府及其得到國家支持的各個商業財閥們發起了一場全球化運動，希望通過這條途徑超越別國，出人頭地。

一九九五年，《財星》（*Fortune*）雜誌的一篇報導以令人震驚的語調談論零售業的全球化：「沃爾瑪、家樂福等業界巨頭正以無與倫比的速度在全世界興建龐大的店面。這個星球根本容不下全部。」該報導稱，全球性零售商在首次進入一國市場時，通常享有商品價格保護傘的保護，而大舉修建新店面的舉動有可能導致保護傘崩潰。於是各商家開始爭先恐後地將自己的店名包裝成類似可口可樂、百事可樂那樣的全球品牌。[27]

世界銀行也不失時機地認可這個潮流。世界銀行的一份報告《一九九五年全球經濟展望與發展中國家》（*Global Economic Prospects and the Developing Countries, 1995*），宣稱「全球化推動經濟增長」，「長期而言，發展中國家對全球經濟的融入及其市場的日趨開放，為發展中國家和工業化國家民眾收入的提高提供了一個重大——也許是最重要的機會」。[28]

一九九七年三月底，《華爾街日報》一向出言謹慎的記者G．帕斯卡．扎迦利（G. Pascal Zachary）也變得歡欣雀躍，預言全球化將帶來一個新的黃金時代——結果不到三個月之後，已經融為一體的亞洲就遭遇了二戰後最嚴重的金融危機。扎迦利說：「經濟學家認為，有跡象表明全球經濟正在進入一個長期增長的非凡時期。」人們都說，以經濟自由和產權的巨大擴張為特徵的全球化，加上政府規模的縮小以及貿易與私人投資的膨脹，「在過去三年間帶來的世界經濟成長速度，已接近於之前二十年的兩倍」。有報導引述哈佛大學經濟學家傑佛瑞．薩克斯（Jeffrey Sachs）的話說，只要沒有發生重大戰爭或環境災難，「經濟增長將帶來生活水準空前提升的效果，惠及世界更多地區的更多民眾」。阿根廷經濟學家、政治家多明哥．卡瓦略（Domingo Cavallo）曾在二十世紀九〇年代主持阿根廷的激進經濟重組，他高興異常的情緒也許並不令人訝異。卡瓦略說：「我們已踏入一個即將延續數十年的黃金時代」。聯合國秘書長科菲．安南（Kofi Annan）素來沒有習慣在商業問題上高談闊論，但即便是他也認為世界正在進入「一個新的黃金時代」。在他看來，私人投資的飆升和技術的飛速進步將使窮國「實現飛躍式的發展，不須再走其他國家的老路。」[29]

一項針對有關全球化的資料庫調查顯示，較早發生的全球化擴張時間，與時代較晚的全球化影響與媒體對它的認識，兩者之間存在時間差。一九九五年至一九九六年，資本市場、投資和貿易的全球化趨勢達到高峰，但直到大約四年後，這種趨勢才廣為人知，更多民眾才感受到它的影響。跨國資本流動去除外國直接投資之後的數字，在一九九六年上升到一兆兩千億美元，而四年之前不過是五千三百六十億美元。一九八六年至一九九〇年，外國投資的平均數額為兩百六十二億美元，到一九九六年便增長了將近十倍，超過兩千五百億美元。[30]但提到這一現象的媒體文章卻只是緩慢增多。美國總統比爾．柯林頓（Bill Clinton）是推動達成《北美自由貿易協定》的急先鋒，也是全球化最熱心的鼓吹者，即便如此，他也意識到了全球化可能遭遇的障礙。

柯林頓總統在一九九五年十月的世界銀行與ＩＭＦ大會上發表演講。他強調全球化既釋放了巨大的融合力量，也釋放了巨大的顛覆力量，並呼籲謹慎處理其各方面的影響。柯林頓表示：「我們正在經歷自工業革命以來最激烈的經濟變革。」他還指出，對於能夠熱情接受新的全球經濟並成為贏家的人而言，這意味著巨大的優勢。「但是，」他警告說：「這些力量也使所有人類社會更容易遭受動盪。在過去，這種動盪似乎遠在天邊。但今天，從最富有的國家到最窮困的國家，世界各國的工作機會和民生都會遭受直接影響。」柯林頓總結說：「國家間的互賴程度已非常深厚。不誇張地說，在對外政策和國內政策之間，目前已經沒有什麼截然的分野。」[31]

兩年後，柯林頓才發現他上述觀察是何等的準確，因為國會中止了他在ＷＴＯ談判中拍板決定的權力。一九九九年，面對聲勢浩大的反ＷＴＯ和反全球化示威，他又被迫放棄了西雅圖峰會。

全球化的「竹效應」

最早提及全球化的「消極面」的新聞報導出現在一九八九年。不過，人們習慣性地聯想到全球化的負面效果，卻是二十世紀九〇年代後期的事情，並在二〇〇〇年達到高峰。全球化常被提及的一個消極面，就是已開發國家遭遇的工作流失，其原因在於公司將業務轉移到海外的低工資國家。不僅美國人對「委外生產」之苦感到切膚之痛，甚至日本人也有這樣的遭遇。一九八五年九月二十二日，《廣場協議》（Plaza Accord）② 簽訂，各方達成一致，美元相對於日元和德國馬克貶值。隨後日元發生空前的升值，迫使日本主要出口商將生產轉移到海外。日本產業的全球化過程後來俗稱「竹效應」（Bamboo effect）。就像竹子一樣，日本的產業運行呈現「空心化」，只在本土留下一些空殼式的總部。儘管失業的工人根據日本的習慣得到了重新安置，但拜全球化之賜，日本人也開始擔心失業和工時縮短，過去他們可從未有過這樣的擔憂。[32]

將全球化寫進標題的文章數量激增，全球化也因此得到輿論的持續關注，但隨著有關反全球化情緒的報導數量飆升，行文的語調也日益趨向負面。一九九七年的亞洲金融危機使全球化從一場奇蹟轉變為一種威脅，但即便在一年後的一九九八年，也只有六十七篇文章提到反全球化情緒。然而，隨著亞洲金融危機的骨牌效應逐漸波及巴西、俄羅斯等許多地方，甚至給已開發國家帶來傷害，諸如「抵制全球化」、「反全球化」的說法逐漸進入公眾話題。此前人們一直將這一現象看作是經濟增長與繁榮的推動力，此後，全球化就更多讓人聯想到上述負面說法。提及反全球化情緒的新聞報導在二〇〇〇年達到二百九十二篇，到二〇〇三年又飛速增加到將近九千篇。

實際上，在西雅圖抗議事件三年之前，就有兩位全球化的精神領袖——達佛斯世界經濟論壇（World Economic forum in Davos）主席克勞斯·施瓦布（Klaus Schwab）及秘書克勞德·斯馬亞

② 【編註】一九七九年至一九八四年間，由於美元匯率飆升，對美國製造業出口造成打擊，呈現嚴重的貿易逆差。為了解決讓美元貶值，恢復出口競爭力，美國、日本、聯邦德國、法國與不列顛代表在紐約廣場飯店（Plaza Hotel）簽署協議，讓美元對其他國家的貨幣匯率逐漸下調，稱為《廣場協議》。

（Claude Smadja）——提出警告：「全球化帶來的反作用正在聚集，尤其是在工業化的民主國家，有可能嚴重擾亂許多國家的經濟活動和社會穩定……一種無助和焦慮的情緒籠罩著這些民主國家。」[33]這種體認非常值得關注，因為提出這種看法的人所領導的論壇，恰恰與企業主導的全球化密切相關。世界經濟論壇是一個商界領袖與政府官員的俱樂部，自一九七一年以來都在瑞士滑雪勝地達佛斯召開，在二十世紀九〇年代末成為全球化的積極宣導者。世界經濟論壇年會上的討論也已成為代表世界商業大勢的風向球。

人們所擔心的反作用很快就爆發了。一九九七年七月二日清晨，全球化的車輪撞上一塊大石頭。在泰銖貶值的刺激下，緊張的投資者如潮水一般撤資，很快就在亞洲演變為一場全面危機。驚恐萬分的外國銀行和投資者撤回貸款，導致投入亞洲的數十億美元資金灰飛煙滅。工廠關閉，負債累累的資產遭到拍賣，數萬人湧上街頭抗議。數月間，亞洲多國政府垮臺。於是抨擊全球化的人士開始將其視為一場豪賭，強者不惜重金，弱者血本無歸。人們將經濟全球化看作是這場混亂的根本原因。曾是業界口頭禪的「全球化」迅速化為一句詛咒，成為一切罪惡的淵藪。「全球化」開始代表跨國公司的剝削、自然資源的破壞、海豚和海龜在全球性捕撈網中遭到的屠戮、地球的污染、發展中國家文化與傳統的毀滅、飲食習慣的「麥當勞化」，以及強國藉由WTO踐踏弱國的主權。

亞洲金融危機的後果非常明顯：人類日趨互賴的狀況能將許多國家拉出貧窮的火坑，但也同樣能輕而易舉地將其再次推入深淵。[34]隨著世界經濟日趨整合，即便類似俄羅斯的一隅之地發生變故，都有可能激發全球動盪。安南將全球化的世界比喻為一艘小船。「在這艘小船上，（我們無法）漠視同行乘客的處境，」他說：「倘若他們生病，我們均有遭感染之虞。倘若他們發怒，我們都很有可能受傷。」印度大報《印度教徒報》（*The Hindu*）一篇文章的標題為〈危機四伏的全球化〉（“Globalisation Fraught with Danger”），而一份加拿大報紙的社論則寫道：「全球化似乎已經把我們咬在嘴中。」[35]

在一九九九年一月的國情咨文中，柯林頓總統含蓄地承認全球化已陷入危機。他說：「我認為，貿易使這個會議廳內外的美國人陷於分裂，持續了太長時間。我們必須想辦法達成某種共識……我們必須給全球經濟加上人性的面貌。」為了安撫一些批評他的左翼人士，他接受了國際勞工組織（International Labor Organization）的一項倡議，「提高世界各地勞動者的待遇」，並承諾致力於推進一項「在全世界範圍內禁止虐待童工」的條約。他還承諾制定新的貿易規則，以提升「勞動的尊嚴與工人的權利」，並「保護環境」。[36]

許多人認為全球化種下了惡果，憤怒情緒高漲。世界各領導人感受到風向，紛紛示警，其中也包括就在一個月前還預言「黃金時代」的安南。安南呼籲給全球化戴上「人性的面貌」。印度財政部長耶希瓦特·辛哈（Yashwant Sinha）在達佛斯世界經濟論壇年會上發言，表示各國政府的當務之急是在自由市場與社會關懷之間達成平衡。「必須將全球化過程視為一個民主化過程……（否則）邊緣人群將成為全球化的威脅」，辛哈警告說，對於在歷程中被遺棄的人而言，「『globalization』始終都是個由十三個字母組成的髒話。」[37]

WTO殺人，殺了WTO

「Globalization」的確是句髒話。幾個月後在西雅圖，五萬名全球化示威者使WTO的首次峰會被迫取消，也讓全球化真正聲名掃地。一九九九年標誌著一場全球性的反全球化運動正式成形，而「全球化」也成為一句詛咒，反對者誓與之不共戴天。一些抗議者撒播彩色紙屑，不斷高喊：「WTO殺人，殺了WTO。」[38] WTO總幹事麥可．摩爾（Mike Moore）備感沮喪，對他在西雅圖遭遇的對手反擊道：「對某些人而言，攻擊經濟開放的矛頭其實是指向更廣泛的國際主義，是對外國人和移民發洩怒火，是抵制世界的多元化和融合趨勢。分離主義、狹隘的部落主義和種族主義流毒甚遠，反全球化運動就是其最新的一章。」[39]

但在一九九九年時，麥可．摩爾的聲音很孤寂。當時反全球化運動引起群情激奮，也得到媒體的集中報導。全球化現象之所以進入公眾視野，有一大部分得歸因於這些抗議。在反全球化聲浪中出現了幾位來自不同大洲的英雄人物。這場抵制運動挑戰自由市場和IMF主導的國際經濟秩序，而其成員卻千差萬別，於是這些英雄人物便成為他們的代言人。加拿大作家莫德．巴羅（Maude Barlow）反對在任何經濟領域解除管制，成為反全球化運動的一位世界領袖。在法國，一位留著絡腮鬍、叼著煙斗的綿羊農若澤．博韋（Jose Bové）主導了一場抵制速食連鎖店麥當勞的風潮，一夜成名。他們將麥當勞看作美國貿易「霸權」和經濟全球化的象徵。美國反WTO運動領導人勞利．瓦拉赫（Laurie Wallach）在西雅圖成為家喻戶曉的人物。抗議人士與警方角力、搗毀星巴克咖啡店的畫面登上了報紙頭版。他們將星巴克看作商業全球化的象徵，指責它剝削發展中國家貧窮的咖啡種植者，牟取暴利。

西雅圖抗議事件之後的兩年裡，「全球化」一詞出現在數以萬計的文章中。這一現象不僅顯得更加切身，而且也不再是個抽象的詞彙。它是商界領袖和顧問口中的行話。它也成為出氣筒，人們對周遭的所有不滿都向其發洩。我在紐哈芬僱用的電工，就知道全球化會毀滅雨林，絕非好事。

二十世紀九〇年代後期，「全球化」演變為髒話的過程在西雅圖事件後的幾個月裡日益加速。阿根廷遵照IMF的一部分建議，卻陷入腹背受敵的經濟窘境：一方面貨幣貶值，另一方面無數人失業。不久前，世界銀行在其全球化報告中還將阿根廷列為成功典範，但在經濟危機爆發後就迅速取消了這個頭銜。[40]蘇維埃帝國的崩潰已使俄羅斯人舉步維艱，而一九九七年之後的經濟危機更令其一貧如洗。IMF曾熱情讚揚泰國的經濟調控，而現在卻是企業紛紛破產、裁員。印尼經濟陷於崩潰，淪為乞丐，依靠IMF的施捨度日。那些長期抨擊全球化的人就像過節一樣踴躍奔騰。印度首屈一指的環保分子紈妲娜．希瓦（Vandana Shiva）說：「經濟極權主義是對全球化最恰當的形容。這一極權主義正在導致另一種可怕的極端思維——原教旨主義。」[41]

二十世紀九〇年代末，隨著與全球化有關的自由市場和出口導向模式變得卑微，泰德．李維特提出的市場全球化理論再也無法高歌猛進了。本土化成為新的魔咒。擁有全球品牌的公司曾在新市場上開疆拓土、攻城掠地，而它們現在開始擔心來自本土的競爭，以及偏愛本土、而非全球偏好的復興。市場全球化的理念有待修正。

在二〇〇〇年一月二十七日的國情咨文中，柯林頓總統重申，他相信全球化是「我們時代的核心現實」，但又表示「全球化不僅限於經濟領域」。他說：「我們的目標必須是用自由、民主與和平團結世界，反對那些想要撕裂世界的人。」顯然，西雅圖事件並未影響他的立場。三年後，柯林頓總統在接受我的採訪時承認，許多人對全球化感到憤怒，因為「這個體系對於地球上大約一半的人而言一無是處」。他認為，若不構建一個全球社會體系，全球經濟體系便無從談起，因此「我們必須在貿易協定中寫入更多有關勞工和環境的條款」。[42]

巋然不動的全球化

二十世紀九〇年代末，由於經濟增長趨緩導致股價大跌，全球品牌公司紛紛更換首席執行長。二〇〇〇年三月，可口可樂新任首席執行長道格拉斯．達夫特（Douglas Daft）在《金融時報》上發表一篇署名文章，從中可看出一些新思維的端倪。達夫特寫道，可口可樂傳統上是一個「多地運作」的公司，但隨著全球化的興起，它已將決策程式集中化，將商業運作標準化。當今的全球化需要「靈敏、快速、透明、因地制宜、隨機應變」。達夫特指出，當前，在「走向全球」之後，下一個革命性的步驟必然是「走向本土」。抨擊全球化的人士擔心，全球化會導致產品的文化內涵千篇一律，但達夫特認為恰恰相反，全球化會使消費者擁有更多選擇。[43]《金融時報》的這篇專欄文章反映了人們對全球化理解的變化，這種變化已經在很多地方發生。正如馬尼拉一份報紙所說的：「『全球化』一詞是個陳腔濫調……幼稚的左翼分子將其等同於帝國主義。政客用它來裝聰明，對之大加撻伐，以煽動人心。從西雅圖到馬尼拉，每個人都喜歡將『全球化』一詞踢來踢去。」這位作者總結道：「害怕、甚至仇恨全球化都情有可原。但不論我們是否喜歡，全球化巋然不動。」[44]

美國經濟學家羅伯特．利坦（Robert Litan）承認，由於美國民眾憂心忡忡，全球化因而面臨著麻煩。他在二〇〇〇年說：「必須做出更大的努力來打消美國人對全球化持續不斷的焦慮情緒，說開了，這是對經濟變化的焦慮……我們應當擁抱全球化提供的機會、緩和它帶來的焦慮情緒，並改革和強化那些以促進經濟穩定與增長為職責的國際經濟組織。」[45]

世界銀行公布了一份針對全球化的研究，承認全球化所製造出來的問題，但也特別指出：「有時人們過度擴大了『全球化』一詞的經濟涵義，用其代指資本主義或市場經濟。這麼做也許毫不意外，但並無多大好處。當人們在這個意義上使用『全球化』一詞時，他們關心的其實是市場經濟的一些主要特徵。這些特徵包括，私人擁有、營利導向的公司所從事的生產，為適應供需的變化而經常性地資源重新配置，以及無法預料的、快速的科技革新。」[46]

在西雅圖大獲全勝後，全球化的反對者又開始尋求另一套方案。首屆世界社會論壇（World Social Forum, WSF）的召開為他們提供了良機。一些非政府組織希望挑戰以達佛斯世界經濟論壇為代表的傳統格局，於是想出了「世界社會論壇」這個主意。世界社會論壇首屆會議於二〇〇一年一月在巴西阿雷格里港（Porto Alegre）召開，其正式口號是：「另一種世界是行得通的。」在反對企業全球化的聲浪中，加拿大作家娜歐蜜．克萊恩（Naomi Klein）始終身先士卒。她寫道：

> 在反對世界貿易組織、世界銀行和國際貨幣基金組織的抗議之後一年半，人們將舉辦世界社會論壇視為一個良機，希望這一場方興未艾的運動不再是破而不立。在許多人眼中，西雅圖事件是一場反抗運動的成人禮；果真如此的話，那麼「五十年足矣」

（50 Years Is Enough）③的政策分析師索倫・安布羅斯（Soren Ambrose）所說的「阿雷格里港是另一場成人禮，標誌著人們開始認真地另尋良方」，就稱得上所言不虛。47

九一一衝擊

美國遭遇九一一恐怖攻擊後，人們迫切地認為應針對當前的全球化過程，思考一些替代的、嚴肅可行的出路。一個日趨開放的世界可否維繫下去？紐約和華盛頓的慘狀使人們無比焦慮地提出這樣的疑問。批評者已經將全球化視為一種美國化——美國通過文化霸權來主宰世界。而今在所謂全球化造成的愈來愈多的負面效果中，又加入了「恐怖主義」這個名字。九一一攻擊事件提供了最新的例子，說明互相交流的強化不僅使人們得以利用非法移民的勞動成果，而且還能為恐怖分子和犯罪分子大開方便之門。恐怖分子通過網路和手機策劃襲擊，線上購買機票。民眾相信，恐怖分子發動襲擊是因為怒火中燒，而他們的憤怒則是全球化造成的。不過，由於許多人認為九一一攻擊事件是反全球化抗議最為暴力的形式，因而導致部分抗議者轉而採取守勢。法國首屈一指的反全球化組織「課徵金融交易稅以協助公民組織」（Association pour la Taxation des Transactions financières et pour l'Action Citoyenne，ATTAC），發表聲明強烈譴責九一一攻擊。抗議者原本準備在華盛頓的世界銀行—國際貨幣基金組織年會期間舉行反全球化示威，但在一片震驚與憤怒的氣氛中作罷。甚至幾週後，在西雅圖也發生了類似的事情，一場紀念當年成功示威兩週年的遊行活動只吸引了約兩百名抗議者，而前一年的參加人數達一千多人。柯林頓總統曾要求逕行通過的權力，以談判達成一項全球貿易協定，卻遭到國會的拒絕。但在九一一攻擊事件後，國會亡羊補牢，授予布希這一權力。曾在西雅圖觸礁的WTO峰會又在卡達的杜哈（Doha）召開。

經過這番教訓，參會者認識到全球化的處境日趨危險，於是同意啟動新一輪全球貿易談判，以通過貿易減少貧困，即所謂的「杜哈回合貿易談判」（Doha Development Round）。

有關反全球化情緒或運動的新聞報導數目，從二〇〇一年的最高點八千七百一十八篇，下降到第二年的六千零二十一篇，之後又穩步下降，在二〇〇五年為一千六百九十五篇——這並不讓人意外。但是，總體而言，反全球化情緒得到的關注仍然要遠高於全球化引發的興趣。二〇〇四年，「全球化」的出現次數下降到兩萬四千五百一十六次，在二〇〇五年只是微微上揚為兩萬六千六百二十七次。自二〇〇五年以來，在內文和標題中提到全球化的文章數目逐步下滑。「全球化」在報紙中逐漸失寵的原因並不是它已了無新意。人們仍然經常提到全球化，將它視作生活的一部分，只是在描述這一現象時，二十世紀九〇年代末的那種群情振奮已經一去不復返了。

從「反全球化」到「另類全球化」

隨著時間的流逝，反全球化運動捲土重來，這一回多是在美國之外。二〇〇二年初，世界經濟論壇年會從達佛斯移師紐約，抗議者也接踵而至。但由於嚴格的保安措施以及在九一一之後對於恐怖襲擊的防範，抗議的聲勢較小。反全球化抗議的主戰場轉移到了阿雷格里港，二〇〇一年一月，世界社會論壇在當地舉行了首次會議。[48] 二〇〇三年，世界社會論壇移師印度孟買。在那

③【編註】「五十年足矣」是一個由超過兩百個草根運動、婦女、宗教、社會、經濟、司法、勞工等組織結合而成的聯盟，致力於徹底改革世界銀行與國際貨幣金組織，希望透過教育與行動來改革國際金融制度，阻止外部強加的新自由主義經濟計劃，促進各國發展過程的民主化與審計化。

裡，一位新人的加入得到了抗議者的大聲歡呼，那就是諾貝爾經濟學獎得主、前世界銀行官員約瑟夫·史迪格里茲（Joseph Stiglitz）。史迪格里茲著有《全球化的許諾與失落》（*Globalization and Its Discontents*）一書。他強烈指責ＩＭＦ將一種市場原教旨主義的教條強加給發展中國家，造成災難性後果。

相繼在杜哈和坎昆召開的ＷＴＯ部長級會議，為反全球化組織提供了新的機會，得以聚集起來，抗議它們眼中因新自由主義政策而造成的種種弊病。在二〇〇三年十月坎昆的ＷＴＯ部長級會議上，與會各方未能就取消西方國家農業補貼一事達成協議，成千上萬聚集到該城的抗議者興奮地手舞足蹈。在抗議者的支持下，一些發展中國家團結一致，拒絕美歐提出的一項部分削減農業補貼的建議。對於抗議者而言，這意味著朝向他們期望建立的「另一種世界」邁出了第一步。根據他們的看法，窮國在那個世界裡能夠主宰自己的命運，抵制富國的剝削。

抨擊全球化的人士採取了一種更具建設性的方式，這或許是因為當蓋達組織的恐怖分子也在試圖破壞全球化時，他們希望儘量不要讓人們覺得他們也在全盤否定全球化。另一個原因或許是要改變形象，不要顯得只破不立。那些慣於在各種集會上譴責全球化的人士，諸如環保主義者、勞工組織、人權抗議者、工會抗議者等，也齊聲呼籲「另類全球化」。抗議者開始心照不宣地承認，全球化不只是企業的陰險計謀或各國政府實施的破壞性政策，而是一種趨勢，無法以一廂情願地高喊反全球化口號來擺脫。

由於各種原因，和美國輿論相比，歐洲輿論更歡迎世界的進一步融合。「歐盟即時民調」

（Flash Eurobaromètre）在二〇〇三年底進行的一項輿論調查發現，有百分之六十三的歐洲人支持全球化的進展，一半以上的人認為全球化的強化會給自己帶來一些好處。受訪者中有約百分之六十二的人認為，全球化過程可以得到控制和有效調整。將近百分之八十的人認為，反全球化分子指出的一些問題確實存在。但其中有一半以上的人覺得，他們未能提出合理的具體解決方案。[49]

抗議者對全球化的反對態度發生了轉變，這一點在二〇〇四年一月的達佛斯世界經濟論壇年會上展露無遺。多年以來，在這個時尚的瑞士滑雪勝地舉行的年會，都給了示威者抗議全球化和資本主義制度種種弊病的機會。在這一年的會議上，雖然抗議者仍然表示反對「一種剝削性的、新自由主義的世界秩序。環境與社會問題在這個秩序中，會為了利潤與股東權益的追求而遭到漠視」。但他們轉而採取一種新策略。他們承認，世界交流的日益緊密意味著全球化是不可逆轉的。他們不再像唐吉訶德一樣攻擊全球化的風車，而是呼籲「另類全球化」，也就是以其他方式來替代這種他們無法阻止的過程（「另類全球化」一詞最早出現於一篇二〇〇一年的法語文章中）。[50]瑞士活動分子馬提亞斯．赫爾費爾特（Matthias Herfeldt）說：「我們並不反對全球化，我們只是希望看到另一種能保護工人權利、保護環境的全球化。」[51]「另類全球化」運動開始集中於針對具體事項遊說公司與各國政府，例如談判達成一項保障發展中國家民眾得到治療藥物的ＷＴＯ協定，並向時尚業與服裝業施壓，使其停止剝削勞工。異議分子不再與員警衝突、抗議世界經濟論壇，而是在達佛斯組織了另一場會議，稱為「達佛斯輿論之眼」（Public Eye on Davos），以與「世界經濟論壇」分庭抗禮，質疑其所謂造福世界的使命。在一年之前，二〇〇三年初法國埃維昂（Evian）的八大工業國高峰會議，身為「另類全球化」倡議者的抗議人士受邀與這些「世界的主人」平起平坐，這也多少安撫了抗議人士。[52]到了二〇〇六年夏天，聖彼德堡的八大工業國高峰會上，俄羅斯總統弗拉基米爾・普京（Vladimir Putin）甚至與主張「另類全球化」的非政府組織的領袖舉行會談。

「外包」的威脅

二〇〇三年至二〇〇四年，「全球化」一詞的出氣筒地位稍有減輕，部分改由「外包」——全球化過程中更具爭議性的一面——所取代。「外包」一詞首次出現於一九八一年。當時通用汽車公司董事長羅傑・B・史密斯（Roger B. Smith）說，為了降低公司的勞動力成本，通用日益仰賴外國的供應商。他預言，在未來，這種名為「外包」的做法會在汽車業中變得更為普遍。[53] 二〇〇四年，不單是汽車業，甚至整個服務業都似乎難以承受外包帶來的工作機會損失。隨著美國經濟繼續其「失業型復甦」（jobless recoery）[4]以及總統選戰的日益升溫，軟體、內務部門和客服工作的外包成為社論作者與政治家討論的熱門話題。對於政治競選而言，全球化這個詞過於抽象，但工作的外包卻是每個人都能理解的事情。民主黨總統候選人、參議員約翰・凱瑞（John Kerry）即將外包作為選戰主題之一，新聞報導解釋了這背後的政治算計。

當民主黨的初選在新罕布夏州舉行時，工作流失是個嚴重問題。據全國製造商協會（National Association of Manufactures）統計，從二〇〇〇年七月到二〇〇三年六月，新罕布夏州的製造業有兩萬一千個工作機會流失，接近百分之二十。值此期間，在加利福尼亞州、伊利諾州、密西根州、俄亥俄州和賓夕法尼亞州等與二〇〇四年選戰中的選舉人團（Electoral College）選票密切相關的州，製造業工作都減少了百分之十五至十八。緊隨其後的五個製造業大州，包括喬治亞州、印第安那州、紐約州、北卡羅來納州和威斯康辛州，也有百分之十三至二十的製造業工作流失。無怪乎隨著十一月大選逼近，包含「外包」一詞的文章總數也在二〇〇三年劇增到六萬零六百二十二篇。

二〇〇一年之後，隨著外包問題逐漸浮現，包含「全球化」一詞的文章數目劇減，從五萬一千六百四十一篇下降到二〇〇四年的四萬三千五百四十五篇。與此相比，含有「外包」一詞的文章數目則從二〇〇二年的五萬三千二百五十九篇，增加到二〇〇四年的九萬六千三百八十七篇。雖然服務業工作的外包只導致少量工作機會流失，但新情勢的特殊之處卻令人深感煩憂。在這股潮流中失業的與平常不同，並非是低技術的藍領工人，而是高技術的程式設計師、工程師和放射科醫生失去工作，被一些有著相同技術水準、薪酬卻較低的外國人搶走。「全球化」這個冗長、抽象的詞語已經沒有「外包」聽起來那麼可怕了。對於美國的白領工人而言，這種威脅更為緊迫，效果更直接。但隨著選戰的硝煙逝去，內文包括「外包」的文章數目在二〇〇五年劇降至七萬九千八百六十三篇，之後的降幅更大。由於經濟逐步復甦，外包造成的工作損失似乎也為數很少，外包也似乎漸漸地不再成為全球化的替罪羊。人們似乎開始重新審視全球化對美國經濟的影響。上至聯邦儲備銀行主席，各個層面的經濟學家都認為，近年來資本市場的全球化與外國儲蓄過剩都使美國維持了低水平、平穩的長期利率。

在二十世紀九〇年代，「全球化」由流行用詞變成詛咒，而在出現於字典之中的四十年後，

④【編註】經濟衰頹時通常會導致失業率上升，如果經濟復甦，失業率卻沒有隨之下降，即稱為「失業型復甦」。

「全球化」也似乎已開始失去其在輿論中的影響力。日益增強的整合與互賴——儘管「全球化」一詞依然保有這個意思，但卻愈來愈少人提及它，無論是作為經濟繁榮的功臣，還是民生苦痛的罪人。在主宰輿論十年後，這個詞逐漸返璞歸真——它所描述的，是一種長期的趨勢，而不再是個出氣筒，讓人們發洩不受控制的經濟交流所帶來的憤怒與沮喪。人們的擔憂與憤怒逐漸調轉方向，開始針對全球化產生的明顯影響——製造業的委外生產與許多商業事務的外包。

二〇〇六年八月《紐約時報》有一篇評論，標題是〈「外包」這詞或許不再有嚇人的能耐——怎麼說？〉（"Why 'Outsourcing' May Lose Its Power as a Scare Word"）。這位專欄作家評論道，七月的勞動力人口高達一億三千五百萬億，相形之下，預計每年約二十八萬的工作流失不過是九牛一毛。但任何人都不能保證外包問題不會加劇，不會在另一個政治季節佔據報紙的大標題。經濟學家艾倫．布林德（Alan Blinder）在專欄中寫道：「以電子化方式提供服務的能力，將會隨著科技的進步以及海外勞動力素質與經驗的提高而增強。」在目前，預估百分之二的服務業從業人員有工作機會流失海外之虞，長期而言恐怕還要遠高於這個數字。布林德說：「我們不應該以為這件事情已經事過境遷。」[54]

二〇〇六年，全球化依然像朵烏雲一般懸在美國工人的頭上，但它引起的新聞報導或評論已不如前兩年那麼多。社論與評論依然反映出一種對全球化憂心忡忡的情緒，但語調之激烈、情緒之憤怒已不如以往。美國財政部長亨利．鮑爾森（Henry Paulson）雖然沒有將美國工資的停滯與全球化的影響直接聯繫起來，但他還是在二〇〇六年八月承認，「不幸的是，若與短期內造成的一些委外製造情形相比，貿易的諸多明顯好處——例如更強勁的經濟增長、更多的工作、美國人享有更高的生活水準等——更為分散、不易為人覺察，有時得經過更長時間才能展現」。[55]

從官場的行話到業界的流行詞彙，從推動增長的魔杖到邪惡的陰謀，從引發抗議的催化劑到另一種替代模式——「另類全球化」的推動力，「全球化」一詞的涵義幾經變遷，而其所描繪的現實——一個紛繁複雜、交流密切的世界——同樣也歷經變化。如果要切實理解我們這個聯繫緊密、相互依賴的世界，最好的辦法或許不是糾結於「全球化」一詞的語義，而是仔細審視推動全球化的力量，以及全球化所刻畫的歷史軌跡。

09 Who's Afraid of Globalization? 誰在害怕全球化？

「〔全球化〕過程幾乎貫穿人類有史可徵的紀錄，帶來巨大福祉。全球化意味著改變，也因而引發恐懼，就連最終從中獲益的人亦是如此。短期內的改變的確會使一些人受到傷害。但全球化猶如呼吸——你不能停止呼吸，也不該讓自己窒息。但是，如果有什麼是明顯更好、更不費力的，那你當然得採用，這毋庸置疑。」

——安妮·克魯格（Anne Krueger），IMF首席副總裁，二〇〇二年

「『全球化』一詞的發明，乃是要製造一種海市蜃樓，讓人以為世界是緊密交流、人人有份的，但現實效果卻截然相反：數億人被排斥在體系之外。他們對生產和消費的貢獻極少，甚至為零，也因此在二十一世紀的資本主義看來，他們一無是處。」

——蘇珊·喬治（Susan George），《海灣時報》（*Khaleej Times*），二〇〇四年

二〇〇三年九月十日，星期三。坎昆的這一天似乎是個普通的夏日。這個人潮湧動的休假勝地，是墨西哥猶加敦半島（Yucatán Peninsula）附近的一座島嶼。藍綠色的加勒比海海水在正午的驕陽下波光粼粼。白沙與細浪綿延十英里。成千上萬的遊客或在溫暖的海水中嬉戲，或者像蜥蜴一樣在沙灘上沐浴陽光。唯有墨西哥海軍的兩艘炮艇在遠方的地平線上依稀可辨，提醒人們這是坎昆不尋常的一天。

如果走近這座S形島嶼北端的沙灘，看到那座宏偉華麗的會議中心，就可以理解為何會出現那兩艘炮艇。WTO一百四十九國的部長已經齊聚於此。他們討論的話題將影響數以億計的民眾。成千上萬的反全球化抗議者也已齊集坎昆，這足以證明WTO會談對世界的影響。抗議活動已成為WTO會議的慣例。自一九九九年的抗議騷亂迫使WTO西雅圖峰會擱淺以來，世界銀行、IMF、八大工業國高峰會等國際組織每逢重大會議，都不免要應付反全球化示威人士。

該島的各個入口以及會議中心周圍都設置了控制人流的鐵絲網。墨西哥警方摩拳擦掌，下定決心要防止西雅圖亂局重現，也要避免像二〇〇一年熱那亞的八大工業國會議那樣，因一名示威者的死亡而招來媒體的猛批。在隔離網後方，一排排員警頭戴鋼盔、手執警棍和辣椒水噴霧器嚴陣以待，隨時準備驅逐不速之客。也許在坎昆最不受歡迎的客人便是「農民之路」（Via Campesina），該農民組織宣稱在全世界擁有一億成員。「農民之路」成立於一九九三年，成員主要為小農和農場工人，宗旨是為其所謂的「糧食主權」、土地改革和農業信貸而戰，且反對外債。韓國農民是其中最為咄咄逼人的成員。他們兼有多年來的公開示威經驗與練家子般的紀律，抗議宣傳花招又往往別出心裁。韓國分隊還擁有該組織最積極的領袖之一——一位名為李京海的中年農民。李京海身材低矮粗壯，臉龐寬闊，表情友善，常帶微笑。他曾在韓國的全羅北道開辦一個實驗農場。二十世紀七〇年代，他向農業大學學生教授科學種田與提高作物產量的方法。但他的務農生涯卻以失望收場。他從種田中無法得到足夠的收入，後來他的土地落入債主手中。李京海將韓國農民的困苦歸咎於韓國農產品市場對世界的開放，以及由此帶來的價格下跌。韓國是世界第十二大貿易國①，為世界提供大量的工業產品，從巨大的貨輪、汽車到電視機、手機，但農產品進口壁壘也因為開放而被迫降低。韓國工業家利潤倍增，城市工人也生活良好，但農民痛苦不堪。在二十世紀末，他們佔人口的十分之一。WTO中的農產品出口國不斷向韓國政府施壓，要求其取消進口配額和農業補貼，降低保護種植者的百分之百關稅壁壘，韓國農民隨之遭殃。許多無力還債的農民喝農藥自殺。李京海曾拜訪過一個這樣的農民家庭。他寫道：「我幫不上什麼忙，只能聽著他妻子的痛苦呼號。設身處地，你會如何感受?」二〇〇二年，當WTO成員國在日內瓦商討農產品貿易問題時，他來到那裡宣洩自己的感受。李京海在威廉拉培中心（Centre William Rappard）外紮營，進行為期一個月的絕食抗議。他手拿一幅標語牌，上寫「WTO殺害農民」。這已是他一生中第三十次絕食抗議了。

一年後，李京海再度離家，加入坎昆成千上萬的示威大軍，抗議WTO。九月十日清晨，抗議者從市中心的一處公園出發，向會議中心進軍，但中途遇到了一處隔離網，無法繼續前行。這道路障無意間正好設在一面歡迎遊客來到度假勝地坎昆的看板下方，成為莫大的諷刺。正午的驕陽直射，鑼鼓喧天，人們高喊「WTO去死吧!」在這樣的氣氛中，一群韓國農民肩扛一具標有WTO字樣的紙棺材，向路障發起衝鋒。上百名示威者將一面美國國旗付之一炬，隨即衝向鐵絲網，並將路障部分搗毀。員警迅速趕來，試圖以高壓水柱澆滅怒火。李京海身穿黃格襯衫、頭戴沙灘帽，帽上圍著一條紅色的大手帕。他攀上路障頂端，向人群分發傳單，並再次揮拳高呼「WTO去死吧！」人群連聲呼喊口號，國際新聞媒體的攝像機拍個不停。就在眾目睽睽之下，李京海突然拔出一把陳舊的瑞士軍刀，一刀刺進自己的心臟。李萬念俱灰、死意已決，他雙手緊握軍刀，把刀子深深地插入胸中。示威者目瞪口呆，尖叫不已。與此同時，流血不止的李從高牆上跌落。醫護人員匆忙將他送入醫院，但已無濟於事。二〇〇三年九月十日，坎昆的醫院宣布李京海死亡。

李京海成為反全球化抗爭中第一名萬眾矚目的烈士，而他的自殺是籌劃已久的。離家前往坎昆之前，李京海顯然曾前往妻子的墳墓祭奠，清理周圍的荒草，似乎是為他自己準備未來的棲身之所。他死前散發的傳單寫道：「我已五十六歲。我是一名來自韓國的農民。我努力想解決農民的問題，把希望傾注在組建農民協會上。但像許多其他國家的農民領袖一樣，我幾乎一無所成。有一些話已經在我心裡積了很久，現在我要向你們高喊出來……不要讓WTO染指農業！」[1]

「把農業撤出WTO的談判桌」、「恢復糧食主權」，諸如此類的口號已經成為反全球化示威中的吶喊。而黑框裝飾的李京海照片也成為團結眾人時少不了的聖人像，推動人們齊心協力地投入國際反全球化抗爭。法國農民若澤·博韋等反全球化活動分子將爭取糧食主權的抗爭與反對「惡食」（*malbouffe*，一九八一年，絲黛拉·德·羅內 [Stella de Rosnay] 與久埃·德·羅內 [Joël de Rosnay] 在他們合著的《惡食》[*La malbouffe*] 一書中拼湊出了這個詞）相結合，而

①【編註】：目前韓國為世界第六大出口國和第九大進口國。

「惡食」的代表就是麥當勞和基因改造食品。當然，在世界上不是只有農民對此表示反對。無論是在WTO、世界銀行、IMF還是八大工業國峰會上，來自三教九流的、各個牢騷滿腹的抗議者在所有國際會議上從不缺席。在抗議者和批評者看來，全球化是一種詛咒。信奉佛教的泰國批評家蘇拉克．斯瓦拉沙（Sulak Sivaraksa）就代表了他們的意見。他將全球化視為「一種新的邪教」。蘇拉克寫道：「由於全球化在大公司的掌控之下，他們正在利用媒體使我們渾然不覺地走向一種單調的處境，是個有層出不窮的科技，由速食、垃圾食品、可樂與牛仔褲組成的『麥世界』（McWorld）。」[2]在他們看來，全球化要為所有想像得到的弊病負責：貧困與貧富差距的加劇、對自然資源的肆意掠奪、犯罪和疾病的流行、全球恐怖主義和生態災難。

鑒於批評者對所謂全球化的種種現象抱有深深的排斥，顯然他們並沒有將全球化視為一段由多種因素推動的長期歷史過程。在他們看來，全球化是一些人或一些組織有意實施的政策。時常有一些新聞報導和學術報告談及全球化的諸多弊端，這些文章也認為在背後推動全球化的，是一種新自由主義的政治哲學及其僕役——IMF、世界銀行和WTO。還有一些人將全球化描述為資本主義或自由市場政策的代名詞。許多公民團體齊聲譴責全球化，或許做一番研究，會有助於瞭解這些團體究竟對世界日趨緊密的交流懷有怎樣的不滿，但這些組織多不勝數。粗略地觀察一下，就可以發現它們的源頭千差萬別，針對全球化的政策也不時有矛盾之處：無政府主義者、反資本主義者（社會主義者和共產主義者）、反對基因改造農產品者、環保主義者、反核人士、支持原住民權利者、工會、支持移民遊說集團和反移民遊說集團、反「血汗工廠」組織。這些團體之間還有反戰組織、提倡生物多樣化的組織、支援文化自治組織，也有純粹的反美組織。全球化遭遇的最重大、最嚴峻的挑戰，是來自於已開發國家的勞工階層和白領工人。他們擔心低工資國家的競爭使工作流失。還有一些因素在激發反全球化情緒，不過很少在公開示威中表露出來。比方說，人們擔心在移民浪潮的衝擊下喪失族群或文化認同，抑或是對強盛富裕的西方在文化上的支配地位感到憤怒，擔心會侵害和腐蝕其他文化。

環保主義者批判富國向窮國轉移污染，並為部分由全球化貿易與旅遊製造的生態災難而感到憂傷。一些人士雖然贊同貿易是經濟繁榮的主要推動力，但他們依然質問：「全球化是否過了頭？」[3]左翼批評者指責新自由主義的資本主義全球化製造了貧富不均和社會不公，並呼籲走另一條「另類全球化」道路。[4]「反全球化」已經成為一個象徵性的標籤。他們所批評的，是愈來愈快的相互交流所帶來的負面後果。但早在現代交通、通訊與高度流動的資本主義成為普遍現象之前，甚至早在「全球化」一詞在字典中出現之前，這些問題就已經存在了。

有史以來，整合程度的提升都激發過反抗，有些人淪於異族統治之下，還有一些人則是因為外國產品和陌生理念的到來而受到傷害。面對商人、傳教士、探險家與戰士這四類全球化的關鍵推動者，人們的抵抗方式五花八門，例如武裝反抗、閉關鎖國、徵收關稅、設立貿易壁壘等。兩位名留青史的全球化推動者——斐迪南·麥哲倫和詹姆斯·庫克船長——本想與原住民建立關係，卻都死在他們手上。[5]當今全球化影響的最大特徵，就在於其高度能見度。在我們這個由媒體連接的世界中，輸家的悲慘遭遇與贏家的富裕奢華都歷歷在目，給這椿古老的故事添上新的註腳。不僅是那些被迫捲入全球化漩渦的人，甚至連一些全球化推動者本身也提出了反對意見，對全球交流中暴力與非人道的一面表示不滿。在歷史上，呼籲良知與高尚道德操守的聲音不絕於耳，例如巴托洛梅·德·拉斯·卡薩斯、威廉·威伯福斯等。在異國土地上假借神意、種族優越論或所謂自由貿易權，而對人類同胞製造傷害的做法，都曾經引起他們的譴責。今天，由於通訊網路不斷強化，彼此間密切聯繫起來的可不僅那些全球化的公司與機構，就連譴責它們的批評人士也以同樣緊密的程度結合起來。過去，對全球化惡果的抵制，幾乎總是侷限於特定的地域，而今天的批評者往往是最為全球化、最具全球意識的世界公民。今日被邊緣化的窮人，由於逐漸瞭解到遙遠土地上另一半富裕世界的生活而憤憤不平，而且不只他們，到了那些受益於全球化的社會與國家中，也有一些秉持良知的人士加入了他們的行列。他們呼籲改善不公正與非正義的現象——儘管類似情況始終與人類的全球交流形影相隨。

不過，最大的差別其實在於今日反全球化論點中所採用的分析方式，是一種新發展出來的工具。在人類過去兩千年的歷史裡，全球化是有一些方面遭遇反對，但今天的情況有所不同，反對者不僅針對全球化一些具體的負面效果，同時也針對大企業及其幕後支持者相關的意識型態與哲學——而這些人正是人們眼中的全球化推動者。卡爾．馬克思在資本主義初興的年代曾提出明確的批判，而譴責推動今日全球化的貪婪公司時，批評者也有意無意地受到馬克思批判的影響。一八四八年，馬克思和恩格斯發表的《共產黨宣言》(*Communist Manifesto*)有著如手術刀一般的冷靜分析，這也許是對全球化的第一次現代批判，其中有段話頗值得引用：「持續擴大產品銷路的需求，追在全球各地的資產階級身後……要靠極其遙遠的國家與地區的產品來滿足的新需求，取代了靠本國產品來滿足的舊需求。過去那種地方性、民族性的自給自足和閉關自守狀態，也被各民族各方面的互相往來和互相依賴所取代了。」[6]

在馬克思看來，「各方面的互相依賴」之所以出現，乃是資本主義利潤驅動的結果。用他的話說，就是「對剩餘勞動力猶如狼人般的飢渴」。[7]然而，不論現代批評者認為渴求利潤的資本主義有多麼大的弊病，隨著社會主義制度的崩潰，他們失去了另一種生產模式，這也讓他們更難抨擊資本主義。為了填補空缺，「全球化」變成了一個信手拈來的替代詞。這樣人們就可以繼續批判剝削性的資本主義，卻不一定得支持已經聲名掃地的社會主義制度。

貿易帶來煩惱

如果不考慮意識型態因素，全球化批評者矛頭所指，其核心其實是「他者」，即外國人的行為及外國產品、理念與制度。從歷史的黎明期開始，一國中最主要的外來活動者，便是來自異國的商人或宣講異教的傳教士。不過，在大規模的遠洋航行開始之前，貿易和旅行的規模都不大。然而，所有的帝國都曾企圖抑制相互交流的影響，如羅馬帝國、奧斯曼帝國、中華帝國等。羅馬人制定的最早一部法律中，就與進口稅有關。關稅是政府收入的重要來源，更有甚者，一些進口商品也常常遭到阻礙。十九世紀中期鴉片戰爭的導火線，便是不列顛人堅持將鴉片出口到中國以換取絲綢和茶，而中國人則試圖限制鴉片貿易。在殖民國家的威壓之下，開發中國家的農民與工人不得不依賴農產品的出口，這也導致他們的生活處於永遠的上下波動之中——今日全球化經濟中發生的事情與此大同小異。[8]十八世紀初期的荷屬印尼是個典型的例子。在印尼，由於咖啡和蔗糖價格的暴跌，荷蘭種植者開始解僱成千上萬的工人，其中許多是中國移民。這些勞工聽聞荷蘭人計劃將他們遣送到中國，動亂於是爆發，近萬名「中國佬」在這場史稱「巴達維亞之怒」（Batavian fury，又稱「紅溪慘案」）的事件中死亡。[9]就在荷蘭人的剝削點燃怒火之時，源自阿拉伯半島的瓦哈比派伊斯蘭教也來到印尼，兩相結合，引發了爪哇戰爭（一八二五年至一八三〇年），成為反全球化衝突的另一場先聲。[10]二十年後在印度，東印度公司強迫契約農種植收購價極低的靛藍，導致農民揭竿而起，成為又一場反全球化的抵抗活動，史稱「藍色譁變」（Blue Mutiny），其得名緣由正是來自農民種植的那種令人傷感的作物。[11]我們曾在前文讀到，由於不列顛紡織品的競爭，「棉織工人的骸骨鋪滿了印度平原」。不過，處於工業化過程中的國家也難免遭受全球貿易的影響，被迫與關稅壁壘作戰。考慮到羽翼漸豐的不列顛產業界的利益，國會於一八四六年廢除了禁止糧食進口的《穀物法》，但歐洲大陸卻提升了關稅壁壘，以保護其農民免遭美洲穀物湧入的侵襲。但對於穀物出口大國而言，全球貿易意味著另一種挑戰。為了保護羽翼未豐的國內產業，美國從獨立之初便對廉價外國工業品的進口施加關稅，例如不列顛的紡織品。[12]

全盤皆輸

我把移民歸類為探險家，也是推動全球化的關鍵人物。正是在獨立之初，移民激發了爭論與抵制，這與美國當前的反移民情緒頗有相似之處。在二十世紀頭幾十年裡，美國和其他新大陸國家實施保護主義政策，最終宣告後人所謂的全球化黃金時代壽終正寢。美國在十九世紀後半期實施的自由移民政策也結束了。導致政策如此逆轉的原因，乃是因為人們擔心低薪勞工的到來會使美國的收入差距拉大——二〇〇六年，美國國內主張強化移民管制的人所提出的理由也不過如此。但門戶閉鎖政策帶來的危害卻令立法者始料未及。兩位曾研究這段歷史的學者凱文．歐洛克和傑佛瑞．威廉姆森（Jeffrey Williamson）指出：「正當富國的收入差距不再上升時，移民人數限額也導致工作移民陷於停滯，全球資本市場崩潰，國際社會退縮到貿易壁壘的高牆之後。」[13]

另一個國際移民的重要目的地澳洲，也採取了一項史稱「白色長城」的政策來排擠「黃色」族裔。[14]「白澳政策」（White Australia Policy）直到二十世紀後半期才終止。這項政策的起因絕不是擔心帝制中國的政治或軍事干涉，而是澳洲人擔心自己被文化不同的種族所淹沒。他們認為，「低等」移民願意為極低的報酬而勞動，將衝擊本土勞工。在今天的西歐和美國，這樣的情緒司空見慣。

除了移民遭到阻礙之外，全球化還遭受了另一個打擊——貿易的逐漸停滯。在一九二九年的總統選戰期間，赫伯特·胡佛（Herbert Hoover）向美國農民承諾實施嚴厲的關稅法案，以緩解糧食價格暴跌的危機。然而，尚未等法案通過，人們就對龐大的斯姆特—霍利（Smoot-Hawley）聯名法案②的內容百般猜測，焦慮不安，激發了一九二九年十月二十四日的股市崩盤。由於全球金融市場已連成一氣，導致骨牌效應席捲世界，使為期僅僅一天的股市下挫演變為一場「大蕭條」。當年令全球化徹底壽終正寢的，正是一九三〇年六月保護主義的斯姆特—霍利聯名法案通過一事。單在參議院，焦躁的議員就一連提出了一千二百五十三條修正案，最終形成一個涉及二萬一千種產品的關稅法案。經濟史學者哈羅德·詹姆斯（Harold James）在《全球化的終結》（*The End of Globalization*）一書中寫道：「隨後國內和國際上出現的緊張局勢，破壞了曾將世界連為一體的機制。對跨國經濟活動所做的回應終結了全球化。」[15]

②【編註】美國眾議員威利斯·C·霍利（Willis C. Hawley）與參議員里德·斯姆特（Reed Smoot）聯名提出了調高關稅的法案。儘管許多經濟學家反對，但法案仍在一九三〇年通過，稱為《斯姆特—霍利關稅法》（Smoot-Hawley Tariff Act）。該法案造成各國貿易壁壘持續升高，美國出口衰退，進一步加劇了美國股市崩盤後的經濟衰頹。

當然，全球化從未終結，但一九三〇年的舉動就像一場急煞車，使全球交流的過程陷於癱瘓。美國進口總額在一九二九年為四十四億美元。由於《斯姆特—霍利關稅法》（Smoot-Hawley Tariff Act）設置的關稅，其一年間的降幅超過十三億美元。[16]

一九二九年至一九三三年是大蕭條最慘烈的時期，當時世界貿易萎縮了一半以上。[17] 跨國貸款和投資曾是世界經濟車輪的潤滑劑，但也逐漸乾枯了。在第二次世界大戰浩劫期間，全球商業遭受到更嚴重的打擊，當時世界多數國家尋求自給，實施配給制。誠如歷史學者尼爾．弗格森所言：「沒有人比希特勒從全球化的崩潰中賺得更大的政治資本。」大蕭條使經濟陷於混亂，人們對政治徹底灰心，強調民族身分，這為納粹主義的崛起提供了土壤。耐人尋味的是，希特勒在一九三二年巡迴競選期間向選民提出的問題，與今天已開發國家對全球化的憤怒情緒遙相呼應：「有太多的國際主義、太多的世界意識、太多的國際條約。有裁軍會議、莫斯科、第二國際、第三國際——所有這些東西為德國帶來了什麼？」弗格森的回答是：「他們最後帶來的當然就是希特勒自己。」[18] 當今天的政客為了牟取權力的需要，而對移民和文化上的「異己」嚴詞譴責時，這段歷史就是值得記取的教訓。

飛牛與大麥克

如果說今天的WTO是全球化的同義詞，那麼在一九九五年之前，扮演這一角色的則是其前身《關稅暨貿易總協定》。這個機制降低了二戰之前設立的關稅樊籬。《關稅暨貿易總協定》由聯合國設立，促成了近十二項多邊貿易協定，大大推動了全球貿易。在過去的六十年裡，世界貿易額已經從一百億美元增長到十二兆美元。一九五〇年世界經濟規模為二千億美元，其中出口只佔百分之五，而現在經濟規模為六十兆美元，出口佔百分之六十。貿易的驚人增長帶來了巨大財富。然而，由於貿易規則的影響，財富分配極為不平均。根據WTO的資料，二〇〇四年世界各國的貿易總額接近十九兆美元，但五十個最不已開發國家只有一千三百三十億美元，不到百分之一。[19]關稅壁壘的消除使已開發國家的製造品出口迅速發展起來，但那些依賴紡織品、皮革製品、漁業和農業的窮國卻被關稅樊籬和補貼拖住腳步。WTO包含了有關產品貿易、服務業貿易和智慧財產權貿易等三個框架協定，但農業與紡織品這兩個最敏感的議題卻游離於貿易總協定之外。[20]事實證明，將這兩個問題暫時擱置，只不過是將爭鬥推遲而已。二〇〇五年，富國的紡織業工會顯示了它們隨機應變的能力。根據一項協定，保護已開發國家紡織業的《多種纖維協定》於二〇〇五年一月廢止。低成本的生產國中國的產品在擺脫了種種限制後，迅速席捲市場，並在美國紡織業遊說團體中激發抗議。美國製造商貿易行動聯盟（American Manufacturing Trade Action Coalition）聲稱，自《多種纖維協定》失效以來，已有十九家工廠關閉，約二萬六千人失業。[21]歐美官員擔心國內爆發保護主義的強烈反彈，於是借助WTO協定中的一項保障條款，重新對中國廠商施加生產限制。抨擊全球化的聲音告一段落，但只維持了四年時間。

農產品貿易僅佔世界貿易的百分之十，但它卻會觸動開發中國家的敏感神經，關係到最不已開發國家絕大多數人口的糧食與生計，而百分之二十多的WTO成員均屬此類國家。從坎昆到香港，韓國農民一路在WTO會場外與員警對抗。這提醒人們，農民面對大型跨國公司的競爭，會擔心自己的生計。韓國、巴西、印度、肯亞及其他非洲國家的農民已提出要求，除非富國取消不公平的補貼、反傾銷法規和其他非關稅壁壘，否則便反對進一步向已開發國家開放市場。有一項統計顯示，富國每年大筆投入的三千億美元農業補貼，足以讓屬於「經濟合作暨發展組織」（Organization for Economic Co-operation and Development, OECD）的工業化國家中每一頭乳牛搭乘頭等艙在全球飛行，而且還綽綽有餘。[22]

除了讓乳牛坐頭等艙之外，對於世界貿易而言，已開發國家的補貼政策無異於讓一名壯碩如牛的相撲手與一名骨瘦如柴的選手對決。二〇〇五年秋天，我在塞內加爾旅行期間看到一個個巨大的養雞場淪為廢地，上百名年輕人無所事事，在大街上遊蕩。歐洲的禽類製品以豐厚的補貼為後盾傾銷於塞內加爾，當地供應商的家禽因價格偏高而失去銷路，導致這些曾提供就業機會的養雞場關門大吉。有關富國保護主義最不光彩的例子就是棉花。無怪乎批評者常常以此為據，指責這些貿易規則有多麼陰險，而貿易規則就是全球化的特色。貝南、布吉納法索、喀麥隆、查德、馬利等國的農民以種棉為生，但他們的產品在世界市場上毫無銷路，因為美國和歐盟的大規模棉花補貼（美國每英畝棉田補貼為二百三十美元）已導致棉花價格低於生產成本。[23] 根據一項統計，一九九九年至二〇〇一年的三年間，八個非洲種棉國損失了三億三千萬美元的出口收入。對於世界上最貧窮的那些國家而言，這是一筆不小的數目。[24] 而二〇〇一年至二〇〇二年，美國的二萬五千名棉農得到了三十九億美元的補貼。[25] 與此同時，歐盟每年向希臘農民提供十億美元用於種棉。假如取消這些補貼，世界棉價也許會上揚百分之十五以上，讓成千上萬的非洲農民獲得溫飽。[26]

讓全球化的批評者感到惱怒的另一件事是，已開發國家所謂的促進自由貿易，以及大吹大擂的「援助」窮國經濟，顯然是種偽善。例如二〇〇二年，富裕的 OECD 工業國給予開發中國家五百八十億美元的援助，但卻向國內農民提供了三千一百八十億美元的補貼，相當於前者的五點五倍。[27]事實是，富國的農業關稅與補貼，每年對所有開發中國家帶來的損失約為四百五十億美元，而紡織品和服裝貿易壁壘每年帶來的損失約為二百四十億美元。與富國保護主義帶給窮國的損失相比，其所提供的對外援助不過是九牛一毛。二〇〇六年七月的WTO日內瓦大會是場「不成功、便成仁」的會議，將考驗這些不公平的事情能否結束。九一一攻擊事件使世界猛然意識到憤怒情緒的積累，攻擊事件三個月後開始的WTO「杜哈回合貿易談判」則誓言要引導貿易，使其有利於窮國的發展。

但日內瓦會議不歡而散。美國和歐盟相互指責對方未能就取消補貼做出足夠的讓步，而開發中國家則表示，除非西方國家對農業補貼和關稅做實質性的下調，否則便拒絕接受製造業關稅的大幅削減。一些反全球化活動分子為日內瓦會議的失敗歡呼，認為這是窮國的勝利，使窮國公民免遭富國欺凌。但WTO總幹事帕斯卡爾．拉米（Pascal Lamy）一針見血地指出，「對於在WTO成員中佔四分之三、其經濟與（富國）相比較為貧窮和虛弱的國家而言」，這場失敗「是對其發展前景的當頭一棒」。[28]由於WTO多邊貿易談判過程的擱淺，窮國現在只有與富國達成雙邊協定一條路可走，而在此過程中，它們幾乎毫無討價還價之力。

農業貿易問題主要與窮國有關，它們認為富國的補貼與關稅是全球化中的不公正行為。但這個問題也在富國引發爭議，其癥結在於，歐洲人擔心使用化學物品，以及美國農業經營中的生物工程技術會影響食品安全。一位來自法國、留著鬍鬚的農民是西雅圖最著名的抗議者之一。他在西雅圖事件幾個月之前一戰成名。此事要追溯到一九九八年，當時WTO裁定支持美國出口服用生長激素牛肉的權利，而歐洲人已對這種產品頒布禁令。批評者很快指責WTO的爭端解決機構偏袒美國。但實際上，爭端解決小組的成員雖然是由WTO任命，卻必須經歐美兩方的成員國批准。

當歐盟拒絕解除對美國牛肉的禁令時（美國認為禁令不過是假健康之名，行保護主義之實），WTO准許美國對歐洲產品施加報復性關稅。來自諾曼第的羅克福乾酪（Roquefort）成為遭到嚴重打擊的產品。在因關稅的提高遭遇經濟損失後，反全球化活動分子、生產羅克福乾酪的農民若澤·博韋怒氣衝天。他將飼養綿羊的農民夥伴組織起來，對美國文化帝國主義（以及飲食帝國主義）最明顯的象徵之一——麥當勞——發動攻擊，以示抗議。他們開著拖拉機來到一處新麥當勞店的建築工地，將其搗毀。入獄二十天的博韋幾乎在一夜之間便成為一名反全球化的國際明星。形象好似法國漫畫主角阿斯泰利克斯（Astérix）的博韋，在一九九九年作為法國代表團的一員前往西雅圖，領導人們抗議WTO推動的糧食作物商業化行動。在他們看來，糧食問題事關重大，不能交給變化莫測的世界貿易所主宰。博韋在西雅圖舉行示威，一些以滑雪帽蒙面的抗議者搗毀了一家麥當勞店。博韋解釋說，他領導的運動為小農謀利，反對全球化帶來的工廠化農業。在他們看來，麥當勞是全球化的符號，意味著工廠化農業帶來的千篇一律的食品。他說，如果聽任這種情況繼續下去，農民便再無立身之地。博韋宣布，「對我們來說」，麥當勞「是一個標誌，反映了WTO和大公司到底對世界意欲何為」。[29] 諷刺的是，儘管博韋對這個速食連鎖店的「惡食」痛切譴責，但在麥當勞所處的一百二十個國家中，法國的經營效益最好。二〇〇六年，麥當勞在法國擁有約三萬五千名僱員，是法國最大的外國僱主之一。

面對博韋的抗議，麥當勞可能毫髮無損。但博韋還針對所謂的「科學怪食」（Frankenfood）發起抗議，使世人注意到美國推廣的基因改造生物（genetically modified organism, GMO）正遭遇日益強烈的國際抵制。反全球化組織聲稱，孟山都公司（Monsanto）、嘉吉公司（Cargill）等渴求利潤的跨國公司所研發的基改作物，不僅將使開發中國家的農民永遠仰賴這些大公司提供的種子，而且將給消費者健康帶來難以預測的影響。WTO拒絕對基改食物發布禁令，這也被人們視為WTO與大企業沆瀣一氣的證據。儘管科學研究並未發現基改食品會帶來任何不良後果，而且生物技術有望為迅速增長的世界人口提供充足而富有營養的食物，但從拉爾扎克（Larzac）到孟買，示威者的聲勢絲毫不減。二〇〇三年，電視畫面都是博韋帶領支持者搗毀了法國一處基改玉米和水稻的實驗田。博韋因為這起蓄意破壞財產的行為被捕入獄，後來獲得假釋，因而無法前往坎昆抗議WTO會議。但在拉爾扎克，他向一個有二十五萬人參加的集會發表演講，呼籲農民走上街頭，破壞這次會議。[30]

二〇〇三年的WTO會議以失敗告終，但失敗原因並非是街頭抗議，而是開發中國家堅持反對西方的農業補貼。諷刺的是，開發中國家所反對的補貼，恰好就是博韋與其農民夥伴支持的補貼。法國綿羊飼養者和美國棉農因補貼而免遭競爭，但美國畜牧業農場主和非洲棉農卻因此受損。農業的全球化帶來了輸家和贏家，不僅在國家之間如此，在一國國內亦然。以韓國的稻農為例，為了保護他們的利益，命運多舛的李京海在坎昆自殺。韓國市場的逐步開放必然使稻農受損。但這會帶來多種多樣的產品和低廉的價格，使更多的韓國消費者獲益。香蕉就是一個很好的例子，韓國現在從菲律賓和南非大量進口這種普通的水果。二十世紀六〇年代韓國市場關閉期間，香蕉是一種奢侈品。當時推翻李承晚獨裁統治的抗議學生襲擊副總統李起鵬的居所，在冰箱裡發現了香蕉；示威者高舉一把香蕉走出李家，以此不義之物來證明政府的腐敗！強大的出口機器為韓國當前的繁榮奠定了基礎。二〇〇五年，韓國出口了價值一千七百億美元的半導體、輪船、汽車、電子產品和其他工業品。首爾的計程車司機曾是農夫，但現在他們強烈要求向外國農民開放稻米市場，以享受便宜的稻米。

稻米市場的開放不僅有利於美國的大農場主，而且也有利於泰國和越南等地更貧窮、同時卻更能幹的稻農。李京海指控ＷＴＯ殺害韓國農民，甚至憤而自殺，但事實上，ＷＴＯ也給泰國和越南的貧困稻農帶來了新生活，而他們的成功已使兩國躋身世界最大的稻米出口國之列。二〇〇五年冬在湄公河三角洲旅行期間，我看到熙熙攘攘的市場、煥然一新的住房、嶄新的摩托車以及密密麻麻的電視天線。農民現在可以送子女上學，享受幾年前尚屬不可想像的生活。不列顛非政府組織樂施會一向批評ＷＴＯ，其關於ＷＴＯ與稻米貿易的報告就取了《破門而入》（*Kicking Down the Door*）當標題，但該組織也承認，對於泰國和越南而言，「發展中進口國市場的更大開放將進一步推動兩國的稻米產業，提高兩國稻農的收入。很明顯，『南南合作』（South-South trade）③事關重大，其影響在增強。開發中國家之間的關稅如能進一步削減，也許會使其整體獲益」。[31]

窮國國情千差萬別，甲國的毒藥，說不定就是乙國的良藥。歐盟對糖和香蕉的補貼政策導致其在歐洲市場價格高揚。當ＷＴＯ裁定該政策違法時，對廢除補貼最感不悅的，卻是非洲國家以及加勒比海與太平洋的島國，因為它們曾從舊日的殖民母國那裡享受特許權，得以用優惠條件向歐盟出口香蕉和糖。取消補貼將迫使它們直面生產效率更高的已開發國家與開發中國家的競爭。[32]

長距離污染

反全球化活動人士不僅指責跨國公司為追求利潤最大化而不擇手段，過度開發資源，破壞窮人的生計，還指責它們將製造活動轉移到環境保護不彰、甚至沒有保護的國家，給全球環境帶來災難。但是，二〇〇三年世界銀行的一份研究發現，幾乎沒有任何證據能證明，公司選擇到這些國家投資是為了規避富國的污染防治。決定投資額最重要的因素，反而是當地市場的容量。[33]另一項發現是，就任何特定的產業而言，外國人經營的工廠要比本地工廠較少造成污染。

WTO——以及更廣泛的全球化——所遭遇的另一個指控，便是毀滅地球環境。在全球化推動下，不斷擴展的貿易造成捕魚量增加、林地破壞，以及污染產業向開發中國家轉移。二〇〇五年十一月「聯合國糧食及農業組織」（Food and Agriculture Organization of the United Nations, FAO）的一份報告說，濫砍濫伐每年在世界上造成約一千八百萬英畝森林毀滅，相當於巴拿馬或獅子山的國土面積。態度嚴謹的批評人士承認，不能像我在紐哈芬遇到的水電工那樣，將濫砍濫伐完全歸罪於全球化。不過他們正確地指出一點：對於造成世界各地森林減少的許多因素，全球化明顯發揮了引導和加速的作用。全球化顯然會促進貿易，進而鼓勵消費，而消費則推動世界各地的伐木活動。但回歸地方或全球層次，水土保持、育林工作的廢弛，也明顯要為森林的減少擔負同等的責任。

---

③【編註】一九七八年，由於當時所有已開發國家都位於北半球，聯合國於是設立南南合作單位（Unit for South-South Cooperation），試圖促進南方國家之間的經濟、資源、學術上的交流與合作。但南南合作的範圍並不侷限於聯合國的單位，非洲—南美洲高峰會（Africa-South America Summit）同樣也是南南合作的一種。

中國是這方面的典型例子。中國是世界工廠、全球化的主要受益者，同時也日益仰賴其他國家來滿足其不斷增長的食品需求。對於一些巴西農民而言，這是個好消息。中國對黃豆需求的增長能給他們帶來收益。環保組織「綠色和平組織」（Greenpeace）估計，近年來已有二百五十多萬英畝的熱帶森林遭砍伐，為的是種植黃豆。[34]巴西之所以能增加其黃豆出口，是因為在歐洲得到補貼的畜牧業對這種飼料有很大的需求。[35]綠色和平組織聲稱，有「一條綿延七千公里的生產鏈，起點是農民砍伐原生林，終點則是不列顛等歐洲國家速食店裡出售的雞塊」。該組織稱，不列顛從巴西進口黃豆飼料之舉，無異於「對森林犯罪」。[36]

中國耀眼的經濟增長和提供給世界的廉價產品也有其他的成本。中國的燃煤量愈來愈大，還使用化學品來增加出口，這不僅污染了中國的空氣和水，更危害了世界環境。二〇〇四年的一項調查發現，中國工廠排放的汞等化學物質已借助高速氣流（jet stream）④傳到數千英里外的地方。一名研究者曾追蹤一團從亞洲飄到新英格蘭的汙染空氣團，當地採樣的分析結果顯示其中的化學物質源於中國。[37]

荒誕劇場

然而，跨國抗議人士很少拿全球化的弊病來攻擊中國等開發中國家，而是將矛頭對準多邊組織。在針對WTO以及聯合國、歐洲聯盟乃至所有超國家組織的諸多批評中，有一種論調認為這些組織極端不民主，而這正是所謂全球化的通病。貿易談判會議都在關上大門後進行，受其影響的人群毫無發言權，但跨國公司卻扮演強大的幕後角色。已開發國家中那些為弱國代言的批評人士指責說，ＷＴＯ已經聽從歐美的使喚，甚至成為歐美強大的農業集團、製藥業與金融業遊說團體的僕役。一位批評者說，重要的協定都是由幾十個強國的貿易部長所敲定，而窮國部長只能守在門外等候消息。[38]

為ＷＴＯ辯護的人回答道：談判當然是在成員國代表間展開的，這毫不稀奇，因為ＷＴＯ本身就是由主權國家組成的組織，而各國代表不願在眾目睽睽之下協商。同時，簽字國必須向其國內受影響的團體與非政府組織解釋為何要簽署這些協定，這取決於各國政府的性質。從這個意義上而言，ＷＴＯ的民主性其實與其成員國並無二致。不過，一旦將實際情況考慮進去，人們就更有理由相信ＷＴＯ不民主的本質。所有成員國在理論上都是平等的，但事實上就和其他國際組織一樣，是那些市場最大的國家在決定規則。在加入ＷＴＯ之前，各國都必須先與美國以及其他將來的主要交易夥伴簽訂雙邊貿易協定。中國雖已成為世界第二大貿易國，但在一九九九年華盛頓承認它的最惠國地位之前，中國仍不得不在ＷＴＯ的門外苦等。由於美國談判者頻頻施壓要求讓步，越南加入ＷＴＯ的期待不斷受挫，直到二〇〇六年十一月八日，越南才滿足所有要求，獲准成為ＷＴＯ的第一百五十個成員國。越南曾從全球化中獲益良多，最後咬緊牙關跨越最後一道障礙，加入ＷＴＯ。

曾經的反帝國主義抗爭英雄，越南，毅然決然地加入ＷＴＯ，與傳統左派對該組織嗤之以鼻的態度形成鮮明對比。在左派看來，ＷＴＯ不僅是跨國公司的俱樂部，而且是一道通往「全球

④【編註】指行星大氣中存在的高速環流帶，地球上的高速氣流帶集中在對流層頂，吹西風，風速可達每小時二百至三百公里。

「血汗工廠」的大門。令左派沮喪的是，曾歷經革命的越南在二十世紀九〇年代堅決要打開這道大門。在一九七五年的勝利後，自稱「社會主義前哨」的越南試圖消滅資本主義，驅逐資本家——大多是華裔。越南希望建立半自給的社會主義，但只實施了三年，國家便如臨深淵。在整個二十世紀七〇年代，我眼看這個國家江河日下、陷入貧窮，不禁滿心酸楚。最終，搖搖欲墜的蘇維埃帝國中斷援助，民眾發生搶糧暴動，迫使越南接受市場經濟，向世界開放大門。從二十世紀八〇年代中期開始的經濟改革，與全球經濟的日益融合使越南成為又一隻「亞洲虎」，在二〇〇六年達到百分之八點四的經濟增長率。每日生活開支不足一美元的人口比例也從百分之五十一下降到一九九〇年的百分之八。[39]

不過，越南根本入不了抗議者的法眼。聚集在西雅圖反對全球化的許多美國工會與人權組織聲稱，WTO導致各國為競爭而不顧一切，使公司去剝削在血汗工廠中勞作的窮國工人，踐踏工人基本的工作權利。柯林頓政府也有類似的擔心，於是試圖將勞工待遇問題納入西雅圖的貿易談判。這場峰會本來就遭受暴力示威的衝擊，柯林頓政府此舉成為壓垮駱駝的最後一根稻草。在開發中國家看來，西方扮出一幅救世主的姿態關心工人的困苦，這無非是虛情假意，是明目張膽地假借人權和勞工權的名義來實施非關稅壁壘。這些國家認為，對尚處經濟發展初期的國家而言，低工資是其主要的相對優勢，為了融入全球貿易，無論如何還是得加以利用。

開發中國家的反全球化活動分子對資本主義有著同樣的厭惡，但在勞工權這個關鍵問題上，他們與西方批評者態度不同。參加西雅圖抗議活動的一位印度人將這稱為一幕「荒誕劇」——是北方富國精心策劃的一場新帝國主義陰謀，打著為窮國建立勞工、人權或環保標準的旗號，其實是想保護本國的產業。他以嘲諷的筆調寫道，西雅圖的抗議者中包括了美國「鋼鐵工會（它們一直主張實施保護、配額制和反傾銷調查，以阻擋來自窮國的鋼鐵）和紡織品與服裝工會，以『童工』為藉口，想要禁絕來自開發中國家的進口」。[40]

WTO嚴格保護智慧財產權，往往給窮國、弱國帶來傷害，也是激發反全球化人士怒火的原因之一。這是全球化的老問題，讓專利產品或科技的所有人與其他人產生矛盾。從中國的蠶繭到咖啡豆，從橡膠樹種到紡織機設計圖紙，智慧財產權一直是衝突的淵藪。隨著高科技公司和製藥公司投入大筆研發費用，牽涉的問題就更多，鬥爭也愈加激烈。生產微晶片、藥品等智慧性商品需要研究經費，而窮國常無力投入，於是大量金錢就作為享受研究成果的成本，從開發中國家流向已開發國家。世界銀行前首席經濟學家約瑟夫．史迪格里茲說，WTO「強化『智慧財產權』的方式，就是讓開發中國家更難享受『智慧財產權』。這是場不公平的比賽」。[41]印度的反全球化人士抗議西方所主張的智慧財產權保護，其理由是，印度的窮人將因此無法享受廉價成藥的好處。在印度接受WTO條款之前，印度製藥公司採取「逆向工程」（reverse engineering）⑤的做法，以低廉的價格向印度人提供藥物。但智慧財產權能載舟亦能覆舟。一國如欲創新，專利保護則必不可少。無怪乎在因本國的創新而賺得荷包滿滿的時候，印度就悄然間停止了反對，接受了WTO的智慧財產權保護規則。

還有一個機構招致的批評更甚於WTO，那就是IMF。反全球化抗議者對它投以最激烈

⑤【編註】指透過分析既有藥品成分，直接製造類似藥品，而非自主研發的做法。

的攻擊。他們長期將IMF看作新自由主義經濟政策的主要宣導者。該政策就是所謂的「華盛頓共識」(Washington Consensus),主張自由貿易、資本市場自由化、保障智慧財產權、解除管制、從公共部門向私人部門轉移資產等等。[42]二〇〇一年秋,「五十年足矣」組織發表了一份呼籲書。該組織是一個聯盟,其成員包括環保分子、發展經濟學家、傳教士等主張對世界銀行和IMF進行根本性改革的人士。左翼反全球化運動的情緒在這份呼籲中可見一斑:「國際貨幣基金組織和世界銀行是新自由主義全球化的總設計師……主張世界經濟公正的人士必須表明態度:追求世界正義的運動將堅持不懈,而這些機構與七大工業國政府仍在試圖為公司和富人的利益而改造世界,使世界多數民眾無法得到最起碼的公正待遇,我們對此堅決反對。」[43]

比較溫和的批評者並不主張撤銷IMF,但他們也抱怨說,這個組織成立的本意是避免另一次「大蕭條」,擔負起「最終貸款人」(lender of last resort)⑥的責任,但實際上它「在任何情況下都主張市場優先,附和華爾街和美國財政部的聲音。它更熱心於讓富有的債權人收回貸款,而不是服務窮人」。[44]史迪格里茲等批評者認為,IMF的政策設計對國際貸款人有利,卻嚴重損害了工人和國內公司。史迪格里茲還認為全球化與IMF的政策有關。他將IMF向窮國亂開災難性的藥方比喻成高空轟炸。他寫道,在開發中國家,IMF的經濟學家「舒舒服服地坐在各國首都的五星級酒店裡,一個人就可以在豪華酒店裡麻木不仁地強行制定各種政策。假設他能親身感受這些政策給民眾生活帶來的破壞,必會三思而後行」。[45]

解僱通知與沃爾瑪公司

雖然知識分子最為關注的，是ＩＭＦ和世界銀行的政策設計問題，但就全球化對公眾和大眾媒體的影響而言，貿易對就業產生的效果才是最歷久不衰、爭論最激烈的話題。西雅圖抗議者關心的是世界政策和血汗工廠裡的勞工，但在二〇〇四年初，隨著全球化對美國等西方國家勞動力市場和整體經濟的直接影響愈來愈明顯，這種關注似乎也退居幕後。

隨著美國貿易逆差在二〇〇六年奔向七千五百億美元的歷史記錄，西方經濟整體呈「失業型成長」之勢，人們對全球化更為顧慮重重。[46]二〇〇四年，民主黨總統候選人約翰．凱瑞參議員將美國工作流失作為選戰主軸之一，努力提醒民眾瞭解此事。不過，直到諾貝爾經濟學獎得主、自由貿易宣導者保羅．薩繆爾森（Paul Samuelson）加入論戰，才將這一問題上升到更高的政策層面。二〇〇四年，他似乎加入批評者的陣營，質疑全球化的益處，一時引發轟動。他在《經濟展望》（*Journal of Economic Perspectives*）雜誌上撰文，重申長久以來的觀點，即貿易替代了大規模移民。他認為，鑒於美國勞工已不能像過去那樣壟斷美國的先進技術和資本，自由貿易的確降低了工資在美國國內生產總值中的比重，使整體的貧富分化加劇。薩繆爾森指出，美國人的平均收入和不同階層之間的貧富分化狀況都發生了巨大變化，其原因可能是放任自由的貿易，包括服務業貿易。他認為，將工作外包到外國，就相當於美國從這些國家輸入勞動力，都會產生壓低工資的後果。

⑥【編註】當商業銀行遭遇資金流動問題時，一旦同業無法救助，問題就有可能擴大到其他銀行，甚至影響整個市場。為了阻止連鎖性金融危機發生，中央銀行應設法維持市場上的貨幣流通，站在巨觀的角度，讓經濟體系得以維持，不至於因為個別銀行的經營問題而拖垮市場。此即為「最終貸款人」。

他聲稱，一個正在迅速升級科技的低工資國家——如印度或中國，是有潛力改變與美國之間的貿易條件，降低美國的人均收入。若與失業相比，低價商品進口根本算不上什麼補償。他打趣說：「就算沃爾瑪降價百分之二十，也不一定能彌補工資的損失。」47

服務業貿易的負面影響，尤其是白領工作的外包，在媒體中都有連篇累牘的報導，但往往缺乏資料支援。一九八四年，美國勞工統計局（Bureau of Labor Statistics）開始計算「被取代工人」（worker displacement）的數量。據估計，到二〇〇四年為止，至少已有三千萬全職工作機會流失，只是無法查明這些工作中有多少是因貿易而流失的。但儘管缺乏有說服力的數字，那些失去工作的人仍然指責廉價進口和全球化。尤其令人憂心的一件事是，人們發現，所謂資本主義的「創造性破壞」（creative destruction）過程所毀滅的工作其實多於其所創造的工作。「創造性破壞」這一不朽名言出自著名經濟學家熊彼特（Joseph Schumpeter）之口。在資本主義經濟中，失業是復甦的必要組成部分，人們已經毫不懷疑地接受了這個令人不快卻又無法避免的現實。但他們卻驚訝地發現，工作機會竟然幾乎一去不復返。有人辯稱，從這一「創造性破壞」中獲益的國家也成為西方產品的主要買家，但這並未平息民眾的憂慮。中國、印度或其他開發中國家進口大量波音和空中巴士的飛機、機械，或是購買更多的摩托羅拉手機，卻並未給一般民眾帶來現實可見的利益。研究長期資料的經濟學家發現，美國經濟的全球化已使中產階級的收入增長停滯、甚至下降，進一步拉大了富豪與中產階級之間的差距。

美國的公司收益一直在增長，其原因或許是資源的全球配置和全球行銷，或許是對後勤供應鏈的精巧管理，又或許是對科技的有效利用。但工資相形之下卻陷於停滯。美國公司稅後利潤總額從一九九〇年的二千九百二十億美元增長到二〇〇四年的九千億美元。[48]由於勞動力市場相對疲軟，公司便能保留收益，不與工人分享。故而批評者指出，社會下層的收入徘徊不前，而美國的富人卻在享用全球化的果實。

世界銀行經濟學家布蘭科．米蘭諾維奇（Branko Milanovic）認為，一些基本的經濟事實導致全球化在美國變質。例如，雖然過去二十五年裡美國平均實際工資並未增長，但收入最高的百分之一的實際工資卻增長了一倍多。他說：「今天，百分之一最富的美國人控制美國總收入的將近百分之二十。從『咆哮的二〇年代』（Roaring Twenties）⑦以來，就從來沒有這麼高的比例。」[49]從工業領域離開的工人最終大多進入服務業，如卡車司機、保全人員等，收入下降。富人、受過高等教育者有能力利用全球化的經濟，中產階級和無特殊技能者則無此能力，二者之間的收入差距已經擴大。

工作魔花

美國導演唐．席格（Don Siegel）的電影《天外魔花》（*Invasion of the Body Snatchers*, 1956）裡，一名小鎮醫生發現，來自外太空的異形正逐步佔據鎮民的身體。在世紀之交的時候，也有一起類

⑦【編註】一九二〇年代，西方世界（美國、加拿大、西歐）無論是在社會、藝術或文化上都出現了劇烈的變化——第一次世界大戰後的愛國情感、爵士樂的蓬勃發展、女性開始反抗性別習俗、裝飾風藝術（Art Deco）等。物質領域也出現了極大轉變，如汽車、電話、電影、廣播、電力、空調的出現，再加上工業成長與消費需求陡增……都發生在這個時候，一九二〇年代也因此得名「咆哮的二〇年代」。

似的科幻故事正在成為美國各地的工廠裡的現實。這裡的「工作魔花」安坐於數千英里外一間虛無縹緲的辦公室裡，透過高速光纖電纜另一端的一臺電腦提供服務，你看不見也摸不著。耶魯大學學生馬特就曾接觸過一位這樣的隱形工人，令他如見鬼魅。在一家跨國公司的紐約辦公室做暑期兼職期間，馬特致電技術支援部門處理電腦問題。接電話的人來自班加羅爾，他請馬特將個人電腦移交他控制。馬特驚訝地看著滑鼠在螢幕上飛舞，開關一個個視窗，就像一隻無形之手在螢幕上拼寫奇奇怪怪的文字，直到系統恢復正常。一個遠在萬里之外的人解決了馬特的問題，而其工資也許僅是紐約一位技術人員的十分之一。正如英特爾公司前首席執行長安德魯・葛羅夫（Andrew Grove）所說：「從技術與生產效率的角度而言，一位六千英里外的工程師，與一位坐在隔壁工作間裡處理本地網路的人員是一樣的。」[5]不單是隱形的工人在你的電腦螢幕上移動滑鼠，還有腔調怪異的聲音在電話線的另一端回答你關於抵押貸款支付的問題，或是幫你尋找遺失的行李。類似的事情隨處可見，讓人不禁想起電影中的異形取代了鄰居的工作，而眾人還渾然不覺。與電影不同的是，當歐美人與德里郊外古爾岡（Gurgaon）的印度接線員通話，當日本人聯繫中國工業城市大連客服中心的客服人員時，他們對於在服務熱線裡聽到千奇百怪的口音早已見怪不怪。但這件事還有一項更深遠的影響，即業界行話中所謂的「業務流程外包」（Business Process Outsourcing, BPO）——BPO已經成為西方人關心的重大問題，因為這意味著「工作魔花」正沿著商業食物鏈攀爬。現在不單是藍領工作和客服中心的接線生受到威脅，就連收入豐厚、擁有政治影響力的白領僱員也不能倖免，雖然過程也許是緩慢的。

與世界經濟的許多新現象一樣，服務業工作外包的發展逐漸有其益處。信用卡公司和銀行將業務記錄轉移到低工資國家，以進行資料登錄與調整。但這種辦公內務工作的轉移，其背景卻是數千年來的人類融合。在世紀之交，全世界的公司都為所謂的「千禧蟲」危機焦慮不安。它們擔心，舊的程式碼由於只允許以兩位元數記錄年分，或許會將二〇〇〇年讀作一九〇〇年，帶來嚴重的資料損失和系統崩潰，於是紛紛求援。也許是歷史的偶然，印度這個發明「零」的國家，現在又披掛上陣，以成千上萬的軟體工程師來為世界解決這個有關「零」的問題。當時，印度新興的資訊產業已經藉經濟改革的東風站穩腳跟，擁有大量的工程師儲備，開始使用高速網路。十七世紀來到印度的葡萄牙、荷蘭和不列顛商人，都曾經從這個國家古老的紡織業和大量的技術工人儲備中發現了巨大的財源，今天，站在二十一世紀的制高點，歐美的業界領袖也在印度找到了寶藏。[51]通用電氣公司（General Electric）首席執行長傑克·威爾許（Jack Welch）曾為提高股東收益無情地削減成本。他於一九八九年訪問印度，發現這是一個「開發中的國家，卻擁有已開發的智慧」。言外之意，就是指印度是個有著高技術的低工資國家。一九九七年，通用電氣資本國際服務公司（GE Capital International Services, Gecis）成立，開印度大規模服務業外包之先聲。[52]

不列顛電信（British Telecom）技術主管阿歷克斯·泰勒（Alex Taylor）訪問印度後驚歎：「我們國內還須要保留什麼？現在他們那裡什麼都辦得到。」[53]一位印度企業執行長所見略同。印度最大軟體公司印孚瑟斯的首席執行長南丹·奈里坎尼（Nandan Nilekani）說：「當今的業務我們幾乎都能勝任，而且更快、更廉價、更好。」[54]不列顛電信於是決定將其資訊業務全盤外包到印度。

隨著公司爭相削減成本、提高利潤，西方許多高階主管也在提出泰勒的問題，讓手下工人不寒而慄，卻讓印度的無數大學新鮮人歡欣鼓舞。世界各大公司紛紛宣布將在國內裁員，聘用國外的低薪工人，此風迄今未息。美國勞工領袖驚惶地抱怨說，全球化代表人們能「輕輕點一下滑鼠，就能在數千英里之間轉移資本，以光纖電纜的傳送速率將工作轉移到地球的另一邊」。[55]為降低成本，通用汽車等一些公司將整個資訊業務外包給ＩＢＭ、惠普（HP）等公司，後者又將工作轉到海外。[56]傷害之餘，又有羞辱。公司往往要求遭解僱的工人在最後幾週的工作時間裡培訓新人——不是別人，就是即將頂替他們的外國工人。[57]

客戶服務、呼叫中心和醫療記錄服務不過只是開始而已。資訊服務業外包的空間與日漸增，如管理硬體與公司電腦網路、維護與開發業務軟體、起草法律文書與報稅資料、研究、分析、製作工作進度表等等。一開始人們只不過是為尋找低工資或削減成本而將一些低技術工作轉到海外，後來逐步演變成一場大規模的系統革新，以便將公司改造為有效的全球性企業，在全球背景下整合技術與效率。二〇〇六年初《商業週刊》的一篇文章描寫了這種革新通常產生的後果：「Genpact、Accenture、IBM Services 等外包業巨擘派出工作小組，鉅細靡遺地分析一間公司全部的人力資源、財務或資訊科技部門的工作流程。然後工作小組就像虛擬子公司一樣，幫助公司構建新的資訊平臺，重設所有業務並執行各項方案。之後，公司就將工作分配到從美國、亞洲到東歐的全球職員網路之中。」[58]

低工資、高頻寬

季風和三桅帆船曾經讓歐洲商人能將大量印度紡織品運往市場，而現在取而代之的則是光纖電纜這條「電子高速公路」，運送的產品也已迥然不同，如語音、文件、資料、腦波等。正如湯馬斯．佛里曼在《世界是平的》一書中所解釋的，微軟 Windows、網景（Netscape）網頁瀏覽器等通用軟體平臺的出現，PDA（personal digital assistant，個人數位助理）、網路電話等新技術的發明，美國網路泡沫的破裂……這一系列因素機緣湊巧，讓資料傳輸量在突然之間劇增，[59]為印度外包業興起創造了條件。[60]在接下來的十年裡，通用電氣等幾十家公司湧入印度，利用這項新發現的資源。到二〇〇六年，歐美公司的二十四小時業務已吸收五十多萬印度人，從事各種客戶服務和辦公內務工作。

左派知識分子隨即譴責呼叫中心的工人是「全球化時代的網路苦力」，但印度人迫不及待地抓緊「電子超級公路」帶到門口的良機。[61]擁有高速網路連接、國民教育良好的其他國家也與之類似。從愛爾蘭到立陶宛，從塞內加爾到菲律賓，大學畢業的工人能夠不出國門便為外國公司工作。二〇〇四年拜訪班加羅爾的印孚瑟斯廠區期間，我在一個巨大的玻璃廳裡看到幾十名年輕男女坐在電腦終端機前，維修外國客戶遠在歐美的伺服器。我也在達喀爾郊區的一處客服中心看到了類似的場面：幾百名年輕的塞內加爾人頭戴耳機坐在座位上，告訴法國（塞內加爾過去的宗主國）客戶如何使用洗衣機，或是如何安裝電子郵件軟體。他們願意接受遠低於已開發國家同行的工資。這些工人及其從事的資訊服務業在突然之間擴展了外國公司可資利用的勞工儲備，使各個國家連接起來，共同構成世界的內勤部門。

暴發戶與美髮師之國

一場大規模的商業革命正悄悄地進行，只有財經媒體注意到了這件將使全球化的幽靈更顯龐大的事情。二〇〇五年麥肯錫全球研究所（McKinsey Global Institute）提出一份研究，預言百分之十三至百分之五十的工作將轉移到海外，包括軟體、資訊科技、銀行、保險、製藥、工程、會計等等。[62] 經濟學家艾倫．布林德在《外交事務》雜誌撰文，對前景做了更為慘澹的預測。他寫道，當前美國製造業總共約有一千四百萬個工作機會，而在未來電子時代可能流失的美國服務業工作總數約為該數字的兩、三倍。雖說目前為止服務業外包還鮮少發生，但「這最終也許就相當於第三次讓社會脫胎換骨的工業革命」。[63] 美國就業市場一向動盪不定，但令一些經濟學家擔憂的是，目前新出現的工作機會大都是家庭幫傭和低薪工作。Amicus 是代表不列顛理工科白領工人的工會，該組織警告說，如不採取行動遏制外包浪潮，不列顛可能淪為這樣一個國家：「只有暴發戶和美髮師，兩者之間別無他物。」[64]

由於許多歐美公司已採取外包策略，全球性公司本已淡薄的地域色彩變得更為微弱了。隨著跨國公司巨頭百分之六十至八十的銷售都在海外進行，公司經理現在忠於全球的消費者，而非忠於某個國家或民族。世界最大的電腦製造商戴爾（Dell）有百分之四十三的銷售收入來自美國國外，也難怪戴爾的海外僱員是美國國內僱員的七倍。二〇〇二年的一項研究發現，在世界最大的五十家跨國公司中，百分之五十五的僱員和百分之五十九的銷售額都在其「祖國」之外。[65] 有人引用一位不列顛銀行家的話說，由於全球化和新市場的開闢，「要說公司屬於某個國家，就變得愈來愈難了」。[66]

一支新的白領勞工隊伍殺入世界就業市場，其人數足以讓人們對全球化的影響憂心忡忡。有些業界領袖已經敲響警鐘。例如英特爾首席執行長克雷格．巴雷特（Craig Barrett）在接受報紙採訪時說：「看看印度、中國與俄羅斯，它們都有深厚的教育根基。即使將其國民的百分之九十算作教育不佳的農民而忽略不計，也仍然有三億教育良好的人，其規模超過了美國的勞動力。」[67]這樣的數字乍看之下確實令人震驚。但如考慮到另外兩個事實，則局面就有所改觀。這兩件事鮮為人知，也少有人理解，但都嚴重限制了工作大量流失的可能性。印度每年培養四十萬工程師，但由於整體教育品質不佳，僱主只願僱用其中的四分之一。[68]另外，擁有世界級工作能力者或曾為外企工作的語言能力者就更少了。研究表明，雖然媒體頻頻示警，但事實上在美國和歐洲，轉移到海外的工作數量只是工作流失總數中的一小部分。美國二〇〇四年第一季的初步資料顯示，失業總數中只有百分之一點九可歸因於「委外營運」。[69]雖然公司為節省起見而將一些業務外包的做法已蔚然成風，但大多數工作都不過是轉給了同一國的其他公司，這種情況未來也許不會改變。通用汽車就是一個國內外包的例子。該公司已將許多零件的生產業務甩給了德爾福公司（Delphi），其汽車的大量零件都購自獨立的美國供應商。調查表明，外包的工作大都留在了國內，這不是因為存在什麼政策壁壘，而是基於純粹的商業考慮，例如運營問題、管理層對海外遷移的敵視、生產規模太小無利可圖等。麥肯錫管理諮詢公司發現，在外包印度一事上每花一美元，就能給美國國內帶來一點一二至一點一四美元的收益，這說明單從勞動力的角度看待外包現象是不對的。[70]富雷斯特調查公司（Forrester Research）做出了駭人聽聞的預言，聲稱十五年裡將有三百三十萬美國工作機會流向海外，但如靜下來思考，就會發現其實每年只有不到百分之零點二的美國工人受影響。[71]但是，事實和資料作用不大，因為這多半是個心理問題，而非經濟問題。更重要的則像政治經濟學家大衛．羅斯科夫（David Rothkopf）所說的，流失的工作大都不是外包到了印度或中國，而是被「時間淘汰」。[72]它們消失的原因是新科技的出現，而不是外國人鳩佔鵲巢。例如，許多辦公室都淘汰了接線員、安裝了語音信箱，航空公司也用線上訂購的電子機票取代了售票員。這樣的趨勢既發生在歐美，也發生在日韓。在韓國，好鬥的工會常常與大公司對抗，投票選出民粹主義的政治家。在西方，政治家則利用中產階級的恐懼心理，將失業炒作成熱門話題，以賺取政治資本。受服務業外包影響者大多為擁有一定政治影響的白領工人，故而其不滿得到了更多關注。正如經濟學家艾倫·布林德所警告的，目前為止，藍領工人雖在外包風潮中首當其衝，但卻寂靜無聲，反倒是「新的失業工人、尤其是受教育程度較高者，既不會如此逆來順受，也不會如此沉默寡言。」

波蘭水管工幽靈

造成人們害怕全球化的當然不只是外包，還有一種更為切身的擔憂，那就是移民人數在富裕西方世界中較貧窮的周邊地區不斷增加。新的「走出非洲」移民浪潮已經不斷衝擊歐洲海岸，讓人擔心失去工作和民族認同變質。美國約一千三百萬非法移民的事實，已經成為造成社會不睦、產生糾紛的重要因素。經濟學家米蘭諾維奇指出了這一悖論：「對工作流失的恐懼源自兩個巨人（中國和印度）快速的經濟增長，而諷刺的是，對移民的恐懼卻是因其他開發中國家經濟增長緩慢導致的。」[73]那些試圖抵達歐洲的非洲人和亞洲人，以及穿越邊界進入美國的墨西哥人，他們的祖國都未能跳上全球化的列車。米蘭諾維奇指出，一九八〇年墨西哥的實際人均收入（根據美墨之間的物價差異調整後的數字）是美國的三分之一，而今天已接近四點五比一。日復一日，貧苦的非洲人在西班牙的加那利群島海灘或地中海上義大利的藍佩杜薩島（Lampedusa）登陸，他們的祖國五十年來經濟幾乎毫無增長。

工作流失在美國已隨處可見，但有著強勁工會傳統的歐洲工人抵擋住了這一波風潮。不過，由於他們要求終生工作保障和收入，公司不得不將新投資轉到海外，而不是去背起國內的長期工資負擔。其中一項結果，就是歐洲大陸各地失業率高漲。另一方面，經濟增長緩慢、人口的老齡化已使歐洲各國政府承受日益沉重的退休金與醫療開支負擔。在德國，以格哈特．施洛德（Gerhard Schröder）總理為首的政府削減養老金、限制就業保障，不顧強烈抗議，結果在二〇〇五年付出代價，輸掉了選舉。

人們已經將歐洲社會保障的這些削減、高失業率和收入差距拉大歸咎於全球化，這一點也不奇怪。法國是批評全球化聲調最高的歐洲國家之一。對於全球融合帶來的悖論而言，法國是個有趣的例子。為了推動經濟增長，法國向外國投資者開出了誘人的條件，但總統雅克．席哈克（Jacques Chirac）卻發表民粹主義的言論，公開對全球化的批評者表示認同。法國吸收的外國直接投資在歐洲居第三位，在二〇〇五年達五百億美元，佔國內生產總值的百分之四十二。法國商界可以將生產轉移海外，將服務外包（例如達喀爾的客服中心），這不僅帶來了更多的利潤，而且使公司得以壓低國內的工資，因為他們有心照不宣的殺手鐧：接受我們的條件，否則我們就轉移到印度或波蘭。[74]經濟增長的「豐年」和強大的工會帶來了一種雙層社會結構：高工資、高福利工人組成的「局內人」階層和不能充分就業、甚至失業工人組成的「局外人」階層，後者的人數持續在增加。自歐盟擴大、納入一些原屬蘇聯陣營的國家以來，就一直有個幽靈困擾著法國人和部分不列顛人，那就是「波蘭水管工人」以及其他利用歐盟勞工法來到西歐的移民。歐洲各地的反移民情緒已呈上升之勢，尤其是德法兩國。近年來，法國城市貧民窟裡失業的年輕移民，以及寬裕的中產階級家庭的子女，都曾上街鬧事。

二〇〇六年春，由於法國政府試圖對勞動力市場實施改革，中產階級年輕人發起抗議。諷刺的是，擬議中的就業改革正是為了鼓勵公司僱用更多年輕人。但面對暴亂，改革方案被迫擱淺。與其他一些工業國一樣，法國似乎陷入了重重矛盾之中。一方面法國得益於全球化，該國成功的全球性公司帶來了財富，鼓勵外資的政策也使它融入世界，但法國的社會政策和民粹主義做法卻在競爭壓力勢不可當時保護國民。法國經濟得益於全球化，但民眾卻擔心前景不明和競爭。二〇〇五年，一項民意調查詢問二十至二十五歲的法國年輕人：「全球化對你意味著什麼？」百分之四十八的人回答「恐懼」，只有百分之二十七的人回答「希望」。[75]在二〇〇五年出版的《委外營運：我們明天還有工作嗎？》（*Délocalisations: Aurons-nous encore des emplois demain?*）一書中，法國經濟學家菲利浦·韋利姆斯（Philippe Villemus）詳細闡述了這種恐懼。

在二十世紀末，最令美國產業界膽戰心驚的詞就是「中國價格」。就算薪酬不到美國平均工資的三十分之一，中國工人也願意接受這樣的工作，這使得人心惶惶，擔心美國工資直線下跌、製造業工作大舉遷往中國這個世界工廠。到二〇〇六年，甚至西方那些支持全球化的人也開始擔憂。用摩根史坦利公司經濟學家史蒂芬·羅奇（Stephen Roach）的話說，中印從全球化中取得的好處已經「轉變為一股強勁的逆風，壓制開發中國家工資和勞動收入的提升。高工資工業化國家的經濟復甦逐漸變成一種無就業增長或無薪資增長的復甦，或者二者兼備」。[76]這種擔憂的聲音漸漸匯成一股潮流，甚至經濟學家約瑟夫·史迪格里茲也就工作外包的危險發出警告：「美國等富國的工程師、電腦專家別無選擇，或者接受減薪，或者不情願地失去工作，或者尋找其他工作，而幾乎可以肯定，新工作的工資較低。」[77]史迪格里茲的預測出人意料地得到了ＩＭＦ官員的背書。一位ＩＭＦ高級官員在介紹該組織二〇〇六年發展前景時承認，在那些最為接受全球競爭的行業中，外國競爭限制了工資的增長，甚至影響了生產力提高對工資的提升效果。他雖然強調，由於全球化也會促進生產力，因而並不意味著工資必然降低，但他仍不得不承認，「全球化對工資的影響將成為一個爭論日益激烈的問題，尤其是在當前勞動收入佔總產出的比例在已開發國家中不斷下跌的時候。」[78]

贏家、輸家面面觀

二十一世紀初的事態發展，已經讓一場古老的辯論重新升溫：全球化是在幫助，還是在傷害窮人？從二十世紀九〇年代後期以來，尤其是在西雅圖反全球化騷亂之後，全球化的支持者與反對者，就一直對開發國家與開發中國家經濟進一步整合所帶來的成果或危險爭論不休。

二十世紀九〇年代早期，世界銀行根據不同機構收集的家庭調查資料估計，在開發中國家，每天收入不到一美元（根據一九九三年的價格）的人口比例出現下降。世界銀行經濟學家杜大偉（David Dollar）稱：「在這個全球化的時代，世界上快速增長的經濟體是那些積極融入世界經濟的開發中國家。」[79]根據世界銀行的研究，在中國、印度、印尼、越南等貧窮而人口眾多的亞洲國家，貧困比例出現快速下降。一九八一年至二〇〇一年，每日生活成本不足一美元的農村人口比例，在中國從百分之七十九下降到百分之二十七，在印度從百分之六十三下降到百分之四十二，在印尼從百分之五十五下降到百分之十一。拜全球化之賜，中國在一代人的時間裡取得了空前的經濟繁榮。每日生活成本不足一美元的中國農村人口，從一九七八年的二億五千萬人劇降到二〇〇三年的九千萬人。但批評者質疑說，消滅貧窮的成績也許應該歸功於一些國內政策措施，如中國的土地改革和印度的「綠色革命」，而不是全球市場的開放。他們還指出，在中國等走向全球化的國家，收入差距在不斷擴大，這說明貧困的減少也許未必就是那麼普天同慶的事情。

反全球化人士認為，全球融合導致各國貧富差距的拉大，對窮人毫無益處。但是，支援這一論斷的資料，充其量是模棱兩可的。吉尼係數（Gini coefficient）是種衡量貧富差距的常用方法（「零」代表絕對平等，「一」代表徹底不平等），此係數明確顯示，中國自從接受全球化以來，國內貧富差距就在拉大。一九八三年，中國的吉尼係數是零點二八，貧富差距不大。但在二十年的經濟改革、與世界整合更為緊密之後，二〇〇三年中國的收入差距擴展到零點四五，甚至比資本主義的美國更不平等——美國的吉尼係數是零點四一。[80]在另一個正迅速全球化的國家印度，其消費力差距只是微弱增長到零點三三。但以另一項標準來看，在二〇〇二年，代表資產分配均衡程度的吉尼係數在印度農村是零點六三，在城市是零點六六。在中國，這兩個數字分別為零點三九和零點四七，大大低於印度。[81]但我們還應注意，赤貧人口（以「購買力平價」〔purchasing power parity〕⑧計算每日生活成本不足一美元者）的總數在歷史上一直在增長，直到大約一九八〇年為止。自一九八〇年以來，世界人口增長了十八億，而赤貧人口下降了二億。這樣的進展令人鼓舞，但仍有十六億人生活貧苦。

有關全球化與貧困的討論，也讓經濟學家用新的角度來看一場舊辯論：貿易究竟是會促進全面繁榮，還是會拉大經濟鴻溝？二〇〇〇年，世界銀行經濟學家杜大偉和阿爾特．克雷（Aart Kraay）研究了九十二個國家在四十年間的狀況後得出結論：雖說貿易有利於經濟增長，但它相對於收入分配是中性的，也就是說，對所有收入群體的影響相同。[82]不過，世界銀行經濟學家瑪蒂亞斯．倫德伯格（Mattias Lundberg）和琳．斯奎爾（Lyn Squire）調查了一九六五年至一九九二年間三十八個國家的狀況，最終結論是，貿易開放程度愈大，對社會上層提高收入愈有幫助，而最窮的百分之四十人口的收入則會下降。他們寫道，在開放過程中，窮人完全承擔了調整成本，因為與本國的富人相比，面對國際價格的變動，窮人要脆弱得多。[83]

那我們該怎麼定調？任職於世界銀行的布蘭科．米蘭諾維奇在二〇〇三年的一項研究中使用了九十五個國家的家庭收入資料，這些資料更新、更精確，最終結論接近於倫德伯格與斯奎爾的分析成果：「我們發現了相當有力的證據說明，在極低的收入水準下，從開放中得益的是富人」。而在中等收入國家，當收入水準提高時，與百分之二十最富的人相比，窮人與中產階級的相對收入也出現提升。他總結說：「開放似乎先使收入分配變糟，然後才使其變好。」[84]整體而言，研究結論顯示，由於最窮人口的收入增長較慢，更多的貿易傾向於加劇貧富分化。一國中更善於利用全球交流的人口與地域往往搶佔先機，而不那麼幸運的人口與地區則比之前落得更遠。「貿易能改善赤貧者的狀況」，這一說法雖未被徹底顛覆，但貿易的效果肯定首先是提升平均收入，然後才能提高窮人的實際收入。

⑧【編註】「購買力平價」是一種根據各國不同物價水準，來比較不同貨幣價值的係數。假設一種商品在不同國家的價值是相等的，若甲國購買此商品需要甲幣三元，乙國需要乙幣四元，則甲乙兩國的購買力平價匯率就是三比四。

拉丁美洲與非洲的虛假成長

在二十世紀最後的幾十年中，貿易與資本流動的增長就是全球化的象徵，但這些增長帶給非洲與拉丁美洲的進步卻令人心生疑竇。事實上，很多拉美人和非洲人傾向於認為，全球化無他，不過是西方的殖民野心不死而已。在二十世紀九〇年代，拉丁美洲國家實施的全球化政策收效甚微，人均收入增長僅有百分之一。「全球發展中心」（Center for Global Development, CGD）主席南西·博德索（Nancy Birdsall）以嘲諷的語調寫道，全球化帶來的那點好處都落入「一些特權者之手，他們若非受過大學教育，就是嗅覺靈敏，能及時將資產轉到國外」。[85] 非洲是全球化的歷史源頭，也是對貿易最為開放的大陸之一，但它現在就像宣傳畫上的苦難兒童一般，向人們昭示全球化的失敗。雖然二十世紀九〇年代實施的改革為一些國家帶來投資，模里西斯等國家的經濟也飛速增長，但三分之二的非洲大陸仍深陷貧困泥潭。一九八一年至二〇〇一年，生活在每日一美元的國際貧困線之下的非洲人比例，從百分之四十二增加到百分之四十七。不過，正如中印的成功不能完全歸功於全球化，非洲的衰落也不能僅僅怪罪於它。大量的歷史因素、政府治理水準的低下、地緣處境不佳、氣候災難和疾病，都導致下撒哈拉非洲一片愁雲慘霧。二十世紀八〇年代，非洲沿海國家原本可以吸引大批投資湧入，但因治理不善、基礎設施缺乏而錯失良機，投資者紛紛前往亞洲。正如加州大學柏克萊分校經濟學家普拉納布·巴丹（Pranab Bardhan）所說：「批評全球化的人士聲稱，全球化是開發中國家種種問題的主要起因，實情並非如此。與此同時，過度熱情的自由貿易論者聲稱，全球化是解決這些問題的主要出路，往往也於理不合。」[86]

事實上，針對「全球化對窮人究竟是福是禍」這場歷時已久的辯論，窮人自己已有答案。反全球化活動分子聚集於國際會議的會場為窮人請命，為ＷＴＯ談判的失敗歡呼雀躍，但與他們不同，窮人大都希望參與全球化。二〇〇三年「皮尤民眾與媒體研究中心」（Pew Research Center for the People and the Press）一項全球民意調查早已發現一個趨勢：與富國相比，全球化在低收入國家的形象更佳。這一趨勢現在變得更為明顯。該調查表明，儘管世界大多數人認為全球貿易與商業聯繫的提升有利於自己的國家，但在美國和西歐只有百分之二十八的人認為這樣的融合「很好」。換個角度來看，相當一部分富國民眾（百分之二十七的家庭）認為「全球化對我國產生惡劣影響」，而在亞洲開發中國家與撒哈拉沙漠以南的非洲國家，持此觀點的家庭則屈指可數，分別為百分之九和百分之十。該調查總結說：「新興國家民眾不僅都嚮往民主和自由市場，而且普遍認可和接受全球化。」幾乎每個國家都有四分之三以上的受訪者認為，子女要在今天的世界上成功，就必須學會英語。[87]對窮人而言，全球化意味著向世界開放，意味著在電視上看到的、心嚮往之的產品與服務來到身邊。

二〇〇五年，ＡＣ尼爾森（A. C. Nielsen）對歐洲、北美、亞太、拉丁美洲、南非和中東四十二處市場的二萬三千五百名線上消費者進行了一項調查，結果很有意思，得以讓人一瞥開發中國家、得益於全球化的新興中產階級的態度。對於百分之七十八的印度人而言，全球化意味著更好的工作機會、更好的職業生涯，緊隨其後的是菲律賓人（百分之七十三）和中國人（百分之七十一）。半數以上的拉丁美洲人（百分之五十七）和亞太地區消費者（百分之五十三）相信，在他們的市場上，更多的全球性商業活動會帶來更高的工作機會和更好的職業生活。[88]

窮人對全球化抱有好感，這理當不會讓人意外。全球的交流透過貿易和旅行不斷增強，雖然沒有帶來平等，但顯然促進了經濟增長。自一九八五年以來，世界窮人佔總人口的比例下降。不過窮人的絕對數量卻增加了一億，達到十六億人。[89]和過去不同，我們不可對今日全球化中脫隊的人置之不顧。由於全球電視普及，即便一貧如洗的人也知道，西方的富人和本國的社會上層是如何生活的。他們迫切希望融入全球化的世界，卻又為無法實現這一點而備感沮喪，這在許多國家都是危及社會穩定的因素。正如前述，全球化過程一直都在產生贏家和輸家，而贏家通常可以制定彼此互動的規則。在人們看來，西方當前的一輪反全球化情緒，再次說明了強者想在處境不利時修改規則。自從鴉片戰爭的年代以來，西方一直都在宣講自由貿易的美德，而今，當數以百萬計的中國人、印度人和越南人希望加入全球貿易體系時，西方突然間又心生憂慮。西方愈來愈擔心中國與印度崛起，擔心經濟受到影響，而在開發中國家的許多人看來，這不過是小題大做，因為這兩個國家仍然極為貧窮。根據世界銀行的計算，在中印兩國的二十三億民眾中，有將近十五億人的日收入不足二美元。[90]除此之外，開發中國家的無數民眾也明白，由於被隔絕於世界市場之外、由於那道將他們與全球化受益者分割開來的鴻溝，他們承受了什麼損失。當今全球化中輸家的慘況，同樣處在全世界眾目睽睽之下。有史以來人類行為的複雜推動力——希望、渴求與恐懼的結合——在今天依然發揮作用，而且愈加強烈。在帆船和駱駝商隊的年代，贏家可以對輸家漠然置之，但今天的世界已由高速的紐帶連為一體，這樣做不僅不可能，甚至很危險。從歷史的角度而言，歷經上千年演變、帶來今日全球化社會的這段過程顯然不可逆轉。縱使可以設置壁壘來減緩其速度，也不過是一時的障礙，不可能阻擋全球交流的進軍之勢。不過。高速全球化也帶來一些問題，產生日益強烈的不滿情緒，包括對社會不公、分配不均的抱怨，這些都不可等閒視之。坎昆的韓國農民李京海也許只是抗議者中的一個特例，但在開發中國家還有無數的人，或因不為世界聯繫所接納，或因僅能分得一些殘羹剩飯而怒火中燒。如忽視他們，勢必會嚴重危及世界的穩定。但話說回來，無論是在開發中國家還是在富裕的西方，全球化的受益者並不會走上街頭慶祝全球化。波音公司的工人並未因中印兩國大舉訂購「巨無霸客機」而遊行支持全球化，快樂的消費者也沒有集體走上街頭，為沃爾瑪百貨降價歡呼雀躍。但西方與開發中國家的交流在加強，國民也得到更多的機會來改善生活，這都與西方百姓目前享受的生活水準密切相關。在今天互動密切的世界上，人們可以利用巨大的人力資源儲備與他們的創造力，因此，如果富裕的工業國單為政治上的方便，企圖使全球化過程軋然而止的話，那只會鑄成大錯。世界整合日益緊密，這難免帶來一些問題，倘若只因為問題無法輕易解決，便強行讓人類拆夥，將為禍甚烈——就這一點來看，二十世紀早期的戰爭與經濟衰退仍殷鑒不遠。

IO
The Road Ahead
前路

財源如水者／孰知世事艱？
金銀在身者／幾曾不悠閒？
逍遙此世，他人身後置／何錯之有？

——十七世紀西班牙詩人韋爾南多．德．瓦爾烏埃納（Bernardo de Balbuena）

二〇〇六年十一月初。我搭乘大韓航空公司的直航班機 KE82 從紐約飛往首爾，去了卻一樁舊事。我欣然踏上這段十四小時的飛行，讓我在筆耕不輟之餘，得享片刻悠閒——這本書我已經寫了五年。我想利用這段時間稍事休息，回顧自己所學習到的一切，反思千年來人類生活的演進史，或許還能對未來做些勾勒。

結果，這趟飛行的趣味超乎預期。我享用了一頓拌飯——這是一種韓國傳統料理，有白飯、蔬菜和以芝麻油、紅辣椒醬醃製的碎牛肉。然後我沉入數小時的迷思。我回想起，芝麻油是最早的植物油。大約三千年前，印度人學會從種子中提煉這種油，後來成為遠輸羅馬帝國的重要產品。我的辣椒醬裝在一個小包裡。十六世紀由葡萄牙和西班牙商人傳到亞洲的墨西哥植物，現在以一種工業化的形式出現。隨午餐供應的葡萄酒來自智利和加利福尼亞。我乘坐的這架波音 747-400 飛機飛躍大洋，它實現了人類的飛行夢想，這全賴千年來人們的無數實驗與大膽嘗試。這架飛機的許多零件來自五湖四海，最後在華盛頓州埃弗里特（Everett）的波音工廠組裝。我揣度著午餐的白米究竟是來自韓國、德克薩斯、越南還是泰國，逐漸沉入夢鄉。後來我在漆黑的機艙中醒來，滿眼都是平面電視螢幕發出的詭異光芒，恍惚之間仿佛來到了外太空。當我打開舷窗俯瞰下方的世界時，一縷陽光撲面而來，幾乎令我目眩。當視力逐漸恢復時，我看到太平洋雲霧籠罩的藍色海水，依稀可辨的阿拉斯加逐漸消失在遠方。我開始暢想，在大約一萬兩千年之前，人類的祖先曾在這片荒涼的土地上艱難跋涉，穿越冰雪覆蓋的白令陸橋，而今海水已將陸橋淹沒，將亞洲與美洲分隔。我拉下窗簾，打開筆記型電腦。

當電腦的 Windows 作業系統啟動時，我發現在螢幕右下方的工作列裡有一點綠光閃爍。一條資訊冒了出來，通知我有無線網路可用。我好奇地點下去，發現我的電腦正在接收波音公司的 Connexion 無線網路信號。令我高興的是，這項服務是免費的。無線網路是送給乘客的禮物，明年一月就不再提供。我隨即登入電子郵箱，給每個家人發了一封郵件。他們住在天南海北，遠隔萬里，跨越不同大陸與時區。然後我稍事休息，閱讀、回覆郵件。就在這一刻，我描述過的通信革命恢宏畫面一瞬間湧入腦海。我是在太平洋上空以每小時五百五十英里的速度御風而行，透過這臺小小的戴爾商用筆記型電腦，我就能存取遠在紐哈芬的耶魯大學伺服器裡儲存的資訊。我與幾百位乘客共享的這個黑暗機艙，就是一個虛擬的辦公室。作為一名離家探索世界的記者，我可以被歸入探險家之列，他們曾為縮小世界做過貢獻。那個下午我樂此不疲地扮演這樣的角色，從大韓航空公司的 KE82 航班上向天涯海角發送郵件，連接不同的地方。

看完郵件後，我點開 Google News。它能將在世界各地網頁上出現的新聞標題彙集起來。根據這些標題判斷，下面的世界是個紛擾不休之地。身處如此高空，我甚至可以看到地球的輪廓，在空中讀到這個星球上所發生的事情，恍然間，我覺得自己是位天外來客。或許當阿波羅計劃的太空人看到地球如圓盤一般懸掛在漆黑的太空時，他們會有一種更興奮的心情。雖然與下面的藍色星球相距遙遠，情感上卻緊密相連，這就像是在閱讀一本描述古代文明的史書時，人們產生的那種雖遠實近之感。

讓我唏噓不已的是，人類在藉由貿易、宗教、移民與帝國控制重新聯繫上彼此的過程中，是邁過了何等遙遠的征途。亞述商人布蘇—肯曾經攜帶、用以記錄存貨的小泥板，已經被黑莓公司（BlackBerry Limited）的數位平板所取代。貨輪和貨運飛機代替了驢子和篷車隊。在今天的傳教士大軍中，既有在衛星電視上宣講基督福音的教徒，也有在線上高呼的非政府組織活動分子，警醒世人侵犯人權的事件與環境的惡化。昔日屈指可數的探險家變成了今天數以百萬計的遊客，我就是其中的一員。我們乘坐的客機在天空中飛翔，靠著能全球定位的「星星」來導航，而當年揚帆航行的旅人，只能憑藉天象。帝國的威勢已不再依靠弓箭，而是由坦克、洲際導彈和「掠奪者」無人機取而代之——安坐於內華達州一處空軍基地裡的「飛行員」一按按鈕，便能讓無人機朝阿富汗境內的目標發射導彈。世界變得比以往更小，但這些新聞標題仍提醒我，人類社群之間依然是何等疏遠，他們或是自願走上不同的發展路徑，或是被迫分道揚鑣。

數百萬人脫離貧困

當西伯利亞和中國的海岸線呈現在眼前時，我反思過往，思考全球性的交流曾經在這塊我即將降臨的大陸上，帶來何種變革。在亞洲的大片地域，稻田在一代人的時間裡轉變為喧囂的都市，遍地是燈火通明的摩天大樓和人潮湧動的商場。在中國、印度等與世界整合更緊密的開發中國家，全球化對消滅貧窮做出了多大貢獻？這個問題也許仍無共識，但無論如何，倘若沒有商品、資本和科技的流動，消除貧窮的速度絕對不會如此之快。十三億中國人有近三分之一脫離了貧困，印度也有相當比例的人口步入中產階級之列——雖較中國為低。中國已成為世界第四大經濟體和第三大貿易國。[①]與世界交流的不斷強化已經使印度發揮出軟體和英語方面的相對優勢，席捲世界服務業外包的半壁江山。從更長遠的歷史維度來看，考慮到一七〇〇年時，中國和印度佔世界國內生產總值的比例，分別為百分之二十二點三和百分之二十二點四的事實，可以說這兩國經歷了二百五十年的衰落之後，已經開始重新攀登昔日的高點。這是一場不同凡響的復興，經濟改革、全球貿易、科技轉讓與跨境投資對此功不可沒。[1]

---

① 【編註】：中國已於二〇一〇年超越日本，成為次於美國的世界第二大經濟體。此外，中國也於二〇一三年超越美國，成為世界第一大貿易出口國。

然而，我看到的新聞標題也訴說著這是個憤怒而焦慮的世界，人們擔憂全球交流帶來的種種影響。貧困在開發中國家滋長，而在已開發國家，貧富差距的擴大、失業、對工作保障的擔憂，也紛紛為貿易保護和嚴格移民限制的呼聲火上澆油。與此同時，經濟的快速增長帶來環境的惡化，尤以中國為甚。更有甚者，氣候變化不再是遠在天邊的烏雲，而是成為更為迫在眉睫的威脅。

針對全球化的一些最常見的擔憂，源自於富國和窮國的收入差距，以及那些對國際貿易風潮毫不設防的國家裡貧富不均的情況。我們稱之為「全球化」的互賴交流活動與大片地域擦肩而過，從非洲、巴爾幹地區、高加索地區、中亞、西南亞、南亞，一直到東南亞和加勒比海的部分國家。過去二十年來，窮國在國際貿易中的比重出現下滑。

目前仍有十多億人的日收入不足一美元，他們也許大多畢生都無緣接觸電話，並終老於故土，與世隔絕。近二十億人缺乏飲用水、初等教育、醫療服務、公路、電力、港口等基礎設施，成為另一個世界裡默默無聞、遭人遺忘的居民。從飛機上，我無法聯繫到這個世界。但對於已開發國家而言，正是這些人構成了一種道德與現實意義上的挑戰。在非洲和亞洲，隨著農業的衰敗，營養不良、疾病纏身的兒童日漸增加，而農業萎縮的部分原因就是來自富國農業補貼的壓力。這些兒童看著富麗堂皇的西方，內心充滿怨恨。而在富國的當局者看來，這些怨恨者只會破壞社會穩定，如非法移民、販毒、犯罪等，而且還會傳播疾病。五角大廈的一位戰略專家稱這塊地區為「裂縫」，是新型的「非傳統安全威脅」（unconventional security threat）湧現之地。美國國防部已悄悄派出幾十位特種部隊專家，在百餘個國家舉行了上千次演習，以預先防備這樣的威脅。[2] 但這種刺眼的社會經濟差距所帶來的，是更為長久、深遠的威脅。對已開發國家與經濟迅速增長的國家而言，如果無法利用這些游離人群中蘊藏的龐大潛力，那麼這些國家的產品與服務的銷路就會受到限制，而對另一些國家而言，則可能使經濟止步不前，政府分崩離析——這只會導致非法移民與日俱增，有助於犯罪集團與恐怖組織招兵買馬。

自歷史曙光乍現，探險家和移民就一直是全球化的主要推動者，而今，他們卻被視為嚴峻的威脅以及影響全球化世界穩定的因素，這對歷史真是莫大的諷刺。二〇〇五年聯合國估計，跨國移民約有兩億之眾。如果這些人住在一起，相當於世界人口第五大國巴西。而移民數字的增勢不減，為應對貧窮移民來勢洶洶的洪流，各國都在強化移民法。美國計劃沿美墨邊界修築一道綿延七百英里的屏障。這也許會成為一個標誌，充分反映在西方世界彌漫的反移民情緒。

儘管移民匯款是一筆寶貴的收入，但從缺少開發之國家的角度而言，大規模移民並非完全有益無害。大多數已開發國家、甚至一貫拒斥移民的日本，都已在制訂法律，鼓勵開發中國家的醫生、工程師、程式設計師和工商管理碩士前來移民，進而構成一股反向潮流。受教育人士的流失往往使窮國淪入經濟停滯與衰退的困境，產業遭到破壞，例如，一些下撒哈拉非洲國家的醫療體系元氣大傷。尚比亞獨立以來培養的醫生中，只有十二分之一的人仍留在本國執業，而聯合王國的醫療部門裡卻有成群的非洲和亞洲僱員。馬拉威有一千三百萬人口。而據估計，在英格蘭北部城市曼徹斯特行醫的馬拉威醫生，就超過了其祖國全國的醫生。[3]

這場移民危機實為一場全球工作危機，其起因是「裂縫」國家的經濟衰敗。根據國際勞工組織的統計，二〇〇四年全世界有約一億八千五百萬名失業者，而目前世界上的二十八億工人中，有一半人每日收入不足二美元。高收入國家的人均國內生產毛額增加的速度，是低收入國家的六十六倍；在這種情況下，高薪工作的誘惑力就變得空前強大。由於一些下撒哈拉非洲國家的經濟前途無望，因此數以萬計的民眾孤注一擲地擠向歐洲。二〇〇六年，約三萬名非洲人抵達西班牙控制的加那利群島。在塞內加爾耳熟能詳的一句話總結了許多移民的動機——「去巴賽隆納，或者去死」（*Barcelone ou barxax*）。「失敗國家」的最新範例就是索馬利亞。二〇〇七年，外國干預推翻了該國的伊斯蘭主義分子，但這只是為恐怖主義搭建了可能的新溫床。

在遠隔重洋的中美洲，成千上萬的農民在墨西哥的沙漠裡披星戴月，想要前往燈火輝煌的美國。許多墨西哥農民在廉價進口穀物的衝擊中敗下陣來。他們放棄務農生活，以非法移民的身分踏上北上的危險旅程。尤其是每到美國的選舉年，墨西哥移民的湧入就成為一個爆炸性話題。二〇〇六年民主黨在國會選舉中獲勝之後，擬議中的哥倫比亞與美國貿易協定便岌岌可危，這讓人不禁擔心——如果哥倫比亞的合法出口停滯不前，販毒與非法移民也許會死灰復燃。

在拉丁美洲這塊所謂「地球上最不公平」的大陸，「全球化」也已成為一個禁忌詞。[4]美國和歐洲固執己見，不願取消扭曲貿易的農業補貼；開發中國家也對進一步開放市場予以抵制，造成ＷＴＯ「杜哈回合貿易談判」陷於破裂，對於非洲、亞洲和拉丁美洲的貧苦農民而言，這可是個壞消息。富國口口聲聲要以提供援助來代替開放市場，聽起來不過是敷衍搪塞，因為它們每年支出三千億美元的農業補貼，而它們擠出的那點海外援助，連這筆資金的六分之一都不到。補貼壓低了棉花、花生、家禽等農產品的國際價格，使開發中國家的農民更難維持生計。

脫韁的資本，失業的勞工

除了移民因素外，已開發國家與世界深度整合所帶來的經濟後果，也已經讓國內的中產階級對全球化心生恐懼。已開發國家一向通過國際貿易與投資打造榮景。電子交易出現和銀行監管放鬆，讓金融家得到跨國轉移資金的自由，但這並非總是有利於平民百姓。縱使那些尚能保全工作的人，也生活在恐懼中，擔心自己的技能在這個日新月異的世界上將會過時。

隨著資本脫韁流動，四處尋找更低廉的勞動力或更好的技術，美國和歐洲的工人也日益擔心地位不保。歐盟的失業率居高不下，維持在百分之八，而美國的失業率在百分之五左右徘徊。過去的三十年裡，自動化和遷廠海外已使美國成千上萬的工作崗位消失。人們現在又擔心新科技和全球化的勞動力市場，或許會威脅一些碩果僅存的中層工作。西方工廠紛紛停業，原因是它們過去生產的小玩意，中國或捷克的某家工廠也能製造，而且每件的成本還要便宜幾美分。中國對美國的大舉出口減少了美國工廠的工作，但這大多是美國設計、中國製造的產品。將生產活動轉往海外的做法提升了公司的收入，提供了沃爾瑪超市里的廉價商品，但這些好處或者集中在首席執行長的荷包裡，或者分散給無數的消費者，卻絲毫不能平撫失業工人的苦痛。還有另一種嚙心的憂慮：鑒於國外廉價工人的供應幾乎無窮無盡，工作機會在離開西方之後，也許一去不復返。創造性破壞的理論是說，生產力的不斷提高導致舊產業消亡，但也促使新產業興起。而這一回，理論也許會失靈。工作在消失，但並沒有出現工資相當或者更高的新工作。解決工作流失問題的傳統方式是教育和再培訓，但在新的全球經濟中，這也許無能為力，因為在高速網路的終端就有俊傑之士可用，而其薪資不過是歐美工人要價的十分之一。

這種憂慮並非僅僅針對當前的工作流失，而是對未來的整體憂慮。即便人們接受降薪、保留工作，往往也要以刪減醫療和退休福利為代價，而時間一長，這種削減也會讓工人的處境每況愈下，跌入貧困。舊金山聯邦儲備銀行主席珍妮特·葉倫（Janet Yellen）在二〇〇六年十一月的一次演講中直言不諱。她說，對於那些在強勁經濟力量衝擊下喪失還手之力的工人，美國政府應予以公平的機會，予以重新培訓，讓他們獲得新的技能，找到新的事業。儘管強化社會保險會給聯邦政府帶來高昂代價，但葉倫仍然主張，為保護自由貿易，美國應當向工人提供失業和救濟保險，提高最低工資，加強對受全球化衝擊者的社會保障。憤怒情緒也在西歐滋長。雖然有力的社會保障體系使歐洲公司無法效仿美國的大規模裁員之舉，但歐洲大陸的企業也成功地壓低了工人的工資，辦法就是高舉一柄外包的達摩克利斯劍在他們頭上揮舞。諷刺的是，現在不僅是下層僱員憂慮不已，薪資豐厚的公司經理也擔心地位不保——擔心會憑空冒出一些競爭者，手上還掌握了讓所有人俯首稱臣的產品，或是擔心會有同樣技能但薪資更低的工作人員。若想維持競爭力，個別工人也必須時刻準備學習新技術、開創新事業。工作機會增長停滯與社會開支的上升，已在許多西方國家激發了經濟民族主義。雪上加霜的是，政府對於全球勞動力市場擴大造成的工作流失似乎束手無策。二〇〇六年夏，美國財政部長亨利·鮑爾森承認，政府在一些問題上的確沒有現成的答案。他還說：「我們將會看到動盪。歷史中少不了動盪，想想看十九世紀的工業革命吧。我只希望這一回我們能處理得更好。」[5]

在池塘的另一邊，不列顛財政大臣戈登·布朗（Gordon Brown）也提出了嚴厲警告，呼籲不要「退回二十世紀三〇年代那種以鄰為壑、逃避現實、令各國相互敵對的保護主義做法。」布朗也對此表示灰心：「出人意料的是，即便全球化的受益者——目睹消費品降價、通貨膨脹下降、利率下降、經濟增長率和就業率提高的上百萬民眾——也像全球化的受害者一樣行事。」就連贏家也抱持輸家的心態，受到輸家的影響。針對製造業工作減少、服務業工作海外流失和新來者搶走工作的普遍關注，也影響到了贏家。6

富人派對

公眾對全球化悲觀失望，還有一個戈登·布朗並未提及的原因，那就是美國和其他處於全球化過程中的國家貧富差距擴大的問題。二〇〇四年美國聯邦儲備銀行調查發現，美國最富有的百分之一家庭所擁有的財富，超過底端百分之九十家庭的總和。收穫全球化果實的公司慷慨大方地酬庸它們的首席執行長，卻讓工人的工資止步不前。美國聯邦儲備銀行還發現，二〇〇四年一位美國首席執行長通常得到的薪酬，要比一名普通美國工人的工資高一百七十倍，而在不列顛是高二十二倍，在日本是高十一倍。舊金山聯邦儲備銀行主席葉倫警告說：「跡象顯示，貧富差距的擴大正在使全球化遭遇更強的抵制，削弱社會凝聚力，最終有可能傷害美國民主的根基。」她承認，科技變革和全球化已開始影響教育良好的中層工人，「相對於教育水準較低的同行而言，他們的工作保障正在遭到侵蝕」。7 反全球化情緒在二〇〇六年十一月的國會中期選舉中就有所反映。當時，工作的流失與前景的迷茫引起了普遍的憤怒，看到這一點，民主黨候選人提出了一套保護主義的政綱，進而在中西部的工業地帶席捲選票。根據選舉日當天對已投票選民的調查，百分之四十的受訪者認為下一代美國人的生活水準會降低，而只有百分之三十認為會改善。業界領袖也注意到了這種悲觀情緒。美國對外貿易委員會（National Foreign Trade Council）主席比爾·萊恩斯（Bill Reinsch）表示，儘管美國出口正值繁榮期，但「所謂全球化是好事的說法已徹底破產，再也無人附和」，「會相信的人再也沒這麼多了」。[8]

科技與貿易勢必在歐洲引發產業外移，但許多國家的政府應對失策，導致工人發出保護主義的呼籲。短期的政治運作或民粹主義的考慮使政府無法當機立斷，以艱難但必要的決策來維持市場開放。在「杜哈回合貿易談判」破裂後，面對自由貿易前景的烏雲密布，ＷＴＯ總幹事帕斯卡爾·拉米提醒世界各國領導人警惕保護主義的可怕代價。在一九三〇年的《斯姆特—霍利關稅法》之後，美國的失業率從百分之九升到一九三三年的百分之二十五，出口下降百分之六十，進口下降三分之二。回顧這段歷史，拉米說：「激烈實施制裁會引發經濟民族主義，而那是第二次世界大戰的誘因之一。」[9]

在那些努力融入全球經濟的開發中國家裡，貧富差距的拉大甚至更加劇烈，城鄉差距也擴大了。城市民眾以及中產階級與世界運輸和通訊網路接軌，也因此從全球交流中獲益，而目不識丁的農村窮人卻遠遠被拋在了後面。有人估算，不到百分之零點五的中國家庭目前擁有該國百分之六十以上的私人財富。[10]一億五千多萬農民工為中國修築光鮮亮麗的城市，但他們自己的棲身之地卻污穢不堪，猶如狄更斯小說中的場景。還有上百萬人在破舊的農村工廠中勞動，處在相同的境地。在印度，全球化帶來的繁榮也使貧富之間的經濟裂痕劇烈擴大。

對外聯繫的加強與新的科技產生少數贏家與大量輸家，這種事情在歷史上屢見不鮮，時有針對全球交流的反作用力發生。古代的相互聯結與今日全球化的最大區別在於資訊。在今天高度聯結的世界上，反作用力的興起與傳播速度只會更快。二〇〇六年初，曾經發生過電視新聞和網路部落格報導了一些公司計劃向外國出售，結果在歐美激發出經濟民族主義，迫使政府捨棄更合理的判斷，倉促採取行動；整個過程的速度之快，說明了快速全球化潛藏的危險。在開發中國家，通信革命也加劇了社會壓力。大城市不再只是在遠方發出的微光。不論是在鄉間農舍、城市貧民窟還是人跡罕至的邊陲村落，觀眾都能在家中的小小螢幕上看到誘人的畫面。今天，窮人熟知富人的生活。問題會很快浮現，根本不等人們設想或實施任何睿智的應對政策。

新聞與圖像的迅速傳遞使全世界的人得以觀察、瞭解各種理念和資訊，無論他們相互之間親密無間，還是交情甚淺。在爆發海嘯或地震時，自然災難與人類苦痛的畫面會激發人類本能的同情心，施以援手。電視轉播的奧運會和世界盃足球賽有十億觀眾，讓五湖四海的人走得更近。但人們通過衛星電視和網路，毫無顧忌地發表社會、文化與政治言論，也會使人迷茫困惑，彼此疏遠，強化各種偏見。

科技進步增強了人類解決全球性問題的能力，但也使部分心懷不滿的個人可以發動襲擊，製造傷害。紐約、華盛頓、馬德里、倫敦、孟買和峇里島發生的事情就足以說明其為禍之烈。二〇〇六年十一月初，軍情五處（Military Intelligence, Section 5, MI5）[②]處長伊麗莎・曼寧漢姆—布勒（Eliza Manningham-Buller）警告，大約一千六百名不列顛籍穆斯林蓄謀已久，準備在巴基斯坦和阿富汗的蓋達組織領導人配合下發動恐怖襲擊，威脅正在逼近。能在飛行期間為旅客提供即

② 【編註】即安全局（Security Service），負責聯合王國國內情治的反間諜國家安全部門，由內閣聯合情報委員會（Joint Intelligence Committee）指揮。

時新聞的科技，也是他們的作案工具之一。曼寧漢姆─布勒指出，恐怖分子擁有精密的「宣傳機器」，能在三十分鐘內將伊拉克叛亂分子發動襲擊的視訊傳輸到網路上，並將解說詞翻譯為多種語言一併提供，把他們自己的觀點散播給全世界的聽眾。她說：「令人心寒的是，結果已在本國出現。十來歲的年輕人正在被培養成自殺炸彈客。」[11]

運動節日和電視連續劇風靡全球，而無線電波同樣也能為四處散播仇恨提供了門路。全球化在縮短時空距離的過程中，也引發了一場持續數百年的衝突。有些人仍生活在十八世紀的經濟發展水準上，他們失散已久的同胞則生活在二十一世紀，全球化使二者直視對方。這樣的狹路相逢未能促進對話與諒解，倒是往往激發極端的厭惡與仇外傾向。

瘟疫的烏雲

跨國接觸不僅帶來了令人生厭的文化態度，還有來者不善的病原體。在過去，不論是在十四世紀歐洲的黑死病，還是一九一八年大流感期間，交通的規模與速度都限制了病原體的擴散。今天，日漸縮小的世界和高速的旅行帶來了空前的挑戰。就在我寫下這段話時，全世界正在嚴陣以待，提防正在亞洲潛伏的禽流感變異成可在人與人之間傳播的型態，引發又一場瘟疫。

不過，二○○三年黑雲壓境一般的SARS大流行，最終也透露出一線生機。我們這個緊密融合的世界雖然會導致傳染病快速蔓延，但也能群策群力，及時遏止。一九七七年，雖然當時尚未出現二十一世紀的科技，也沒有今天的快速反應能力，但WHO依然成功地遏制和消滅了天花這種流行病，而在二十世紀的前七十五年裡，在兩次世界大戰、納粹大屠殺以及大清洗中遭殺害的人數加起來，也不過約為天花致死人數的一半。正如當時WHO總幹事所說的，消滅天花是「處理機制的勝利，而非藥物的勝利」，也就是說，這件事應該歸功於組織完備、處理妥當。[12]

在當前各國強調民族權利的情勢下，欲重現這場輝煌勝利，也許並非易事。在二〇〇三年的SARS危機期間，已開發國家以及香港、新加坡等受影響的區域國家給予WTO強大後援，幫助其擺脫了一些國家的掣肘。SARS危機畢竟說明，源自地球任何偏僻角落的威脅都足以嚴重危害國際社會，而且，為了保障全人類的健康，政府運作透明是至關重要的。中國政府一開始為避免經濟增長受到影響，拒絕公布有關SARS的資訊，這才使病毒得到可乘之機，傳播到原始疫區之外。

人們日益關心全球暖化帶來的威脅（在我搭乘的飛機上，機上娛樂系統裡就有美國前副總統艾爾．高爾〔Al Gore〕的紀錄片《不願面對的真相》〔*An Inconvenient Truth*〕，一部提出不祥預言的影片）。就在不列顛政府發布一份五百七十五頁的報告後，這個話題登上了報紙頭版。經濟學家尼古拉斯．斯特恩（Nicholas Stern）起草的這份報告說，全球暖化也許會使全球經濟縮水百分之二十，帶來的經濟和社會混亂與兩次世界大戰和大蕭條不相上下。[13]毫無疑問，全球化帶來的貿易增長與工業化，與二氧化碳排放式的經濟增長密切相關。世界貿易日趨繁榮，無數的工廠加入全球供應鏈，為滿足消費者高漲的需求，人們開採礦藏、砍伐樹木，代價往往是更為嚴重的污染為。污染的起源國一般首當其衝，土壤與水受到影響。但大氣很快就會吸收污染，讓汙染成為全球問題——毒化空氣，造成酸雨在世界其他地方降臨。

全球暖化帶來洪水橫流，迫使上百萬人拋棄家園，顛沛流離——這種場景還只存在於想像中。但與SARS危機不同，環境惡化並未像一場迫在眉睫的瘟疫那樣，激發人們同心協力，共禦強敵。奇怪的是，儘管各種節能科技與技術已經面世，但其應用甚少，而面對全球暖化的威脅，世界似乎得過且過，無動於衷。世界最大的溫室氣體排放國美國已拒絕簽署《京都議定書》（Kyoto Protocol），而簽字國也不予以嚴格執行。面對全球暖化的挑戰，它們只是虛與委蛇，敷衍了事。即便《京都議定書》得到全面執行，也只能對減少溫室氣體排放發揮微乎其微的效果，但現在就連這麼有限的成績都無法取得。在京都談判啟動以來的十六年裡，全球暖化的源頭溫室氣體在大氣中的含量持續上升，而專家認為，縱使《京都議定書》執行，也還是會繼續上升。

不過還是有一些激勵人心的證據，顯示只要各國群策群力，加上有效的全球控管，還是完全有可能扭轉危險的趨勢。由於各國通過《蒙特婁議定書》（Montreal Protocol），採取聯合行動阻止臭氧層的耗損，目前臭氧層破洞已經縮小，南半球出現皮膚癌大爆發的危險也已消除。甚至還有跡象表明，由於經濟的增長、城市化以及全球意識已經在許多國家中催生了開明的公共政策，森林長久以來遭到破壞的趨勢已經在逆轉。

在聯合國主持下，已經有大批技術機構制定了不少全球性標準，以維持跨國電信、貿易、航空與船運能平穩運行。有了共同的標準，貿易與金融交易便可分毫不差地進行。但真正的困難在於將這些標準付諸實施，難免會與各國的主權權利以及國內政治、金融菁英的利益產生齟齬。雖然已開發國家承諾，要在「杜哈回合貿易談判」中通過自由貿易的原則來推動公平，但談判還是破裂了。它們也未能向那些與世隔絕的貧窮國家提供必要的資金援助，使之參與到全球經濟之中。

即使是那些早已熱情接受全球化的開發中國家，在建構全球聯繫的時候，也並不會盡力獲取其國民的認同與理解。許多處於全球化過程中的國家缺乏民主，菁英階層繼續獨斷專行。在中國、越南等國家，由於缺乏政府問責機制，全球化也伴隨著腐敗的蔓延和嚴重的社會不公，破壞了全球交流帶來的好處，長遠來說也影響了這些國家開放政策的可持續性。但另一方面，正如印度的經歷所顯示的，一個民選政府主導的全球化有可能時斷時續，甚至發生逆轉。在資本主義式的經濟增長過程中，再分配必然是緩慢而不公平的，這可能導致民眾焦躁不安，轉而反對開放，但眼光放遠，欲構建一個可持續的相互依存體系，民主毋寧是一種更為穩當的保障。

然而，由於今天各國的國內生活都已與外部世界不可分離地糾結在一起，如果人們不能完全理解這種互賴的情勢及其長期的影響，世界就有可能走向一場重大災難。國際機構在應對人類面臨的諸多問題時顯然力不從心，這是目前國際體系面臨的困境。目前，面對一些重大的人道主義災難，聯合國無力解決的事實也說明了這種困境。不過，批評聯合國軟弱無力並沒有什麼用處。事情的根源在於國際舞臺上的關鍵角色不願行動或者無力行動，而各國選民授予聯合國的權力上限，又要與當今國際的現實狀況以及未來的發展可能性保持一致。新的傳教士，即世界各地的大量非政府組織，已經做出了可貴的貢獻，協助解決全球化帶來的諸多問題。但終究還是需要各個主權國家政府齊心協力，解決各種全球性挑戰，這是無人可以代勞的。

許許多多行動者追求利益的行動，推動了全球化的過程——這是本書的看法。但在這個相互依賴的世界似乎就要失去控制之時，主張各個政府有必要採取積極主動的作為來維護這個世界，倒也並不違背本書的論點。雖然沒有任何人在為全球化掌舵，但歷史也表明政治力量能疏導、也能堵塞匯入全球化的股股溪流，使這條大河改道。

帝國的惱人遺產

一些政府不顧世界利益、一意孤行的做法長久以來都是個大問題。當我們進一步走進二十一世紀時，由歷史上的戰士們所打造的全球交流，已經成為全球化過程中最麻煩的一項遺產。許多人將世界唯一的超級大國美國視為新的羅馬帝國。美國外表上雖不是帝國，但它有著巨大的、近乎唯我獨尊的力量。一些鬼魅般的極端分子正與美國展開一場生死戰。他們雖然沒有國家，但卻執意要為一個湮滅已久的伊斯蘭帝國奮戰到底。絕大多數穆斯林與極端分子不同，既不會夢想在現實中恢復哈里發政權，也沒有與「十字軍和異教徒」決一死戰的狂熱。但伊斯蘭烏瑪的成員仍然認為，美國的反恐戰爭不過是幌子，其實是對伊斯蘭教開戰。他們有一種受到傷害、遭遇不公的感覺，對於一個交流密切的世界而言這是種不穩定的因素。世界上的絕大多數人與穆斯林世界一樣，對美國單方面的對外政策感到反感，不過這並不意味著他們都與伊斯蘭教站在同一個立場。在九一一襲擊之後，世人曾對美國深表同情，當時德黑蘭的學生點燃蠟燭緬懷遇難者，而一貫尖酸刻薄的法國日報《世界報》（*Le Monde*）也宣稱「今夜我們都是美國人」。但在美國帶頭入侵伊拉克後，斷壁殘垣、屍橫遍野、酷刑拷問的畫面天天出現，人們早先的同情也煙消雲散。在數千年的歷史中，世界上曾發生過更為嚴重的動亂與無辜平民的苦難，但這些悲劇從未在幾十億人家的電視和電腦螢幕裡同時上演。前面曾經說過，若與依靠信使傳遞消息的時代相比，今天的資訊要來得快上許多。一四五三年，君士坦丁堡陷於土耳其人之手四十天後，教宗才得知這個消息。不二〇〇一年，世貿中心的雙子大樓在電視實況直播中、在全世界人驚恐的目光之下轟然倒地。不到一個月後，美國的B52轟炸機像下雨一樣對阿富汗丟炸彈，塔利班政權垮臺。九一一攻擊以及其後的一連串恐怖爆炸事件表明，經濟整合已經讓毀滅性的科技不再專屬於少數人，也使邊界變得毫無意義，並將「全球化」一詞變成一個充滿不祥預感的詛咒。

那麼，全球化有脫軌的風險嗎？有人認為這是庸人自擾，因為縱橫交錯的紐帶早已將全世界緊緊交織在一起，不可能分崩離析。這種論斷不禁讓人想起不列顛作家諾曼．安吉爾（Norman Angell）在一戰前夕的著名預言，即世界大戰「在經濟上是不可能的」。狂亂的情緒往往會壓倒人們對現實經濟邏輯和理性的信任，這在歷史上屢見不鮮。未來當然會有意外發生，但從歷史上是讀不出全球化——長久的整合過程——有畫下句點的可能。沒有什麼力量能阻擋數千年來不斷加速的複雜交流過程，同時聯繫的線條也已千頭萬緒，糾結得難解難分。有些突發性的事件曾使這一過程暫時停頓，減緩交流的速度——如羅馬帝國的衰亡、黑死病，以及貿易和移民在兩次世界大戰戰間期的中斷。當你正在閱讀這段文字時，我們或許正埋頭走向一道類似的深淵。

這樣的劇變總會帶來深刻的創痛，但今日與過往有個重大的不同點——全球經濟已經整合在一起，對每一個人來說，風險都遠勝以往。事實上，看看亞洲光芒四射的大都市，臺灣和韓國的半導體實驗室、新加坡這個全世界最繁忙的貨櫃轉運港、越南的湄公河三角洲和印度的城鎮——那裡曾經靜如止水，現在到處是店鋪和網吧，熙熙攘攘——或是都柏林重煥生機的愛爾蘭商業區，說「全球化身陷危機」，那簡直不可理喻。這是歷史上第一次有數億民眾看到自己的生活日新月異，滿懷希望相信自己的子女將比父祖輩過得更好。在亞洲以及愛爾蘭、前蘇聯陣營的歐洲國家、非洲和拉丁美洲的新興經濟體，數百萬人樂觀向上。普通人也都希望抓住經濟開放帶來的機會。

在全球化的世界裡，這些都是實情。但是，歐美的中產階級焦慮不安，被遺棄、被漠視的人一貧如洗，陷人絕望——這也同樣是實情。問題在於，焦慮和恐懼是否會壓倒樂觀情緒，將世界拉回到另一段隔絕你我的黑暗時期？

我們觀察世界的心態仍然根植於民族主義的角度，但經濟整合以及文化的全球化已經遠遠超越了我們內心的全球框架。我們受益於這個世界的恩賜，思考卻依然狹隘，只想著保護本國邊界之內的土地與民眾——何況這些邊界還只是到現代後才建立起來。在這塊我們稱為「杜尼亞」的土地上，所有人都源自同一個村莊。雖然現在鐵絲網、隔離柵欄、安全部隊、移民與海關官員分隔我們彼此，但這也無法改變一個事實——千絲萬縷的歷史早已將我們繫在一塊兒。當我們的祖先將腳尖探入紅海，開始一場萬年旅行的時候，目光所及的範圍就是他們瞭解的世界。而今，我們不僅視野宏闊，也明白自己如何走到了這一步，前路又將會如何。我們身在這裡，清楚知道人性中的種種渴望、抱負與恐懼已經將我們的命運編織在一起，解不開，也回不去。但是我們同樣無法準確預測這種本質上的融合，將如何塑造這個星球的未來。不過話說回來，全球交流深化所帶來的後果也不再像過去那樣令人訝異，我們已經做好更充足的準備，望向視野之外的危險與機會。我們現在擁有全球性機構，擁有上萬個公民團體與社會組織，可以避免全球整合過程中的挫折，同時也完全清楚，那些至今仍游離於全球化世界之外的人，也可以擁有更光明的未來。我們必須跳出狹隘族群利益的窠臼，除此之外別無出路：在今後的幾百年裡，我們的命運仍將緊緊交織在一起。那些「停止全球化」的呼籲一點意義都沒有，因為根本就沒有人在發號施令。但只要眾人齊心協力，我們就能夠試著將這個迅速融合的世界稍稍推往一條更平穩的航道——因為我們全都福禍相連，休戚與共。

Acknowledgments
致謝

本書是全球化的產物。於寫作的過程中，我在世界各地四處遊歷，走訪全球交流在今天或昔日的節點，和參與這種交流過程的無數人交談，並閱讀其他人的著作，吸收他們的思想。我要感謝的人非常之多，在此無法一一羅列。他們幫助我理解、研究全球化這種在我們周遭無處不在、卻又備受爭議的現象，並書寫成文。

我的老友、布魯金斯學會（Brookings Institution）③主席斯特羅布·塔爾博特（Strobe Talbott）與他的妻子布魯克（Brooke）在本書的寫作中扮演著重要的角色。一九九一年，正是與

③【編註】：又稱布魯金斯研究所或布魯金斯研究院，是美國著名智庫之一，主要研究社會科學尤其是經濟與發展、都市政策、政府、外交政策以及全球經濟發展等議題，總部位於華盛頓特區。

斯特羅布連續數月的熱烈討論，我才萌生了這樣一個想法——我們應該要理解全球化這一現象。當時斯特羅布就職於時代華納公司（Time-Warner），正在籌劃一份新月刊《全球》（*Globe*），並向老闆提出這個點子。但後來發行人拒絕了這一建議。不久之後，斯特羅布加入柯林頓政府，而我則前往《遠東經濟評論》的香港總部。我在那裡工作了二十年。但我的興趣已經被激起，始終想要更深入地探究這個問題。一九九九年，作為《遠東經濟評論》的編輯，我開始策劃一系列千禧年特刊，於是便有了一個機會來重拾舊愛。

我深入研究一千年來的亞洲歷史，吸取世界上一些最聰明的思想者的見解，且更加著迷於這個題材。於是，二〇〇一年，當剛從政府卸任的斯特羅布邀請我一起建立耶魯大學全球化研究中心時，我便欣然應允。耶魯大學師資雄厚，學術資源極為豐富，我在那裡也有許多朋友，很適合我集中精力探索全球化，並正式啟動寫書的計劃。雖然塔爾博特夫婦隨後就遷居華盛頓，但他們仍和往常一樣，始終熱情而堅定地支持本書，並與我們全家上下親密無間。斯特羅布閱讀了本書的許多草稿，不僅撥冗指教，也提出了很有價值的建議。本書的成敗得失或許當由讀者來決定，但推動我踏上這段激動人心的精彩旅途的最初動力，卻來自於斯特羅布，我也因此而感謝他。

接替斯特羅布出任耶魯大學全球化研究中心主任的埃內斯托．塞迪略（Ernesto Zedillo）也一直給予慷慨支持，並在貿易和商業領域提出了深刻的洞見。我的同事海尼．惠勒（Haynie Wheeler）克盡厥職地閱讀了所有草稿，提出了有價值的建議。我尤其要感謝我的同事蘇珊．弗羅歇爾（Susan Froetschel）。她一絲不苟地閱讀了原稿和校樣，幫我免去了許多尷尬窘境。安東尼．斯派爾（Anthony Spire）幫我做研究，而黛比．坎波利（Debbie Campoli）為本書繪製了一些插圖。《耶魯全球化》（*YaleGlobal*）雜誌的學生志工莎拉·亞歷山大（Sarah Alexander）、亞伯拉罕·庫格勒（Abraham Koogler）、馬修·李（Matthew Lee）和艾米·桑托克（Amy Suntoke）協助我查找資料，核對事實。亞朗·亞香博（Alain Archambault）和米雪兒·亞香博（Michèle Archambault）夫婦、保羅·德·巴克（Paul de Bakker）、大衛·古德曼（David Goodman）、卡羅·洪薩（Carol Honsa）、芮樂偉·韓森、普瑞曼德·辛（Preminder Singh）都閱讀了一些原稿，提出了很有價值的建議。

在我為撰寫本書而鑽研的這些年裡，許多朋友與同事都曾幫助我澄清思維，並推薦參考文獻。他們人數眾多，在此無法一一列明。不過有一些人貢獻非常突出：瑞典駐中國前大使雍博瑞（Borje Ljunggren）與我遠隔三個大陸，卻已有二十年的友情。他也是一位世界觀察家，並細心地閱讀了初稿，提出了許多建議，讓本書基礎更為踏實，更容易理解。一直以來，美國駐芬蘭前大使德里克·席勒（Derek Shearer）都對本書傾注了熱情，大大鼓舞了我的士氣。波·艾克曼（Bo Ekman）撥冗閱讀了一些章節，也是本書寫作的熱情支持者。他與塔爾貝里論壇（Tällberg Forum）給了我獨一無二的機會，就全球化問題求教於幾位這方面的世界級思想巨擘，驗證我的論點。我還要感謝以下人士給予的支持和鼓勵：帕雷許·恰托帕埃（Paresh Chattopadhyay）、L·戈登·克洛維茨（L. Gordon Crovitz）、大衛·達皮切（David Dapice）、大衛·多勒（David Dollar）、斯達契·福特（Staci Ford）、保羅·佛里曼（Paul Freedman）、班寧·加勒特（Banning Garrett）、拉傑瓦里·高斯（Rajeshwari Ghose）、里亞茲·哈珊（Riaz Hassan）、磯達雄、沈在薰（Shim Jae Hoon）、賽特·里普斯基（Seth Lipsky）、喬納森·李奇（Jonathan Lizee）、馬凱碩（Kishore Mahbubani）、布魯斯·麥茲黑希（Bruce Mazlish）、拉卡許·穆汗（Rakesh

Mohan）、迪恩・諾伊鮑爾（Deane Neubauer）、克萊德・普雷斯托維茨（Clyde Prestowitz）、約旦・萊恩（Jordan Ryan）、拉瑪穆爾提・香克（Ramamurti Shankar）、戈登・斯樂陶（Gordon Slethaug）、瑪莎・斯莫利、友田錫、法蘭西斯卡・特里維拉托、策德布達木巴・奧雲格日勒（Oyungerel Tsedevdamba）、明琪・瓦登（Minky Warden）。在我的第一次非洲之旅中，阿布杜・亞齊茲・卡瑟（Abdoul Aziz Kasse）博士是位令人讚嘆不已的導遊——耐心、慷慨、博學多聞。

傑出的印度歷史學家羅米拉・塔帕（Romila Thapar）和社會學家伊曼紐・華勒斯坦是兩位慷慨無私的引路人。塔帕向我展現了全球化的根基是何等的深厚，而華勒斯坦就全球化的現代發展提供了諸多洞見。我與湯馬斯・佛里曼長年累月地討論切磋，既帶來知識上的愉悅，也不斷使我對全球化產生新的觀點。人權觀察組織的肯尼斯・羅斯和理查・狄克利用寶貴的時間來解釋他們的工作。一些全球化產業的公司領袖慷慨地花費自己的時間，向我解釋他們各自的系統如何運作，進而使我對現代商業有了更深的體察，如印孚瑟斯的N・R・那羅延・默西、聯邦快遞的麥可・達克（Michael Ducker）、賽門鐵克的哈威爾・森托約等。

對於我在《遠東經濟評論》的編輯、已故的德里克・戴維斯（Derek Davies），我深表感激，他向我開啟了一扇通往浩瀚知識領域的大門。還要感謝我在加爾各答總統學院（Presidency College）和迦達普大學（Jadavpur University）的四位指導教授蒂里普・庫瑪・畢斯瓦斯（Dilip Kumar Biswas）、亞辛・達斯・古塔（Ashin Das Gupta）、阿瑪列許・特里帕希（Amalesh Tripathi）、希普拉・沙迦（Sipra Sarkar）。他們激發了我的熱情，使我畢生投入對世界的研究。我在巴黎大學的指導老師弗朗索瓦・約瓦尤（Francois Joyaux）引領我涉足國際政治研究，並教我如何分析複雜的全球性問題。

我要感謝耶魯大學出版社主任約翰・多納蒂奇（John Donatich），他的前同事、現任職於Basic Books的拉里莎・海默爾特（Larisa Heimert），以及行銷主管提娜・魏納（Tina Weiner），他們對本書給予了熱心支持。我也要感謝我的編輯麥可・歐麥利（Michael O'Malley），感謝他熱情的支持與嚴謹的意見。還要感謝阿歷克斯・拉爾森（Alex Larson）。書籍誕生的過程常常亂無頭緒，但他維持了井然的秩序。最後，我很榮幸地發現蘿拉・瓊斯・多利（Laura Jones Dooley）是位非同凡響的編輯，博學、耐心、始終充滿熱情。簡言之，她是所有作家夢寐以求的那種編輯。

這麼說吧，自我離家以來三十五年的人生旅途中，這本書一直都在醞釀之中。我的妻子吉坦夏利（Geetanjali）一直是我的人生旅伴。我們就世界上各種事件進行了無數次的辯論和研究，一起探訪了許多地方，遇到了許多人士，本書就是這些活動的成果。對於本書數個版本的草稿，她一直都是第一個評論人與編輯，往往也是觀點最嚴厲的一個。我們的兩個兒子阿米特（Amit）和阿蒂什也閱讀和編輯了無數的草稿，他們深具見解的評判也使本書主題更為精煉。每當我意興闌珊之際，他們都會投入愛心，讓我重新振作。我的兄弟普拉克（Pulak）是位作家和發行人，他也辛苦地通讀了原稿，糾正了一些錯誤，並就體裁上的改進提出了寶貴意見。我的侄女阿米利塔（Amrita）是位電腦天才。她幫助我跟上數位領域的最新發展。我在加爾各答、班加羅爾和德里的家人與親戚一直給予堅定的支持與鼓勵。《全球化的故事》實為一部舉家通力之作。

http://people-press.org/reports/print.php3?PageID712.

88. "Indians along with Half the World's Consumers Buy into Globalisation: Survey," Indiantelevision.com, 23 August 2006, available at http://www.indiantelevision.com/mam/headlines/y2k6/aug/augmam106.htm.
89. Frieden, *Global Capitalism*, 436.
90. For a sober analysis, see Pranab Bardhan, "China, India Superpower? Not So Fast!" Yale*Global Online*, 25 October 2005, available at http://yaleglobal.yale.edu/display.article?id6407.

第十章：前路
CHAPTER 10: THE ROAD AHEAD

章頭語：轉引自Serge Gruzinski, *Les quatre parties du monde: histoire d'une mondialisation* (Paris: Martinière, 2004), 402.

1. Angus Maddison, *The World Economy: A Millennial Perspective* (Paris: OECD, 2001), 263.
2. Thomas P. M. Barnett, *The Pentagon's New Map: War and Peace in the Twenty-First Century* (New York: G. P. Putnam's Sons, 2004), 107-91.
3. *Migration in an Interconnected World: New Directions for Action* (Global Commission on International Migration, Geneva, October 2005), 11, available at http://www.gcim.org/attachements/gcim-complete-report-2005.pdf.
4. Roger Cohen, "Spreading Work around Leaves Other Work to Do," *International Herald Tribune*, 27 May 2006.
5. Henry Paulson, interview, *Der Spiegel*, 13 June 2006.
6. Gordon Brown, speech at Mansion House, London, 21 June 2006, available at http://www.hm-treasury.gov.uk/newsroom_and_speeches/press/2006/press_44_06.cfm.
7. Janet L. Yellen, "Economic Inequality in the United States," 2006-2007 Economics of Governance Lecture, Center for the Study of Democracy, University of California, Irvine, 6 November 2006, available at http://www.frbsf.org/news/speeches/2006/1106.html.
8. "Election Pushes Globalization to Forefront," *USA Today*, 14 November 2006.
9. Pascal Lamy, "The Doha Marathon," *Wall Street Journal*, 3 November 2006.
10. Cohen, "Spreading Work around."
11. Strobe Talbott, *A Gathering of Tribes: Reflections on the Unity of Nations* (forthcoming, 2007).
12. Dr. H. Mahler quoted in Jack W. Hopkins, *The Eradication of Smallpox: Organization and Innovation in International Health* (Boulder, CO: Westview, 1989), 125.
13. Nicholas Stern, *The Economics of Climate Change: The Stern Review* (Cambridge, 2006), PDF version available at http://www.hmtreasury.gov.uk/independent_reviews/stern_review_economics_climate_change/stern_review_report.cfm.

68. Somini Sengupta, "Skills Gap Hurts Technology Boom in India," *New York Times*, 17 October 17, 2006.
69. *International Trade: Current Government Data Provide Limited Insight into Offshoring of Services* (Washington, DC: United States Government Accountability Office, 2004), 34.
70. 麥肯錫公司估計，到了二〇〇八年，有一億六千萬個工作——大約是全球服務業百分之十一的工作機會——可以在遙遠的境外進行。但其中只有四百一十萬會真正移轉海外。這種對工作機會的保守預測，是因為某些影響個別公司的障礙，而非監管機制壁壘。見Mari Sako's background paper "Outsourcing and Offshoring: Key Trends and Issues" (Said Business School, Oxford, November 2005).
71. Daniel W. Drezner, "The Outsourcing Bogeyman," *Foreign Affairs* 83(May-June 2004): 22-34.
72. Thomas L. Friedman, *The World Is Flat*, expanded ed. (London: Penguin, 2006), 278.
73. Branko Milanovic, "Why Globalization Is in Trouble," *YaleGlobal Online*, 29 August 2006, available at http://yaleglobal.yale.edu/display.article?id8073.
74. Gross, "Invest Globally, Stagnate Locally."
75. Elaine Sciolino, "French Youth at the Barricades, But a Revolution? It Can Wait," *New York Times*, 28 March 2006.
76. Stephen Roach, "China's Emergence and the Global Labor Arbitrage," 7 April 2006, Morgan Stanley home page, http://www.tribemagazine.com/board/showthread.php?t114271.
77. Joseph E. Stiglitz, "Why We Should Worry about Outsourcing," *Miami Herald*, 9 May 2004.
78. Transcript, Conference Call on the Analytic Chapters of the Spring 2006 World Economic Outlook with Raghuram Rajan, Economic Counselor and Director of Research of IMF, 13 April 2006, available at http://www.internationalmonetaryfund.org/external/np/tr/2006/tr060413.htm.
79. David Dollar, "The Poor Like Globalization," *YaleGlobal Online*, 23 June 2003, available at http://yaleglobal.yale.edu/display.article?id1934.
80. Barry Naughton, "The Chinese Economy: Five Snapshots," typescript, University of California, San Diego, 9 April 2006.
81. Pranab Bardhan, "Time for India to Reduce Inequality," *Financial Times*, 7 August 2006.
82. David Dollar and Aart Kraay, "Growth Is Good for the Poor," World Bank Policy Research Working Paper no. 2587, April 2001, available at http://ssrn.com/abstract632656.
83. M. Lundberg and B. Milanovic, "Globalization and Inequality: Are They Linked and How?" (World Bank, 2000), available at http://www1.worldbank.org/prem/poverty/inequal/abstracts/milanov.htm.
84. Branko Milanovic, "Can We Discern the Effect of Globalization on Income Distribution? Evidence from Household Surveys" (Paper, World Bank, 22 September 2003), 31-32.
85. Nancy Birdsall, "Cheerleaders, Cynics and Worried Doubters," *Global Agenda*, 2003, available at http://www.cgdev.org/doc/commentary/birdsall_cheerleaders.pdf.
86. Pranab Bardhan, "Does Globalization Help or Hurt the World's Poor?" *Scientific American*, April 2006.
87. Pew Research Center for the People and the Press, "Views of a Changing World 2003," 3 June 2003, available at

46. U.S. Department of Commerce, *U.S. Census Bureau: U.S. Bureau of Economic Analysis News*, 9 June 2006, 報告顯示，第一季的貿易赤字達到兩千五百四十億美元。
47. Steve Lohr, "A Dissenter on Outsourcing States His Case," *International Herald Tribune*, 7 September 2004.
48. David Dapice, interview with author, 18 November 2004.
49. Branko Milanovic, "Why Globalization Is in Trouble," part 1, 29 August 2006, *YaleGlobal Online*, available at http://yaleglobal.yale.edu/display.article?id8073.
50. Andrew Grove quoted in Manjeet Kripalani and Pete Engardio, "The Rise of India," *BusinessWeek Online*, 8 December 2003, available at http://www.businessweek.com/magazine/content/03_49/b3861001_mz001.htm.
51. 十七世紀時，印度生產全世界百分之二十五的布匹，當時的商人用印度織品購買東南亞香料和非洲奴隸。Kenneth Pomeranz and Steven Topik, *The World That Trade Created* (Armonk, NY: M. E. Sharpe, 1999), 228-29.
52. 二〇〇四年十二月，通用電氣出售該公司百分之六十的股份，並重新為公司命名。
53. Ashutosh Sheshabalaya, *Rising Elephant: The Growing Clash with India over White Collar Jobs* (Monroe, ME: Common Courage Press, 2005), 46.
54. "Faster, Cheaper, Better," in "Survey of Outsourcing," *Economist*, 11 November 2004.
55. 摘自Jeffrey A. Frieden, *Global Capitalism*.
56. Mike Ricciuti and Mike Yamamoto, "Companies Determined to Retain 'Secret Sauce,'" *C-NET News*, 5 May 2004.
57. Letter to the editor by an employee of a high-tech firm, *Sentinel and Enterprise*, 13 May 2006, available at http://www.sentinelandenterprise.com/ci_3819745.
58. "The Future of Outsourcing: How It's Transforming Whole Industries and Changing the Way We Work," *BusinessWeek*, 30 January 2006.
59. 美國環球電訊花了四千一百五十億美元打造全球光纖網路，隨後瀕臨破產。新加坡政府控股的 SemCorp 公司以區區二點五億美元就買下了百分之六十一的網路。這是二〇〇六年五月二日，我從與 SemCorp 高層的私下交流中得知的。
60. Thomas L. Friedman, *The World Is Flat: A Brief History of the Twenty-First Century* (New York: Farrar, Straus and Giroux, 2005), 128-32.
61. Robert Fulford, "Upwardly Mobile Phone Jockey... or 'Cyber-Coolie'?" *National Post*, 1 November 2003.
62. Geoffrey Colvin, "America Isn't Ready [Here's What to Do about It]," *Fortune*, 25 July 2005.
63. Alan S. Blinder, "Offshoring: The Next Industrial Revolution?" *Foreign Affairs* 85 (March-April 2006): 113-28.
64. Philip Aldrick, "Indian Workers 'Slash IT Wages,'" *Daily Telegraph*, 26 December 2005.
65. Daniel Gross, "Invest Globally, Stagnate Locally," *New York Times*, 2 April 2006.
66. 摘自前引書的引文。
67. Craig Barrett, "Do We Want to Compete?" in Outsourcing Roundtable, *CNET News.com*, http://news.com.com/2009-1022_3-5198961.html.

書，32。

25. U.N. Millennium Task Force Project on Trade, *Trade for Development* (New York, 2005), 49.
26. G. Pascal Zachary, "Africa's Bitter Cotton Harvest," *Straits Times*, 19 April 2006.
27. 見前引書。
28. "'The Chief Responsibility Lies Here,' Lamy Tells G-8," WTO *News: Speeches*, DG Pascal Lamy, available at http://www.wto.org/english/news_e/sppl_e/sppl32_e.htm.
29. Jose Bové, interview with Robert Siegel, *National Public Radio*, 30 November 1999.
30. Foreign Broadcast Information Service report, Washington, DC, 20 August 2003.
31. *Kicking Down the Door: How Upcoming* WTO *Talks Threaten Farmers in Poor Countries*, Oxfam Briefing Paper, 72 (London: Oxfam, 2005).
32. Editorial, "Sweet Justice for EU Sugar: The WTO Has Put a Time-Bomb under an Indefensible Policy," *Financial Times*, 6 August 2004.
33. Cited in Pranab Bardhan, "Does Globalization Help or Hurt the World's Poor?" *Scientific American*, April 2006.
34. Reuters, "Soya Exporters to Stop Buying Amazon Beans," *Sydney Morning Herald*, 26 July 2006.
35. Michael McCarthy, "The Great Rainforest Tragedy," *Independent*, 28 June 2003.
36. John Vidal, "The 7,000-Km Journey That Links Amazon Destruction to Fast Food," *Guardian*, 10 April 2006.
37. Matt Pottinger, Steve Stecklow, and John J. Fialka, "Invisible Export—A Hidden Cost of China's Growth: Mercury Migration," *Wall Street Journal*, 20 December 2004.
38. Tina Rosenberg, "Globalization," *New York Times Magazine*, 18 August 2002.
39. Keith Bradsher, "Vietnam's Roaring Economy Is Set for World Stage," *New York Times*, 25 October 2006.
40. Chakravarthi Raghavan, "A Theatre of the Absurd at Seattle," *Third World Network*, available at http://www.twnside.org.sg/title/deb3-cn.htm.
41. Thomas L. Friedman, comment, *Asia Society*, New York, 4 April 2005, available at http://www.asiasociety.org/speeches/friedman05.html.
42. 約翰．威廉姆森在世界銀行的研究中提出了一套能反映一九九〇年共識的理念，也就是所謂的「華盛頓共識」。其十項要點為：一、財政紀律；二、公共開支優先側重於教育與醫療；三、稅務改革（稅基應該廣泛，邊際稅率則適度為要）；四、積極而適度由市場決定利率；五、競爭型匯率，作為「『外向型』經濟政策的首要因素」；六、進口自由化；七、開放外國直接投資（但「外國資金流動的自由化並不視為優先要點）；八、私有化（以「私人產業管理比國營企業更有效率」為理念）；九、解除管制；十、保護財產權。Cited by Stanley Fischer, "Globalization and Its Challenges," *AEA Papers and Proceedings* 93 (May 2003), 6.
43. Circular issued by "50 Years Is Enough," 28 September 2001, Washington, DC.
44. Rosenberg, "Globalization."
45. 史迪格里茲之言轉引自Ed Crook, "The Odd Couple of Global Finance," *Financial Times*, 5 July 5, 2002.

7. Karl Marx, *Capital*, vol. 1 (Moscow: Progress Publishers, 1954), 252.
8. Anthony Reid, *South East Asia in the Age of Commerce, 1450-1680*, vol. 2 (New Haven and London: Yale University Press, 1993), 7-9.
9. D. J. M. Tate, *The Making of Modern Southeast Asia*, vol. 2 (Kuala Lumpur: Oxford University Press, 1979), 93.
10. Nicholas Tarling, ed., *Cambridge History of Southeast Asia*, vol. 1 (Cambridge: Cambridge University Press, 1992), 602.
11. Blair B. Kling, *The Blue Mutiny: The Indigo Disturbances in Bengal, 1859-1862* (Philadelphia: University of Pennsylvania Press, 1966).
12. Jeffrey G. Williamson, "Winners and Losers over Two Centuries of Globalization," 2002 wider Annual Lecture, Copenhagen, 5 September 2002.
13. Kevin H. O'Rourke and Jeffrey G. Williamson, *Globalization and History: The Evolution of a Nineteenth-Century Atlantic Economy* (Cambridge, MA: MIT Press, 1999), 183.
14. Charles A. Price, *The Great White Walls Are Built: Restrictive Immigration to North America and Australasia, 1836-1888* (Canberra: Australian National University Press, 1974), 323. 並參見O'Rourke and Williamson, *Globalization and History*, 190.
15. Harold James, *The End of Globalization: Lessons from the Great Depression* (Cambridge, MA: Harvard University Press, 2001), 30.
16. 見前引書，121。
17. Jeffry A. Frieden, *Global Capitalism: Its Fall and Rise in the Twentieth Century* (New York: W. W. Norton, 2006), 396.
18. Niall Ferguson, in Strobe Talbott and Nayan Chanda, eds., *The Age of Terror: America and the World after September 11* (New York: Basic Books, 2002).
19. Bernard Gordon, "Development vs. Free Trade," *YaleGlobal Online*, 20 July 2006, available at http://yaleglobal.yale.edu/display.article?id7850.
20. 亦即《關稅暨貿易總協定》、《服務貿易總協定》（General Agreement on Trade in Services, GATS）以及《與貿易有關之智慧財產權協定》（Agreement on Trade-Related Aspects of Intellectual Property Rights, TRIPS）。
21. Institute for International Economics, *US-China Trade Disputes*, Preview, Chapter 3: Textiles and Clothing, http://www.iie.com/publications/chapters_preview/3942/03iie3942.pdf.
22. Kenneth Rogoff, "Paul Samuelson's Contributions to International Economics," 11 May 2005, paper prepared for volume in honor of Paul Samuelson's ninetieth birthday, ed. Michael Szenberg, available at http://www.economics.harvard.edu/faculty/rogoff/papers/Samuelson.pdf.
23. *Cultivating Poverty: The Impact of U.S. Cotton Subsidies on Africa*, Oxfam Briefing Paper, 30 (London: Oxfam, 2002), 2. 自從一九九〇年代中期，全球棉花價格已經掉了一半。根據通貨膨脹程度調整後，棉花的價格已經達到一九三〇年代經濟大蕭條以來最低的水準。
24. 其根據為國際棉花諮詢委員會（International Cotton Advisory Committee）的研究，摘自前引

44. Editorial, "Who's Afraid of Globalization?" *Manila Standard*, 19 January 2000.
45. Robert E. Litan, "The 'Globalization' Challenge: The U.S. Role in Shaping World Trade and Investment," *Brookings Review* 18 (Spring 2000): 35-37.
46. "Assessing Globalization," World Bank Briefing Paper, undated, available at http://www1.worldbank.org/economicpolicy/globalization/documents/AssessingGlobalizationP1.pdf.
47. Naomi Klein, "Fete for the End of the End of History," *Nation*, 19 March 2001.
48. 大約有九百個非政府組織、環保分子、女權分子以及政府代表聚集在這座巴西城鎮中。"Forum de Porto Alegre," *Agence Telegraphique Suisse*, 21 January 2001.
49. "Selon un sondage Eurobaromètre, la majorité des Européens ne craint pas la mondialisation," *Agence Europe*, 19 November 2003.
50. Françoise Antoine and Marie Brandeleer, "Qui sont ces marcheurs?" *Trends/Tendances*, 13 December 2001, 42.
51. Fiona Fleck, "Antiglobalization Forces Shift to Pragmatic Tactics," *International Herald Tribune*, 21 January 2004.
52. Xavier Harel, "Les alter-mondialisation à l'heure du dialogue," *La Tribune*, 30 January 2003.
53. John Holusha, "General Motors Corp Chairman Roger B. Smith Says That Company Is Looking . . . ," *New York Times*, 14 October 1981.
54. Daniel Gross, "Why 'Outsourcing' May Lose Its Power as a Scare Word," *New York Times*, 13 August 2006.
55. Remarks Prepared for Delivery by Treasury Secretary Henry M. Paulson at Columbia University, 1 August 2006, available at http://www.treas.gov/press/releases/hp41.htm.

第九章：誰在害怕全球化？
CHAPTER 9: WHO'S AFRAID OF GLOBALIZATION?

章頭語: Anne O. Krueger, "Supporting Globalization," IMF, available at http://www.imf.org/external/np/speeches/2002/092602a.htm; Susan George, "Another World Is Possible," Khaleej Times, 18 October 2004, available at http://www.khaleejtimes.com/DisplayArticle.asp?xfiledata/opinion/2004/October/opinion_October31.xml&sectionopinion=opinion&col=.

1. Laura Carlsen, "WTO Kills Farmers: In Memory of Lee Kyung Hae," 16 September 2003, available at http://www.countercurrents.org/glo-carlsen160903.htm.
2. Sulak Sivaraksa, "Globalisation Represents Greed," *Bangkok Post*, 21 September 1997.
3. Dani Rodrick, *Has Globalization Gone Too Far?* (Washington, DC: Institute of International Economics, 1997).
4. 關於「另類全球化」的概述，見James H. Mittelman, "Where Have All the Protesters Gone?" *YaleGlobal Online*, available at http://yaleglobal.yale.edu/display.article?id4637, and his book *Whither Globalization? The Vortex of Knowledge and Ideology* (New York: Routledge, 2004).
5. Nicholas Thomas, *Cook: The Extraordinary Voyages of Captain James Cook* (New York: Walker, 2004), 391-401.
6. Karl Marx and Friedrich Engels, *The Communist Manifesto* (Chicago: Haymarket Books, 2005), 44-45.

Now Investors Are Wary," *Wall Street Journal*, 23 September 1988.

20. Mark W. Olson, "Globalization Raises a World of Questions," *American Banker*, 19 July 1989.
21. "Corrigan Offers Perspective on Globalization," *American Banker*, 30 July 1987.
22. Steve Lohr, "Crash Shifts Investors' Foreign Stock Plans," *New York Times*, 23 December 1987.
23. Louis Uchitelle, "U.S. Firms Shed National Identity as They Expand Abroad," *New York Times*, 24 May 1989.
24. Cynthia Barnum and Natasha Walniansky, "Globalization: Moving a Step beyond the International Firm," *Management Review*, 1 September 1989.
25. "Globalization of the Retail Industry: A Strategic Imperative," *Chain Store Age Executive with Shopping Center Age*, 15 December 1993, 6.
26. John King, "World without Borders," *Canada and the World Backgrounder* 60, no. 5 (1995): 8.
27. Carla Rapoport, "Retailers Go Global," *Fortune*, 20 February 1995, 102.
28. World Bank, *Global Economic Prospects and the Developing Countries, April 20, 1995*, 摘自 *Presidents and Prime Ministers* 4 (July-August 1995): 21.
29. G. Pascal Zachary, "Supercapitalism," *Wall Street Journal*, 29 March 1997.
30. Jane Fraser and Jeremy Oppenheim, "What's New about Globalization?" *McKinsey Quarterly*, 22 March 1997.
31. President Bill Clinton, address to World Bank and International Monetary Fund, 12 October 1995, Washington, DC.
32. Sue Neales, "Japan Lifts Its Bamboo Curtain," *Australian Financial Review*, 7 July 1988.
33. Klaus Schwab and Claude Smadja, "Start Taking the Backlash against Globalization Seriously," *International Herald Tribune*, 1 February 1996.
34. Donald Coxe, "Vanishing Act: Economic Crisis Threatens to Make the Complex Trade Network Known as Globalization Disappear," *Globe and Mail*, 30 October 1998.
35. Editorial, "Rethinking Globalization," *Toronto Star*, 28 December 1998.
36. President Bill Clinton quoted in E. J. Dionne, Jr., "Globalization Camps," *Pittsburgh Post-Gazette*, 25 January 1999.
37. Yashwant Sinha, address at the World Economic Forum, Davos, 摘自 Kamalakshi Mehta, "The G Word," *WorldLink*, March-April 1999, 25.
38. Al R. Dizon, "World Trade Organization Meeting: S Asean Watch Calm before the Storm," *Business World*, 26 November 1999, 20.
39. Mike Moore quoted in Rebecca Cook, "Protesters Launch 'Battle in Seattle' against WTO," *Associated Press*, 28 November 1999.
40. Personal communication from a World Bank official, 3 August 2006.
41. Vandana Shiva, "The Two Fascisms (Economic Globalization)," *Ecologist*, 1 May 1999.
42. Nayan Chanda, interview with President Bill Clinton, 31 October 2003, *YaleGlobal Online*, available at http://yaleglobal.yale.edu/display.article?id2840.
43. Richard Tomkins, "Happy Birthday, Globalisation," *Financial Times*, 6 May 2003.

Press, 2005).

2. 雖然該資料庫收錄了數十種語言的資料，但我只採用自一九七一年起的英語、法語出版品。
3. Simon Jeffrey, "What Is Globalisation?" *Guardian*, 31 October 2002.
4. Patrick Smith, "The Seven Year Stitch," *Far Eastern Economic Review*, 3-9 July 1981, 38.
5. "Representatives of Nineteen Developing Countries Have Been Meeting in Hong Kong to Coordinate Policy in the Face of EEC Demands for Tighter Control on Their Exports," *Guardian*, 23 June 1981; "Trade Talks on Multifiber Arrangement Opens Monday," Wall Street Journal, 10 July 1981.
6. Ted Levitt, "The Globalization of Markets," *Harvard Business Review* (May-June 1983): 92-94, 96-102.
7. "The Drive among Multi-National Companies to Create Products Which Are Global in Their Scope," *Financial Times*, 16 July 1984.
8. "The BSN of France Wishes to Expand Its Business Worldwide As It Feels Food Tastes Are Becoming Increasingly Global," *Financial Times*, 22 February 1984.
9. Quoted in Warren Brown, "Ford Earns a Record $1.87 Billion in '83," *Washington Post*, 14 February 1984.
10. Harvey Enchin, "Labor Negotiations in Auto Industry Are Facing New Threat," *Globe and Mail*, 13 August 1984.
11. Jim Ostroff, "AAMA Convention to Focus on Sourcing, Exporting Event Kicks Off Thursday in Arizona," *Daily News Record*, 3 May 1995.
12. Christopher Lorenz, "Plastic Can First Step to 'Globalization,'" *Financial Times*, 23 July 13.
13. Douglas McArthur, "U.S. Airlines Becoming Jumpy about Trend to 'Globalization,'" *Globe and Mail*, 15 October 1988.
14. "On the Opening Day of a Conference on World Financial Futures," *Financial Times*, 29 September 1983.
15. "The Challenges Facing the Growing International Share-Dealing Market Given the Soaring Popularity of Round-the-Clock Trading," *Financial Times*, 5 November 1985.
16. David Lake, "NYSE Seeks to Gain Share of Global Equities Market," *Dallas Morning News*, 14 April 1986.
17. Stephen Kindel, "Markets Far and Wide; Global Trading Is Becoming an Efficient Way to Raise and Shift Capital," *Financial World*, 16 September 1986, 106.
18. "Regulatory Issues Arise with Globalization of Financial Markets," *American Banker*, 31 July 1987.
19. Dennis Walters, "A Worldwide Market: A Matter of Perspective," *American Banker*,30 July 1987. 後來報導說，「這起崩盤最明顯的特徵，在於外國股票遭到全盤拋售，投資者退回國內市場」。還有報導引述瑞士信貸（Credit Suisse）紐約分部——瑞士信貸資產管理公司（Credit Suisse Asset Management）主席戈登．鮑以耳（Gordon Bowyer）的話說，「不列顛人拋出手上的瑞士與德國股票，回到國內；瑞士人撤出聯合王國與美國。就這點來說，全球化是失敗了」。但也有報導引述另一位銀行家的話說「全球化會持續前進，只不過從現在開始是緩步前進。我們在金融市場上已經有過五年的榮景，或許會從此遭遇兩、三年相當艱難的日子」。Michael R. Sesit, "Slowing the Global Express: World-Wide Markets May Be Inevitable, but Right

Paper no. 2003/16, Division of Economics, Research School of Pacific and Asian Studies, 13.

82. David Fidler, "SARS: Political Pathology of the First Post-Westphalian Pathogen," *Journal of Law, Medicine and Ethics* 31 (December 2003): 485.
83. http://www.whitehouse.gov/news/releases/2005/11/20051116-6.html.
84. David Heymann, "Preparing for a New Global Threat—Part I," *YaleGlobal Online*, 26 January 2005, available at http://yaleglobal.yale.edu/display.article?id5174.
85. Thomas Abraham, "Preparing for a New Global Threat—Part II," *YaleGlobal Online*, 28 January 2005, available at http://yaleglobal.yale.edu/display.article?id5191.
86. Eugene H. Spafford, "Computer Viruses as Artificial Life," Journal of Artificial Life (1994), available at http://www.scs.carleton.ca/~soma/biosec/readings/spafford-viruses.pdf.
87. Fred Cohen, "Computer Viruses" (Ph.D. diss., University of Southern California, 1985).
88. Xin Li, "Computer Viruses: The Threat Today and the Expected Future" (undergraduate thesis, Linköping University, 2003), available at http://www.ep.liu.se/exjobb/isy/2003/3452/exjobb.pdf.
89. Dugan Haltey, "Virus Alert, 2001," typescript, available at http://eserver.org/courses/s01/tc510/foobar/virus/printable.pdf.
90. Lee Kuan Yew, interview with author, 17 January 2004.
91. Mynardo Macaraig, "Philippine Internet Providers Admit Being 'Love Bug' Source," *Agence France-Presse*, 5 May 2000; Mark Landler, "A Filipino Linked to 'Love Bug' Talks about His License to Hack," *New York Times*, 21 October 2000.
92. John Eisinger, "Script Kiddies Beware," *Washington and Lee Law Review* 59 (2002): 1507-44.
93. Javier Santoyo, interview with author, 18 April 2005.
94. http://www.caida.org/analysis/security/code-red/coderedv2_analysis.xml#animations.
95. Li, "Computer Viruses," 42.
96. Mark Hall, "Sticky Security," *Computerworld*, 19 January 2004, 48.
97. 本段談網路犯罪的文字是以Brian Grow, with Jason Bush, "Hacker Hunters," *BusinessWeek*, 30 May 2005為根據。
98. Cited by Marian L. Tupy, "Slavery and Globalization," Cato Institute, 5 September 2003, available at http://www.cato.org/pub_display.php?pub_id3227.

第八章：全球化：從流行用語化為詛咒
CHAPTER 8: GLOBALIZATION: From Buzzword to Curse

章頭語：Jagdish N. Bhagwati, "Coping with Antiglobalization: A Trilogy of Discontents," *Foreign Affairs* 81 (January-February 2002): 2.

1. Jürgen Osterhammel and Niels P. Petersson, *Globalization: A Short History* (Princeton, NJ: Princeton University

60. Niall Ferguson, *Empire: The Rise and Demise of the British World Order and the Lessons for Global Power* (New York: Basic Books, 2002), 71.

61. 約翰・阿克戴爾之言轉引自前引書。

62. Ronald Findlay and Mats Lundahl, "Demographic Shocks and the Factor Proportions Model: From the Plague of Justinian to the Black Death," typescript, Columbia University, University Seminar in Economic History, 28, available at http://www.econ.barnard.columbia.edu/~econhist/papers/Findlay%20Justinian.pdf.

63. Kenneth F. Kipple, "The Plague of Justinian: An Early Lesson in the Black Death," in Kipple, ed., *Plague, Pox and Pestilence* (London: Weidenfeld and Nicolson, 1997), 29.

64. Ole J. Benedictow, *The Black Death, 1346-1353: The Complete History* (Woodbridge: Boydell, 2004), 3.

65. 見前引書，382。

66. James Burke, *Connections* (Boston: Little, Brown, 1978), 70.

67. Ronald Findlay and Kevin H. O'Rourke, "Commodity Market Integration, 1500-2000," in Michael D. Bordo, Alan M. Taylor, and Jeffrey G. Williamson, eds., *Globalization in Historical Perspective* (Chicago: University of Chicago Press, 2003), 15.

68. Burke, *Connections*, 103-4. 造紙術是阿拉伯人於西元七五一年攻陷撒馬爾罕時學到的，不久前，中國才派出一隊造紙匠，在該城開辦造紙廠。到了一〇五〇年，摩爾人統治的西班牙已經在製造紙張了。一二八〇年，義大利的法布里亞諾（Fabriano）出現了一家水力造紙廠。見前引書，100。

69. Benedictow, *Black Death*, 393.

70. Rosen, George, *A History of Public Health*, reprint ed. (Baltimore: Johns Hopkins University Press, 1993), 43-45.

71. 見前引書，64。

72. Jonathan Tucker, *Scourge: The Once and Future Threat of Smallpox* (New York: Atlantic Monthly, 2001), 10-11.

73. Ferguson, *Empire*, 71.

74. Tucker, *Scourge*, 15.

75. 見前引書，16。

76. J. N. Hays, *The Burdens of Disease: Epidemics and Human Response in Western History* (New Brunswick, NJ: Rutgers University Press, 1998), 240.

77. Gina Kolata, *Flu: The Story of the Great Influenza Pandemic of 1918 and the Search for the Virus That Caused It* (New York: Farrar, Straus and Giroux, 1999), 297-98.

78. 病毒學家約翰・牛津（John Oxford）估計，全世界死於這起流感的人數為一千萬，而不是二千萬至四千萬。見前引書，285.

79. 見前引書，5。

80. Rob Stein and Shankar Vedantam, "Deadly Flu Strain Shipped Worldwide: Officials Race to Destroy Samples," *Washington Post*, 13 April 2005.

81. Jong-Wha Lee and Warwick J. McKibbin, Globalization and Disease: The Case of SARS, August 2003, Working

39. Ward Barrett, "World Bullion Flows, 1450-1800," in James D. Tracy, ed., *The Rise of Merchant Empires: Long Distance Trade in the Early Modern World, 1350-1750* (New York: Cambridge University Press, 1990), 236.
40. Harms, "Early Globalization and the Slave Trade."
41. Robert Harms, *The Diligent: A Voyage through the Worlds of the Slave Trade* (New York: Basic Books, 2002), 82.
42. Solow, "Capitalism and Slavery," 732. 一七七三年，不列顛在殖民地的資金投入達到三千七百萬鎊，這樣的規模足以成為一股重要力量。在十八世紀，由於國內農業生產提高，農業勞動力獲得解放，可以在新興的工業部門工作，收入增加，對糖的需求也因此增加，而從非洲前往新大陸的彈性奴工供應則維持這套體系持續運轉。見前引書，733。
43. Nicholas F. R. Crafts, "British Economic Growth," *Economic History Review* 36 (1983): 177-99.
44. Herbert S. Klein, "Eighteenth-Century Atlantic Slave Trade," in Tracy, ed., *Rise of Merchant Empires*, 289.
45. George Metcalf, "A Microcosm of Why Africans Sold Slaves: Akan Consumption Patterns in the 1770s," *Journal of African History* 28, no. 3 (1987): 393.
46. Tristan Lecomte quoted in Doreen Carvajal, "Third World Gets Help to Help Itself," *International Herald Tribune*, 6 May 2005.
47. Rachel Chernos Lin, "The Rhode Island Slave-Traders: Butchers, Bakers and Candle-stick-Makers," *Slavery and Abolition* 23 (December 2002): 21-38.
48. John Richard Oldfield, "Slavery, Abolition, and Empire," *GSC Quarterly* 14 (Winter-Spring 2005), available at http://www.ssrc.org/programs/gsc/publications/quarterly14/oldfield.pdf.
49. W. G. Clarence-Smith, ed., *The Economics of the Indian Ocean Slave Trade in the Nineteenth Century* (London: Frank Cass, 1989).
50. Anthony Reid, *Charting the Shape of Early Modern Southeast Asia* (Singapore: ISEAS, 2000), 208.
51. Norimitsu Onishi, "In Japan's New Texts, Lessons in Rising Nationalism," *New York Times*, 17 April 2005.
52. Paul E. Lovejoy, "The Impact of the Atlantic Slave Trade on Africa: A Review of the Literature," *Journal of African History* 30, no. 3 (1989): 388.
53. Dinesh D'Souza, "The End of Racism," 摘自"Slavery and Globalization" by Marian L. Tupy, 5 September 2003, Cato Institute, available at http://www.cato.org/dailys/09-05-03.html.
54. Klein, "Eighteenth-Century Atlantic Slave Trade," 291.
55. S. Elisée Soumonni, "Some Reflections on the Brazilian Legacy in Dahomey," *Slavery and Abolition* 22 (April 2001): 42-60.
56. Quoted in Rodrigues, "Influence of Africa on Brazil," 52.
57. 見前引書，56-61。
58. Nei Lopes, "African Religions in Brazil, Negotiation, and Resistance: A Look from Within," *Journal of Black Studies* 34 (July 2004): 853.
59. Alfred W. Crosby, Jr., *The Columbian Exchange: Biological and Cultural Consequences of 1492* (Westport, CT: Greenwood, 1972), 31.

Slavery and Abolition 24 (April 2003): 71-100.

24. Ghada Hashem Talhami, "The Zanj Rebellion Reconsidered," *International Journal of African Historical Studies* 10, no. 3 (1977): 456.
25. Patricia Risso, *Merchants and Faith: Muslim Commerce and Culture in the Indian Ocean* (Boulder, CO: Westview, 1995), 16.
26. Barbara L. Solow, "Capitalism and Slavery in the Exceedingly Long Run," *Journal of Interdisciplinary History* 17 (Spring 1987): 711-37, quotation at 715.
27. 哥倫布之言轉引自前引書，722，粗體為我所加。
28. April Lee Hatfield, "A 'very wary people in their bargaining' or 'very good marchandise': English Traders' Views of Free and Enslaved Africans, 1550-1650," Slavery and Abolition 25 (December 2004): 9.
29. Fernand Braudel, *Civilization and Capitalism, Fifteenth-Eighteenth Century*, vol. 2, *The Wheels of Commerce* (New York: William Collins and Sons, 1982), 191.
30. 從非洲運往新大陸的奴隸人數仍有爭議。歷史學家菲利浦．D．科汀估計大約有八百萬至一千零五十萬名奴隸，在大西洋奴隸貿易期間被運走。這個數字遭到其他人質疑，並大幅上修。見 J. E. Inikori, "Measuring the Atlantic Slave Trade: An Assessment of Curtin and Anstey," *Journal of African History* 17, no. 2 (1976): 197-223, and Curtin's reply, Philip D. Curtin, "Measuring the Atlantic Slave Trade Once Again: A Comment," *Journal of African History* 17, no. 4 (1976): 595-605. 後來則有一項統計，表示離開非洲的奴隸人數為一千一百八十六萬三千人，其中有百分之十至二十的人在所謂的中間階段──也就是穿越大西洋的航程中──死於非命。Paul E. Lovejoy, "The Impact of the Atlantic Slave Trade on Africa: A Review of the Literature," *Journal of African History* 30, no. 3 (1989): 365-94.
31. Blackburn, *Making of New World Slavery*, 581.
32. Kevin G. Hall, "Brazilian Slaves Help Make Products That End Up in the United States through World Trade," *San Jose Mercury News*, 14 September 2004.
33. 根據二〇〇三年五月十八日《休士頓紀事報》（*Houston Chronicle*）報導，有十八名非法移民被人發現死在德州的一輛冷藏貨櫃車中，報導還指陳「在奴隸制正式廢止將近一百五十年後，全世界仍有約兩千七百萬人身處真實或經濟的桎梏之中──這是有史以來最高的數字，而且還在不斷增加」；「兩千七百萬個奴隸」。
34. Fernand Braudel, *A History of Civilizations*, trans. Richard Mayne (London: Penguin, 1993), 381.
35. Robert Harms, "Early Globalization and the Slave Trade," *YaleGlobal Online*, 9 May 2003, available at http://yaleglobal.yale.edu/display.article?id1587.
36. Patrick K. O'Brien, gen. ed., *Atlas of World History* (Oxford: Oxford University Press, 2002), 126.
37. Solow, "Capitalism and Slavery," 730.
38. Puangthong Rungswasdisab, "War and Trade: Siamese Interventions in Cambodia, 1767-1851" (Ph.D. diss., University of Woolongong, 1995), 148.

2003), 155.

3. Milton Meltzer, *Slavery: A World History*, 2 vols. (New York: Da Capo, 1993), 2:39.
4. Amy O'Neill Richard, *International Trafficking in Women to the United States: A Contemporary Manifestation of Slavery and Organized Crime* (Central Intelligence Agency, Center for the Study of Intelligence, April 2000), 3.
5. *Wall Street Journal*, 11 March 2006.
6. Mark Riley, "27 Million Slaves, and We Look Away," *Sydney Morning Herald*, 4 June 2001.
7. Amy Waldman, "Sri Lankan Maids Pay Dearly for Perilous Jobs Overseas," *New York Times*, 8 May 2005. 見 *Migration in an Interconnected World: New Directions for Action* (Global Commission on International Migration, Geneva, October 2005), available at http://www.gcim.org/attachements/gcim-complete-report-2005.pdf, 26.
8. Adam Smith, *An Inquiry into the Nature and Causes of the Wealth of Nations*, vol.1, ed. R. H. Campbell and A. S. Skinner (Oxford: Clarendon Press, 1976), 448.
9. David Christian, *Maps of Time: An Introduction to Big History* (Berkeley: University of California Press, 2004), 263.
10. Meltzer, *Slavery*, 1:71.
11. 見前引書，1:63。
12. Grant Parker, "Ex oriente luxuria: Indian Commodities and Roman Experience," *Journal of the Economic and Social History of the Orient* 45, no. 1 (2002): 50.
13. Timothy Taylor, "Believing the Ancients: Quantitative and Qualitative Dimensions of Slavery and the Slave Trade in Later Prehistoric Eurasia," *World Archaeology* 33, no. 1 (2001): 34.
14. Jose Honorio Rodrigues, "The Influence of Africa on Brazil and of Brazil on Africa," *Journal of African History* 3, no. 1 (1962): 54, 56.
15. Meltzer, *Slavery*, 2:132.
16. Chris Harman, *A People's History of the World*, pt. 3, chap. 6, "European Feudalism," 143, available at http://www.istendency.net/pdf/3_06_european_feudalism.pdf.
17. Eric R. Wolf, *Europe and the People without History* (Berkeley: University of California Press, 1982), 42.
18. 見前引書，74。
19. Ronald Findlay, "Globalization and the European Economy: Medieval Origins to the Industrial Revolution," in Henryk Kierzkowski, ed., *Europe and Globalization* (New York: Palgrave Macmillan, 2002), 37.
20. Mustafa al-Jiddawi, "Al-Riqqfi al-Tarikh wafi al-Islam" (Slavery throughout history and during Muslim times) (Alexandria, 1963), 92-93.
21. Robin Blackburn, *The Making of New World Slavery* (London: Verso, 1997), 79.
22. Jere L. Bacharach, "African Military Slaves in the Medieval Middle East: The Cases of Iraq (869-955) and Egypt (868-1171)," *International Journal of Middle East Studies* 13 (1981): 471-95.
23. "Zanj Rebellion," Encyclopædia Britannica Online, http://search.eb.com/eb/article?eu80343. 另一起重要的奴隸叛變事件，則是發生在將近一千年後大西洋上的奴隸船中。Mitra Sharafi, "The Slave Ship Manuscripts of Captain Joseph B. Cook: A Narrative Reconstruction of the Brig Nancy's Voyage of 1793,"

97. Andrew M. Watson, "The Arab Agricultural Revolution and Its Diffusion, 700-1100," *Journal of Economic History* 34 (1974): 22.
98. Weatherford, *Genghis Khan*, 229.
99. 見前引書，229。
100. John Feffer, "Korean Food, Korean Identity: The Impact of Globalization on Korean Agriculture," available at http://iis-db.stanford.edu/pubs/20815/Globalization_and_Korean_Agriculture_John_Feffer.pdf; 並參見 Choe Yong-shik, "Historians Unearth Secret Past of Kimchi," *Korea Herald*, 3 October 2001. 同時亦參見Amal Naj, *Peppers: A Story of Hot Pursuits* (New York: Vintage Books, 1992), 8.
101. Achaya, *Historical Dictionary of Indian Food*, 188.
102. Russell-Wood, *Portuguese Empire*, 154.
103. 見前引書，172。
104. Murray Hiebert, "Tin Cans and Tyres," *Far Eastern Economic Review*, 15 April 1999.
105. Rigoberto Tiglao, "Roots of Poverty," *Far Eastern Economic Review*, 10 June 1999.
106. Kamen, *Spain's Road to Empire*, 270.
107. Wade Graham, "Traffick According to Their Own Caprice: Trade and Biological Exchange in the Making of the Pacific World, 1766-1825," paper presented at Seascapes, Littoral Cultures, and Trans-Oceanic Exchanges, Library of Congress, Washington, DC, 12-15 February 2003, available at http://www.historycooperative.org/proceedings/seascapes/graham.html.
108. Tony Ballantyne in Hopkins, ed., *Globalization in World History*, 135-36.
109. Watson, "Arab Agricultural Revolution," 21.
110. Tarn, *Hellenistic Civilisation*, 168.
111. William H. McNeill, *Plagues and Peoples* (New York: Anchor, 1977), 162.
112. 轉引自S. A. M. Adshead, *T'ang China: The Rise of the East in World History* (New York: Palgrave, 2004), 183.
113. James Morris, *Pax Britannica: The Climax of an Empire* (London: Penguin, 1968).
114. 摘自Ferguson, *Empire*, 171.
115. 見前引書。
116. Nisid Hajari, "A Most Dignified Retreat with Bagpipers," *Time* (International), 14 July 1997, 22.

第七章：奴隸、細菌與特洛伊木馬
CHAPTER 7: SLAVES, GERMS, AND TROJAN HORSES

章頭語：Christopher Columbus, *The Four Voyages*, ed. and trans. J. M. Cohen (London: Penguin, 1969), 58.

1. Maureen Johnson, "Another Arrest in Truck Deaths as Details of Journey Emerge," *Associated Press*, 20 June 2000. 多佛慘劇的敘述是以當時的報導為根據所寫。
2. Hugh Thomas, *Rivers of Gold: The Rise of the Spanish Empire, from Columbus to Magellan* (New York: Random House,

74. Pagden, *Peoples and Empires*, 28.
75. Ernest Barker, 轉引自前引書，32。
76. Romila Thapar, *Early India from the Origins to A.D. 1300* (New Delhi: Allen Lane, 2002), 255.
77. Janet L. Abu-Lughod, *Before European Hegemony: The World System, A.D. 1250-1350* (Oxford: Oxford University Press, 1989), 198.
78. Mansfield, *History of the Middle East*, 18.
79. Abu-Lughod, *Before European Hegemony*, 170.
80. Weatherford, *Genghis Khan*, 221.
81. Michael Prawdin, *The Mongol Empire: Its Rise and Legacy*, trans. Eden and Cedar Paul (New York: Free Press, 1967), 507.
82. Weatherford, *Genghis Khan*, xxiv.
83. William H. McNeill, *The Age of Gunpowder Empires, 1450-1800* (Washington, DC: American Historical Association, 1989), 14.
84. Ferguson, *Empire*, 171.
85. Tarn, *Hellenistic Civilisation*, 250-51.
86. Kamen, *Spain's Road to Empire*, 295.
87. 見前引書，295。
88. 木頭與煤也儲存著這種可以運輸的能量，但直到蒸汽機發明以前，這種能量只能用於發熱，而無法投入其他目的。十字弓與投石機無法儲存從肌肉傳導而來的能量。用硝石、硫磺與木炭混製而成的火藥，也因此成為第一種可以儲存、運輸與運用其能量的發明。Kenneth Chase, *Firearms: A Global History to 1700* (Cambridge: Cambridge University Press, 2003), 31.
89. Findlay and Lundahl, "First Globalization Episode," 32.
90. Arnold Pacey, *Technology in World Civilization* (Cambridge, MA: MIT Press, 2001), 46.
91. Alfred W. Crosby, *Throwing Fire: Projectile Technology through History* (Cambridge: Cambridge University Press, 2002), 118.
92. Chase, *Firearms*, 71-72.
93. Giancarlo Casale, "The Ottoman 'Discovery' of the Indian Ocean in the Sixteenth Century: The Age of Exploration from an Islamic Perspective," paper presented at Seascapes, Littoral Cultures, and Trans-Oceanic Exchanges, Library of Congress, Washington, DC, 12-15 February 2003, available at http://www.historycooperative.org/proceedings/seascapes/casale.html.
94. K. T. Achaya, *A Historical Dictionary of Indian Food* (New Delhi: Oxford University Press, 1999), 209.
95. Alfred W. Crosby, *Ecological Imperialism: The Biological Expansion of Europe, 900-1900* (Cambridge: Cambridge University Press, 1986), 136.
96. Jerry H. Bentley, "Hemispheric Integration, 500-1500 c.e.," *Journal of World History* 9, no. 2, citing Ho Ping-ti, "Early-ripening Rice in Chinese History," *Economic History Review*, 2nd ser., 9 (1956): 200-218.

50. Hopkins, ed., *Globalization in World History*, 155.
51. 領航者亨利曾經聽聞過北非「沉默貿易」的故事，這種貿易方式是為了不會說彼此語言的族群所設計的。丹尼爾・布爾斯廷的說法是：穆斯林商隊從摩洛哥南向越過阿特拉斯山脈（Atlas mountains），行走二十天後就會抵達塞內加爾河河岸。摩洛哥商人會擺出一堆堆的鹽、褐色珊瑚珠與廉價的製品，接著離開，躲到看不見的地方。當地部落的人生活在自己採金的露天礦坑中。他們也會來到河岸，在摩洛哥人擺放的每一堆貨物旁邊都放上一堆黃金。然後輪到他們躲到別人看不見的地方，留給摩洛哥商人做決定，看是要拿走某堆貨物旁的黃金，還是要從自己的貨物中拿回一點，好跟部落民出的黃金數額相當。接著摩洛哥商人又會離開，雙方如此進行下去。Boorstin, *Discoverers*, 161.
52. Sir William Tarn, *Hellenistic Civilisation* (London: Edward Arnold, 1927), 2.
53. Pagden, *Peoples and Empires*, 36.
54. Mansfield, *History of the Middle East*, 15-16.
55. Cook, *Brief History*, 279.
56. Fernand Braudel, *A History of Civilizations*, trans. Richard Mayne (New York: Penguin, 1993), 79.
57. Mansfield, *History of the Middle East*, 16.
58. Weatherford, *Genghis Khan*, 112.
59. Macaulay's speech is available at http://www.languageinindia.com/april2003/macaulay.
60. Romila Thapar, *A History of India*, vol. 1 (London: Penguin, 1966), 86.
61. Romila Thapar, *Aś oka and the Decline of the Mauryas* (New Delhi: Oxford University Press, 1997), 46-49.
62. Priyatosh Banerjee, "The Spread of Indian Art and Culture to Central Asia and China," *Indian Horizons* 43, nos. 1-2 (1994), available at http://ignca.nic.in/pb0013.htm.
63. Richard Fletcher, *The Barbarian Conversion: From Paganism to Christianity* (New York: Henry Holt, 1997), 19.
64. *Catholic Encyclopaedia*, s.v. "The First Council of Nicaea," available at http://www.newadvent.org/cathen/11044a.htm.
65. Rodney Stark, "Efforts to Christianize Europe, 400-2000," *Journal of Contemporary Religion* 16, no. 1 (January 2001): 109.
66. 見前引書。
67. Michael Wood, *Conquistadors* (Berkeley: University of California Press, 2002), 133-35.
68. Russell-Wood, *Portuguese Empire*, 201.
69. Ferguson, *Colossus*, 7.
70. 見前引書，49。
71. Lê Thành Khôi, *Histoire du Viêt Nam: des origines à 1858* (Paris: Sudestasie, 1981), 371.
72. Story of Pakistan, "Khilafat Movement [1919-1924]," http://www.storyofpakistan.com/articletext.asp?artidA033&Pg2.
73. Bruce B. Lawrence, "In Bin Laden's Words," *Chronicle of Higher Education*, 4 November 2005.

25. Henry Kamen, *Spain's Road to Empire: The Making of a World Power, 1492-1763* (London: Penguin, 2002), 301.
26. Anthony Pagden, *Spanish Imperialism and the Political Imagination: Studies in European and Spanish-American Social and Political Theory, 1513-1830* (New Haven and London: Yale University Press, 1998), 14.
27. Robert L. Tignor, "Colonial Africa through the Lens of Colonial Latin America," in Jeremy Adelman, ed., *Colonial Legacies: The Problem of Persistence in Latin American History* (New York: Routledge, 1999), 35.
28. Niall Ferguson, *Empire: The Rise and Demise of the British World Order and the Lessons for Global Power* (New York: Basic Books, 2002), 7.
29. James Bryce and General Stanley Maude quoted by Tony Judt, "Dreams of Empire," *New York Review of Books*, 4 November 2004.
30. Pagden, *Peoples and Empires* , xxiii-xxiv.
31. Sir William Tarn, *Hellenistic Civilisation* (London: Edward Arnold, 1927), 4.
32. Pagden, *Peoples and Empires*, 25.
33. Peter Mansfield, *A History of the Middle East* (London: Penguin, 2003), 17.
34. John Keegan, *A History of Warfare* (New York: Vintage, 1994), 212.
35. Findlay and Lundahl, "First Globalization Episode," 21.
36. Tatiana Zerjal et al., "The Genetic Legacy of the Mongols," *American Journal of Human Genetics* 72 (2003): 717-21.
37. Weatherford, Genghis Khan, 227.
38. 見前引書，221。
39. A. J. R. Russell-Wood, *The Portuguese Empire, 1415-1808: A World on the Move* (Baltimore: Johns Hopkins University Press, 1992), 60-62.
40. Kamen, *Spain's Road to Empire*, 354.
41. 見前引書，345。
42. 見前引書，355。
43. James D. Watson, DNA*: The Secret of Life* (New York: Alfred A. Knopf, 2003), 250-51.
44. 「不列顛人在別國海岸登陸的目的，並非為了成為該國民眾中的少數族群，或是為一己利益而影響該國政策。他們會在那裡建立國家，就像美國、加拿大、澳大利亞、紐西蘭、南非。當古希臘人移民時，他們事實上是離開了自己的城邦一城市國家；但不列顛人卻是帶著國家，跟著自己移民去」。Engseng Ho, "Empire through Diasporic Eyes: A View from the Other Boat," *Comparative Studies in Society and History* 46, no. 2 (2004): 210-46.
45. Stuart Mole, "From Empire to Equality? Migration and the Commonwealth," *Round Table* 358 (2001): 89.
46. Ferguson, *Empire*, 60.
47. Gregory Mann, "Immigrants and Arguments in France and West Africa," *Comparative Studies in Society and History* 45 (2003): 362-85, quotation at 364.
48. Claudia Zequeira, "A Petty Officer and Now, a U.S. Citizen," *Orlando Sentinel*, 30 July 2006.
49. Cam Simpson, "U.S. to Probe Claims of Human Trafficking," *Chicago Tribune*, 19 January 2006.

10 May 1933, 4.

4. 見前引書，27。
5. 普魯塔克之言轉引自Pagden, *Peoples and Empires*, 13.
6. 見前引書，31。
7. 西奧多．羅斯福總統表示：「若他國在美洲或其他地方長期為惡、政務荒廢，導致文明社會紐帶徹底鬆弛，此種情勢終將需要一些文明國家予以干預，而在西半球……一旦他國公然之惡行與失職無法容忍時，美國將被迫根據門羅方針實施國際警察的權力。」Niall Ferguson, *Colossus: The Price of America's Empire* (New York: Penguin, 2004), 52-53.
8. Cesare Polengh, "Hideyoshi and Korea," 25 April 2003, Samurai Archives, http://www.samurai-archives.com/hak.html.
9. Ferguson, *Colossus*, 80.
10. 麥當勞在一百二十多國有三萬多家分店，可口可樂公司有百分之七十的銷售量來自北美洲以外。見前引書，18。
11. Robert Kaplan, "Empire by Stealth," *Atlantic Monthly*, July-August 2003, 66.
12. Cited by Ferguson, *Colossus*, 68.
13. Geoffrey W. Conrad and Arthur A. Demarest, *Religion and Empire: The Dynamics of Aztec and Inca Expansionism* (Cambridge: Cambridge University Press, 1984), 1, quotation at 129.
14. 見前引書，129。
15. Albert Hourani, *A History of the Arab Peoples* (London: Faber and Faber, 1991), 19.
16. Michael Cook, *A Brief History of the Human Race* (New York: W. W. Norton 2003), 281-84.
17. Ronald Findlay and Mats Lundahl, "Demographic Shocks and the Factor Proportions Model: From the Plague of Justinian to the Black Death," typescript, Columbia University, University Seminar in Economic History, 28, available at http://www.econ.barnard.columbia.edu/~econhist/papers/Findlay%20Justinian.pdf.
18. Karsh, *Islamic Imperialism*, 34.
19. Valerie Hansen, *The Open Empire: A History of China to 1600*, 6th rev. ed. (New York: W. W. Norton, 2000), 337.
20. Jack Weatherford, *Genghis Khan and the Making of the Modern World* (New York: Crown, 2004), 101.
21. Ronald Findlay and Mats Lundahl, "The First Globalization Episode: The Creation of the Mongol Empire, or the Economics of Chinggis Khan," 14, available at http://yaleglobal.yale.edu/about/pdfs/mongol.pdf. 並參見 Nicholas Wade, "Scientists Link a Prolific Gene Tree to the Manchu Conquerors of China," *New York Times*, 1 November 2005.
22. Weatherford, *Genghis Khan*, 111.
23. 根據稍晚的記載，亞里斯多德曾在亞歷山大揮軍敘利亞時寫信給他，建議他為了索科特拉島的樹脂與蘆薈而拿下這座島嶼，並派遣一群希臘人移居當地。Vitaly Naumkin, "Fieldwork in Socotra," *Bulletin of the British Society for Middle Eastern Studies* 16, no. 2 (1989): 133-42.
24. Daniel J. Boorstin, *The Discoverers* (New York: Random House, 1983), 160-61.

no. 2 (2003): 125-30.

46. Hugh R. Baker, "The Myth of the Travelling Wok; The Overseas Chinese," *Asian Affairs* 28 (March 1997): 28-37.
47. Cláudia Rei, "The Role of Transportation Technology in Economic Leadership," paper, Boston University, Department of Economics, September 2002, available at http://people.bu.edu/cr/Rei_C_Transportation.pdf.
48. 死亡率極高。一八五〇年，七百四十名移民登上前往卡亞俄（Callao）的兩艘船，有二百四十七人在途中喪生，死亡率超過百分之三十三。Baker, "Myth of the Travelling Wok."
49. Matthew Pratt Guterl, "After Slavery: Asian Labor, the American South, and the Age of Emancipation," *Journal of World History* 24, no. 2 (2003): 209-41.
50. Sanjek, "Rethinking Migration," 315.
51. 見前引書。
52. K. Laxmi Narayan, "Indian Diaspora: A Demographic Perspective," Occasional Paper, University of Hyderabad, 2002, available at http://www.uohyd.ernet.in/sss/indian_diaspora/oc3.pdf.
53. Adam McKeown, "Global Migration, 1846-1940," *Journal of World History* 15, no. 2 (2004): 155-89.
54. Claude Markovits, "Indian Merchant Networks outside India in the Nineteenth and Twentieth Centuries: A Preliminary Survey," *Modern Asian Studies* 33, no. 4 (1999): 883-911.
55. Migration in an Interconnected World: New Directions for Action (Global Commission on International Migration, Geneva, October 2005), available at http://www.gcim.org/attachements/gcim-complete-report-2005.pdf.
56. Howard W. French, "Next Wave of Camera-Wielding Tourists Is from China," *New York Times*, 17 May 2006.
57. Department of the Navy, Naval Historical Center, "By Sea, Air, and Land: An Illustrated History of the U.S. Navy and the War in Southeast Asia," chap. 5, available at http://www.history.navy.mil/seairland/chap5.htm; Walter J. Boyne, "The Fall of Saigon," Airforce Magazine Online, http://www.afa.org/magazine/April2000/0400saigon.asp.
58. David Lamb, *Vietnam Now: A Reporter Returns* (New York: Basic Books, 2002), 74.
59. Henry Kamen, *Spain's Road to Empire: The Making of a World Power* (London: Penguin, 2002), 198.

第六章：帝國之網
CHAPTER 6: THE IMPERIAL WEAVE

章頭語：Quoted in A. G. Hopkins, ed., *Globalization in World History* (New York: W. W. Norton, 2002), 124.

1. 語出埃及裔穆斯林作家薩依德・庫特布，轉引自Efraim Karsh, *Islamic Imperialism: A History* (New Haven and London: Yale University Press, 2006), 212.
2. Anthony Pagden, *Peoples and Empires: A Short History of European Migration, Exploration, and Conquest, from Greece to the Present* (New York: Modern Library, 2001), 12-13.
3. William W. Tarn, "Alexander the Great and the Unity of Mankind," *Raleigh Lecture on History*, British Academy,

28. Walter J. Fischel, "David d'Beth Hillel: An Unknown Jewish Traveller to the Middle East and India in the Nineteenth Century," *Oriens* (December 1957): 240-47.
29. 祭司王約翰的國度還會讓人遐想財源滾滾的貿易。一一七〇年左右，有一封信在歐洲流傳，信上說祭司王約翰宣稱其國土富產各種奇珍異寶（尤其是寶石）。和香料比起來，寶石較為人注重，因為據說祭司王約翰的王國盛產胡椒，但有群蛇守護著胡椒樹，難以採摘。轉引自Paul Freedman, "Spices and Late Medieval European Ideas of Scarcity and Value" (unpublished paper), quoted in Joaquim Romero Magalhães, *Portugueses no mundo do século XVI: espaços e produtos* (Lisbon: Comissao Nacional para as Comemoraoes dos Descobrimentos Portugueses, 1998). 亨利王子是個十字軍。他的輕帆船上掛著基督騎士團（Military Order of Christ）的旗幟，領頭的不是商人，而是禁衛軍，時常沿海航行打擊摩爾人。Clydesdale, "European Explorers," *Prometheus* 23 (March 2005): 54.
30. Daniel J. Boorstin, *The Discoverers* (New York: Random House, 1983), 168.
31. Michael Prawdin, *The Mongol Empire: Its Rise and Legacy*, trans. Eden and Cedar Paul (New York: Free Press, 1967), 510.
32. Hugh Thomas, *Rivers of Gold: The Rise of the Spanish Empire, from Columbus to Magellan* (New York: Random House, 2003), 68.
33. Abbas Hamdani, "Columbus and the Recovery of Jerusalem," *Journal of the American Oriental Society* 99, no. 1 (1979): 39-48.
34. Thomas, *Rivers of Gold*, 76.
35. Boorstin, *Discoverers*, 176.
36. Wolfgang Schivelbusch, *Tastes of Paradise: A Social History of Spices, Stimulants, and Intoxicants* (New York: Vintage, 1993), 12.
37. W. S. Merwin, "Name in the Sand," *New York Review of Books*, 27 May 2004, 36-37.
38. Henry Kamen, *Empire: How Spain Became a World Power* (New York: HarperCollins, 2003), 129.
39. Kenneth Pomeranz and Stephen Topik, *The World That Trade Created* (Armonk, NY: M. E. Sharpe, 1999), 49.
40. Leslie Page Moch, *Moving Europeans: Migration in Western Europe since 1560* (Bloomington, Indiana University Press, 2003), 147; Alan M. Taylor and Jeffrey G. Williamson, "Convergence in the Age of Mass Migration," NBR Working Paper No. 4711, April 1994; Andrés Solimano, "International Migration and the Global Economic Order: An Overview," World Bank Policy Research Working Paper No. 2720, November 2001.
41. John Torpey, *The Invention of the Passport* (London: Cambridge University Press, 2000), 92.
42. Roger Sanjek, "Rethinking Migration, Ancient to Future," *Global Networks* 3 (July 2003): 315.
43. Solimano, "International Migration."
44. Stephen Castles and Mark J. Miller, *The Age of Migration: International Population Movements in the Modern World*, 2nd ed. (Basingstoke: Macmillan, 1998), 57.
45. David Northrup, "Free and Unfree Labor Migration, 1600-1900: An Introduction," *Journal of World History* 24,

6. W. H. Schoff, trans. and ed., *The Periplus of the Erythraean Sea: Travel and Trade in the Indian Ocean by a Merchant of the First Century* (London, 1912).
7. Sima Qian, *Records of the Great Historian, Han Dynasty II*, trans. Burton Watson, rev. ed. (New York: Columbia University Press, 1993), 123.
8. Bin Yang, "Horses, Silver, and Cowries: Yunnan in Global Perspective," *Journal of World History* 15 (September 2004): 286.
9. David Christian, "Silk Roads in World History," *Journal of World History* 11 (Spring 2000): 1-26.
10. 陳學霖之言轉引自Ed Gargan, *Newsday* (New York), 19 January 2003.
11. 來自肯亞外島、時年十九歲的姆瓦馬卡・沙里夫（Mwamaka Sharifu）曾受邀前往中國，參加鄭和遠航六百週年紀念。Joseph Kahn, "China Has an Ancient Mariner to Tell You About," *New York Times*, 20 July 2005.
12. Philip Snow, *The Star Raft: China's Encounter with Africa* (London: Weidenfeld and Nicolson, 1988), 22.
13. Edward Dreyer, "Review of Gavin Menzies, 1421: The Year China Discovered America," *Journal of the Society for Ming Studies* 50 (Fall 2004): 131.
14. Fernand Braudel, *Civilization and Capitalism, Fifteenth-Eighteenth Century*, vol. 3, *The Perspective of the World* (Berkeley: University of California Press, 1992), 106.
15. Jean Verdon, *Travel in the Middle Ages*, trans. George Holoch (Notre Dame, IN: University of Notre Dame Press, 2003), 147.
16. Maxine Feifer, *Tourism in History: From Imperial Rome to the Present* (New York: Stein and Day, 1985), 29.
17. Michael McCormick, *Origins of the European Economy: Communications and Commerce, A.D. 300-900* (Cambridge: Cambridge University Press, 2001), 227-35.
18. K. N. Chaudhury, *Asia before Europe: Economy and Civilisation of the Indian Ocean from the Rise of Islam to 1750* (Cambridge: Cambridge University Press, 1990), 134.
19. Cited in Robin Hanbury-Tenison, ed., *The Oxford Book of Explorers* (Oxford: Oxford University Press, 1993), 15.
20. Frances Wood, *Did Marco Polo Go to China?* (Boulder, CO: Westview, 1996), 160.
21. Greg Clydesdale, "European Explorers, Entrepreneurial Selection and Environmental Thresholds," *Prometheus* 23 (March 2005): 47-61.
22. A. S. Morris, "The Journey beyond Three Seas," *Geographical Journal* 133 (December 1967): 502-8.
23. Cecil Roth, "Genoese Jews in the Thirteenth Century," *Speculum* 25 (April 1950): 190-97.
24. David Whitehouse, "Maritime Trade in the Gulf: The Eleventh and Twelfth Centuries," *World Archaeology* 14 (February 1983): 328-34.
25. Ross E. Dunn, *The Adventures of Ibn Battuta: A Muslim Traveler of the Fourteenth Century* (Berkeley: University of California Press, 1986), 258.
26. D. O. Morgan, "Ibn Battuta and the Mongols," *Journal of the Royal Asiatic Society*, 3rd Ser., 11 (2001): 1-11.
27. Charles Beckingham, "In Search of Ibn Battuta," *Asian Affairs* 8 (October 1977): 268.

74. http://www.islamicity.com/mosque/default.shtml.
75. http://www.islamonline.net/English/AboutUs.shtml.
76. Anton La Guardia, "Al-Qa'eda Launches Voice of the Caliphate Internet News Bulletins," *Telegraph*, 28 September 2005.
77. Immanuel Wallerstein, *European Universalism: The Rhetoric of Power* (New York: New Press, 2006), 5.
78. Michael Wood, *Conquistadors* (Berkeley: University of California Press, 2002), 271.
79. Quoted by Martin Dugard, "Stanley Meets Livingstone," *Smithsonian* 34 (October 2003): 68-76.
80. Quoted by Dan Jacobson, "Dr. Livingstone, He Presumed," *American Scholar* 70 (2001): 81.
81. William Cobbett, *The Parliamentary History of England: From the Norman Conquest in 1066 to the Year 1803*, 36 vols. (London: T. Curson Hansard, 1806-20), 28:45.
82. Benenson quoted in Stephen Pincock, "Obituary of Peter James Henry Solomon Benenson," *Lancet*, 2 April 2005, 1224.
83. http://www.amnesty.org.uk/action/events/timeline.shtml.
84. http://www.amnesty.org.uk/action/events/biography.shtml.
85. Irene Khan, "Foreword," *Annual Report, 2005* (Amnesty International), available at http://web.amnesty.org/report2005/message-eng.
86. James M. Russell, "The Ambivalence about the Globalization of Telecommunications: The Story of Amnesty International, Shell Oil Company and Nigeria," *Journal of Human Rights* 1 (September 2002): 405-16.
87. Roth interview.
88. Dicker interview.
89. Kran, "Foreword."
90. Roth interview.

第五章：流動的世界
CHAPTER 5: WORLD IN MOTION

章頭語：Laurence Bergreen, *Over the Edge of the World: Magellan's Terrifying Circumnavigation of the Globe* (New York: William Morrow, 2003), 396.

1. W. M. Spellman, *The Global Community: Migration and the Making of the Modern World* (Stroud: Sutton, 2002), 24.
2. Anthony Pagden, *Peoples and Empires* (New York: Modern Library, 2001), xix.
3. E. H. Hair, "The 'Periplus of Hanno' in the History and Historiography of Black Africa," *History in Africa* 14 (1987): 43-66.
4. 這個說法的根據是Lionel Casson, *Travel in the Ancient World* (Baltimore: Johns Hopkins University Press, 1994), 44-57.
5. "European Exploration," *Encyclopædia Britannica Online*, http://search.eb.com/eb/article?tocId25961.

World History (New York: W. W. Norton, 2002), 74.
50. Arnold, *Spread of Islam*, 412.
51. Boorstin, *Discoverers*, 122.
52. R. Hunt Davis, Jr., "Teaching about the African Past in the Context of World History," *World History Connected*, http://worldhistoryconnected.press.uiuc.edu/2.1/davis.html.
53. Arnold, *Spread of Islam*, 256.
54. Romila Thapar, *A History of India*, vol. 1 (London: Penguin, 1966), 234.
55. Cook, *Brief History*, 287-90.
56. 轉引自Anthony Reid, *Charting the Shape of Early Modern Southeast Asia* (Chiang Mai: Silkworm Books, 1999), 16.
57. D. J. M. Tate, *The Making of Modern South-East Asia*, vol. 1, *The European Conquest* (Kuala Lumpur: Oxford University Press, 1971), 34.
58. Reid, *Charting the Shape*, 26.
59. 見前引書，27。
60. Gene M. Chenoweth, "Melaka, 'Piracy' and the Modern World System," *Journal of Law and Religion* 13, no. 1 (1996): 107-25.
61. M. C. Rickleffs, "Islamization in Java: Fourteenth to Eighteenth Centuries," in Ahmad Ibrahim, Sharon Siddique, and Yasmin Hussain, comps., *Readings on Islam in Southeast Asia* (Singapore: ISEAS, 1985), 40.
62. Anthony Reid, "A Millennium of Change," *Far Eastern Economic Review*, 10 June 1999.
63. Anthony Reid, *Southeast Asia in the Age of Commerce, 1450-1680*, vol. 2 (New Haven and London: Yale University Press, 1993), 144. 大多數有關東南亞的段落都是以這本經典研究為根據。
64. Rickleffs, "Islamization in Java," 41.
65. Sylvia Fraser-Lu, *Silverware of South-East Asia* (Singapore: Oxford University Press, 1989), 3.
66. Michael Laffan, "The Tangled Roots of Islamist Activism in Southeast Asia," *Cambridge Review of International Affairs* 16 (October 2003): 402.
67. T. N. Harper, "Empire, Diaspora, and the Languages of Globalism, 1850-1914," in Hopkins, *Globalization in History*, 148.
68. Arnold, *Spread of Islam*, 371-72.
69. Reza Aslan, *No God but God: The Origins, Evolution, and Future of Islam* (New York: Random House, 2005), 243.
70. 見前引書。
71. 根據報導，一項二○○四的研究中，發現有五十七本來自沙烏地阿拉伯的出版品宣揚「仇恨基督徒與猶太人是宗教義務，並警告不要以任何方式模仿、善待或幫助這些『異教徒』」。According to the Freedom House study, "they instill contempt for America" as well as "a Nazi-like hatred for Jews." John Mintz, "Report Cites 'Hate' Writings in U.S. Mosques," *Washington Post*, 6 February 2005.
72. Olivier Roy, "Why Do They Hate Us? Not Because of Iraq," *New York Times*, 22 July 2005.
73. 這一段大部分以Armstrong, *History of God*, 132-69為根據。

25. Michael Cook, *A Brief History of the Human Race* (New York: W. W. Norton, 2005), 222.
26. Thapar, History of India, 134-35; 並參見David Chidester, *Christianity: A Global History* (New York: HarperCollins, 2000), 452-59.
27. Daniel J. Boorstin, *The Discoverers* (New York: Random House, 1983), 122.
28. "European Exploration," Encyclopædia Britannica Online, http://search.eb.com/eb/article?tocId25961.
29. Christopher Columbus, *The Four Voyages*, ed. and trans. J. M. Cohen (London: Penguin, 1969), 300.
30. Chidester, *Christianity*, 353-54.
31. 見前引書，412。
32. Margarita Zamora, *Reading Columbus* (Berkeley: University of California Press, 1993), 19.
33. Karen Armstrong, *A History of God: The Four-Thousand-Year Quest of Judaism, Christianity, and Islam* (New York: Ballantine, 1994), 258.
34. Serge Gruzinki, *Les quatre parties du monde: histoire d'une mondialisation* (Paris: Martinière, 2004), 49.
35. John King Fairbank and Merle Goldman, *China: A New History* (Cambridge, MA: Harvard University Press, 1998), 223.
36. Jonathan D. Spence, *The Search for Modern China* (New York: W. W. Norton, 1990), 206.
37. Lamin Sanneh, *Translating the Message: The Missionary Impact on Culture* (Maryknoll, NY: Orbis, 1989), 123.
38. Lê Thânh Khôi, *Histoire du Viêt Nam: des origines à 1858* (Paris: Sudestasie, 1981), 290.
39. A. J. R. Russell-Wood, *The Portuguese Empire, 1415-1808: A World on the Move* (Baltimore: Johns Hopkins University Press, 1992), 202.
40. George Shepperson, "David Livingstone (1813-1873): A Centenary Assessment," *Geographical Journal* 139 (June 1973): 216.
41. Alvyn Austin, "Discovering Livingstone," *Christian History* 16, no. 4 (1997): electronic copy, n.p.
42. Shepperson, "David Livingstone," 217.
43. Leila Koivunen, "Visualizing Africa: Complexities of Illustrating David Livingstone's Missionary Travels," in *The Papers of the Nordic Conference on the History of Ideas*, vol. 1 (Helsinki: University of Helsinki, 2001). 並參見 T. Jack Thompson, "Images of Africa: Missionary Photography in the Nineteenth Century; An Introduction" (Occasional Paper, University of Copenhagen, Centre of African Studies, February 2004).
44. Shepperson, "David Livingstone," 216.
45. 轉引自前引文，210。
46. Martha Lund Smalley, ed., "Communications from the Field: Missionary Postcards from Africa," *Occasional Publications*, 5 (New Haven: Yale Divinity School Library, 1994).
47. Victor Lewis-Smith, "God on the Box," New Humanist, 1 September 2002, available at http://www.newhumanist.org.uk/volume117issue3_more.php?id224_0_12_0_C.
48. Efraim Karsh, *Islamic Imperialism: A History* (New Haven and London: Yale University Press, 2006), 88.
49. Amira K. Bennison, "Muslim Universalism and Western Globalization," in A. G. Hopkins, ed., *Globalization in*

8. Nicholas Tarling, ed., *The Cambridge History of Southeast Asia*, vol. 1, pt. 1, *From Early Times to c. 1500* (Cambridge: Cambridge University Press, 1992), 356.

9. Robert P. Clark, *The Global Imperative: An Interpretive History of the Spread of Humankind* (Boulder, CO: Westview, 1997), 66.

10. Romila Thapar, *A History of India*, vol. 1 (London: Penguin, 1966), 131.

11. Romila Thapar, *Aś oka and the Decline of the Mauryas* (New Delhi: Oxford University Press, 1997), 46-49.

12. 譚雲山在〈中印文化交流〉（"Cultural Interchange between India and China"）一文中寫道：「根據中國著作《歷代高僧傳》記載，當時有二千名漢僧在印度學有大成，還有二十四位印度宗師在漢地布道，成就斐然。但人們不該忘記當時一定還有許多其他僧人與學者在兩國間往來，他們或許葬身途中，或是不願意將俗家姓名流傳後世。Available at http://ignca.nic.in/ks_40038.htm.

13. Jonathan M. Bloom, *Paper before Print: The History and Impact of Paper in the Islamic World* (New Haven and London: Yale University Press, 2001), 36. 並參見Mishi Saran, *Chasing the Monk's Shadow: A Journey in the Footsteps of Xuanzang* (New Delhi: Penguin, 2005), 11-12.

14. Sally Hovey Wriggins, *Xuanzang: A Buddhist Pilgrim on the Silk Road* (Boulder, CO: Westview, 1996), 160.

15. Li Yongshi, trans., *The Life of Hsuan Tsang by Huili*, 轉引自前引書，176。

16. 見前引書，168。

17. Tan, "Cultural Interchange between India and China."

18. 這是佛教與伊斯蘭信仰間一項非常有趣的差別。在伊斯蘭信仰中，《古蘭經》只能用阿拉伯語，也就是真主所說的語言來誦讀。

19. Victor H. Mair, "Buddhism and the Rise of the Written Vernacular in East Asia: The Making of National Languages," *Journal of Asian Studies* 53 (August 1994): 707-751.

20. Xinru Liu, *Silk and Religion: An Exploration of Material Life and the Thought of People, A.D. 600-1200* (New Delhi: Oxford University Press, 1996), 14. 裝飾中亞與印度佛教聖地的多彩絲旗多半來自中國；Xinru Liu, *Ancient India and Ancient China: Trade and Religious Exchanges, A.D. 1-600* (New Delhi: Oxford University Press, 1988), 69. 五世紀的印度詩人迦梨陀娑（Kalidasa）曾經描寫過一場婚禮，全鎮都布置了漢地生產的絲綢旗幟。有趣的是，超過一千年後，中國又成為高檔外國國旗——包括美國國旗在內——的供應國。

21. John Kieschnick, *The Impact of Buddhism on Chinese Material Culture* (Princeton, NJ: Princeton University Press, 2003), 262. 過去有關佛教促成書籍製作的討論，是以柯嘉豪的研究為基礎。

22. Liu, *Silk and Religion*, 187.

23. Martin Baumann, "Global Buddhism: Developmental Periods, Regional Histories, and a New Analytical Perspective," *Journal of Global Buddhism* 2 (2001): 1-43, available at http://www.geocities.com/globalbuddhism/html/2/baumann011.pdf.

24. Based on Huston Smith, *The Religions of Man* (New York: Harper and Row, 1986), 425-43.

Medieval Spain (Boston: Little, Brown, 2002), 180. 雅各・布倫諾斯基觀察到：「可能是因為幅員廣大，摩爾人的帝國因而成為知識交流的場所，帝國內的學者有東方的聶斯托里派，也有西部的猶太異教徒。伊斯蘭這種信仰或許就是有這種特質，雖然戮力勸服他人改宗，卻不會鄙視他人的知識。」 Bronowski, *The Ascent of Man* (Boston: Little, Brown, 1973), 168-69.

66. Bronowski, *Ascent of Man*, 168-69.
67. T. R. Reid, *The Chip: How Two Americans Invented the Microchip and Launched a Revolution*, rev. ed. (New York: Random House, 2001), 11.
68. Jeffrey Zygmont, *Microchip: An Idea, Its Genesis, and the Revolution It Created* (Cambridge, MA: Perseus, 2003), 79.
69. Alan M. Turing, "On Computable Numbers, with an Application to the Entscheidungs-problem," in Martin Davis, ed., *The Undecidable* (New York: Raven Press, 1965), 116-51.
70. T. R. Reid, *The Chip* (New York: Random House, 2001), 132.
71. "Jack Kilby (1923-2005), Inventor of the Integrated Circuit," *IEEE Signal Processing Magazine*, September 2005, 6.
72. Jack S. Kilby, "The Electrical Century," *Proceedings of the IEEE* 88 (January 2000): 110.
73. L. Buckwalter, "Now It's Pocket Calculators," *Mechanics Illustrated* 69 (February 1973): 69, 108-9, 轉引自Kathy B. Hamrick, "The History of the Hand-Held Electronic Calculator," *American Mathematical Monthly*, October 1996, 633-39.
74. William Aspray, "The Intel 4004 Microprocessor: What Constituted Invention?" *IEEE Annals of the History of Computing* 19, no. 3 (1997): 4-15.
75. Jeffry A. Frieden, *Global Capitalism: Its Fall and Rise in the Twentieth Century* (New York: W. W. Norton, 2006), 395.
76. 反全球化與其他抗議的影片儲存在http://video.indymedia.org/en/archive.shtml。

第四章：傳教士的世界
CHAPTER 4: PREACHERS' WORLD

章頭語："New Light from an Old Lamp: A Strategic Analysis of Buddhism" (documented researches), five lectures by Tan Beng Sin, Piyasilo, 1990 (unpublished manuscript).

1. Richard Dicker, interview with author, 2 June 2005.
2. 見前引文。
3. Ken Roth, interview with author, 18 May 2005.
4. 馬克斯・韋伯言論轉引自Thomas Arnold, *The Spread of Islam in the World* (London 1886; reprint, New Delhi: Goodword Books, 2002), 1.
5. Elie Wiesel, "The Perils of Indifference: Lessons Learned from a Violent Century," Address at the Seventh Millennium Evening at the White House, 12 April 1999.
6. Karen Armstrong, *Holy War: The Crusades and Their Impact on the World* (New York: Anchor Books, 2001), 387.
7. Philip Jenkins, *The Next Christendom: The Coming of Global Christianity* (Oxford: Oxford University Press, 2002), 28.

啡。

40. Jacob, *Coffee*, 32.
41. *Encyclopaedia of Islam*, s.v. "Kahwa."
42. Jacob, *Coffee*, 33.
43. *Encyclopaedia of Islam*, s.v. "Kahwa."
44. Ralph S. Hattox, *Coffee and Coffeehouses: The Origins of a Social Beverage in the Medieval Near East*, Near Eastern Studies, University of Washington, vol. 77, no. 3 (Seattle: Distributed by University of Washington Press, 1985).
45. Pendergrast, *Uncommon Grounds*, 7.
46. Merid W. Aregay, "The Early History of Ethiopia's Coffee Trade and the Rise of Shawa," *Journal of African History* 29 (1988): 19-25.
47. *Encyclopaedia of Islam*, s.v. "Kahwa."
48. 由於歐洲人有放養牲畜的傳統，長期從動物乳汁中獲取營養，因此似乎沒有得到人類普遍都有的乳糖不耐症。見James D. Watson, DNA*: The Secret of Life* (New York: Alfred K. Knopf, 2003), 256-57.
49. John Crawford, "History of Coffee," *Journal of the Statistical Society of London* (1852): 50-58.
50. "La grande histoire du café," http://www.nestle.fr/enseignants/docs/histoire.doc.
51. Robert Harms, *The Diligent: A Voyage through the Worlds of the Slave Trade* (New York: Basic Books, 2002), 345-46.
52. Kenneth Davids, *Coffee: A Guide to Buying, Brewing, and Enjoying*, 5th ed. (New York: St. Martin's Griffin, 2001); Davids, "Coffee Fundamentals," http://www.lucidcafe.com/fundamentals.html#history.
53. Thomas, *Slave Trade*, 634.
54. 見前引書，788。
55. Luella N. Dambaugh, *The Coffee Frontier in Brazil* (Gainesville: University of Florida Press, 1959), 5.
56. Nicholas Tarling, ed., *Cambridge History of Southeast Asia*, vol. 1, pt. 1, *From Early Times to c. 1500* (Cambridge: Cambridge University Press, 1992), 595.
57. Fernand Braudel, *Civilization and Capitalism, Fifteenth-Eighteenth Century*, vol. 1, *The Structures of Everyday Life*, reprint ed. (Berkeley: University of California Press, 1992), 58.
58. Sidney W. Mintz, "The Forefathers of Crack," in North American Congress on Latin America, *Report on the Americas* 22, no. 6 (1989), available at http://instruct.uwo.ca/anthro/211/crack.htm.
59. Sherri Day, "Move Over Starbucks, Juan Valdez Is Coming," *New York Times*, 29 November 2003.
60. Celine Charveriat, "Bitter Coffee: How the Poor Are Paying for the Slump in Coffee Prices" (Oxfam, May 2001).
61. David Adams, "Waking Up to World Coffee Crisis," *St. Petersburg Times*, 11 August 2002.
62. News release, *Reuters*, 11 December 2000.
63. http://www.tws.com.sg/singapore/sin_html/directory/shopping/it_electronics.html.
64. Prbhakaran, *Historical Origin of India's Underdevelopment*, 13-16.
65. Mariá Rosa Menocal, *Ornament of the World: How Muslims, Jews, and Christians Created a Culture of Tolerance in*

DC: Smithsonian Institution Libraries, February 2004), 217, available at http://www.sil.si.edu/digitalcollections/hst/cooper/.
25. 見前引書，58。
26. Dicken, *Global Shift*, 320.
27. International Labour Organization, "Globalization of the Footwear, Textiles and Clothing Industries," news release, 28 October 1996, 6.
28. Joan Magretta, "Fast, Global, and Entrepreneurial: Supply Chain Management, Hong Kong Style: An Interview with Victor Fung," *Harvard Business Review* 76 (September-October 1998): 102-14.
29. News release, *Vietnam News Agency*, 20 February 2001.
30. Mei Fong, "U.S. to Consider Curbing Imports of China Apparel: New 'Safeguard' Quotas on Certain Clothing Items Are Sought by Textile Firms," *Wall Street Journal*, 5 November 2004; John Larkin, "India Aims to Be Textile Titan," 見前引書，17 December 2004.
31. Keith Yearman and Amy Gluckman, "Falling Off a Cliff," Dollars and Sense (September-October 2005), available at http://www.dollarsandsense.org/archives/2005/0905yearman.html.
32. Guy de Jonquières, "Garment Industry Faces a Global Shake-Up," *Financial Times*, 19 July 2004.
33. Mark S. Henry, "How Are Rural Workers and Industries Affected by Globalization? Discussion of Papers by Jean Crews-Klein and Karen Hamrick," paper presented at conference sponsored by USDA's Economic Research Service and the Farm Foundation, 6 June 2005, Washington, DC, available at http://www.farmfoundation.org/projects/documents/Henry.pdf.
34. Marc Lacey, "Along with That Caffeine Rush, a Taste of Seattle," *New York Times*, 22 July 2005.
35. Mark Pendergrast, *Uncommon Grounds: The History of Coffee and How It Transformed Our World* (New York: Basic Books, 2000), 5.
36. Bernard Lewis, *From Babel to Dragomans: Interpreting the Middle East* (London: Orion Books, 2004), 48. 有位學者對阿拉伯語的「咖啡」做了語源學分析，他的結論是，「阿拉伯語裡的『*quawah*』一詞原意其實是『那種黑色的東西』，也就是『黑豆』或『黑色飲料』，而非源於衣索比亞語的『*Kaffa*』，這點幾乎沒有問題」。Alan S. Kaye, "The Etymology of 'Coffee': The Dark Brew," *Journal of the American Oriental Society* 106 (1986): 557-58.
37. Heinrich Eduard Jacob, *Coffee: The Epic of a Commodity* (New York: Viking, 1935),7-10.
38. Jean de la Roque, *Voyage de l'Arabie heureuse* (Amsterdam: Steenhower, 1716).
39. Jacob, Coffee, 1-10. 根據《伊斯蘭百科》（*Encyclopaedia of Islam*）的「Kahwa」一條：阿卜杜—卡迪爾．迪加芝利（Abd-al-Kadir Djaziri，活躍於約十六世紀）將引介咖啡到葉門的功勞，歸功於兩名不同的蘇非信徒。他根據阿馬德．阿卜杜—加法爾（Ahmad 'Abd-al-Ghaffar，活躍於一五三〇年）的權威說法，記載說穆罕默德．本．薩伊德．達布哈尼（Muhammad b. Sa'id Dhabhan，一四七〇年逝世）這位出身亞丁的法學家在流亡非洲時對咖啡有深入瞭解，並發現其藥物作用，隨後便將咖啡介紹到蘇非派的圈子裡，在徹夜禱告時飲用咖

8. Chaudhury, *Asia before Europe*, 305.
9. Ruth Barnes, Steve Cohen, and Rosemary Crill, *Trade, Temple and Court: Indian Textiles from the Tapi Collection* (Mumbai: India Book House, 2002), 90.
10. Jasleen Dhamija, "The Geography of Textile," in *Textiles from India: The Global Trade*, ed. Rosemary Crill (Calcutta: Seagull Books, 2006), 265.
11. Chaudhury, *Asia before Europe*, 19.
12. Pomeranz and Topik, *World That Trade Created*, 226.
13. 羅馬帝國用金銀購買印度織品，規模之大，令人擔心會耗竭羅馬國庫。古羅馬歷史學家老普林尼抱怨與東方的貿易，說每年要消耗五億五千萬塞斯特提烏斯（sestertius），其中五分之一是為了從印度進口貨物。雖然普林尼大概是在批評羅馬貴族社會的不檢點，但印度南方發現的大量羅馬金幣也證明了貿易的興盛。William Wilson Hunter, Annals of Rural Bengal (London, 1899), 42, 引自M. P. Prabhakaran, *The Historical Origin of India's Underdevelopment: A World-System Perspective* (Lanham, MD: University Press of America, 1989), 15.
14. Jack Goody, *The East in the West* (Cambridge: Cambridge University Press, 1996), 127.
15. John McGuire, Patrick Bertola, and Peter Reeves, eds., *Evolution of the World Economy, Precious Metals and India* (New Delhi: Oxford University Press, 2001), 42, 62.
16. Dharma Kumar, *The Cambridge Economic History of India* (Bombay: Cambridge University Press, 1982), 842.
17. Barnes, Cohen, and Crill, *Trade, Temple and Court*, 92.
18. "Industries: Silk-weaving," in William Page, ed., *A History of the County of Middlesex, vol. 2, General . . .* (Victoria County History, 1911), 132-37. Available at http://www.british-history.ac.uk/report.asp?compid22161.
19. Peter Dicken, *Global Shift: Reshaping the Global Economic Map in the Twenty-First Century*, 4th ed. (New York: Guilford Press, 2003), 317.
20. Kumar, *Cambridge Economic History of India*, 131.
21. William Bentinck quoted in Karl Marx, *Capital*, vol.1 (Moscow: [English edition]), 406. 由於馬克思沒有提到這段話的出處，一直有人懷疑引言的真實性。但馬克思主義學者帕雷許．恰托帕埃在新版的德語本《馬克思恩格斯全集》（*MARX-ENGELS-GESAMTAUSGABE, MEGA*）中發現其出處為一八六三年四月二十八日的《倫敦時報》，只是原文稍有不同：「據總督說，恆河兩岸那些悲慘的手搖紡織工，他們的骨骸使印度平原白成一片。」而這段引言其實是來自一位在前一天發表此言的下議院議員威廉．布斯費爾德．費爾蘭德（William Busfeild Ferrand），而他也就是馬克思最初的消息來源。這些說明是來自我與該書作者的私人交流。
22. Hugh Thomas, *The Slave Trade: The History of the Atlantic Slave Trade, 1440-1870* (London: Picador, 1997), 69-570.
23. Sven Beckert, "Emancipation and Empire: Reconstructing the Worldwide Web of Cotton Production in the Age of the American Civil War," *American Historical Review* 109 (December 2004): 1405-38.
24. Grace Rogers Cooper, "The Sewing Machine: Its Invention and Development," Digital edition (Washington,

88. Frances Cairncross, *The Death of Distance: How the Communications Revolution Will Change Our Lives* (London: Orion Business Books, 1997), 30.
89. "Electronic Trading," *Britannica Book of the Year, 2000*, Encyclopædia Britannica Online, http://search.eb.com/eb/article-9342433.
90. Lowell L. Bryan, "The Forces Reshaping Global Banking: Technology and Demography Are Changing the Deep Foundations on Which Traditional Financial Services Rest," *McKinsey Quarterly* 1993, no. 2.
91. Anthony Giddens, *Runaway World: How Globalisation Is Reshaping Our Lives* (New York: Routledge, 2003), 28.
92. *Indian Express*, 1 January 2004.
93. 二〇〇三年十二月，新加坡科技電訊（Singapore Technologies Telemedia）以二億五千萬美元購買美國環球電訊（Global Crossing）百分之六十一點五的股權；二〇〇四年一月，印度的信實通信（Reliance Infocomm）用二億一千一百萬美元買下了環球海底光纜（FLAG Telecom）。用一億三千萬美元的價格收購TGN，大致相當於用五美分換一美元，而信實通信為環球海底光纜支付的費用也很類似，大約是用六美分換取一美元。Press release, *TeleGeography*, 1 November 2004.
94. "Today India, Tomorrow the World," *Economist*, 2-8 April 2005, 54.
95. Martin Kenney with Richard Florida, eds., *Locating Global Advantage: Industry Dynamics in the International Economy* (Stanford, CA: Stanford University Press, 2004), 1.

第三章：內建全世界
CHAPTER 3: THE WORLD INSIDE

章頭語：Rabindranath Tagore, *Letters to a Friend,* ed. C. F. Andrews (New York: Macmillan, 1929), 133-37.
1. "Protests Turn Ugly outside WTO Meeting," Dan Rather, John Roberts, *CBS News: Evening News with Dan Rather*, 30 November 1999.
2. K. N. Chaudhury, *Asia before Europe: Economy and Civilisation of the Indian Ocean from the Rise of Islam to 1750* (Cambridge: Cambridge University Press, 1990), 308.
3. Victor Lieberman, *Strange Parallels: Southeast Asia in Global Context, c. 800-1830, vol. 1, Integration on the Mainland* (Cambridge: Cambridge University Press, 2003), 145.
4. Arnold Pacey, *Technology in World Civilization: A Thousand-Year History* (Cambridge, MA: MIT Press, 2001), 23.
5. Mark Elvin, *The Pattern of the Chinese Past* (Stanford, CA: Stanford University Press, 1973), 184.
6. Lynda Norene Shaffer, "A Concrete Panoply of Intercultural Exchange: Asia in World History," in Ainslie T. Embree and Carol Gluck, eds., *Asia in Western and World History: A Guide for Teaching* (Armonk, NY: M. E. Sharpe, 1997), 812-13.
7. Kenneth Pomeranz and Stephen Topik, *The World That Trade Created: Culture, Society, and the World Economy, 1400 to the Present* (Armonk, NY: M. E. Sharpe, 1999), 17.

66. Kenneth Pomerantz and Steven Topik, *The World That Trade Created: Society, Culture and the World Economy, 1400 to the Present* (Armonk, NY: M. E. Sharpe, 1999), 50.
67. 見前引書，49。
68. *Electronic Business*, February 2006, 26.
69. D. Hummels, "Time as a Trade Barrier" (mimeo), 轉引自 O'Rourke, "Europe and the Causes of Globalization," 75.
70. Abu-Lughod, *Before European Hegemony*, 15.
71. Thapar, *Early India*, 198.
72. Abu-Lughod, *Before European Hegemony*, 16.
73. Ronald Finlay, "Globalization and the European Economy: Medieval Origins to the Industrial Revolution," in Kierzkowski, ed., *Europe and Globalization*, 43.
74. John H. Munro, "The Monetary Origins of the Price Revolution: South German Silver Mining, Merchant Banking and Venetian Commerce, 1470-1540," in Dennis O. Flynn, Arturo Giráldez, and Richard von Glahn, eds., *Global Connections and Monetary History, 1470-1800* (Aldershot: Ashgate, 2003), 18.
75. Andre Gunder Frank, *ReOrient: Global Economy in the Asian Age* (Berkeley: University of California Press, 1998), 295.
76. Jan De Vries, "Connecting Europe and Asia: A Quantitative Analysis of the Cape-Route Trade, 1497-1795," in Flynn, Giráldez, and von Glahn, eds., *Global Connections and Monetary History*, 1470-1800, 80-81.
77. 見前引書，94。
78. M. N. Pearson, "Asia and World Precious Metal Flows in the Early Modern Period," in John McGuire, Patrick Bertola, and Peter Reeves, eds., *Evolution of the World Economy, Precious Metals and India* (New Delhi: Oxford University Press, 2001), 25.
79. Jeyamalar Kathirithamby-Wells, 轉引自 Anthony Reid, ed., *Southeast Asia in the Early Modern Era: Trade, Power, and Belief* (Ithaca, NY: Cornell University Press, 1993), 124-25.
80. De Vries, "Connecting Europe and Asia," 75.
81. Tom Standage, *The Victorian Internet: The Remarkable Story of the Telegraph and the Nineteenth Century's On-Line Pioneers* (New York: Walker, 1998), 83.
82. 見前引書，104。
83. 見前引書，151。
84. 不列顛在馬來西亞的殖民地所種植的作物，能生產出古塔膠這種絕佳的絕緣體，使人們能在更耐用的合成材料發明以前，就有在全世界鋪設電纜的可能。
85. O'Rourke, "Europe and the Causes of Globalization," 76.
86. Steve Lohr, "Bar Code Détente: U.S. Finally Adds One More Digit," *New York Times*, 12 July 2004.
87. Tim Berners-Lee with Mark Fischetti, *Weaving the Web: The Original Design and Ultimate Destiny of the World Wide Web by Its Inventor* (San Francisco: HarperSanFrancisco, 1999), 9-29, 粗體字處原文即如此。

48. 這一段是以S. D. Gotein, trans. and ed., *Letters of Medieval Jewish Traders* (Princeton, NJ: Princeton University Press, 1973), 186-93為根據。
49. 見前引書，203。
50. R. S. Lopez, quoted in Janet L. Abu-Lughod, *Before European Hegemony: The World System, A.D. 1250-1350* (New York: Oxford University Press, 1989), 10.
51. Patricia Risso, *Merchants and Faith: Muslim Commerce and Culture in the Indian Ocean* (Boulder, CO: Westview, 1995), 49.
52. Amando Cortesao, trans. and ed., *The Suma Oriental of Tomé Pires . . . and the Book of Francisco Rodrigues . . .* (London: Hakluyt Society, 1944), 286-87.
53. Anthony Reid, *Southeast Asia in the Age of Commerce, 1450-1680*, vol. 2 (New Haven and London: Yale University Press, 1993), 327.
54. Wolfgang Schivelbusch, *Tastes of Paradise: A Social History of Spices, Stimulants, and Intoxicants* (New York: Pantheon, 1992).
55. Paul Freedman, "Spices and Late Medieval European Ideas of Scarcity and Value" (unpublished paper), 轉引自Joaquim Romero Magalhães, *Portugueses no mundo do século XVI: espaços e produtos* (Lisbon: Comissao Nacional para as Comemoraoes dos Descobrimentos Portugueses, 1998), 24-25; Vitorino Magalhães Godinho, *Os descobrimentos e a economia mundial*, 2nd ed., vol. 2 (Lisbon: Editora Arcádia, 1965), 159, 其引用的無名作者編年史應為阿瓦洛・韋爾留（Álvaro Velho）之作。並參見Sanjay Subrahmanyam, *The Career and Legend of Vasco da Gama* (Cambridge: Cambridge University Press, 1997),129.
56. Philip D. Curtin, *Cross-Cultural Trade in World History* (Cambridge: Cambridge University Press, 1984), 142.
57. Serge Gruzinski, *Les quatre parties du monde: histoire d'une mondialisation* (Paris: Martinière, 2004), 46.
58. Robert Finlay, "The Culture of Porcelain in World History," *Journal of World History* 9, no. 2 (1998): 141-87.
59. Francesca Trivellato, "Trading Diasporas and Trading Networks in the Early Modern Period: A Sephardic Partnership of Livorno in the Mediterranean, Europe and Portuguese India (ca. 1700-1750)" (Ph.D. diss., Brown University, 2004). 我得感謝她分享自己對這個時代的見識。
60. Karl Moore and David Lewis, *Birth of the Multinational: Two Thousand Years of Ancient Business History, from Ashur to Augustus* (Copenhagen: Copenhagen Business School Press, 1999).
61. Jaap R. Bruijn, "Productivity, Profitability and Costs of Private and Corporate Dutch Ship Owning in the Seventeenth and Eighteenth Centuries," in Tracy, ed., *Rise of Merchant Empires*, 190.
62. Frank J. Lechner and John Boli, *The Globalization Reader* (Malden, MA: Blackwell Publishers, 2000), 52-56.
63. 見前引書。
64. Kevin H. O'Rourke and Jeffrey G. Williamson, *Globalization and History: The Evolution of a Nineteenth-Century Atlantic Economy* (Cambridge, MA: MIT Press, 1999), chap. 3.
65. Kevin H. O'Rourke, "Europe and the Causes of Globalization," in Henryk Kierzkowski, ed., *Europe and Globalization* (New York: Palgrave Macmillan, 2002), 74.

28. Robert B. Jackson, *At Empire's Edge: Exploring Rome's Egyptian Frontier* (New Haven and London: Yale University Press, 2002), 88.
29. 見前引書，87。
30. Vimala Begley, *The Ancient Port of Arikamedu: New Excavations and Researches, 1989-1992* (Pondicherry: École Française d'Extrême-Orient, 1996), 23.
31. Elizabeth Lyding Will, "The Mediterranean Shipping Amphoras from Arikamedu," in Begley and De Ouma, eds., *Rome and India*, 151-52.
32. M. P. Prabhakaran, *The Historical Origin of India's Underdevelopment: A World-System Perspective* (Latham, MD: University Press of America, 1989), 15.
33. Haraprasad Ray, *Trade and Diplomacy in India-China Relations: A Study of Bengal during the Fifteenth Century* (London: Sangam Books, 1999), 105.
34. I. C. Glover, "Early Trade between India and Southeast Asia: A Link in the Development of a World Trading System" (University of Hull, Centre for South-East Asian Studies, Occasional Papers 16, 1989).
35. Eric R. Wolf, "The Social Organization of Mecca and the Origins of Islam," *Southwestern Journal of Anthropology* 7 (Winter 1951): 329-56.
36. G. A. Wainwright, "Early Foreign Trade in East Africa," *Man* 47 (November 1947): 143-48.
37. Milo Kearney, *The Indian Ocean in World History* (New York: Routledge, 2004), 64.
38. George F. Hourani, *Arab Seafaring in the Indian Ocean in Ancient and Early Medieval Times* (Princeton, NJ: Princeton University Press, 1951), 64.
39. Michael McCormick, *Origins of the European Economy: Communications and Commerce, A.D. 300-900* (Cambridge: Cambridge University Press, 2001), 585.
40. Jerry H. Bentley, "Hemispheric Integration, 500-1500C.E.," *Journal of World History* 9, no. 2 (1998): 237-54.
41. Hourani, *Arab Seafaring in the Indian Ocean*, 73.
42. R. W. Beachey, "The East African Ivory Trade in the Nineteenth Century," *Journal of African History* 8, no. 2 (1967): 269-90.
43. 「一位名叫亞庫特（Yaqut, 1179-1229）的阿拉伯地理學家將『Mali』（出自馬拉雅拉姆語［Malayalam］）和『bar』結合成『Malabar』一詞。」Bindu Malieckal, "Muslims, Matriliny and A Midsummer Night's Dream: European Encounters with the Mappilas of Malabar, India," *Muslim World* 95 (April 2005): 297-316.
44. 見前引書。
45. Hourani, *Arab Seafaring in the Indian Ocean*, 104.
46. Frederic C. Lane, "The Economic Meaning of the Invention of the Compass," *American Historical Review* 68 (1963): 605-17. 並參見Amir D. Aczel, *The Riddle of the Compass: The Invention That Changed the World* (New York: Harcourt, 2001), 77-109.
47. Burke, *Connections*, 26-28.

10. David Christian, "Silk Roads or Steppe Roads? The Silk Roads in World History," Journal of World History11, no. 1 (2000): 1-26; Tansen Sen, *Buddhism, Diplomacy, and Trade: The Realignment of Sino-Indian Relations, 600-1400* (Honolulu: Association of Asian Studies and University of Hawai'i Press, 2003), 118, 197-215.
11. Morris Rossabi, "'Decline' of the Central Asian Caravan Trade," in James D. Tracy, ed., *The Rise of Merchant Empires: Long Distance Trade in the Early Modern World, 1350-1750* (Cambridge: Cambridge University Press, 1990), 352.
12. 在撒馬爾罕設立造紙工廠的中國造紙工匠，是在西元七五一年時被阿拉伯人擄獲的。他們也將造紙技術引入了歐洲。James Burke, *Connections* (Boston: Little, Brown, 1978), 100. 雖然長久下來，有愈來愈多人質疑這個中國俘虜故事，但造紙技術無疑是透過伊斯蘭勢力對中亞的控制，才傳播到歐洲的。見Jonathan M. Bloom, *Paper before Print: The History and Impact of Paper in the Islamic World* (New Haven and London: Yale University Press, 2001), 62-65.
13. Rossabi, "'Decline' of the Central Asian Caravan Trade," 358.
14. Philip D. Curtin, *Cross-Cultural Trade in World History* (Cambridge: Cambridge University Press, 1984), 39.
15. Valerie Hansen, *The Open Empire: A History of China to 1600* (New York: W.W. Norton, 2000), 205.
16. Shereen Ratnagar, *Trading Encounters: From the Euphrates to the Indus in the Bronze Age*, 2nd ed. (New Delhi: Oxford University Press, 2004), 129-33.
17. Bridget and Raymond Allchin, *The Birth of Indian Civilization: India and Pakistan before 500 B.C.* (Baltimore: Penguin, 1968), 271-72.
18. Shereen Ratnagar, *Understanding Harappa: Civilization in the Greater Indus Valley* (New Delhi: Tulika, 2001), 10, 53.
19. Rondo Cameron, *A Concise Economic History of the World: From Paleolithic Times to the Present* (New York: Oxford University Press, 1997), 35.
20. Romila Thapar, *Early India: From the Origins to A.D. 1300* (London: Penguin, London, 2003), 178.
21. 出於Jay S. Fein and Pamela L. Stephens, eds., *Monsoons* (New York: Wiley, 1987), 143的引用。
22. 一般認為普林尼「要花上四十天才能抵達馬拉巴爾海岸」的看法是有問題的。根據現代研究，在有西南季風助帆的情況下，二十天就能夠從「巴布—埃爾—曼德」抵達馬拉巴爾海岸了。Lionel Casson, "Rome's Trade with the East: The Sea Voyage to Africa and India," *Transactions of the American Philological Association* 110 (1980): 33.
23. Felipe Fernández-Armesto, *Civilizations* (London: Pan Books, 2001), 462.
24. Cited by Lionel Casson, "Rome's Trade with the East: The Sea Voyage to Africa and India," *Transactions of the American Philological Association* 110 (1980): 21-36.
25. Lionel Casson, "Ancient Naval Technology and the Route to India," in Vimala Begley and Richard Daniel De Puma, eds., *Rome and India: The Ancient Sea Trade* (Madison: University of Wisconsin Press, 1991), 10.
26. Grant Parker, "Ex oriente luxuria: Indian Commodities and Roman Experience," *Journal of the Economic and Social History of the Orient* 45, no. 1 (2002): 40-95.
27. Michael Cook, *A Brief History of the Human Race* (New York: W. W. Norton, 2003), 163.

76. G. A. Wainwright, "Early Foreign Trade in East Africa," *Man* 47 (November 1947): 143-48.
77. Philip D. Curtin, *Cross-Cultural Trade in World History* (Cambridge: Cambridge University Press, 1984).
78. Christian, *Maps of Time*, 248.
79. Saul N. Vitkus, "Sargon Unseated," *Biblical Archaeologist*, September 1976, 114-17.
80. Fernand Braudel, *Memory and the Mediterranean*, trans. Sian Reynolds (New York: Alfred A. Knopf, 2001), 60.
81. Christopher Edens, "Dynamics of Trade in the Ancient Mesopotamian 'World System,'" *American Anthropologist* 94 (1992): 131.
82. Cited in 見前引書，132。
83. Charles O. Hucker, *China's Imperial Past: An Introduction to Chinese History and Culture* (Stanford, CA: Stanford University Press, 1975), 126.
84. R. H. Pfeiffer, "Hammurabi Code: Critical Notes," *American Journal of Semitic Languages and Literatures* (1920): 310-15.
85. "Business in Babylon," *Bulletin of the Business Historical Society* 12 (1938): 25-27.
86. Cited by Christian, *Maps of Time*, 317.
87. Robert N. Bellah, "Religious Evolution" (lecture, University of Chicago, 16 October 1963).

第二章：從駱駝商旅到電子商務
CHAPTER 2: FROM CAMEL COMMERCE TO E-COMMERCE

章頭語 : E. Backhouse and J. O. P. Bland, *Annals and Memoirs of the Court of Peking* (Boston: Houghton Mifflin, 1914), 322-31.
1. 聯合國將跨國企業（Multinational Enterprise, MNE）定義為「從事對外投資，同時在一個以上的國家擁有或主導營利活動的公司。」
2. 這是根據Cécile Michel, *Correspondance des marchands de kanish* (Paris: Éditions du Cerf, 2001), 173的計算。
3. 見前引書，434。
4. 見前引書，296。
5. Louis Lawrence Orlin, *Assyrian Colonies in Cappadocia* (The Hague: Mouton, 1970), 53.
6. Mogens Trolle Larsen, *Old Assyrian Caravan Procedures* (Istanbul: Nederlands Historisch-Archaeologisch Institut in het Nabije Oosten, 1967), 83.
7. Richard W. Bulliet, *The Camel and the Wheel* (Cambridge, MA: Harvard University Press, 1975), 56.
8. William H. McNeill, "The Eccentricity of Wheels, or Eurasian Transportation in Historical Perspective," *American Historical Review* 92 (1987): 1111-26.
9. 一百萬疋絲，能買到十萬匹馬。在八世紀中葉——唐代最繁榮的時候——政府收納了七百四十萬疋的平織絲作為歲入。Xinru Liu, *Silk and Religion: An Exploration of Material Life and the Thought of People, AD 600-1200* (Delhi: Oxford University Press, 1996), 183.

56. Ben-Ari, "Molecular Biographies," 103.
57. Olson, *Mapping Human History*, 99.
58. Ofer Bar-Yosef quoted in John Noble Wilford, "In West Bank, a First Hint of Agriculture: Figs," *New York Times*, 2 June 2006.
59. J. M. J. DeWet, "Grasses and the Culture History of Man," *Annals of the Missouri Botanical Garden* 68 (1981): 87-104.
60. Dennis Normile, "Archaeology: Yangtze Seen as Earliest Rice Site," *Science* 275 (17 January 1997): 309-10.
61. Mordechai E. Kislev, Anat Hartmann, and Ofer Bar-Yosef, "Early Domesticated Fig in the Jordan Valley," *Science* 312 (2 June 2006): 1372-74.
62. 無怪乎《聖經》中頻繁出現的七種物產中，有五種來自果樹：橄欖油、葡萄酒、葡萄乾、棗子與無花果。
63. Daniel Zohary and Pinhas Spiegel-Roy, "Beginnings of Fruit Growing in the Old World," *Science* 187 (31 January 1975): 318-27.
64. Romana Unger-Hamilton, "The Epi-Palaeolithic Southern Levant and the Origins of Cultivation," *Current Anthropology* 30 (February 1989): 88-103.
65. David W. Anthony, "Migration in Archeology: The Baby and the Bathwater," *American Anthropologis*t 92 (1990): 895-914.
66. 見前引書，898。
67. Michael Balter, "Search for the Indo-Europeans," *Science* 303 (27 February 2004): 1323.
68. 關於這兩種學派間論辯的概述，見Guido Barbujani and Andrea Pilastro, "Genetic Evidence on Origin and Dispersal of Human Populations Speaking Languages of the Nostratic Macrofamily," *Proceedings of the National Academy of Science*s 90 (May 1993): 4670-73.
69. David W. Anthony, "The 'Kurgan Culture,' Indo-European Origins, and the Domestication of the Horse: A Reconsideration," *Current Anthropology* 27 (August-October 1986): 291-313.
70. David Anthony, Dimitri Y. Telegin, and Dorcas Brown, "The Origin of Horseback Riding," *Scientific American* (December 1991): 44-48.
71. Steven Mithen, *After the Ice: A Global Human History, 20,000-5000 BC* (Cambridge, MA: Harvard University Press, 2004), 67.
72. Robert P. Clark, *The Global Imperative: An Interpretive History of the Spread of Humankind* (Boulder, CO: Westview, 1997), 46.
73. Ian Hodder, "This Old House," *Natural History*, June 2006.
74. Joan Oates, "Trade and Power in the Fifth and Fourth Millennia bc: New Evidence from Northern Mesopotamia," *World Archaeology* 24, no. 3 (1993): 403-22.
75. Rita Smith Kipp and Edward M. Schortman, "The Political Impact of Trade in Chiefdoms," *American Anthropologist* 91 (1989): 370-85.

Y-Chromosome Evidence," *Journal of Human Genetics* 49 (July 2004): 339-48.

33. Olson, *Mapping Human History*, 131; Ke et al., "African Origin of Modern Humans in East Asia."
34. Ke et al., "African Origin of Modern Humans in East Asia."
35. Wells, *Journey of Man*, 121.
36. Olson, *Mapping Human History*, 131.
37. Jin and Su, "Natives or Immigrants."
38. Michael F. Hammer et al., "Dual Origins of the Japanese: Common Ground for Hunter-Gatherer and Farmer Y Chromosomes," *Journal of Human Genetics* (Tokyo) 51 (2006): 47-58.
39. Svante Pääbo, "The Mosaic That Is Our Genome," *Nature* 421 (23 January 2003): 409-12. 二〇〇六年十一月曾有報導，指出科學家發現了新的基因證據，間接表示現代人與尼安德塔人在非常少見的情況下有雜交的情形發生。這種血源融合遺留的痕跡，可以在全球百分之七十人口中都持有的某種基因中找到。John Noble Wilford, "Neanderthals in Gene Pool, Study Suggests," *New York Times*, 9 November 2006.
40. Watson, DNA, 245; Charles Pasternak, *Quest: The Essence of Humanity* (Chichester: Wiley, 2003), 97.
41. Paul Mellars, "A New Radiocarbon Revolution and the Dispersal of Modern Humans in Eurasia," *Nature* 439 (23 February 2006): 931-35.
42. Diego Hurtado de Mendoza and Ricardo Braginski, "Y Chromosomes Point to Native American Adam," *Science* 283 (5 March 1999): 1439-40.
43. Olson, *Mapping Human History*, 207.
44. A. Gibbons, "Geneticists Trace the DNA Trail of the First Americans," *Science* 259 (15 January 1993): 312-13.
45. Olson, *Mapping Human History*, 205.
46. David Christian, *Maps of Time: An Introduction to Big History* (Berkeley: University of California Press, 2004), 212.
47. Carles Vilà et al., "Widespread Origins of Domestic Horse Lineages," *Science 291* (19 January 2001), 474-77.
48. Francis S. Collins, "What We Do and Don't Know About 'Race,' 'Ethnicity,' Genetics and Health at the Dawn of the Genome Era," *Nature Genetics Supplement* 36 (November 2004): S13-S15.
49. Luigi Luca Cavalli-Sforza, *Genes, Peoples, and Languages*, trans. Mark Seielstad (Berkeley: University of California Press, 2001), 11.
50. Ian J. Jackson, "Pigmentary Diversity: Identifying the Genes Causing Human Diversity," *European Journal of Human Genetics* 14 (24 May 2006), 978-80.
51. Wade, *Before the Dawn*, 16.
52. Watson, DNA, 254.
53. 見前引書，255。
54. Olson, *Mapping Human History*, 133.
55. Luigi Luca Cavalli-Sforza and Francesco Cavalli-Sforza, *The Great Human Diasporas: A History of Diversity and Evolution*, trans. Serah Thorne (Reading, MA: Addison-Wesley, 1995), 124. 粗體字為原文如此。

13. Russell Thomson et al., "Recent Common Ancestry of Human Y Chromosomes: Evidence from DNA Sequence Data," *Proceedings of the National Academy of Sciences of the United States* 97 (20 June 2000): 7360-65.
14. Xinzhi Wu, "On the Origin of Modern Humans in China," *Quaternary International* 117 (2004): 131-40.
15. Robert Lee Hotz, "Chinese Roots Lie in Africa, Research Says," *Los Angeles Times*, 29 September 1998.
16. Yuehai Ke et al., "African Origin of Modern Humans in East Asia: A Tale of 12,000 Y Chromosomes," *Science* 292 (11 May 2001): 1151-53; 並參見Li Jin and Bing Su, "Natives or Immigrants: Modern Human Origin in East Asia," *Nature Reviews: Genetics* 1 (November 2000): 126-33.
17. Peter Forster and Shuichi Matsumura, "Did Early Humans Go North or South?" *Science* 308 (13 May 2005): 965-66.
18. Nicholas Kristof, "Is Race Real?" *New York Times*, 11 July 2003, 以及我與作者的私人通信。
19. Kumarasamy Thangara et al., "Reconstructing the Origin of Andaman Islanders," *Science* 308 (13 May 2005): 996.
20. Vincent Macaulay et al., "Single, Rapid Coastal Settlement of Asia Revealed by Analysis of Complete Mitochondrial Genomes," *Science* 308 (13 May 2005): 1034-36.
21. 見前引書，69。
22. Robert C. Walter et al., "Early Human Occupation of the Red Sea Coast of Eritrea during the Last Interglacial," *Nature* 405 (4 May 2000): 65-69.
23. Stephen Oppenheimer, *The Real Eve: Modern Man's Journey Out of Africa* (New York: Carroll and Graf, 2003), 80; Walter et al., "Early Human Occupation of the Red Sea Coast of Eritrea," 65-69.
24. Spencer Wells, *The Journey of Man: A Genetic Odyssey* (London: Penguin, 2002), 104. 這段的內容主要是靠韋爾斯的研究，以及基因地理計劃對我本人的染色體分析，韋爾斯正是該計劃的主持人；見前引書，78。
25. Wade, *Before the Dawn*, 81.
26. Alan J. Redd et al., "Gene Flow from the Indian Subcontinent to Australia: Evidence from the Y Chromosome," *Current Biology* 12 (16 April 2002): 676.
27. Paul Plotz, quoted in Elia T. Ben-Ari, "Molecular Biographies: Anthropological Geneticists Are Using the Genome to Decode Human History," *BioScience* 49, no. 2 (1999): 98-103.
28. Spencer Wells, quoted in 見前引書，104。
29. Cengiz Cinniog˘lu et al., "Excavating Y-Chromosome Haplotype Strata in Anatolia," *Human Genetics* 114 (2004): 134.
30. Susanta Roychoudhury et al., "Fundamental Genomic Unity of Ethnic India Is Revealed by Analysis of Mitochondrial DNA," *Current Science* 79 (10 November 2000): 1182-91; Toomas Kivisild et al., "in Europe and Beyond," in Colin Renfrew and Katie Boyle, eds., *Archaeogenetics:* DNA *and the Population Prehistory of Europe* (Cambridge: McDonald Institute for Archaeological Research, 2000).
31. Wells, *Journey of Man*, 117.
32. Wei Deng et al., "Evolution and Migration History of the Chinese Population Inferred from Chinese

Notes
註解與參考資料

導言
INTRODUCTION

1. Branko Milanovic, "Can We Discern the Effect of Globalization on Income Distribution? Evidence from Household Surveys" (Washington, DC: World Bank, Development Research Group, 22 September 2003).
2. Roland Robertson, *Globalization: Social Theory and Global Culture* (London: Granta Books, 1991), 8.

第一章：非洲的起源
CHAPTER 1: THE AFRICAN BEGINNING

章頭語 : Quoted at http://www.pbs.org/empires/egypt/special/virtual_library/hatshepsut_punt.html.
1. Nicholas Wade, *Before the Dawn: Recovering the Lost History of Our Ancestors* (New York: Penguin Press, 2006), 75, 81.
2. Charles Darwin, *The Descent of Man*, reprint ed. (New York: Penguin Classics, 2004), chap. 6.
3. Matt Ridley, *Genome: The Autobiography of a Species in 23 Chapters* (New York: HarperCollins, 2000), 49.
4. 用來估計人類移居各地時間的資料，就是以mtDNA資料為基礎；James D. Watson, DNA*: The Secret of Life* (New York: Alfred A. Knopf, 2003), 246.
5. Richard Klein and Blake Edgar, *The Dawn of Human Culture* (New York: J. Wiley, 2002).
6. Wade, *Before the Dawn*, 58.
7. Steve Olson, *Mapping Human History: Genes, Race, and Our Common Human Origins* (New York: Houghton Mifflin, 2003), 206.
8. 8. Rebecca L. Cann, Mark Stoneking, and Allan C. Wilson, "Mitochondrial DNA and Human Evolution," *Nature* 325 (1 January 1987): 31-36.
9. Watson, DNA, 233-39.
10. Olson, *Mapping Human History*, 26.
11. Rebecca L. Cann, "DNA and Human Origins," *Annual Review of Anthropology* 17 (1988): 127-43, at 127.
12. A. Underhill et al., "The Phylogeography of Y Chromosome Binary Haplotypes and the Origins of Modern Human Populations," *Annals of Human Genetics* 65 (2001): 43-62.

年代	商人	傳教士	戰士	探險家
		班運動奪取阿富汗政權；奧薩瑪·賓·拉登呼籲對西方發動聖戰；反全球化運動迫使WTO 西雅圖峰會中斷		
二〇〇〇年至二〇〇七年	蘋果電腦公司推出iPod；印度和新加坡公司以極低價格從一些破產公司購得大量光纖電纜線路；客服中心在塞內加爾建立	二〇〇一年九月十一日，奧薩瑪·賓·拉登訓練的恐怖分子向美國發動聖戰；二〇〇五年蓋達組織創辦哈里發國之聲電臺	五角大廈徵召三萬五千名外國人在伊拉克服役	美國為伊拉克戰爭需要而加快二萬名移民的歸化進程；數以萬計的非洲人試圖非法移民歐洲；國際旅客人數達到八億六百萬人

一九六一年至一九六九年	「全球化」一詞進入《韋伯字典》；全錄公司發明傳真機；美國資訊交換標準碼開始使用，供電腦傳輸資料	彼得·本南森創建國際特赦組織；世界自然基金會成立	越南戰爭使美國擴展在亞洲的勢力	
一九七〇年至一九七九年	波音747客機投入使用；聯邦快遞公司建立；通用產品條碼投入使用；蘋果電腦公司開啟個人電腦革命；《多種纖維協定》推動紡織品生產向發展中國家擴展	赫爾辛基觀察組織開始監督人權狀況；環保組織綠色和平建立	中越戰爭和赤柬革命造成數百萬難民	一百四十萬越南人抵達美國；波音747推動國際旅行；國際旅客人數達到一億六千五百萬人
一九八〇年至一九八九年	跨大西洋光纖電纜鋪設；印度軟體公司印孚瑟斯開始「上門服務」		蘇聯入侵阿富汗激起伊斯蘭教徒抵抗，最終使塔利班崛起	提姆·柏納－李發明「超文本傳輸協定」（HyperText Transfer Protocol, HTTP），打響網際網路時代先聲
一九九〇年至一九九九年	芝加哥股票交易所開始二十四小時交易；全球線上市場eBay建立；全球線上支付公司PayPal建立	許多伊斯蘭國家面臨採用伊斯蘭教法的呼聲；基督教團體開辦上帝電視臺；一百七十二個國家參加里約地球峰會；在非政府組織的努力下，禁雷條約得到簽署；伊斯蘭主義的塔利	蘇聯解體，東歐各衛星國擺脫控制，全球化得到進一步推動；香港主權移交中國，不列顛在亞洲的殖民帝國終結	一九九〇年國際旅客人數達到四億四千一百萬人

年代	商人	傳教士	戰士	探險家
西元十九世紀	培理准將打開日本的貿易門戶；路透社信鴿傳遞的股票資訊由於電報的發明而得到進一步提升；證券報價機發明；跨大西洋股票報價電纜鋪設；汽船發明降低航運成本；不列顛人將橡膠樹種從巴西偷運出境；第一艘冷藏船下水；發現石油，帶來又一場交通革命	荷蘭海上航班將大量穆斯林帶往麥加朝聖；中國發生太平軍和義和團叛亂；傳教士大衛·李文斯頓的記述為西方人展示非洲；爪哇發生宗教戰爭；不列顛傳教士領導的運動廢止販奴活動；在中國的美國傳教士將第一位中國學生送往美國耶魯大學	不列顛人在印度啟動英語教學計劃；不列顛人開始在印度修建鐵路；法國人開鑿的蘇伊士運河通航；法國人組建塞內加爾人火槍隊；法國為保護天主教而征服越南；維多利亞女王向不列顛帝國傳遞電報資訊；美國接管菲律賓；不列顛入侵者佔領巴格達	達爾文啟程踏上探索之旅，後來就進化論撰寫開創性著作；不列顛考古學家解讀了楔形文字；猶太旅行家大衛·德貝斯·希勒走訪阿拉伯半島和印度；史上最大規模的遷移運動隨汽船的使用而開始；中國和印度的契約勞工遷往加勒比海地區和北美；一八八二年美國國會通過《排華法案》。
一九〇〇年至一九六〇年	馬來西亞產的橡膠成為福特T型車輪胎的製作原料；「用餐俱樂部卡」發行；AT&T設置跨大西洋電話；第一艘貨輪下水	在瓦哈比派支持下建立的沙烏地阿拉伯王國興起，傳播伊斯蘭教；一九四八年《世界人權宣言》通過；瓦哈比派信仰激發的伊斯蘭領地運動挑戰印尼國民政府；摩門教傳教士培訓中心在猶他州建立	巴拿馬運河開通；一戰中法國將十六萬塞內加爾步槍手運入國內，以與德國作戰	匈牙利籍考古學家奧萊爾·斯坦因在敦煌發現古代佛教經文；第一批加勒比海地區移民抵達不列顛；美國移民人數達到二百一十萬的年度最高點；「世界旅遊組織」前身「國際官方旅遊協會大會」於一九二五年召開；一九五〇年國際旅客人數達到兩千五百萬

		為，宣導人權；亞齊的蘇丹向奧斯曼帝國尋求保護，並打起土耳其人的旗號	秀吉將辣椒傳入朝鮮；土耳其人圍攻維也納不克，咖啡由此傳入中歐	球；亨利八世國王的大型炮艦下水
西元十七世紀	英格蘭與荷蘭東印度公司成為最早的跨國公司；新大陸的銀條使歐洲與亞洲的貿易大為繁榮；歐洲第一家咖啡館在牛津開設；法國人與荷蘭人用印度織物交換東南亞香料和非洲奴隸	伊斯蘭教長說服奧斯曼土耳其帝國皇帝穆拉德四世關閉伊斯坦堡的咖啡館	奧斯曼帝國駐法國大使蘇萊曼．阿加成為「咖啡特使」	葡萄牙人開始湧入巴西；葡萄牙人遷移到亞洲；不列顛人開始向美洲各殖民地遷移
西元十八世紀	荷蘭人將咖啡傳到爪哇；法國人將咖啡帶到加勒比海地區；非洲的金礦得到開採；巴西為葡萄牙人進口的亞洲奢侈品付錢；不列顛工人抗議進口的印度紡織品；伊萊．惠特尼發明的軋棉機為美國的棉花貿易帶來革命性變化	耶穌會傳教士將越南文字羅馬化，為其帶來民族語言；紐哈芬的新教學校從一位前不列顛駐印總督那得到資金，於一七〇一年創辦耶魯大學	英格蘭發明家威廉．康格里夫（William Congreve）從印度的蘇丹提普（Tipu）那裡學得火箭術（此技術是由蒙古人和波斯人發明）	來自西屬菲律賓的亞洲人大量遷往墨西哥；庫克船長宣布澳大利亞為英國領土；法國探險家尚一弗朗索瓦．德．加洛在復活節島登陸

年代	商人	傳教士	戰士	探險家
西元十三世紀	熱那亞經阿拉伯商人中轉得到中國貨物；蒙古人採用兼具護照與信用卡功能的工具；舵和羅盤的發明推動與歐洲的常年貿易；以開羅為基地的猶太商人在印度開展製造與貿易業務	基督教十字軍洗劫君士坦丁堡；教皇特使訪問蒙古宮廷，尋求結盟對抗伊斯蘭教；東南亞商人皈依伊斯蘭教；中東地區虔誠的穆斯林將引用咖啡之風傳給大眾	成吉思汗建立蒙古帝國；伊斯蘭教戰士征服印度；奴隸軍人馬木留克在埃及和敘利亞奪權；土耳其的聖戰者建立奧斯曼帝國	馬可．波羅旅行亞洲歸來，返回威尼斯
西元十四世紀	中國開始大規模棉花生產	馬利帝國統治者曼薩．穆薩赴麥加朝聖；義大利托缽僧鄂多立克遊歷西藏		伊本．巴杜達踏上總長達七萬五千英里的旅途
西元十五世紀	俄國商人阿發那西．尼吉丁前往印度；麻六甲港興起為東南亞的威尼斯；匯票等金融工具推動歐洲貿易	麻六甲在其統治者主導下皈依伊斯蘭教；哥倫布期望能在東方找到黃金，助基督徒重奪耶路撒冷；信奉天主教的西班牙驅逐十五萬猶太人	中國航海家鄭和探索非洲海岸；葡萄牙人帶回第一批非洲奴隸；奧斯曼土耳其人攻佔君士坦丁堡；西班牙和葡萄牙簽署《托爾德西里亞斯條約》，劃分兩國在世界的勢力範圍。	哥倫布在加勒比海地區登陸；達伽馬抵達印度
西元十六世紀	古吉拉特的穆斯林商人擴散到東南亞；里斯本開設中國瓷器店；荷蘭人建造的快速平底船使長程貿易加速	耶穌會傳教士方濟．沙勿略抵達果阿；教皇克雷芒八世為咖啡祝福；西班牙傳教士拉斯．卡薩斯譴責暴力傳教行	皮薩羅征服秘魯，開始強迫土著民皈依基督教；葡萄牙人在亞洲使一百二十萬人皈依基督教；日本入侵者豐臣	西班牙國王准許國民與印第安土著通婚；麥哲倫所率船舶環航全球；法蘭西斯．德瑞克和湯瑪斯．卡文迪許環航全

西元八世紀	中國鑄幣和物產傳到東非；大量亞洲、阿拉伯和歐洲的貿易移民居住於廣州	哈里發曼蘇爾（Al-Mansur）在巴格達建立新都；阿拉伯軍經北非攻佔西班牙，最終在圖爾戰役中遭到阻遏	查理曼經教皇行膏禮，成為神聖羅馬帝國皇帝；在伊斯蘭帝國裡，阿拉伯語取代各地方言；希臘古典著作翻譯為阿拉伯語；法札里（al-Fazari）翻譯婆羅摩笈多關於零的著作	
西元九世紀	巴格達成為東西方貿易的終點；波斯的西羅夫港成為印度、中國與非洲之間貿易的重要集散地	在一位假冒哈里發家族後裔的人鼓動之下，津芝人在伊拉克起義		花拉子米用印度數字編寫成《代數學》一書，「運算法則」（algorithms）一詞即源自其名
西元十一世紀	非洲象牙和印度工匠投身其中的一套供應鏈生產體系興起	白益人（Buyids）攻入巴格達，從哈裡發手中奪權	宋朝皇帝引入新的占城稻；塞爾柱突厥人攻佔巴格達；伽色尼的馬哈茂德攻佔德里；哈里發國從中亞輸入奴隸青年男子充當士兵	西方接觸到比魯尼有關印度的阿拉伯文記述；北歐探險家萊夫·埃里克松（Leif Eriksson）向文蘭（Vinland）航行
西元十二世紀	非洲奴隸在中國被販賣	西班牙圖德拉的猶太拉比本雅明向東方旅行	成吉思汗開始其征服事業	安達盧西亞旅行家伊本·朱拜爾到訪麥加；花拉子米關於代數學的著作被譯為拉丁文

年代	商人	傳教士	戰士	探險家
西元前一世紀	印度國王向羅馬派出貿易使團；義大利冒牌葡萄酒被輸往印度	佛教傳到中國	印度國王向羅馬派出使團	
西元一世紀	據希臘海員的記述，人們發現季風，促進了印度洋貿易	耶穌說：「所以你們要去，使萬民作我的門徒」；基督教傳到印度	漢武帝派特使前往波斯	
西元二世紀	羅馬與印度之間的香料貿易熱絡	佛教傳教士湧入中國；基督教傳教學校在亞歷山卓設立	今天阿富汗所在地的貴霜帝國統治者在中亞推廣佛教	
西元四世紀	佛教信仰的傳布促進中亞的絲綢貿易	尼西亞公會議為基督教世界任命主教；弗魯門修斯在衣索比亞宣講福音	羅馬皇帝君士坦丁皈依基督教	
西元五世紀	羅馬和拜占庭的金幣銀幣成為國際法定貨幣	法蘭克王克洛維皈依基督教；傳教士向西歐各地前進；傳教學院在君士坦丁堡設立	歐洲接受羅馬法，成為許多法律體系的基礎；拉丁語成為羅馬帝國的通用語	
西元六世紀		朝鮮特使將佛教傳到日本；聶斯托里教派傳教士將基督教傳到中國	羅馬皇帝查士丁尼對進口貨物徵收關稅	
西元七世紀	唐王朝進口中亞馬匹，出口絲綢；來自印度的棉花傳到伊拉克和中東	玄奘攜帶佛教經文從印度回到中國，引發書籍印刷的出現；穆罕默德率領穆斯林軍征服異教徒土地	阿拉伯穆斯林軍入侵兩河流域；伊斯蘭教傳到波斯；唐王朝定都絲路的東端長安	

西元前第一千年	希臘商人在地中海東部地區建立貿易殖民地			
西元前七世紀	雅典金幣成為通行貨幣	佛陀開悟，敦促弟子繼續傳教使命		埃及法老尼科派人環航非洲
西元前六世紀	新型駝鞍的發明使駱駝用途大增			漢諾穿越直布羅陀海峽前往西非海岸；波斯王大流士派遣斯庫拉克斯探索印度河地區
西元前五世紀				希羅多德探訪尼羅河源頭
西元前四世紀			亞歷山大大帝建立第一個洲際帝國；印度人與希臘人達成協議，允許兩族通婚；通用希臘語成為「已知世界」裡大部分地區的通用語	
西元前三世紀	絲路貿易連接中國與地中海地區；希臘鑄幣和腓尼基鑄幣形成地中海地區兩個主要的貨幣區	佛教僧團派人弘法	印度阿育王推廣佛教	
西元前二世紀			漢朝特使張騫前往斯基泰	

Chronology
全球化紀年表

年代	商人	傳教士	戰士	探險家
西元前五萬年至前二萬八千年				人類祖先走出非洲；人類祖先抵達印度；人類祖先抵達馬來西亞；人類祖先抵達澳洲；人類祖先抵達中國和朝鮮；人類祖先抵達歐洲
西元前一萬二千年				人類祖先抵達智利
西元前第八千年	商人前往土耳其的加泰土丘購買黑曜岩，以作鐮刀之用			印歐語族遷徙者尋找土地
西元前第六千年	泥版和楔形文字用於計算貨物			
西元前第四千年	亞述商人布蘇一肯前往安納托利亞經商尋利；印度和兩河流域之間的貿易發展起來			馬在烏克蘭被人馴化
西元前第三千年	腓尼基商人從地中海西部地區到埃及建立起廣闊的貿易網路		薩爾貢建立阿卡德帝國；阿卡德語成為帝國與周邊地區的通用語	埃及女王哈特謝普蘇特向非洲派出貿易遠征隊

Bound Together

HOW TRADERS, PREACHERS, ADVENTURERS, AND WARRIORS SHAPED GLOBALIZATION

全球化的故事

商人、傳教士、探險家與戰士如何形塑今日世界

作者：納揚．昌達（Nayan Chanda）｜譯者：劉波｜總編輯：富察｜責任編輯：許奕辰｜編輯協力：馮奕達｜企劃：蔡慧華｜封面設計：廖韡｜排版：宸遠彩藝｜社長：郭重興｜發行人：曾大福｜出版發行：八旗文化／遠足文化事業股份有限公司｜地址：新北市新店區民權路 108-2 號 9 樓｜電話：02-2218-1417｜傳真：02-8667-8057｜客服專線：0800-221-029｜信箱：gusa0601@gmail.com｜部落格：http://gusapublishing.blogspot.tw｜法律顧問：華洋法律事務所／蘇文生律師｜印刷：通南彩色印刷股份有限公司｜出版日期：2016 年 6 月 初版一刷／2016 年 8 月 初版二刷｜定價：新台幣 520 元整｜

國家圖書館出版品預行編目(CIP)資料

全球化的故事：
商人、傳教士、探險家與戰士如何形塑今日世界
納揚．昌達 (Nayan Chanda) 著；劉波譯．
初版．-- 新北市：八旗文化，遠足文化，2016.06
464 面；17*22 公分
譯自：
BOUND TOGETHER : HOW TRADERS,
PREACHERS, ADVENTURERS, AND WARRIORS
SHAPED GLOBALIZATION
ISBN 978-986-5842-89-5（平裝）

1. 社會變遷　2. 文化史　3. 全球化

541.4
105006476